Johann Matthias Schroeckh

Christliche Kirchengeschichte

Johann Matthias Schroeckh

Christliche Kirchengeschichte

ISBN/EAN: 9783742870353

Hergestellt in Europa, USA, Kanada, Australien, Japan

Cover: Foto ©Lupo / pixelio.de

Manufactured and distributed by brebook publishing software
(www.brebook.com)

Johann Matthias Schroeckh

Christliche Kirchengeschichte

Christliche Kirchengeschichte

von

Johann Matthias Schroeckh,

ordentlichem Lehrer der Dichtkunst auf der Universität Wittenberg.

Zweyter Theil.

Zweyte verbeßerte Ausgabe.

Leipzig,
bey Engelhart Benjamin Schwickert.
1775.

Vorrede.

Dieser Theil erscheint weit später, als es meine Absicht war; aber er würde vermuthlich kaum in einigen Jahren ans Licht getreten seyn, wenn ich ihn ununterbrochen, mit solcher Muße, mit allen Bequemlichkeiten und Hülfsmitteln versehen, die ich mir zu diesem Werke wünschte, hätte ausarbeiten sollen. Daß darinne die Geschichte nur bis auf die Regierung Antonins des Frommen fortgeführt worden ist, bedarf vielleicht noch weniger einer Entschuldigung. Man erin-

nert

nert sich bald, daß sie beynahe erst in die=
sem Theile ihren Anfang genommen hat,
und eben in ihren ersten Zeiten nur lang=
same Schritte thun kann, wenn sie nicht
über alles, was wichtig und doch mit Zwei=
feln und Dunkelheiten vermischt ist, zu
flüchtig wegeilen soll. Dazu kommt noch
dieses, daß ich weit mehr die Geschichte
der christlichen Religion selbst, als der
christlichen Kirche zu schreiben suche.
Dadurch habe ich mir die Pflicht aufge=
legt, mich bey allem, was den Eintritt
dieser Religion in die Welt merkwürdig
gemacht hat, länger zu verweilen, als man
es sonst in einer Kirchengeschichte vor nö=
thig befindet. Ich durfte daher weder die
Beweise der Wahrheit und Göttlichkeit,
mit welchen sie sich gezeigt hat, noch die
Schriften, welche ihr bleibendes Denk=
mal geworden sind, übergehen: sie muß=
ten sogar ausführlicher als andere Dinge
be=

beschrieben werden. Unterdessen habe ich
mich überall sorgfältig gehütet, mich von
dem Reichthum der Materie nicht fortreissen zu lassen.

In dem Entwurfe dieses Werks ist eine nicht sehr beträchtliche Veränderung
vorgefallen. Ich war anfänglich entschlossen, die Erzählung nur alsdenn durch
Stellen der Geschichtschreiber zu unterstützen, wenn sie auf sehr ungewisse und streitige Begebenheiten gerathen würde; Nachrichten aber, an welchen nicht gezweifelt
wird, auch nicht zu beweisen. Die Ursachen dieser Denkungsart habe ich bereits an
andern Orten, (im Ersten Theil, S. 135.
fg. und in der Vorrede zum Dritten Theil
der allgemeinen Biographie,) angeführt:
und ich gestehe, daß sie noch die meinige ist.
Allein gelehrte und vortreffliche Männer haben gleichwohl gewünscht, daß die vornehmsten Quellen einer ieden Begebenheit

* 3 ange=

angezeigt werden möchten. Ich erkenne
daran den rühmlichen Eifer meiner Deut=
schen für die historische Glaubwürdigkeit
und Genauigkeit. Daher habe ich nicht
nur angefangen, dieses Verlangen zu er=
füllen; sondern noch überdieß den besten
Quellen zuweilen einige der brauchbarsten
Hülfsmittel aus den neuern Zeiten bey=
gefügt: alles aber mit der strengsten
Wahl und Kürze. Wenn einige angehende Gelehrte, die sich etwan dieses Buchs
bedienen sollten, dadurch frühzeitig ange=
wöhnt werden könnten, die Quellen der
Geschichte hochzuschätzen, und sich mit ih=
nen bekannt zu machen: so würde ich
mich besonders freuen, so folgsam gewe=
sen zu seyn.

Hier ersuche ich zugleich einige meiner
Leser, es nie zu vergessen, daß dieses
Werk, wenn es gleich die christliche Re=
ligion betrifft, bloß historisch, nicht leh=
rend

rend sey. Die Erinnerung scheint sehr
überflüßig zu seyn; und verliert sich doch
überaus leicht aus den Augen. Sehr oft
hat man in Büchern dieser Art bloß nach
dem Lehrbegriff seiner Kirche gesprochen,
und wohl gar denselben vertheidigt, anstatt lediglich zu erzählen. Es kann seyn,
daß ich diesen Fehler bereits begangen habe; daß ich nicht immer in denselben gefallen sey, wo es eine Gelegenheit dazu
gab, sehe ich aus gewissen Urtheilen, die
anstatt historischer Ausdrücke, dogmatische
und systematische begehrt haben. Ich werde mich wohl in Acht nehmen, diesen
Tausch zu treffen. Die Geschichte ist schuldig, jede Wahrheit ohne Rücksicht auf
gewisse Lehrsätze, wenn sie gleich dem
Schriftsteller höchst gewiß und ehrwürdig vorkommen, bekannt zu machen.
Er muß es sogar zeigen, wo sie dem
Lehrbegriffe seiner Gemeine weniger

gün-

günstig ist, und dieser muß sich oft nach der Geschichte richten. Wer den Unterscheid zwischen einer historischen und dogmatischen Schreibart nicht kennt, für den kann keine eigentliche Geschichte geschrieben werden.

Was an der Einrichtung, an einzelen Stellen und an dem Ausdrucke dieses Werks getadelt worden ist, das werde ich mir alles soweit zu Nutzen machen, als ich einen hinlänglichen Grund des Tadels einsehen kann. Bisweilen habe ich denselben nicht finden können; aber wozu dient es, sich in weitläuftige Beantwortungen einzulassen? So hat man bey der 76sten Seite des Ersten Theils gezweifelt, ob würklich, wie daselbst vorgegeben wird, die gründliche Erforschung der Kirchengeschichte der kürzeste Weg sey, um in dem Urtheil über die Religion zu einer gewissen Festigkeit

zu gelangen. Allein in dem Buche ist
es ausführlich bewiesen worden, daß sie
und für wen sie dieser kürzeste Weg sey;
ich kann noch mehr sagen; sie ist es für
Gelehrte und Christen aller Art, weil
die Hauptbeweise für das Christenthum
historisch sind. Bey der 384sten Seite
ist geurtheilt worden, es werde daselbst
mehr behauptet, als jemals erwiesen werden könne: denn wenn gleich der Apostel
Paulus die Heiden nicht ausdrücklich
zum ewigen Elende verdamme; so habe
er ihnen doch auch nirgends die ewige
Seligkeit zuerkannt. Die Zeit ist, glaube ich, schon da, in welcher man nicht
nöthig hat, über diese Erklärung zu
streiten. Wenn Paulus die tugendhaften Heiden nicht verdammt, wenn er sogar beweiset, daß sie nicht nach den
Grundsätzen einer geoffenbarten Religion, sondern nach dem natürlichen Ge-

setze

ſetze und ihrem Gewiſſen von Gott gerichtet werden ſollen, was kann ich mehr
von ihm verlangen, um mich ſeines Beyfalls zu rühmen?

Ich hoffe, daß der dritte Theil dieſes Werks ohngefähr in einem halben
Jahre zum Vorſchein werde kommen
können: in demſelben werde ich noch andere Erläuterungen über daſſelbe mittheilen, die mir jetzt meine Zeit nicht erlaubt. Wittenberg, am 7ten October
des Jahrs 1770.

Vorrede
Zur zweyten Ausgabe.

Diese Ausgabe könnte eben sowohl, als die zweyte vom Ersten Theil, in ihrer Aufschrift vermehrt heißen; allein die Zusätze, welche sie erhalten hat, sind weder zahlreich, noch sehr beträchtlich. Sie bestehen hauptsächlich nur in der Anführung einiger vorzüglichen Stellen aus Werken der Gelehrten; verschiedenen Umständen, die den Erzählungen noch verdienten beygefügt zu werden, und ähnlichen kleinen Erweiterungen.

Erheblicher sind die Verbeßerungen, welche an einigen Stellen angebracht worden sind, ob sie gleich auch nicht in das Große und Ganze gehen. Man wird sie bey einigen minder wichtigen Nachrichten, Urtheilen, Nebenvorstellungen, und selbst bey der Schreibart antreffen, die ich mit aller

Schär-

Vorrede zur zweyten Ausgabe.

Schärfe durchgegangen bin. Da sich über die Richtigkeit der Bestimmung des Jahrs 1574 (S. 298. der ersten Ausgabe) Zweifel bey mir erhoben hatten: so suchte ich dieselben durch eine genauere Untersuchung zu tilgen; sie ist aber bis jetzt noch nicht so weit gekommen, daß ich die Folge davon mittheilen könnte. Allerdings scheint die Materie, welche sie betrift, für ein Werk, wie das gegenwärtige ist, allzu critisch zu seyn. Allein da auch, solche Erörterungen in den neuesten Zeiten unter Lesern von aller Art bekannt geworden sind; da man über dieselben deutsche Schriften herausgegeben hat; da sogar einer der größten Fürsten unsers Zeitalters vor nicht sehr vielen Jahren eine Neigung geäußert hat, diejenigen Ausgaben der Bibelübersetzung Luthers zu sehen, in welchen die berühmte Stelle aus dem ersten Briefe des Apostels Johannes fehlet: so hielt ich es vor nützlich, und sogar zur Vermeidung wichtiger Mißbräuche, die aus halbwahren Begriffen von dieser Sache entstehen können, nothwendig, derselben kurz zu gedenken.

Ich

Vorrede zur zweyten Ausgabe.

Ich wünschte in der That, daß ich alle Erinnerungen, die bey diesem Theile gemacht worden sind, zu einer Berichtigung desselben hätte nutzen können. Verschiedene darunter konnten mich jedoch nicht völlig überzeugen, daß ich Unrecht hätte: vielleicht nur deswegen, weil ich mit den gelehrten Männern, von welchen sie herrührten, mich nicht ausführlicher darüber, besonders über ihre Gründe, unterreden konnte. So ist in einer schätzbaren periodischen Schrift geurtheilt worden, in meinem Leben Jesu zeigten sich noch zu viele menschliche Zusätze oder willkührliche Vorstellungsarten. Diese sind jedoch nicht angegeben worden: Daher bin ich nicht im Stande, sie zu prüfen, oder zu ändern.

Es ist natürlich, daß ich auch hier die Gelegenheit ergreiffe, etwas über eine Stelle des Ersten Theils (S. 403. der ersten Ausg. S. 411. der zweyten) zu sagen, die einem gelehrten Kenner der Kirchengeschichte befremdlich vorgekommen ist. Der Hr. Doctor und Professor Wernsdorf allhier, mit welchem mich Hochachtung und Freundschaft verbinden,

binden, und deßen treffliche Büchersammlung keine geringe Erleichterung für die Abfaßung dieses Werks bisher gewesen ist, hat in dem Michaelisprogramma der hiesigen Universität vom Jahr 1773, seine Verwunderung darüber bezeigt, daß ich seiner in Jahr 1757. herausgegebenen Einladungsschrift de Originibus Sollemnium Natalis Christi ex festivitate Natalis Jnvicti, in den Leipz. Gelehr. Zeitungen des Jahrs 1758 Beyfall gegeben, und hingegen in der obengedachten Stelle dieses Werks, von seiner darinne vorgetragenen Meinung über den Ursprung des Geburtsfestes Jesu, nur auf eine zweifelhafte Art geschrieben hätte. Woher dieses komme, habe ich dem Hrn. Doctor schon ehemals mündlich eröfnet. Noch im Jahr 1766. trat ich ihm hierinne in der Vorrede zum fünften Theil von Baniers Götterlehre (S. 30. 31. welche Stelle eigentlich zur 575sten Seite des zweyten Theils von dem ebengenannten Werke gehört,) völlig bey. Ich brachte diese Meinung, die eigentlich vom Harduin herstammt, und nach ihm auch von andern ist behauptet worden, aus

Mos-

Vorrede zur zweyten Ausgabe.

Mosheims, der ihr ebenfals zugethan war, Vorlesungen über die christlichen Alterthümer, nach Leipzig: denn warum sollte ich dieses nicht aufrichtig gestehen? Kein Wunder ist es also, daß ich, als ich die Schrift des Hrn. Doctor in den angeführten Zeitungen recensirte, keine genauere Untersuchung darüber anstellte. In einer solchen kurzen Nachricht ist ohnedieß auch nicht der Ort dazu. Aber da ich mich verbunden hielt, in dem gegenwärtigen Werke alles möglichst nach eigenen geprüften Einsichten vorzustellen, glaubte ich Ursache gefunden zu haben, die oft gedachte Meinung nicht mehr vor so gewiß anzusehen. Sie beruht höchstens auf einer Muthmaaßung, die sich gut ausschmücken läßt. Kein zuverläßiger Zeuge bestärkt sie: und Johannes, Erzbischof von Nicäa, den man einigermaaßen für dieselbe anführen kann, ist nach dem Geständnisse des Hrn. Doct. selbst, (p. 28.) ein so später und schlechter Schriftsteller, daß er die Meinung eher verdächtig machen kann. Ich war also berechtigt, sie ganz wegzulassen. Hr. D. Ernesti,

der

der ihr allen Schein abspricht, (Neue Theol. Biblioth. Th. IX. S. 464.) urtheilt eben dieses. Und sie gehört überhaupt mehr in die christliche Alterthums = Wissenschaft, als in eine Geschichte der christlichen Religion. Dennoch erzählte ich sie aus Achtung gegen die gelehrten Männer, welche sie angenommen und geschickt zu empfehlen gewußt haben.

In einer immer gleichen Denkungsart werde ich es mir, auch bey der Fortsetzung dieses Werks, zu einer beständigen Pflicht machen, kleinere Nachrichten und Erörterungen in der Geschichte des Christenthums wenig oder gar nicht zu berühren: aber dagegen das Große und Edle in den Veränderungen dieser Religion desto sorgfältiger zu entwickeln, um die erwünschte Festigkeit im Urtheile über dasselbe, nach meinen Kräften zu befördern. Wittenberg, am Reformationsfeste des Jahrs 1774.

Christ-

Christliche Kirchengeschichte.

Zweyter Theil.

.

Fortſetzung
der
ausführlichen Geſchichte
des
erſten Zeitraums.

Beweiſe
für die Lehre Jeſu.

Als Jeſus diejenige Religion, die bisher beſchrieben worden iſt, die vollkommenſte unter
allen, die noch von Menſchen waren angenommen worden, öffentlich zu lehren anfieng, legte er
zwar dadurch den Grund zu einer ungemeinen Bewegung der Gemüther in dem jüdiſchen Lande! es war auch
nicht unwahrſcheinlich, daß ſie ſchon für ſich, ohne durch
glaubwürdige Zeugniſſe und unwiderſtehliche Gründe
beſtätigt zu werden, vielen Eingang bey den Menſchen
finden würde. Allein, entblößt von einer ſolchen Unterſtützung, konnte ſie vielleicht eine Zeitlang gefallen;
nur keine bleibende Ueberzeugung und Folgſamkeit hervorbringen. Jeſus that ſo große, ſo ungewohnte, auch
ſo allgemeine Forderungen an den Verſtand und das
Herz der Menſchen, daß ſie ſich auch alsdenn, wenn ſie
den Nutzen derſelben einſahen, ihnen nicht ſogleich unter-

werfen

werfen konnten. Er veränderte die jüdische Religion,
die einzige, welche auf göttlichen Befehlen und Offen=
barungen beruhte, auf mehr als Eine Art; er verwarf
alles, was die Heiden bisher zum Theil so einstimmig,
unter dem Namen der Religion begriffen hatten; sich
selbst eignete er die höchste göttliche Würde zu, und woll=
te vor den Lehrer und Erlöser, nicht eines Volks, son=
dern der ganzen Welt gehalten werden. Der erste Ge=
danke also, der bey seinen Zuhörern entstehen mußte,
war die Frage: Mit welchem Rechte verlangt er so vie=
len Glauben an seine Worte, so vielen Gehorsam gegen
seine Vorschriften?

Zwar die Vermuthung war schon an sich sehr wahr=
scheinlich, daß die Religion, welche er predigte, wahr
und auf gute Beweise gebauet, auch wohl gar eines hö=
hern Ursprungs seyn dürfte. Von dem ersten Tage an,
da Jesus als Lehrer unter den Menschen aufstand, bis
in seine letzten Stunden, zeigte er sich in einem sich im=
mer gleichen, sehr ruhmwürdigen Charakter. In die=
sem herrschte das Ansehen der Ehrlichkeit und Uneigen=
nützigkeit, mit der größten Absicht, welche sich Menschen
vorsetzen können, die Welt zu erleuchten und zu bessern,
verbunden. Niedrigere Absichten bey ihm zu argwoh=
nen, verbot sein ganzes Betragen. Man bemerkte nie=
mals an ihm einige Versuche, eine große Parthey im
Staate oder in der jüdischen Kirche zu stiften, und als
ihr Oberhaupt, Ehre, Macht und Reichthümer in vol=
lem Maaße zu erwerben. Selbst die ungemeinen Ver=
besserungen, die er Juden und Heiden empfohl, hinder=
ten ihn nicht, in der Gemeinschaft der jüdischen Kirche,
und in der Unterwürfigkeit gegen die heidnischen Kaiser,
zu bleiben. Man sahe ihn unveränderlich in seinen
Grundsätzen und in seiner Lebensart, arm, demüthig,
unter unzähligen Beschwerlichkeiten und Verfolgun=
gen, ohne Aufhören unterrichten, Irrthümer widerle=
gen,

gen, Laster bestrafen, warnen und trösten; mit eben so
vieler Menschenliebe, als ernster Würde und hoher Anstande seinen Freunden und Feinden begegnen, und hinwiederum jedermann nicht weniger Ehrfurcht als Liebe
und Vertrauen gegen sich einprägen; standhaft und großmüthig leiden, endlich aber, noch immer eben denselben,
heilig, wie seine Sittenlehre, für die edelste Sache, und
mit den erhabensten Ausdrücken seiner Größe, freywillig sterben. Keines von den Mitteln, durch welche ein
verdächtiger oder offenbar schlimmer Entwurf in der
Welt durchdringen kann, wurde jemals von Jesu gebraucht: nicht große Gewalt, Ansehen oder mächtige
Hülfe; keine bethörende Blendwerke, welche die kurz-
sichtige Menge des Volks gewinnen können; keine
Kunst, unter dem Schutze der Finsterniß fast unbemerkt
einen versteckten Anhang zu sammeln; auch nicht die
Reizungen bloß dunkler, spitzfindiger und geheimnißvol-
ler Lehren, welche man nicht begreifen, aber wohl bewundern soll. Er gieng seinen Weg durch sanftes Ueber-
reden, durch einen reinen und rührenden Eifer, stets
bereit, über alle seine Reden und Handlungen eine freye
öffentliche Prüfung ergehen zu lassen. Diese konnte
man leicht anstellen, ihn ganz übersehen, und daraus
die vortheilhaftesten Schlüsse für ihn ziehen.

Eine andere günstige Vermuthung, welche der
Stifter der christlichen Religion für sich erweckte, entstand aus dem unvergleichlichen Zusammenhange, durch
welchen alle seine Lehren unter einander verbunden waren. Vollständig und durchaus zu seinem Endzwecke
geschickt, erklärten, bekräftigten und wandten sie einander wechselsweise an. Man vermißte in diesem Lehrgebäude nichts, was die Absichten Jesu nur zu fordern
schienen; man traf aber auch nichts überflüßiges darinne an. Er setzte eine richtige Erkenntniß Gottes und
des Menschen voraus, reinigte und vermehrte diejenige,

A 3   auf

auf welche man sich bisher verlassen hatte: und hierauf
gründete er erst die Pflichten, welche er den Menschen
vorschrieb. Er wollte, daß ihr Verstand und Wille
zugleich wirksam werden sollten. Auf die Beförderung
ihrer Weisheit und Glückseeligkeit, die mit der Ausbreitung der Ehre Gottes anfangen, in seiner Gemeinschaft sich endigen sollte, darauf war der ganze Umfang
seiner Lehren gerichtet. Ein so wohl angelegter Entwurf, in welchem jeder Theil mit dem Ganzen genau
vereiniget war, das Neue Bewunderung und Dankbarkeit erregte, das Willkührliche weise Absichten verrieth,
und selbst das Unbegreifliche nicht gleich bey dem ersten
Anblicke verdächtig zu seyn schien, weil es doch immer
einen fruchtbaren Einfluß auf alle Hauptwahrheiten
äußerte, und gleichsam noch über die hellern Seiten einen majestätischen Glanz verbreitete; dieser Entwurf
also gereichte seinem Urheber zur Ehre, und konnte die
Herzen immer mehr zu seiner Verehrung lenken.

Wollte man die Religion Jesu in diesen ersten
Zeiten noch näher betrachten: so fand man außer einer
so geschickten Zusammensetzung ihrer Lehren, auch den
großen und seltnen Vorzug, daß sie alle gemeinnützig
waren, alle eine gewisse Bestimmung und leichte Anwendung zu dem herrlichsten Gebrauche für die Menschen mit sich führten. Durch dieselben bekam die ihnen
unentbehrliche Kenntniß von Gott, von ihrer Seele, von
den Absichten ihres Daseyns, von ihrem Zustande nach
dem Tode, von den Mitteln, Gott gefällig, sich selbst
und ihren Brüdern nützlich, überhaupt aber glückseelig
zu werden, ein ungemeines, noch nirgends gesehenes
Licht. Diese Religion wurde insonderheit durch eine
überall und zu allen Zeiten, für jedes Geschlecht, Volk
und Alter, bey allen Gemüthsfassungen, Bedürfnissen
und Umständen der Menschen geschäfftige Sittenlehre
belebt. Sie war ganz dazu gemacht, um von jedermann
genützt

genützt zu werden, und sie räumte die Schwierigkeiten, welche dabey entstehen konnten, selbst aus dem Wege. Eine solche praktische Vortreflichkeit derselben stärkte die Vermuthung, daß sie wahr und gewiß seyn möchte.

Aber diese stieg noch höher, wenn man Jesum seine Religion nicht muthmaaßlich, schüchtern oder unbeständig, sondern mit einer entscheidenden Gewißheit und Standhaftigkeit vortragen hörte: mit einer Hoheit der Seele, die fest von dem Werthe derselben überzeugt, zwar zu den Menschen sich durch freundliche und mitleidige Vorstellungen herabließ, aber keineswegs irgend eines ihrer Rechte aufgab; vielmehr durch den Ernst, womit sie dieselben behauptete, durch eine von Ehre und Beyfall der Menschen unabhängige Größe zu erkennen gab, daß sie von keinem Zweifel, Verdacht, oder Angriffen anderer Art, etwas zu befürchten habe. So hatte die menschliche Vernunft allein noch nie gesprochen und gehandelt: und alles zusammen genommen, ließ sich die Lehre und Aufführung Jesu aus keinem bisher bekannten Beyspiele erklären. Wer ihn nur vor einen scharfsinnigen Philosophen ansehen wollte, der mußte sich wundern, so viel Geheimnißvolles in seinem Unterrichte anzutreffen, wovon er verlangte, daß es auf sein Zeugniß sollte geglaubt werden. Er war mehr als ein strenger Sittenlehrer: denn die Pflichten, welche er vorschrieb, waren auf sehr tiefe und zum Theil neue Einsichten in das Wesen, die Werke und den Willen Gottes, auch in die Natur und die Kräfte der menschlichen Seele, gebauet. Man hätte ihn vielleicht vor einen blossen Wiederhersteller und Verbesserer der jüdischen Religion halten können, der ihr unvollkommenes Cärimonial Gesetz aufheben, sie reiner und geistiger machen wollte, wenn er nicht die höchste Erwartung derselben auf sich selbst gerichtet hätte. Für einen frommen Schwärmer war er augenscheinlich zu gelassen, und zu weise in sei-

nem ganzen Betragen, seine Reden vorzüglich mit dazu
gerechnet: und für einen scheinheiligen Betrüger war er
viel zu offenherzig und redlich, zu sehr bereit, von allen
Seiten geprüft zu werden. Es blieb also kaum etwas
anders übrig, als es vor sehr wahrscheinlich zu halten,
daß Jesus derjenige wirklich sey, vor welchen er sich
ausgab, und daß man keine bessere Religion, als die sei=
nige annehmen könne.

Doch er gab die Beweise, welche diese Vermuthun=
gen in Gewißheit verwandelten, sehr bald, sehr häufig,
und eben so überzeugend. Sie sollten zunächst für die
Juden dienen, unter denen er lebte; aber dereinst, in
glaubwürdigen Nachrichten aufgezeichnet, auch für alle
Heiden hinlänglich seyn. Von keinem Stifter einer
Religion, nicht von Mose und den jüdischen Prophe=
ten, waren jemals so mächtige Beweise, daß ihr Beruf
und ihre Lehre von Gott selbst herstamme, vorgetragen
worden.

Zuerst berief sich Jesus auf das deutliche unzäh=
liche mal wiederholte Zeugniß, welches Gott von ihm seit
den ersten Zeiten der Welt, unter seinem Volke abge=
legt hatte. Es fand sich in den göttlichen Schriften,
die von der jüdischen Kirche sorgfältig waren aufbehal=
ten worden. Darinne wurde mit einer Menschen
unmöglichen Gewißheit und Klarheit geweißagt, daß
zu einer bestimmten Zeit nach vielen hundert Jahren
der Sohn Gottes ein Mensch werden, und zum Heil des
menschlichen Geschlechtes lehren, leiden und sterben soll=
te. Aus so vielen Kennzeichen, die zugleich in Anse=
hung desselben angegeben wurden, sollte derselbe über=
aus leicht entdeckt werden können. Die Zeit seiner Er=
scheinung war gekommen: dieses schien den Juden so
wenig zweifelhaft zu seyn, daß sie eben damals, da Je=
sus sich ihnen darstellte, insgesammt die Ankunft des
Meßias

Meßias täglich hofften. Von ihnen war diese freudige Erwartung unter einer etwas veränderten Gestalt in alle Morgenländer gedrungen: denn daselbst erhielt sich, wie die beyden heidnischen Geschichtschreiber Suetonius im Leben des Vespasianus, und Tacitus im fünften Buche seiner Geschichte erzählen, bis gegen die Mitte des ersten Jahrhunderts ein altes und allgemeines Gerüchte, daß die Welt ihren Beherrscher aus dem jüdischen Lande bekommen würde. Dieser Beweis war redend, und brauchte keiner Ausführung. Daher sagte auch Jesus zu den Juden: „Forschet immer in euren „göttlichen Schriften nach; denn ihr glaubt in densel= „ben den Weg zum ewigen Leben zu finden, und sie sind „es auch, die von mir zeugen.„ Von Mose an bis auf die letzten großen und außerordentlichen Lehrer, welche das jüdische Volk gehabt hatte, war dieses Zeugniß unaufhörlich fortgegangen, hatte nach und nach so viele einzele Umstände bezeichnet, und war endlich so helle und sichtbar geworden, daß man nach der Anleitung desselben, den Meßias unmöglich verfehlen konnte. Seine Person, die Zeit seiner Ankunft, der Ort seiner Geburt, seine Mutter und sein Geschlecht, das Land, worinne er lehren würde, der Vorläufer, der jedermann ermuntern sollte, ihn würdig aufzunehmen, seine Lehre selbst und sein Leben, die Verachtung und Verfolgung welche er ausstehen würde, sogar manche kleinere Umstände seines Leidens, sein Tod, seine Auferstehung und Himmelfarth, alles dieses war ausdrücklich lange vorher beschrieben worden, und ietzt hatte man nicht nöthig erst Untersuchungen anzustellen, um die Erfüllung davon an Jesu zu sehen. Jeder Umstand fiel von selbst in die Augen: es konnte den Juden, wenn sie die Wahrheit redlich suchten, überlassen werden, diese Vergleichung selbst anzustellen; alsdenn mußten sie urtheilen: Jesus ist der versprochene Meßias.

A 5

Er selbst aber setzte einen andern Beweis hinzu, der eben so unüberwindlich stark war, als der erstere, und von ihm allein herrührte. Er verrichtete sehr viele Handlungen, welche alle Macht der Menschen, und alle bekannte Kräfte der Natur überstiegen. Schon oft waren die Wunderwerke eine Beglaubigung gewesen, welche Gott seinen Gesandten an die Menschen mitgegeben hatte. Jesus brachte diese Fähigkeit in einem weit höhern Grade auf die Welt: bey ihm war sie nicht nur ein Kennzeichen, daß ihn Gott sende, sondern auch, daß er selbst der Sohn Gottes sey. Zwar nannte er dieses Werke, die ihm sein Vater zu vollenden aufgetragen habe, und die er im Namen desselben thue; allein in eben diesem Stande seiner Niedrigkeit, dem ein solches Bekenntniß durchaus gemäß war, sagte er doch zugleich, daß alles, was der Vater habe, auch sein sey; daß er lebendig mache, welche er wolle; kurz, um nicht Aussprüche zu häufen, die sich den Christen von selbst darbieten, er legte sich die kräftige Macht, Wunder zu verrichten, selbst bey, anstatt, daß die Propheten der Juden sie aus der Hand Gottes empfangen hatten.

Seine Wunderwerke waren auch noch überdieß größer und rührender, als diejenigen, welche diese vortrefflichen Lehrer gestiftet hatten. Er selbst, seine Menschwerdung, seine Sendung vom Vater, auf die er seine Zuhörer so oft verwies, und die hohen Absichten, von welchen er bezeugte, daß er sie erfüllen würde, schon dieses war das wichtigste Wunder, das jemals in der Welt geschehen war. Alle diese göttliche Werke Jesu waren wohlthätig: er bediente sich seiner Kräfte nur, um Todte ins Leben zurück zu rufen, unheilbare Kranke gesund zu machen, einige tausend Hungrige mit einem sehr kleinen Vorrathe von Lebensmitteln zu speisen; die bösen Geister aus den Leibern der Menschen zu vertreiben;

ben; niemals aber, um ihre üble Begegnung und ihre
Halsstarrigkeit zu bestrafen. Vergebens wollten zween
seiner Jünger über einen Samaritanischen Flecken, in
welchem er nicht war aufgenommen worden, das Feuer
des Himmels fallen lassen. Er erinnerte sie, daß sie
von einem sanftern Geiste regiert werden müßten, und
daß er nicht zum Verderben, sondern zum Heil der Menschen gekommen sey. Die majestätische Würde, mit
welcher Jesus seine Wunder verrichtete, war insonderheit einer ihrer glänzendensten Vorzüge. Ein Wort,
oder sehr wenige, einige Augenblicke, eine bloße Berüh-
rung, sein Wille allein, auch in der Entfernung, waren
dazu hinlänglich: er gebot über die ganze Natur, und
selbst über die unsichtbaren Geschöpfe. Auch folgten
diese Wunder in unzählicher Menge, ob gleich nur in
einem Raume von drey Jahren, geschwind auf einander! sie übertrafen von dieser Seite wiederum diejenigen zusammen genommen, welche man an den Propheten des alten Bundes bewundert hatte. Sie wurden
endlich alle öffentlich, vor sehr vielen, meistentheils feind-
seelig gesinnten Zeugen, und in der edeln Absicht begangen, daß jedermann ihre Wahrheit untersuchen könnte.

Da die Juden dergleichen wunderbare Zeichen
von Jesu forderten, wenn sie an ihn glauben sollten:
so wurden alle Gegenden ihres Landes damit erfüllt.
Aber ihr Begehren war meistentheils nur Vorwitz und
Neubegierde: denn mitten unter denselben mußten sie
von Jesu erinnert werden, daß sie dem Zeugnisse, welches diese Werke von seiner göttlichen Sendung abgaben, glauben möchten. Er selbst hielt also einen stärkern Beweis, als dieser war, vor überflüßig. Die Gewißheit seiner Wunder beruhet auf den Nachrichten unverwerflicher Zeugen, die ihm überall hinfolgten, und
deren Glaubwürdigkeit in seiner ganzen Lebensgeschichte
sich an einem bequemern Orte offenbaren wird. Sie
sind

sind in den ersten Zeiten des Christenthums selbst von den bittersten Feinden desselben nicht geleugnet worden. Juden und Heiden gestanden, daß sie wirklich geschehen wären! nur, was die erstern gegen Jesum selbst behaupteten, daß er seine Wunder durch den Beystand der bösen Geister, und durch Zauberey verrichte, dieses haben auch die letztern in den folgenden Zeiten wiederholt: eine eben so unwahrscheinliche als unerweisliche Ausflucht! Aber offenbar zu späte sind in den neuesten Jahren diejenigen gekommen, welche nach so vielen Jahrhunderten die geprüfte Aussage der Geschichte von den Wundern des Weltheilandes zweifelhaft zu machen gesucht haben. Man kann eben so wenig mit dem neuern Gegner der christlichen Religion, **Anton Collins**, sagen, die an Jesu erfüllten Weißagungen wären ein weit gewisserer Beweiß für seine Religion gewesen, als seine Wunder. Beyde Beweise waren in ihrer Art gleich durchdringend: sie sollten gemeinschaftlich wirken, und sie haben es auch bis auf unsere Zeiten gethan.

Jesus verstärkte sie noch durch die zuverläßigste Vorhersagung von zwo wichtigen Begebenheiten, welche, schon an sich betrachtet, die Ueberzeugung von der Wahrheit seiner Religion ungemein befördern mußten: noch mehr aber, wenn man sie als genau eingetroffene Weißagungen ansehen konnte. Er kündigte es mehrmals zum Voraus an, daß er am dritten Tage nach seinem Tode wieder ins Leben zurückkehren würde. Er prophezeihte aber auch die nach einigen dreyßig Jahren bevorstehende Belagerung, Eroberung und Zerstörung von Jerusalem, den Untergang des Tempels und der Religion der Juden, ihre Zerstreuung in die Welt, so deutlich und zum Theil mit so vielen Umständen, daß er sogar versicherte, manche von den damals lebenden Juden würden bey diesem Unglücke ihres Volks noch gegenwärtig seyn. Sie werden, sagte er, den Tod nicht

nicht schmecken, bis daß sie des Menschen Sohn kommen sehen in seinem Reiche, das heißt, als einen rächenden König über die hartnäckigen Feinde und Verfolger seiner Religion. Man findet noch mehrere Weissagungen Jesu bey den Geschichtschreibern seines Lebens aufgezeichnet, wie unter andern von der künftigen Verehrung Gottes, ohne Tempel, und Cärimoniendienst, bloß durch ein reines und rechtschaffenes Herz; von den Gaben des heiligen Geistes, welche seinen Aposteln mitgetheilt werden sollten; von den Trübsalen, welche sie ausstehen würden; von den häufigen Betrügern, welche sich vor den Meßias ausgeben würden, und andere mehr, von denen allen die Geschichte eine richtige Erfüllung aufbehalten hat.

Mit eben dem heitern und ruhigen Bewußtseyn, mit welchem Jesus so große Beweise für die Göttlichkeit seiner Lehre ungezwungen sehen ließ, sagte er auch zu seinen Feinden: Welcher unter euch kann mich einer Sünde zeihen? Noch niemals hatte ein Mensch auf diese Art sprechen können: und die Frage Jesu war eine neue Bestätigung seiner Religion. Er war die Ehre derselben in seinem ganzen Leben. Alle Tugenden, welche er vorschrieb, und welche nur bey seinen Verhältnissen gegen die Menschen Platz finden konnten, sind von ihm auch ausgeübt worden. Man muß sich hier insonderheit an seine allgemeine und stets wirksame Menschenliebe, an seine Versöhnlichkeit, von welcher kein anderes so bewundernswürdiges Beyspiel vorhanden ist, an das Mitleiden, das ihn so oft gerühret hat, an seine außerordentliche Sanftmuth, Gedult und Demuth, und an seine unaufhörliche Bemühungen, den Menschen auf jede Art zu Hülfe zu kommen, erinnern. Aber die zärtlichste und treueste Ergebung in den göttlichen Willen seines geliebten Vaters, ein standhafter Eifer für die Ehre Gottes, ein vollkommenes Vertrauen auf denselben,

selben, und eine eben hieraus entspringende heiße und öftere Unterredung mit Gott im Gebete, diese Faßung und Beschäftigung der Seele Jesu, gab ihm ein nicht minder ehrwürdiges Ansehen; sie erhöhete alle seine übrige Tugenden. Seine Geschichte weiset auch nicht eine einzige Spur von einem Heuchler auf. Er erscheint in allen seinen Handlungen wahrhaftig, heilig und groß; man braucht aber nicht erst zu warten, bis er sein Leben am Kreuze beschlossen hat, um mit den anwesenden Zuschauern zu sagen: Warlich, dieser ist Gottes Sohn gewesen.

Lehrart Jesu.

Auch der Vortrag seiner Lehren hatte sehr viel Eigenthümliches. Er gab einen faßlichen, angenehmen, aber auch nachdrücklichen und eindringenden Unterricht. Seine Feinde gestanden selbst, daß noch kein Mensch, wie er, geredet habe; das Volk ermüdete nicht ihn zu hören: es vergoß die Sorge für seinen Unterhalt, um ihm an abgelegene Oerter nachzufolgen; und wenn er zu predigen aufgehöret hatte, bewunderte es mit Erstaunen den Machtvollen Ausdruck und die Hoheit, von welcher er sich gleichsam herabzulaßen schien. Seine herrlichen Wunder verschaffen ihm nicht nur einen Eingang in die Gemüther, sondern auch die häufigste Gelegenheit, den Juden zu erklären, daß er von Gott gesandt worden sey, ein neues Reich, welches er das Reich Gottes, oder das Himmelreich nannte, unter ihnen aufzurichten. Er suchte und fand

fand viele andere eben so bequeme Veranlassungen und
Oerter, um seine Hauptlehre kurz und deutlich anzubrin-
gen, daß dieses Reich eben itzt seinen Anfang nehme,
und daß der Eintritt in dasselbe durch Veränderung
des Sinnes und Lebens, zugleich aber durch den Glauben an sein Evangelium, offen stehe.

In seiner Unterweisung richtete sich Jesus eben so
sorgfältig als gütig nach den Fähigkeiten seiner jüdischen
Zuhörer. Er unterredete sich mit ihnen, führte sie
durch Fragen nach und nach zur Erkenntniß der Wahrheit, und beantwortete hingegen die Einwürfe, die oft
hinterlistigen und boshaften Fragen, welche sie ihm vor-
legten, dergestalt, daß sie zu ihrer Beschämung und Belehrung ausschlugen. Insonderheit bediente er sich der
parabolischen und sinnbildlichen Art des Vortrags, den
die lebhaftere Einbildungskraft der morgenländischen
Völker sich von den ältesten Zeiten an eigen gemacht
hatte, ungemein häufig und glücklich. Da er, nicht zwar
in der hebräischen Sprache, welche man längst nicht
mehr unter den Juden redete, wohl aber in der damit
verwandten syrisch-chaldäischen Mundart sprach: so
findet man überhaupt in seinen Ausdrücken, auch nach
der griechischen Uebersetzung der Evangelisten, die wir
lesen, sehr viele morgenländische, besonders hebräische,
Bilder und Redensarten, die wir, um sie zu verstehen,
erst in die gewöhnlichen Vorstellungen unserer Sprache einkleiden müssen. Die Gleichnisse aber, in welche
er seine Lehren einhüllte, waren ein ausnehmender
Dienst für die Untüchtigkeit der Menschen, ihre Augen
zu hohen und geistigen Dingen zu erheben. Diese zog
er, so zu reden, mitten unter diejenigen Gegenstände herab, mit denen sie täglich umgiengen, und gab dadurch
auch denen, welche künftig seine Religion predigen würden, eine Erinnerung, den großen Haufen nicht durch
lauter abgezogene Begriffe, und eine gelehrte Methode

zu

zu blenden, sondern ihn vielmehr durch anständige Bilder zu erleuchten. In den seinigen ist überaus viel An-
muth, mit der weisesten Geschicklichkeit verbunden.
Denn man sieht darinne Personen und Handlungen
aus dem gemeinen Leben, die ein rührendes Gemählde
von demjenigen abgeben, was Jesus und seine Religion
Edles und Heilsames an sich haben. Er nennt sich den
guten Hirten, der sein Leben für seine Schaafe läßt, der
sie aus allen Gegenden der Welt sammlet, und in Eine
Heerde vereiniget. Er ladet jedermann, ohne Unterscheid, zu seiner Hochzeit ein; nur will er, daß seine Gä-
ste sich mit einem hochzeitlichen Kleide einfinden: aber
seine gütige Absicht wird bey dem größern Theil seiner
Unterthanen so wenig erreicht, daß sie vielmehr seine
Boten verachten, beschimpfen und umbringen. Eben
so streuet er vielen guten Saamen aus; aber dieser fällt
meistentheils auf den Weg, oder in ein steinichtes Land,
oder unter die Dornen: so sehr sind die menschlichen
Gemüther abgeneigt, seine Lehre gehörig aufzunehmen.
Man soll durchaus den Unschuldsvollen Kindern gleich
werden, wenn man in sein Reich kommen will. Er er-
läßt seinen armen Unterthanen ihre Schulden gegen
ihn, und ihre verdienten Strafen überaus mitleidig;
aber er fordert eben deswegen mit dem größten Rechte,
daß sie auch gegen einander barmherzig seyn sollen,
wenn einer unter ihnen außer Stande ist, zu bezahlen.
Auch dürfen die Menschen nie verzweifeln, Gnade bey
Gott zu erlangen: dem lasterhaftesten Sohne wird die
Versöhnung mit seinem Vater nicht leichter, als der
verlorne Sünder, der sich auf den Weg zum Himmel kehret, freudig empfangen wird.

Mitten unter so vielen Gleichnissen unterließ doch
Jesus nicht, oft auch ohne alle Sinnbilder zu lehren.
Man muß vornehmlich seine Erklärung des göttlichen
Worts, welches den Juden war anvertrauet worden,
und

und seinen Vortrag der Sittenlehre bewundern. An seinen Auslegungen und Erweiterungen des jüdischen Gesetzes erkannte man den vollkommenern Gesetzgeber, der nicht zufrieden mit der genauen Ausübung gewöhnlicher Pflichten, überall etwas Erhaberenes, eine seltene Anstrengung der Seele verlangte; aber auch den Lehrer, der die Vollmacht dieses zu fordern, und mit einem bloßen: Ich aber sage euch, vorzuschreiben, vom Himmel brachte. Von ihm kann man den einzigen richtigen Weg, den Verstand und die Kraft der heiligen Schrift zu finden, lernen: die Beweise, welche er aus derselben zog; die Art, wie er ihre Lehren in wenige kernhafte Sätze zusammen faßte; ingleichen, wie er sie von den Mißdeutungen der Pharisäer rettete, welche die Gebote Gottes seiner ganz unwürdig machten, und durch ihre Zusätze verunstalteten; dieses waren lauter ungemeine Verdienste um die Welt, für welche er den Gebrauch der bereits vorhandenen göttlichen Schriften dadurch überaus erleichterte, und diese mit seiner Religion, als eine Stütze derselben, näher verband. Zugleich war es also auch eine vortrefliche Lehrart, und ohne Zweifel sollte es nach der Absicht Jesu eben diejenige seyn, deren sich die Diener der christlichen Kirche in ihrer Maaße beständig zu bedienen hätten. Dazu kam noch das Moralische seines Unterrichtes, wodurch alles, was er lehrte, gerade zum Herzen geführt wurde, und seine kräftige Nutzbarkeit bekam. Man darf nur jene herrliche und weit ausgebreitete Sittenlehre betrachten, die in seiner Bergpredigt enthalten ist, wo ein so großer Reichthum der edelsten, ja den Menschen am wenigsten bekannten Pflichten, die Quelle eines reinen und geheiligten Geistes, aus welchem sie fließen sollen, und das Vorzügliche der christlichen Religion vor der jüdischen, insonderheit von Seiten der Gottseeligkeit und des Gebets, abgebildet wird. Jesus erscheinet so gewiß als der größte Sittenlehrer, der unter den Menschen aufgetreten

II. Theil. B

getreten iſt, daß ſehr viele ſich durch einen Mangel an
Aufmerkſamkeit, auch wohl durch ihre Abneigung gegen
Geheimnißvolle Lehren haben verleiten laſſen, ihn nur
vor einen Prediger der Tugend zu erkennen, und die
Größe, welche er durch ſeine Glaubenslehre, den Grund
aller ſeiner moraliſchen Vorſchriften, behauptet, ver=
geſſen haben.

Aufnahme und Ausbreitung
der
Lehre Jeſu.

Dieſer göttliche Lehrer reiſte vom dreyßigſten Jahre
ſeines Alters an, etwas länger als drey Jahre
in dem ganzen jüdiſchen Lande herum, ſeine Re=
ligion bekannt zu machen, ihr Freunde und Bekenner,
ſich Nachfolger und Verehrer, aber nur ihnen zum Be=
ſten, zu verſchaffen. Ob er gleich aus dem alten köni=
glichen Geſchlechte der Juden herſtammte; ſo gab ihm
doch daſſelbe, da es längſt in Verfall gerathen war, gar
kein Anſehen; er hatte auch ſonſt keine vornehmen An=
verwandten oder Beſchützer, und überhaupt, als Menſch
betrachtet, nicht die geringſte Unterſtützung. Aber die
einzige und mächtigſte kam von allen den Gaben und
Eigenſchaften her, die bisher an ihm beſchrieben wor=
den ſind.

Nachdem er an dem Oſterfeſte zu Jeruſalem durch
eine heldenmüthige Handlung im Tempel, durch Lehren
und

und Wunderwerke, öffentlich Besitz von seiner Würde,
vor einem sehr großen Theil des jüdischen Volks genommen, und sogleich bey vielen einen tiefen Eindruck gemacht hatte, blieb er noch eine Zeitlang in Judäa. Er
hatte bereits einige Juden zu Gefährten und Schülern,
oder Jüngern bekommen, welche, allem Ansehen nach,
von ihm waren getauft worden: durch diese ließ er viele, welche seine Lehren annahmen, mit eben dieser feyerlichen Handlung zu Mitgliedern seines Reichs einwei-
hen. Mit einem etwas geringern Beyfalle taufte Johannes noch immer auf den Namen des schon erschie-
nenen Meßias fort, und freuete sich, daß der Zulauf
des Volks sich von ihm zu diesem wandte: denn das
war eben die Absicht seiner Aufforderung an die Juden
gewesen. Dieser treue Bekenner Jesu wurde bald her-
nach auf Befehl des Herodes Antipas ins Gefängniß
geworfen, weil er diesen Sohn Herodes des Großen,
Vierfürsten von Peräa und Galiläa, wegen der Ver-
stoßung seiner ersten Gemahlinn, und der darauf erfolgten blutschänderischen und gewaltthätigen Heirath mit
seines Bruders Herodis Philippi Frau, bestraft hatte. Die Großen des jüdischen Volks würden vielleicht
durch dieses Beyspiel gereizt worden seyn, sich der Person Jesu zu versichern; zumal da die Pharisäer bereits
erfahren hatten, daß er ungleich mehr Anhänger als
Johannes bekäme. Daher reiste Jesus nach Galiläa, weil er noch viele Zeit und Freyheit zu seinen Absichten brauchte.

Unterwegens ließ er sich, fern von dem erblichen
Hasse der Juden gegen die Samariter, mit einem Samaritanischen Weibe in ein Gespräch ein. Er belehrte
dasselbe, daß nunmehro Juden, Samariter und Heiden
ohne Unterscheid, und an allen Orten, ohne Cärimonien,
bloß aus einem reinen Geiste, zu Gott mit einer gläubigen Zuversicht auf den Meßias beten könnten: und

zu diesem Glauben brachte er nicht nur das Weib, sondern auch viele von ihrem Volke. In Galiläa ließ Jesus keine Gegend unbesucht, und überall begleitete er den
Unterricht, welchen er in den Synagogen, oder Versammlungshäusern zum Beten, Lesen und Erklären der
heiligen Schrift, ertheilte, mit den offenbarsten Wundern. Aber als er zu Nazareth, dem Orte seiner Erzie-
hung, gleichfalls zu lehren anfieng, suchten ihn die Einwohner, die sich an der Niedrigkeit seiner Jugend ärger-
ten, von dem Felsen ihrer Stadt herabzustürzen. Hierauf heilete er zu Cana den todkranken Sohn eines Hofbedienten des Herodes zu Capernaum, ohne in diese
Stadt zu kommen: ein Wunder, das den Vater und
seine ganze Familie unter die Verehrer Jesu zog. Er
setzte weiter seine Lehren und Wunder eine geraume Zeit
hindurch zu Capernaum fort. Die Thaten, welche er
daselbst an Besessenen und unheilbaren Kranken verrichtete, breiteten seinen Ruhm in die benachbarten Länder
aus, und es kamen Pharisäer und Schriftgelehrten aus
Judäa hin, um dieselben zu sehen.

In dem folgenden Jahre 31 kehrte er zu dem
Osterfeste nach Jerusalem zurück; zum Theil, um es
selbst zu begehen; zum Theil, um vor so vielen tausend
Juden, die wegen desselben in die Hauptstadt kamen,
sein Amt glänzen zu lassen. Hier gab er einem Kranken am Teiche Bethesda seine seit acht und dreyßig
Jahren verlorne Gesundheit wieder. Er that es bloß
durch den Befehl, aufzustehen, und sein Bette nach Hause zu tragen: und da die Juden diese Bemühung als eine Entheiligung des Sabbaths tadelten, zeigte ihnen
Jesus, daß er, so wie sein himmlischer Vater, an jedem Tage wohlthätige Handlungen mit Rechte vornehmen könne. Er machte ihnen zugleich seine Hoheit
deutlich bekannt: je mehr er davon sprach, desto mehr
nahm ihre Erbitterung zu; er aber führte den Beweis
für

für seine göttliche Sendung, aus dem Zeugnisse Johannes, seiner Wunder, und derjenigen Bücher, welche sie selbst vor Gottes Wort erkannten.

Nach dem Feste begab sich Jesus abermals nach Galiläa. Auf dieser Reise rauften seine Jünger an einem Sabbath reife Kornähren aus, um ihren Hunger zu stillen, und wurden deswegen von den Pharisäern einer Verletzung dieses heiligen Tages beschuldiget. Aber Jesus rechtfertigte sie mit einer weit kühnern Handlung Davids, und mit dem Beyspiele der Priester selbst im Tempel. Er erinnerte diese Scheinheiligen an die Stelle eines Propheten, aus welcher sie sehen könnten, daß Gott Wohlthätigkeit und Tugend überhaupt angenehmer sey, als die Beobachtung aller Gebräuche: und er setzte hinzu, daß er auch über den Sabbath Herr sey. Nicht lange darauf, als Jesus wiederum am Sabbath in einer galiläischen Synagoge war, heilte er einen Menschen, dessen Arm gelähmt war. Die Pharisäer misbilligten auch dieses: und ob ihnen gleich Jesus unwidersprechlich bewieß, daß es erlaubt sey, alle gutthätige Handlungen am Sabbath vorzunehmen, berathschlagten sie doch mit einander, wie sie ihn ums Leben bringen könnten. Eine so wiederholte Geschäftigkeit Jesu am Sabbath, und die damit verbundenen Lehren, worunter sogar auch diese war, er sey um des Menschen willen, nicht aber der Mensch wegen des Sabbaths gemacht worden, dieses hatte offenbar die Absicht, die Gemüther auf die bevorstehende Abschaffung des Cärimonialgesetzes vorzubereiten.

Jesus lehrte hierauf an dem See Genezareth eine ungemeine Menge Volks, und schenkte allen Arten von Kranken, die man selbst von entlegenen Oertern zu ihm brachte, ihre Genesung. In der Nähe lag ein Berg, auf welchem er eine ganze Nacht im Gebete zubrachte.

Als

Alsdenn wählte er aus der Menge ſeiner Nachfolger zwölfe, welche ſeine unzertrennliche Gefährten und ſicherſten Boten an die Menſchen abgeben ſollten. Für ſie, und für alle Anweſende, trug er von dieſem Berge einen bündigen Begriff von ſeiner Religion, und ſonderlich ihren Unterſchied von der jüdiſchen, vor. Bey ſeiner Ankunft in Capernaum heilete er abweſend den tödtlich kranken Knecht eines römiſchen Hauptmanns, der ein Judengenoſſe war, und an der Stärke ſeines Glaubens alle übertraf, die ſich noch an Jeſum gewandt hatten. Und als ihm am folgenden Tage in dem Thore von Nain die Leiche eines Jünglings begegnete, welcher der einzige Sohn einer Wittwe war, rief er denſelben mitleidig und durch wenige Worte ins Leben zurück.

Unterdeſſen bekam Johannes in ſeinem Gefängniſſe von den großen Thaten, welche Jeſus verrichtete, Nachricht: er ſandte darauf zween ſeiner Jünger an ihn, die ihn fragen mußten, ob er der erwartete Meſſias ſey? Es ſcheinet nicht, daß Johannes erſt eine gewiſſe und beſtätigte Antwort auf dieſe Frage verlangt habe: denn er zweifelte ſchon lange nicht daran, daß Jeſus der wahre Meßias ſey. Vermuthlich alſo hat er entweder die Ueberzeugung ſeiner Jünger bey dieſer Gelegenheit zu befördern geſucht; oder durch die Frage ſeine Verwunderung zu erkennen gegeben, daß Jeſus noch keine Staatsveränderung zum Vortheile des jüdiſchen Volkes angefangen habe. Die Antwort, welche er von Jeſu erhielt, ſagte in einer bewundernswürdigen Einfalt alles, was Johannes, und die Juden überhaupt von ihm wiſſen ſollten. Seine Jünger ſollten hingehen, und ihm nur dasjenige wieder ſagen, was ſie ſähen und hörten: Die Blinden ſehen und die Lahmen gehen, die Ausſätzigen werden rein, und die Tauben hören; die Todten ſtehen auf, und den
Armen

Armen wird das Evangelium geprediget; und seelig ist, der sich nicht an mir ärgert. Die Betrachtung dieser Wunder und Geschäfte war der gerade Weg zur Erkenntniß des Amtes Jesu, und verhütete alle falsche Erwartungen, die man sich von ihm hätte machen können. Er setzte noch Lobsprüche des Johannes hinzu, welche auch dessen Bestimmung sehr deutlich vorstellten.

Als Jesus hierauf bey einem Pharisäer Simon die Mahlzeit einnahm, kam eine übelberüchtigte Weibsperson, die aber durch seine Lehren war gebessert worden, dahin, benetzte seine Füße mit ihren Thränen, trocknete sie mit ihren Haaren ab, und salbte sie. Der Pharisäer gerieth durch diesen Anblick auf eine nachtheilige Meynung von Jesu; aber dieser bestrafte selbst seine Gedanken, und übte das göttliche Vorrecht, die Sünden zu vergeben, gegen das Weib aus. Doch den Pharisäern blieben alle Handlungen Jesu anstößig. Er hatte einen bösen Geist aus einem Menschen vertrieben, der zugleich blind und stumm war, jetzt aber sogleich aufhörte, es zu seyn. Dieses Wunder, sagten sie, ist leicht begreiflich: denn er nöthigt die Teufel, durch Hülfe des obersten und stärksten unter ihnen, die menschlichen Leiber zu verlassen. Hier begnügte sich Jesus nicht daran, ihnen zu zeigen, wie unvernünftig diese Verleumdung sey; er kündigte ihnen zugleich an, ihr Betragen gegen so unleugbare Wunder, die vor ihren Augen geschähen, sey unverzeihlich: sie allein unter allen Menschen, und diejenigen, welche ihnen hierinne ähnlich wären, würden wegen dieser Sünde wider den heiligen Geist, welche den höchsten Grad der Ueberzeugung verachtete, den sich nur ein Mensch wünschen könnte, nie Vergebung von Gott erlangen.

Während dieser Reisen Jesu in Galiläa, versicherte ihm ein Schriftgelehrter, daß er bereit sey, ihm über

all

all hin nachzufolgen. Allem Ansehen nach versprach er sich dabey viele weltliche Vortheile: daher erklärte ihm Jesus, daß er nicht einmal eine besondere Wohnung besitze; so wenig wolle er jemanden in der Hoffnung bestärken, in seinem Reiche Güter dieses Lebens zu erlangen. Gleich darauf befreyete er in der Gegend der Gadarener, zween Besessene von einer Menge böser Geister, und gestattete diesen in eine Heerde Schweine zu fahren, welche sie in den See Genezareth stürzten. Indem er durch dieses Machtvolle Wunder augenscheinlich bewieß, daß die damaligen Besessenen nicht bloß Wahnwitzige wären, dergleichen Personen wohl sonst die Juden einen einwohnenden bösen Geist zuzuschreiben pflegten, prüfte er zugleich die Einwohner von Gadara, ob sie im Stande wären, den Verlust ihrer irdischen Besitzungen, gegen eine so dringende Veranlassung zur Erkenntniß, und zum Glauben an den Meßias gehalten, zu ertragen. Sie waren es aber so wenig, daß sie ihn vielmehr einmüthig baten, ihre Gegend zu verlassen, weil sie sonst befürchteten, von seiner Gegenwart noch mehr Schaden zu leiden.

Er gieng also wieder nach Capernaum, wo er vom Jair, einem der Aeltesten der dortigen Synagoge, gebeten wurde, seiner sterbenden Tochter zu Hülfe zu kommen. Jesus eilte zwar in das Haus desselben; allein die Menge Volks, welche ihn auch damals umgab, hielt ihn etwas zurück. Dieses Gedränge machte sich eine Weibsperson, die zwölf Jahre hindurch mit einem Blutflusse beschweret war, den niemand heilen konnte, zu Nutze. In der festen Zuversicht, daß sie, wenn sie nur das Kleid Jesu berühren könnte, wieder zur Gesundheit gelangen würde, versuchte sie solches glücklich. Jesus brachte sie zu einem aufrichtigen und öffentlichen Bekenntnisse dieser Umstände; aber unterdessen war die Tochter des Jair gestorben. Er gab ihr jedoch bald das Leben

leben wieder, so wie zween Blinden den Gebrauch ihrer Augen, die er nur berührete. Vergebens suchte er darauf zu Nazareth von neuem seiner Lehre Eingang zu verschaffen: er streuete sie also in dem übrigen Galiläa wieder aus, und sandte auch seine Apostel herum, sein Reich unter den Juden anzukündigen.

Schon fieng sich das dritte Jahr an, in welchem Jesus das Evangelium lehrte. Er verlor bald in demselben den ersten seiner treuen Diener, während daß er unter den Menschen lebte, Johannem den Täufer. Diesen ließ Herodes Antipas, verwickelt durch das eidliche Versprechen, welches er seiner Stieftochter Salome gethan hatte, ihr jede Bitte zu bewilligen, im Gefängnisse enthaupten. Seine Jünger durften nun desto weniger Anstand nehmen, sich ganz auf die Seite Jesu zu wenden. Dieser aber fuhr immer in seinen Lehren und wunderbaren Heilungen fort. Er speisete sogar bey Bethsaida ein Volk von fünf tausend Personen, die Weiber und Kinder nicht dazu gerechnet, welche ihm nachgefolget waren, mit fünf Brodten und zween Fischen, dergestalt, daß noch zwölf Körbe mit den übriggebliebenen Brocken angefüllt wurden. Ein so ausnehmendes Wunder brachte viele unter denselben zu dem Entschlusse, ihn zum Könige auszurufen, welchen aber Jesus durch seine Entfernung gleich vereitelte. Sie suchten ihn auch zu Capernaum auf; aber er merkte wohl, daß dieses nicht aus lehrbegierigen Absichten, sondern in der Erwartung mehrerer für sie so vortheilhafter Wunder geschehe. Er bestrafte sie deswegen, und bot ihnen vielmehr eine ewige Speise an: „ich „selbst, sagte er, bin das Brod des Lebens, und wer an „mich glaubet, hat das ewige Leben; er muß mein „Fleisch essen, und mein Blut trinken, so bleibet er in „mir, und ich in ihm. „ Vielen seiner Jünger kamen diese Reden sehr hart vor: sie fiengen daher an, ihn zu

ver=

verlaſſen. Aber Jeſus ſetzte nicht nur hinzu, daß ſeine Worte Geiſt und Leben wären, nicht aber in einem groben irdiſchen Verſtande genommen werden müßten; ſondern er bediente ſich auch mit gutem Bedachte ſolcher Ausdrücke gegen ſo übelgeſinnte und ſo ſehr an das Sinnliche gebundene Zuhörer.

Er ſcheinet bald darauf abermals das Oſterfeſt zu Jeruſalem begangen zu haben; hierauf aber kehrte er nach Galiläa zurück. Die Phariſäer tadelten hier ſeine Jünger, daß ſie mit ungewaſchenen Händen Brod äßen, welches die Aelteſten ihres Volks verboten hätten; aber Jeſus führte zu ihrer Rechtfertigung an, daß die Verunreinigung des Menſchen aus dem Herzen, nicht aus der Vernachläßigung äußerlicher Gebräuche, entſpringe. Er näherte ſich darauf der Grenze von Phönicien, wo ihn bald eine heidniſche Weibsperſon bat, ihrer beſeſſenen Tochter zu helfen, und er that es nach einiger ſcheinbaren Weigerung, welche die Juden rühren mußte. Sodann begab er ſich wieder an den See Genezareth, heilte viele Kranke in der Gegend der zehen Städte: und da das Gerüchte ſeiner Wunder wiederum über viertauſend Menſchen zu ihm gezogen hatte, welche daſelbſt den nöthigen Unterhalt nicht finden konnten, ſättigte er ſie alle mit ſieben Brodten und wenigen Fiſchen, wovon noch Ueberbleibſale geſammlet wurden. Einige jüdiſche Lehrer verlangten ein Wunder von ihm, um ſeine göttliche Sendung zu erkennen; allein ihre Forderung war nach ſo vielen Kennzeichen dieſer Art, nur Vorwitz oder noch etwas ſchlimmeres: er verwies ſie alſo bloß auf ſeine bevorſtehende Auferſtehung vom Tode, unter dem verblümten Namen des Zeichens oder Wunders des Propheten Jonas. Nach mehrern Reiſen in Galiläa gieng Jeſus auf das Laubhüttenfeſt nach Jeruſalem, welche Stadt er deswegen weniger beſuchte, weil er ſich vor der beſtimmten

Zeit

Zeit seines Todes nicht in die Hände seiner mächtigen
Feinde daselbst übergeben wollte. Er lehrte wiederum
im Tempel, und seine Zuhörer, die ihn alle bewunderten,
waren doch mit einander darüber uneins, ob sie ihn vor
den Meßias halten sollten. Der große Rath, oder
das Sanhedrin, sandte sogar Bewaffnete ab, ihn gefangen zu nehmen; allein sie kamen unverrichteter Sache mit der Entschuldigung zurück, noch nie habe ein
Mensch wie dieser geredet. Hierauf legten ihm einige
Pharisäer und Schriftgelehrten einen Fallstrick durch
die Frage, ob eine Ehebrecherinn, die sie ihm darstellten,
nach dem Gesetze Mosis gesteinigt werden müsse?
Wenn er dieses bejahete, und das Volk dazu aufzufor-
dern schien: so konnten sie ihn beschuldigen, daß er sich
die Gewalt der römischen Obrigkeit anmaaße, welche
das Recht der Lebensstrafen damals schon von den Juden an sich gezogen hatte. Würde er aber das Weib
lossprechen: so war es ihnen leicht, ihn einen Verächter
des Gesetzes zu nennen. Jesus wich ihrer tückischen
Frage durch die Antwort aus, derjenige, welcher ohne
Sünde sey, möchte den ersten Stein auf diese Sünde-
rinn werfen: und alle Ankläger derselben verloren sich.
Er mußte sich aber selbst gleich darauf mit einer wunderbaren Macht den Juden entziehen, welche schon Steine aufhuben, um ihn zu tödten, weil er gesagt hatte:
Abraham habe bereits mit Freuden auf die Zeit seiner
Zukunft gesehen, und er sey weit eher als dieser Vater
der Gläubigen da gewesen. Er wurde aber auch noch
immer wegen seiner Wunder so sehr, als wegen seiner
Lehren verfolgt: und da er am Sabbathe einen Blinden sehend machte, rechnete ihm dieses der große Rath
zum Verbrechen an, und stellte eine feindselige, aber zur
Ehre Jesu ausschlagende, Untersuchung über dasselbe
an; wiewohl mitten in demselben eine Zwistigkeit darüber entstand, was man von Jesu urtheilen müsse.
Ueberhaupt aber hatte derselbe doch schon beschlossen,
diese-

diejenigen mit dem Kirchenbanne zu belegen, welche Jesum vor den Meßias halten würden.

Dieser verließ abermals Jerusalem, um noch einmal in ganz Galiläa sein Evangelium zu verkündigen, und die wahre Tugend zu lehren. Man meldete ihm, daß Pilatus einige Galiläer, eben da sie opferten, habe umbringen lassen, so daß ihr Blut mit dem Blute des Opferthieres vermischt worden sey. Sie waren darum, antwortete Jesus, nicht schlimmer, als die übrigen Galiläer; so wenig, als die achtzehen, welche von dem Thurme zu Siloa erschlagen wurden, an Gottlosigkeit andere Menschen übertrafen: beydes ist von Gott nur in der Absicht zugelassen worden, damit ihr Lebenden einen gleichen Untergang befürchtet, wenn ihr euch nicht bessert. Eine vortrefliche Warnung für so viele Menschen, welche überall an ihren Brüdern Strafgerichte Gottes sehen. Nach vielen wunderbaren Heilungen, Lehren und Beyspielen, welche Jesus hinterließ, trat er seine letzte Reise nach Jerusalem auf das bevorstehende Osterfest im Jahre 33 an. Unterwegens weckte er den Lazarus in Gegenwart vieler Juden vom Tode auf. Dieses bewog so viele, an ihn zu glauben, und stiftete überhaupt eine so heftige Bewegung, daß der große Rath beschloß, ihn hinrichten zu lassen. Aber er kam selbst in der Absicht von neuem unter seine Feinde, um durch sie zu leiden und zu sterben, weil jetzt die bestimmte Zeit seines öffentlichen Unterrichts vorüber war.

Mit aller Zufriedenheit konnte Jesus auf die drey Jahre, welche derselbe gewährt hatte, zurück sehen. Eine zahlreiche Menge Juden und Samariter war zu seiner Erkenntniß und Verehrung gebracht worden; zugleich aber hatte er den Grund zur Bekehrung unzähliger anderer gelegt. Auch die üble Aufnahme, welche

er

er von einem so großen Theile der Juden ausgestanden hatte, war für ihn nicht unerwartet gewesen. Zwar alle Gaben und Thaten, mit welchen er sich gezeigt hatte, schienen ihm den allgemeinsten Beyfall zu versprechen; allein er kannte nicht nur die Vorurtheile, welche ihm denselben raubten, sondern er war auch immer damit beschäftiget, sie aus dem Wege zu räumen. Das schlimmste unter allen war die Meinung, daß er gekommen sey, ein weltliches Reich unter den Juden aufzurichten, und ihnen die alte Glückseeligkeit, Ruhe und ungestörte Freyheit, ihrem Gesetze zu folgen, wieder zu verschaffen. Daher trachtete das Volk, das seine Wunder in Erstaunen setzten, so oft, ihn zum Könige auszurufen: es erwartete nur eine nähere Erklärung, die Jesus von seiner Neigung dazu geben sollte. Sie wurden offenbar misvergnügt darüber, daß er sich ihrer Erwartung so wenig gemäß bezeigte: ja man sieht, daß sie bereit gewesen sind, ihn auch wider seinen Willen zu ihrem Oberhaupte anzunehmen, um unter seiner Anführung die Feinde ihres Vaterlandes angreifen zu können. Allein so oft er diese Gesinnungen an ihnen merkte, entwich er schleunig von ihnen. Er verbot deswegen auch mehrmals, daß man seine Wunder nicht ausbreiten, es nicht andern sagen sollte, daß er der Meßias sey, weil er zum voraus sah, daß dergleichen Erzählungen einen großen unruhigen Zulauf in jener Absicht zu ihm veranlassen würden. Wo er aber dieses nicht besorgte, befohl er denen, welche er wunderthätig geheilt hatte, diese göttliche Wohlthat öffentlich zu preisen.

Eben so sehr wurden die jüdischen Lehrer von Jesu dadurch abwendig gemacht, daß sie ihn ihr väterliches Gesetz übertreten, und ihre Andachtsübungen verachten sahen. Im Grunde waren ihre Vorstellungen hierüber falsch; aber auf eine viel zu tief eingewurzelte Gewohnheit und Denkungsart gebauet, als daß sie dieselben

ben leicht hätten ablegen können. Jesus beobachtete
das Gesetz Mosis in der That; er ermahnte das Volk,
den Vorschriften seiner Lehrer, welche dasselbe erklärten, zu folgen, und es gehörte zu seiner weisen und
gütigen Nachsicht gegen die Juden, daß er ihren Cärimoniendienst, der durch ihn aufgehoben werden sollte,
nur durch die glimpflichsten vorbereitenden Lehren angriff, sich aber demselben dennoch unterwarf, um, wie
es scheinet, die Bereitwilligkeit zu zeigen, mit welcher er
jedes göttliche Gesetz erfülle. Allein die eigenmächtigen
Zusätze, welche die Pharisäer zu diesen und andern göttlichen Geboten gemacht hatten, ihre verkehrten Auslegungen und Anwendungen derselben, diese verwarf Jesus ohne Schonung. Gleichergestalt tadelte er nicht
schlechterdings die äußerlichen Zeichen der Gottseeligkeit,
welche sie empfohlen, und selbst an sich blicken ließen;
nur den scheinheiligen Eifer, mit welchem sie auf dieselben vorzüglich vor der wahren Tugend drangen, beschrieb er, wie es derselbe verdiente. Unterdessen hielten ihn die Pharisäer und übrigen Lehrer eben darum
vor einen Mann, der ihrer Religion, welche sie nur in
Gebräuchen wirksam werden ließen, und zugleich ihrem
Ansehen bey dem Volke überaus gefährlich wäre: eine
für sie hinlängliche Ursache, ihn zu verfolgen.

Sie hatten deren noch mehrere, die aber alle, wie
die vorhergehenden, durch einige Aufmerksamkeit und genauere Untersuchung hätten vermieden werden können.
So glaubten sie unter andern, daß Jesus aus Galiläa
gebürtig sey, einem Lande, von welchem sie wußten, daß
es den Meßias nicht hervorbringen sollte. Es war
ihnen auch anstößig, daß er mit allerley geringen, verhaßten und übelberüchtigten Leuten umgieng, dergleichen
unter andern die römischen Zolleinnehmer waren. Am
Ende, wenn man alle diese jüdische Vorurtheile schärfer
betrachtet hat, wird man gestehen müssen, daß sie aus
dem

dem Mißverstande der Propheten, welche doch so deut=
lich von der Person und dem Amte Jesu geredet hat=
ten, und aus einem Mangel an Redlichkeit gegen ihn,
geflossen sind.

Da er allen Hindernissen, welche sich seiner richti=
gen Erkenntniß bey den Juden entgegen setzten, so oft
begegnete, daß jede Entschuldigung von ihrer Seite da=
durch wegfiel: so kann man es auch als einen Beweis
seiner liebreichen Herablassung zu ihnen ansehen, daß er
bloß in ihrem Lande, ohne die herumliegenden heidni=
schen Gegenden zu betreten, gelehret hat. Ihnen war
er zwar zuerst und hauptsächlich von Gott versprochen
worden; von ihnen konnte auch am untrüglichsten, und
gleichsam für die ganze übrige Welt geurtheilt werden,
ob er wirklich der Erlöser des menschlichen Geschlechts
sey, der ihnen kenntlich genug war beschrieben worden.
Allein die Juden wußten auch, daß ihn Gott zugleich
zum Lichte der Heiden gemacht habe, und daß er das
Heil Gottes bis an der Welt Ende seyn sollte. Es wür=
de sie also nicht haben befremden können, wenn Jesus
zuweilen in die benachbarten Länder des Götzendienstes
gereiset wäre, wo ihn, menschlichem Ansehen nach, we=
nigstens ein eben so großer, wo nicht noch stärkerer Bey=
fall, als unter den Juden, empfangen hätte. Er aber
wollte diese vielmehr den Vorzug der ersten Stelle, den
er ihnen gab, recht empfinden lassen: er antwortete da=
her dem heidnischen cananäischen Weibe, die um Hülfe
für ihre Tochter bat, kein Wort, und erfüllte ihre Bit=
te nicht eher, als bis er sich erklärt hatte, er sey haupt=
sächlich nur zu den verlornen Schaafen aus dem Hause
Israel gesandt worden. Unterdessen gab ihm der aus=
nehmende Glaube dieser Weibsperson Gelegenheit, mit
der That zu beweisen, daß er auch zum Erretter der
Heiden bestimmt sey.

Ruf

Ruf Jesu unter den Heiden.

Er wurde ihnen schon während seines dreyjährigen Lehramtes durch die vielen und großen Wunder bekannt, welche er verrichtete. In Syrien, Phönicien und andern Ländern, die an das Jüdische gränzten, vermuthlich auch noch viel weiter umher, erscholl das Gerüchte davon zu seinem Ruhme. Eusebius erzählt sogar (Hist. Ecclel. Lib. I. c. 13.) eine merkwürdige Begebenheit, die sich zwischen Jesu und dem Abgarus, vielleicht richtiger Agbarus, Fürsten von Edessa in Mesopotamien, zugetragen haben soll. Abgarus, schreibt er, war in eine unheilbare Krankheit verfallen; er hatte aber von den wunderthätigen Heilungen Jesu gehört: er bat ihn daher in einem Briefe, daß er zu ihm kommen, und ihn gesund machen möchte; zugleich versprach er ihm Sicherheit gegen die Verfolgungen der Juden. Auf dieses Schreiben antwortete Jesus durch ein anderes: und Eusebius versichert beyde Syrisch abgefaßte Briefe aus dem Archive der Kirche zu Edessa genommen, und in die griechische Sprache übersetzt zu haben. Jesus prieß darinne den Fürsten glückseelig, daß er an ihn glaube, ohne ihn gesehen zu haben: denn von mir, sagt er, ist geschrieben, daß diejenigen, welche mich sehen, an mich nicht glauben würden, damit diejenigen, welche mich nicht sehen, glauben und leben möchten. Allein, die verlangte Reise, fährt Jesus fort, könne er nicht antreten, weil er im jüdischen Lande alles, wozu er gesandt worden, erfüllen, und sodann zu demjenigen, der ihn gesandt habe, zurückkehren müsse. Sobald aber

dieses

dieses würde geschehen seyn, wolle er einen von seinen Schülern zu dem Abgarus schicken, der ihn von seiner Krankheit befreyen, überhaupt aber ihm und den seinigen zum Leben verhelfen sollte. Bey diesen beyden Briefen, welche Eusebius mittheilet, fand er noch eine Nachricht, daß dieses Versprechen Jesu auch eingetroffen sey. Denn nach der Himmelfahrt Jesu, heißt es darinne, wurde Thaddäus, einer von den siebzig Jüngern, von dem Apostel Thomas nach Edessa abgeschickt, wo er nicht allein den Fürsten, nebst vielen Einwohnern heilte, und eine Menge Wunder verrichtete, sondern auch die Lehre Jesu glücklich ausbreitete.

Doch die meisten Umstände dieser Erzählung sind so verdächtig, daß sie schon lange alle Glaubwürdigkeit verloren hat. Das kann ihr zwar nicht nachtheilig seyn, daß sie weder bey den Geschichtschreibern des Lebens Jesu, noch in der Historie der Apostel vorkommt: denn es sind von jenen ungemein viele Reden und Handlungen Jesu, und in dieser ist eben so vieles von den Verrichtungen seiner Schüler bey den ersten christlichen Gemeinen, vorbeygelassen worden. Aber es ist schon ein beträchtlicher Einwurf, daß eine so merkwürdige Geschichte in dreyhundert Jahren von keinem christlichen Schriftsteller vor dem Eusebius ist berichtet worden. Noch wichtiger sind andere, deren sich die Leser nicht erwehren können. Wenn Jesus diesen Brief wirklich geschrieben hat, warum ist er nicht seit den ersten Zeiten unter den Christen, gleich den übrigen göttlichen Schriften, aufgenommen, gelesen und gebraucht worden? Die Art selbst, auf welche er seine Hülfe darinne verheißt, ist allem, was wir bey ähnlichen Fällen von ihm wissen, zuwider. Er, der immer so geschwind, und sogar abwesend zu heilen pflegte, verschiebt hier solches zu thun, nach dem Umlaufe einiger Jahre: dieses würde von seiner Macht und gütigen Bereitwilligkeit keine hohen

II. Theil.   C   Be=

Begriffe erregt haben. Was noch mehr ist, die Worte, mit denen sich sein Brief anfängt, sind offenbar aus Reden gezogen, welche er erst nach seiner Auferstehung gehalten hat; und gleichwohl beruft er sich darauf, daß sie bereits aufgezeichnet wären. Man könnte noch hinzusetzen, daß Jesus den Abgarus, der doch in seinem Schreiben zweifelt, ob Er Gott selbst, oder der Sohn Gottes sey, dennoch wegen seines Glaubens rühme; allein man braucht nicht mehr, als was ich bereits angeführet habe, um diese Geschichte mit ihren Urkunden zu verwerfen.

Eusebius kann mit leichter Mühe gegen diejenigen vertheidigt werden, welche ihn beschuldigen möchten, daß er dieses alles selbst erdichtet habe. Von einer solchen Neigung, die Welt vorsetzlich zu betrügen, trifft man keine Spur in seinen Werken an. Er war dagegen etwas leichtgläubig, zumal bey Nachrichten, die der Religion und Kirche zur Ehre gereichten: er war auch nicht geübt genug, die untergeschobenen Schriften von den ächten zu unterscheiden. Er ist also durch den ältern Erfinder dieser Erzählung hintergangen worden. Allem Ansehen nach war sie nicht ganz ohne historischen Grund. Abgarus hat vermuthlich von den Wundern Jesu viel gehöret, und eine Begierde bezeigt, einen so außerordentlichen Mann kennen zu lernen. Vielleicht hat er auch an ihn geschrieben, oder einen Boten gesandt; ja es ist nicht unwahrscheinlich, daß der Sitz seines Fürstenthums, Edessa, frühzeitig durch die Wunder und Predigten eines von den Jüngern Jesu zum Christenthum gebracht worden sey. Hierauf mag ein Christ, der aus dieser Stadt gebürtig war, lange vor dem Eusebius alles dasjenige gebauet haben, was dieser gefunden, und ohne Bedenken vor zuverläßig gehalten hat. Die Absicht, welche er dabey gehabt zu haben scheinet, trifft man in den folgenden Jahrhunderten an

unzäh-

unzählichen Beyspielen wieder an, nemlich diese, der Kirche seiner Vaterstadt einen sehr alten, ehrwürdigen und wundervollen Ursprung beyzulegen. Den Brief des Abgarus dichtete er ziemlich glücklich: dieser enthält nichts, was die Leser mißtrauisch machen kann, und wenn eine solche wahrscheinliche Gestalt einen hinlänglichen Beweis abgeben könnte, so würde man denselben vor die Arbeit des Fürsten halten müssen. Aber desto ungeschickter setzte er die Antwort, welche Jesus darauf verfertigt haben soll, zusammen: dadurch gab er dem Ganzen dieser Erzählung einen sehr nachtheiligen Anblick.

Nachrichten dieser Art sind von den Christen immer mit neuem Wunderbaren vermehret worden. Daher meldete zweyhundert Jahre später Evagrius, (Hist. Eccles. Lib. IV. c. 27.) Jesus habe seiner Antwort an den Abgarus auch sein Bildniß beygefügt. Dieses Edessenische Bild, wie man es zu nennen pflegte, soll einige Zeit darauf nach Constantinopel, und endlich nach Italien gekommen seyn, wo Rom und Genua darüber streiten, welche von beyden Städten es besitze. Aehnliche Fabeln haben unter andern dazu Gelegenheit gegeben, daß man in der Geschichte Jesu auch über seine Bildung und äußerliche Gestalt Untersuchungen angestellt hat, die aber alle mislingen mußten, weil sie keinen historischen Spuren nachgehen konnten. Man hat an statt dieser einige Schriftstellen gebraucht, aus denen sich aber kaum wahrscheinliche Muthmaßungen ziehen lassen: und die Gemählde, oder andere Abbildungen von Jesu, auf welche man sich berufen hat, sind ohne alle Zuverläßigkeit. Solche Denkmaale sind freylich sehr bald und begierig, auch wo kein Beweis vorhanden war, als ächt angenommen werden. So sahe Eusebius (nach seinem Berichte, Hist. Eccles. Lib. VII. c. 18.) in der Stadt Cäsarea Philippi, welche ehemals Paneas

C 2   hieß,

hieß, und an dem äußersten Ende von Galiläa, nicht weit von der Quelle des Jordans, lag, eine Bildsäule, von welcher man vorgab, daß sie Jesu zu Ehren von dem blutflüßigen Weibe, das er in der dortigen Gegend geheilt hatte, aufgerichtet worden sey. Aber wenn gleich dieser Geschichtschreiber nicht selbst die ganze Nachricht deutlich genug als eine ungewisse Sage vorgestellt hätte; so würde unter andern Umständen dieser allein sie unglaublich machen, daß eine verarmte Jüdinn, bey dem bekannten Abscheue ihres Volks gegen alle Bilder, gleichwohl ihrem Erretter eine Bildsäule sollte aufgerichtet haben. Sonst aber war es, wie Eusebius an eben diesem Orte meldet, bey den neubekehrten Heiden etwas gewöhnliches, daß sie das Bild Jesu, und der vornehmsten Apostel, Paulus und Petrus, zu einem eben so dankbaren Andenken aufbehielten, als die Heiden das Bildniß eines großen Wohlthäters und Befreyers aufzustellen pflegten.

Doch für die Heiden sorgte Jesus zu eben derselben Zeit, da er sich von ihren Ländern entfernet hielt, dadurch auf das nachdrücklichste, daß er zu ihrem künftigen Unterrichte zeitig eine kleine Gesellschaft von Schülern und Freunden vorbereitete, die nach ihm in dieser Geschichte die meiste Aufmerksamkeit verdienen.

Beruf und Bestimmung
der Apostel.

Er suchte nemlich aus der großen Menge von Juden, welche seine Lehre annahmen, und ihm nachfolgten, zwölf aus, die seine unzertrennlichen Gefährten, und dereinst die vornehmsten Lehrer seiner Religion

ligion werden sollten. Diesen gab er den chaldäischen
Namen Schelichin, der bald in das gleichbedeutende
griechische Wort Apostel, das heißt, Boten oder Ab=
gesandten, übersetzt wurde. Es ist nicht unwahrschein=
lich, daß sich diese Benennung auf gewisse Leute gleiches
Namens in der jüdischen Kirche bezogen habe. Jede
Synagoge hatte ihren Scheliach Zibbor, welches
man ordentlich den Engel der Versammlung zu über=
setzen pflegt, einen der Aeltesten, welcher der Gemeine
das Gebet vorsprechen mußte. Auf der andern Seite
gab es auch Schelichin und Apostel des hohen Ra=
thes und des Hohenpriesters, das ist, treue und vertrau=
te Abgeordnete, die sie in wichtigen Angelegenheiten ver=
schicken könnten. Man sieht leicht, daß diese Anspie=
lung des Namens der Apostel Jesu, die Juden werde
gerührt, und viele unter ihnen zu einer aufmerksamen
Vergleichung gebracht haben. Selbst die Anzahl der=
selben, welche offenbar auf die zwölf Stämme des jü=
dischen Volks gerichtet war, konnte dasselbe dazu leiten,
Jesum als seinen neuen Herrn und Hohenpriester, als
den Wiederhersteller seiner Glückseeligkeit zu betrachten.

Die Apostel Jesu wurden von ihm in einer dop=
pelten Absicht gewählt. Sie sollten zuerst die zuverläs=
sigsten Zeugen von seiner Lehre, von allen seinen Reden
und Handlungen unter den Menschen abgeben: und
eben dadurch sollten sie ferner die Geschicklichkeit erlan=
gen, seine Religion in der Welt auszubreiten. Jesus,
der bey allem, was er that und redete, auf den Unter=
richt und das Wohl des menschlichen Geschlechts sah,
hat doch von so vielen für dasselbe wissenswürdigen und
unentbehrlichen Lehren nichts aufgezeichnet hinterlassen.
Es könnte scheinen, daß er dieses hätte thun sollen. Sei=
ne Religion unterschied sich von jeder bisher bekannten,
und ihre neuen Begriffe verdienten also wohl, von ih=
rem Stifter selbst erklärt zu werden: sie sollte alle künf=

tige

tige Zeiten durch fortdauern, eine bleibende Vorschrift
für alle Völker seyn: ja man möchte denken, wenn Jesus die Grundsätze derselben selbst in einer Schrift zusammen gefaßt hätte, so würde der Verdacht oder der Vorwurf niemals Statt gefunden haben, daß die ersten Lehrer seiner Religion sie nicht recht verstanden hätten.
Doch die Geschichte Jesu beantwortet dieses alles hinlänglich. Er schrieb nichts auf; aber er konnte unzäh-
liche Zeugen von seinem Leben aufstellen, und keine wurden unverwerflicher als die Apostel. Wenn er gleich
kein Schriftsteller seiner Lehre geworden ist; so haben
ihn doch die Geschichtschreiber seines Lebens so beständig
redend und handelnd vorgestellt, mit einem solchen Ansehen von Wahrhaftigkeit, in einer so natürlichen Verbindung der historischen Umstände, die Lehren, welche sie
selbst gehört hatten, aufgeschrieben, daß nichts dabey zu
verlangen übrig bleibt. Sie haben sogar bequemer und
mit mehrerm Anstande von den meisten Begebenheiten
seines Lebens, und selbst von seinem Vortrage reden
können, als er selbst, wenigstens in den Augen der Menschen, solches hätte thun können. Sie geben von seinen Wundern Nachricht, erzählen, wie sie aufgenommen worden, und wie er diese und andere Beweise gebraucht habe; hätte er aber alles dieses selbst beschrieben, wie bald würde die Welt gesagt haben, daß ein
Zeuge in seiner eigenen Sache nicht gelten könne!
Wenn man endlich eben diese Geschichtschreiber nicht
nur die Lehre Jesu mit seinen eigenen Ausdrücken vorstellen, sondern auch zugleich gestehen hört, daß sie diese
Ausdrücke anfänglich unrecht verstanden, daß sich aber
ihre Einsichten hierüber nachmals gebessert hätten: so
verliert die Muthmaßung allen Schein, als wären die
Begriffe, welche sie von der Religion Jesu der Welt
mitgetheilt haben, vor unächt und unrichtig zu halten.
Mehr kann man schwerlich in einer Geschichte von Jesu verlangen, um in Ansehung der nicht unerheblichen

Frage

Frage beruhigt zu werden, ob und warum er seine Lehr=
sätze nicht selbst aufgeschrieben habe?

Allein diejenigen, denen er es auftrug, dieselben
bekannt zu machen, hatten noch andere Eigenschaften,
durch welche sie vorzüglich dazu geschickt, und für uns
glaubwürdig geworden sind. Jesus wählte lauter Un=
gelehrte zu Aposteln. Wären sie in den menschlichen
Wissenschaften geübt und scharfsinnige Männer gewe=
sen, so würde die Welt vielleicht seinen Lehrbegriff vor
ihre Erfindung angesehen, oder ihnen doch einen be=
trächtlichen Antheil daran zugeschrieben haben. Das
Christenthum hätte alsdenn die Gestalt einer philosophi=
schen Sekte gehabt, welche sich mitten zwischen der jüdi=
schen und heidnischen Religion durch die Gelehrsamkeit
und Beredsamkeit ihrer ersten Anhänger erhoben, und
die eben dieser Weisheit und Kunst derselben allein den
erworbenen Beyfall zu danken hätte. Von Juden aber,
welche kaum die Grundlehren und Gebräuche ihrer Re=
ligion nothdürftig gefaßt hatten, war nichts weiter zu
erwarten, als was sie Jesus gelehrt hatte. Sie wa=
ren überhaupt seines Unterrichts viel fähiger, als Män=
ner von ausnehmender Einsicht und Gelehrsamkeit.
Diese werden oft durch Zufriedenheit mit sich selbst ge=
hindert, sich eine genauere Kenntniß der Wahrheit bey=
bringen zu lassen. Wenigstens widerstehen sie doch der
Versuchung nicht leicht, die Wahrheit, welche sie von
ihren Lehrern empfangen haben, durch eigene Zusätze zu
vermehren oder zu verbessern; und nicht selten verän=
dern sie in dieser Absicht das Lehrgebäude derselben gänz=
lich. Dazu aber konnten die Apostel Jesu nicht die
geringste Neigung haben: sie begnügten sich froh dar=
an, ihn nur zu verstehen.

Er nahm auch keine vornehme und reiche Leute in
ihre Anzahl auf. Die Apostel waren größtentheils Fi=

scher

scher und Zollbedienten; alle von niedrigem, und diese sogar von einem verhaßten und verachteten Stande. Allein eben dadurch wurden sie desto unverdächtiger. Man konnte nicht den Argwohn auf sie werfen, als wenn sie einen herrschsüchtigen Entwurf ihres Anführers befördern, und durch ihr Ansehen ein neues Reich gründen wollten. So konnte man auch die gute Aufnahme, die sie bey vielen tausenden fanden, nicht von ihrer Würde und Macht, oder gar von ihren Reichthümern herleiten. Man betrachte sie von allen Seiten: sie brachten nichts zu Jesu, dessen er sich zu seinem Vortheile hätte bedienen können. Ein redliches Herz, geringe Einsichten in ihre Religion, und junge, lehrbegierige, zu einem tiefen Eindrucke geschickte Gemüther; dieses war es alles, wovon er bey ihnen einen Gebrauch machen konnte.

Allein so sehr es ihnen an einer vorzüglichen Geschicklichkeit fehlte, die Religion Jesu in der Welt auszubreiten, so voll waren sie dagegen von jüdischen Vorurtheilen, welche sie daran hinderten; und drey Jahre, die sie in seinem Umgange, als Zeugen seiner Reden und Wunder zubrachten, konnten ihnen dieselben nicht gänzlich benehmen. Auch sie glaubten, wie die meisten von ihrem Volke, daß Jesus ein weltliches Reich unter den Juden aufrichten würde: darinne versprachen sie sich die ersten und angesehensten Stellen; sie stritten sogar über dieselben mit einander; alle Erklärungen, die er ihnen von der bloß geistlichen Beschaffenheit seines Reichs gab, und alle seine darauf gerichtete Handlungen, konnten sie nicht bewegen, eine solche Regierung allein seiner würdig zu halten. Sie hörten daher die Ankündigung seines bevorstehenden Leidens und Sterbens mit einer desto größern Betrübniß an. Ohngeachtet sie ihm mit Ehrerbietung, Liebe und Treue zugethan waren; nahm doch ihr Glaube an seine Lehren

und

und Verheißungen nicht so geschwind zu, er wurde nicht
so stark und standhaft, als er in der Gesellschaft Jesu
leicht hätte werden können, wenn er sich ganz von der
Erwartung einer irdischen Größe weggewandt hätte.
Bey den Gleichnissen, welche Jesus vortrug, wurde es
ihnen, so faßlich und einfach auch dieselben, zumal bey
einer so wiederholten Beziehung auf einerley Hauptlehren waren, doch überaus schwer, den geistigen und verborgenen Verstand derselben zu begreifen. Sie wurden oft gerührt, auch zu einer völligen Gewißheit über
seine göttliche Würde gebracht; aber ihre Aufmerksamkeit verlangte immer von neuem erweckt zu werden.
Eben diejenigen, welche das herrliche Wunder Jesu,
die Speisung von mehr als fünf tausend Menschen mit
fünf Brodten und zween Fischen, nicht allein angesehen
hatten, sondern auch gewissermaßen Werkzeuge desselben gewesen waren, verzagten in der gleich darauf folgenden Nacht an seiner Hülfe bey einem heftigen Sturme, dem sie auf der See ausgesetzt waren: und da er sie
ihnen wirklich leistete, kamen sie plötzlich zu einer Erkenntniß, die ihnen das Wunder des Tages nicht aus-
gepreßt hatte; sie fielen vor ihm nieder, und verehrten
ihn als den wahren Sohn Gottes. Alle diese Fehler
und Schwachheiten besserte Jesus nach und nach mit
ungemeiner Geduld, Nachsicht und Sanftmuth: es ist
auch in mehr als Einer Betrachtung lehrreich, daß sie
in seiner Lebensgeschichte beschrieben worden sind.

Diese seine Gefährten und vertrautesten Schüler
berief Jesus gleich von den ersten Tagen seines Lehramtes an, einzeln, mit wenigen, aber so kräftigen Worten,
daß die bloße Ermahnung: Folge mir nach, hinlänglich war, sie selbst mitten aus den Arbeiten ihres Standes loszureißen. Die beyden ersten aber unter ihnen,
zween Schüler Johannis des Täufers, kamen freywillig, durch das wiederholte Zeugniß desselben von

Jesu

Jesu gedrungen, zu diesem, und erkannten bald aus dem Unterrichte, den sie bey ihm suchten, daß er wirklich der Meßias sey. Einer von ihnen hieß Andreas, ein Fischer aus Bethsaida; der Name des andern wird in dieser Erzählung nicht ausgedrückt; es scheinet aber, daß es der Verfasser derselben, Johannes, ein Sohn Zebedäi, ebenfalls ein Fischer, gewesen sey. Andreas brachte sogleich seinen Bruder Simon zu Jesu, welcher mit einer guten Vorbedeutung verordnete, daß derselbe künftig Kephas, das heißt ein Fels, genannt werden sollte: daher kommt der gleichbedeutende griechische Name Petrus, unter welchem er bey der Nachwelt bekannt geworden ist. Jesus selbst rief darauf den Philippus, der ebenfalls aus Bethsaida gebürtig war, zu seiner Nachfolge: und dieser führte hinwiederum den Nathanael zu ihm, der durch eine Probe von der Allwissenheit Jesu alsbald sein eifrigster Verehrer wurde. Diesen Nathanael nennen die übrigen evangelischen Geschichtschreiber, außer dem Johannes, Bartholomäus; vermuthlich, weil er diesen Zunamen (ein Sohn des Tholmai) von seinem Vater führte. Zu diesen Aposteln kamen immer mehrere: Jacobus der Aeltere, der Bruder des Apostels Johannes; Matthäus, ein Zollbedienter an dem See Tiberias; Thomas, der auch Didymus oder der Zwilling genannt wird; Jacobus der Jüngere, ein Sohn Alphäi und Anverwandter Jesu; Simon von Cana, vielleicht der Bräutigam von der Hochzeit, auf welcher Jesus sein erstes Wunder verrichtet hat; Judas, der Bruder des jüngern Jacobus, der auch sonst Thaddäus und Lebbäus heißt; und Judas, mit dem Zunamen Ischarioth, das ist aus dem Stamme Isaschar gebürtig. Alle Apostel waren Galiläer, und Petrus, vermuthlich auch schon damals andere unter ihnen, lebten im Ehestande; sie wählten aber mit Hintansetzung aller andern Sorgen und Beschäfftigungen, die müh-

seelige

seelige Gesellschaft Jesu, und wurden bald von ihm durch große Vorzüge von allen seinen andern Nachfolgern unterschieden.

Zwar unter einander waren sie alle an Würde und Ansehen gleich; alle zu Lehrern der Welt unter vielem Leiden, aber mit den herrlichsten Fähigkeiten in der Schule Jesu ausgerüstet, berufen. In den Verzeichnissen ihrer Namen, die man bey den Evangelisten lieset, steht Petrus allemal zuerst, und zuletzt Judas Ischarioth; die übrigen aber werden nicht immer in einerley Ordnung angeführt. Man findet auch in der evangelischen Geschichte keinen gewissen Grund, warum Petro die erste Stelle gegeben sey: er war nicht der erste unter den von Jesu berufenen; er wurde von demselben den übrigen allen in keiner Betrachtung vorgezogen; nur dieses ist merklich genug, daß er öfters in ihrem Namen das Wort geführet habe. Dieses scheinet aus einer besondern Lebhaftigkeit entstanden zu seyn, die ihn aber auch in der Folge zu großen Fehlern verführte. Wenn er also auf die Frage Jesu an die Apostel, vor wen sie ihn hielten, sogleich in aller Namen antwortete: Du bist Christus, der Sohn des lebendigen Gottes: so hatten sie an diesem vortreflichen Bekenntnisse eben so vielen Antheil, als er selbst; und auch die Versicherung, welche Jesus darauf mit einer Anspielung auf Petri Namen ertheilte, daß diese Lehre den festen Grund seiner unüberwindlich starken Gemeine abgeben sollte, konnte nach dem ganzen Zusammenhange dieses Gesprächs nicht auf ihn allein gezogen werden. Zu anderer Zeit hingegen sprach Petrus eben sowohl im Namen der ganzen Gesellschaft, als er die eigennützige Frage an Jesum that: „Wir haben alles verlassen, und „sind dir nachgefolget; was bekommen wir dafür?„ Ihm allein aber scheinet die heftigere Abmahnung zuzugehören, durch welche er Jesum von dem Entschlusse

zu seinem Leiden und Tode abzuwenden suchte, und wel=
che ihm einen so scharfen Verweis von demselben zuzog.

An Gaben der Natur und der göttlichen Gnade,
der sie sich überließen, waren freylich die Apostel von
einander etwas unterschieden: und wenn sich diese gleich
mehr in der Folge gezeigt haben; so würdigte doch Je=
sus schon jetzt drey unter ihnen, Petrum, den ältern
Jacobum und Johannem, einer besondern Vertrau=
lichkeit. Sie allein nahm er zu Zeugen der wunder=
baren Verherrlichung, die auf einem hohen Berge, wel=
cher vermuthlich der Berg Thabor war, mit ihm vor=
gieng, als er sein Gebet verrichtet hatte. Sein Gesicht
und sein ganzer Anzug nahm daselbst einen außerordent=
lichen, für menschliche Augen zu hellen Glanz an. In
gleicher Gestalt erschienen die beyden größten Männer,
welche Gott ehemals an das jüdische Volk gesandt hat=
te, Moses und Elias, und unterredeten sich mit Jesu
über das bevorstehende Schicksal von Jerusalem. Die=
ses hörten und sahen die drey Apostel, welche anfänglich
in einen tiefen Schlaf verfallen waren: Petrus wünsch=
te sogar an diesem angenehmen Orte, und in einer so er=
habenen Gesellschaft, auf einige Zeit eine Wohnung auf=
zuschlagen. Allein sie waren vielmehr in der Absicht
von Jesu hieher geführet worden, daß sie auch ein äus=
serliches Sinnbild von seiner göttlichen Würde und
Majestät erblicken, im Glauben und in der Hoffnung
auf ihn, dadurch gestärkt werden, und aus seinem Um=
gange mit den Seeligen ihres Volks erkennen möchten,
daß ihn auch diese bereits vor den Heiland der Welt an=
genommen hätten. Alles dieses wurde ihnen erst recht
deutlich, da sie, nachdem die glänzende Erscheinung vor=
über war, von einer Lichtvollen Wolke bedeckt wurden,
aus welcher die an sie gerichtete Stimme Gottes kam:
„Dieses ist mein lieber Sohn, der alles zu meinem
„Wohlgefallen ausführet; den höret und gehorchet
„ihm.

„ihm.„ Doch eben weil die drey Apostel hierdurch ei=
nen so beneidenswürdigen Vorzug vor den übrigen er=
langt hatten, verbot ihnen Jesus, diese Begebenheit
eher, als nach seiner Auferstehung, bekannt zu ma=
chen, damit die übrigen, welche allem Ansehen nach, we=
niger als diese geschickt waren, eine solche göttliche Of=
fenbarung zu ertragen und zu gebrauchen, nicht darüber
aus Eifersucht mit ihnen uneins werden möchten. Von
eben diesen dreyen sagt auch Paulus in seinem Schrei=
ben an die Christen in Galatien, indem er Jacobum
darunter zuerst nennt, daß sie vor Säulen der Kirche
angesehen worden sind. Aber selbst unter diesen genoß
Johannes, der jüngste von allen, und, wie es scheinet,
auch von der liebreichsten Gemüthsart, der Gewogen=
heit und Liebe Jesu mehr als alle übrige. Gleichwohl
sieht man nicht, daß der rühmliche Unterscheid, der den
persönlichen Eigenschaften einiger Apostel wiederfuhr,
sich auch, nach der Absicht Jesu, auf ein größeres An=
sehen bey der Führung ihres gemeinschaftlichen Lehram=
tes unter den Menschen erstrecken sollte: er belehrte sie
vielmehr nachdrücklich und oft, daß sie, als seine Schü=
ler und Boten betrachtet, einander vollkommen gleich
wären.

Den Grund zu dieser Gleichheit gab einerley Tüch=
tigkeit und Vorbereitung, welche die Apostel von Jesu
erhielten, ab. Sie alle folgten ihm überall hin, wo er
sich als Lehrer und Wunderthäter zeigte: sie sahen, hör=
ten, bemerkten alles auf das genaueste. Aber so, wie
sie Zeugen seines öffentlichen Lebens waren: so verlie=
sen sie ihn auch nicht, wenn er in die häusliche Stille,
oder gar in die Einsamkeit zurückkehrte. Alsdenn er=
klärte er ihnen vieles auf ihr Verlangen deutlicher, als
er es der großen Menge vorgetragen hatte, insonderheit
die Gleichnisse, in welche er seinen Unterricht so gerne
einkleidete. Und da sie ihn fragten, warum er sich die=
ser

ser verblümten Lehrart gegen das Volk bediene: gab er
zur Antwort, es sey viel zu verstockt, und von den
schlimmsten Vorurtheilen verblendet, aus viel zu boshaft und undankbar gegen die ihm bisher angebotene
Wahrheit gewesen, als daß ihm selbst die leichtesten
Vorstellungen brauchbar werden könnten. Die Gleich-
nißreden Jesu waren wirklich weder räthselhaft, noch
dunkel: mit einer mäßig richtigen Kenntniß von dem
ganz geistlichen neuen Reiche, welches er aufzurichten
suchte, und welches schon so lange verkündigt worden,
war ihre Deutung, zumal bey so vielen Anleitungen, die
er seinen Zuhörern dazu mittheilte, bald gefunden. Die
Apostel konnten daher von dieser Seite eben so wenig
entschuldiget werden; allein ihr lehrbegieriges und für
die Wahrheit geöffnetes Herz, und ihre wichtige Bestimmung verdienten eine so gütige herablassende Belehrung. Dabey aber war es für die Nachwelt wichtig, zu finden, daß Jesus seinen Aposteln insgeheim keinen andern Lehrbegriff beygebracht hat, als den er jedermann hören ließ; ob er gleich durch viele Erläuterungen, Warnungen, Weißagungen, und noch andere
Mittel, für die Stärkung ihres Glaubens unaufhörlich sorgte.

Aus dieser für die Apostel unentbehrlichen Unterweisung und Uebung, entließ sie Jesus nur einmal auf
eine kurze Zeit, da er ihnen befohl, daß sie, immer zween
beysammen, in vielen Gegenden des jüdischen Landes,
keineswegs aber unter den Samaritern und Heiden, die
erfreuliche Nachricht von der schon geschehenen Grundlegung des Reiches Jesu verkündigen, und die Juden
ermahnen sollten, durch Besserung und Glauben einen
Antheil daran zu nehmen. Diese Absendung hatte Ursachen, welche nicht schwer zu treffen sind. Jesus konnte nicht selbst in ganz Palästina herum reisen, wenigstens konnte er sich nicht so lange an jedem Orte aufhal-
ten,

ten, daß dadurch mehr als eine vorübergehende Be-
kanntſchaft mit ihm wäre gewirkt worden. Die Apoſtel, welche dieſen Mangel erſetzen ſollten, machten zugleich einen Verſuch, der ſie mit Vertrauen auf ihren
Lehrer, und mit der Hoffnung eines fruchtbaren Amtes
erfüllen mußte. Sie wurden von Jeſu ſelbſt zur erſten
Führung deſſelben geleitet, und bekamen von ihm Vorſchriften, die immer gelten ſollten. Ohne allen Vorrath ſollten ſie ihre Reiſen, bloß durch die Gaſtfreyheit
derer unterſtützt, welche ſie günſtig aufnehmen würden, anſtellen: und der kurze, ungekünſtelte Antrag des
Reiches Jeſu, mit den nöthigſten Erklärungen begleitet, ſollte überall ihre erſte und vornehme Rede ſeyn.
Was aber ihrer Sendung den völligen Nachdruck gab,
war die wunderthätige Kraft, die ihnen Jeſus ſchenkte,
die böſen Geiſter aus den Leibern der Menſchen zu vertreiben, Todte aufzuwecken, und alle Krankheiten zu
heilen. Hieran erkannte man, daß ſie mit einer göttlichen Vollmacht verſehen kämen: ſie ſtifteten auch
eine lebhafte Bewegung der Gemüther, und erzählten
bey ihrer Zurückkunft die großen Thaten, welche ſie
verrichtet hatten. Neben dieſer Wundergabe, welche
den Apoſteln eigen bleiben ſollte, ertheilte ihnen Jeſus
auch die Macht, den Menſchen ihre Sünden zu vergeben, oder ihnen dieſe Vergebung zu verſagen, ja wohl
gar die Sünder auf eine außerordentliche Weiſe zu be-
ſtrafen, und den Frommen beyzuſtehen: und dieſer Gebrauch der Schlüſſel des Himmelreichs, wie er ſich ausdrückte, den ſie in Gottes Namen ausüben würden,
ſollte bey demſelben vollkommen gültig ſeyn. Ein
Vorrecht, welches in ſpätern Zeiten die chriſtlichen
Lehrer, unter mancherley Deutungen, aber auch Miß-
bräuchen, auf ſich gezogen haben, als wenn ſie würklich an Gottes Statt den Menſchen ihre Sünden vergeben könnten.

Wahl

Wahl und Ausſendung

der

ſiebenzig Jünger Jeſu.

Aber außer den Apoſteln bediente ſich Jeſus noch anderer Gehülfen, ob ſie gleich jenen weder an Würde noch an Beſtimmung gleich kamen. Er ſonderte von ſeinen übrigen vielen Schülern und Nachfolgern ſiebenzig aus, und ſchickte ſie, zween mit einander, in alle diejenigen Städte und Oerter des jüdiſchen Landes, welche er bald zu betreten gedachte. In denſelben ſollten ſie ihm, ohngefähr wie ehemals Johannes der Täufer, den Weg bereiten, und eine willige Aufnahme erleichtern. Zugleich hatte er dabey offenbar die Abſicht, ſie bey Zeiten zur Predigt des Evangelii in der Welt tüchtig zu machen. „Die Erndte iſt „groß, ſagte er zu ihnen; der Arbeiter hingegen ſind „wenig: bittet daher den Herrn der Erndte, daß er Ar„beiter in ſeine Erndte ſende.„ Auch ihr Glaube an Jeſum ſollte ohne Zweifel durch dieſe erſten Verſuche geſtärkt werden. Sie waren bisher meiſtentheils in ſeinem Geſolge geweſen, und kennten alſo von ſeinen Lehren und Wundern nicht viel weniger, als die Apoſtel ſelbſt, Kenner und Zeugen abgeben. Eben wie dieſe, ſollten ſie die Nähe ſeines Reichs verkündigen, und ihren Vortrag durch Wunder bekräftigen. Sie thaten beydes; aber die Wunder, welche ſie verrichteten, übertrafen noch ihre Erwartung: denn ſie berichteten

Jeſu

Jesu voll Freuden, daß selbst die bösen Geister von den Menschen gewichen wären, wenn sie ihnen solches in seinem Nahmen befohlen hätten.

Die Nahmen der siebzig Jünger sind weder in der evangelischen Geschichte, noch in den ältesten Schriften der Christen aufbehalten worden. Eusebius gesteht dieses noch zu seiner Zeit; (Hist. Eccl. Lib. I c. 12.) ob er gleich einige nennet, welche die gemeine Meynung darunter gerechnet habe: den Barnabas, Sosthenes, Kephas, Matthias und Jacobus. Die Verzeichnisse aber derselben, welche in spätern Zeiten aufgesetzt worden sind, führen auch die augenscheinlichsten Merkmaale der Falschheit an sich. Unterdessen ist es doch sehr wahrscheinlich, daß diese siebzig Jünger, ob sie gleich nach ihrer Zurückkunft zu Jesu aufhörten, eine besondere Gesellschaft zu seyn, nach seiner Himmelfahrt sämmtlich, unter dem Nahmen der Evangelisten, sein Evangelium ausgebreitet haben, und daß wir also von verschiedenen derselben in der Apostolischen Geschichte Nachricht finden. Ihre Anzahl kann vielleicht auf die siebzig Beysitzer des hohen Raths der Juden gerichtet gewesen seyn; aber diese Muthmaßung, welche etwas Lehrreiches für das jüdische Volk voraussetzt, ist nicht von der größten Stärke.

Stiftung der christlichen Kirche.

Alle diese Handlungen, welche Jesus in den drey Jahren seines Lehramtes vorgenommen hat, beweisen es zur Genüge, daß er den Grund zu einer neuen Gemeine, das ist, zu einer besondern geistli=

chen Gesellschaft der Menschen, welche durch ihren Glauben sowohl, als durch die Ausübung desselben, sich von allen andern unterscheiden sollte, gelegt habe. Eine neue Cärimonie, durch welche er diejenigen, die seinem Rufe folgten, in dieselbe aufnahm; Lehren, welche damals fast jedermann unbekannt, der heidnischen Religion völlig entgegen gesetzt waren, den ganzen Gottesdienst der Juden aufhoben, und selbst ihrer Religion eine bisher ungewöhnliche Richtung gaben; Lehrer seiner Religion, die von ihm auf eine außerordentliche Weise vorbereitet, und mit neuen Verhaltungsbefehlen versehen wurden; endlich überhaupt so viele tausend Anhänger und Zuhörer, denen er verstattete, ihm nachzufolgen, mit denen er öffentliche Versammlungen hielt, und die er alle auf sich und seine Lehren verwies: dieses zusammen genommen, kann wohl nichts anders, als den Anfang einer neuen Kirche anzeigen.

Gleichwohl scheinen andere Gründe dagegen zu streiten, daß Jesus eine besondere äußerliche Gemeine gestiftet habe. Seine Lehre war im Grunde nicht neu; sie war die alte jüdische Religion, wie sie die Propheten dieses Volks vorgetragen hatten, ja wie sie schon den Stammvätern desselben bekannt war: nur daß sie jetzt die höchste Vollkommenheit erlangen sollte, welche ihr nach eben diesen Propheten bestimmt war. Denn Jesus, der Mittler des Bundes mit Gott, auf welchen diese Religion gebauet war, sollte nunmehro selbst erscheinen, nachdem man ihn so lange nur in der Erwartung verehrt hatte; die Bilder und Cärimonien im jüdischen Gottesdienste, die sich alle auf ihn bezogen, wurden dadurch überflüßig, und sein Unterricht, seine Wunder, sein Leben, Leiden und Sterben, gaben dem Glauben an ihn einen ungemeinen Nachdruck. Daß diese erneuerte und veredelte Religion den meisten Juden völlig neu und fremde war, davon lag die Schuld bloß an
ihnen;

ihnen; ſie konnten aber und ſollten leicht von Jeſu lernen, dieſelbe, als die wahre jüdiſche Religion, in der nun
nichts mehr zu verlangen übrig, lauter gegenwärtige
Kraft und Wahrheit wäre, anzunehmen: und ſobald
ſie dieſes thaten, war es unnöthig, eine neue Kirche unter ihnen aufzurichten.   Wenn Jeſus dieſe Abſicht hatte, warum beobachtete er die Vorſchriften des jüdiſchen
Gottesdienſtes, nebſt ſeinen Jüngern ſo fleißig? warum lehrte er im Tempel zu Jeruſalem, und in den Schu-
len der Juden? Er zeigte ſich dadurch offenbar als ein
Mitglied der jüdiſchen Kirche.   Freylich hatte er beſonders vertraute Schüler und Jünger um ſich; allein die
Propheten der Juden hatten eben dergleichen gezogen.
Und er benahm den ſeinigen, ja! allen, die ihn hörten,
den Irrthum oft genug, als wenn er einen Kirchen-
ſtaat nach dem Muſter einer weltlichen Regierung an-
zulegen geſonnen wäre.

Das iſt es aber auch alles, was man aus den Reden und der Aufführung Jeſu ſchließen kann.   Er hat
kein Reich nach der unter Menſchen gewöhnlichen Verfaſſung ſtiften wollen; am wenigſten aber einen Menſchen zum Oberhaupte deſſelben geſetzt.   Allem Anſehen
nach verlangte er nicht einmal, daß eine beſondere geiſt-
liche Geſellſchaft unter ſeiner Anführung zuſammen treten ſollte, ſo lange noch Hoffnung vorhanden war, daß
die jüdiſche Kirche ſeinen Lehren Beyfall geben würde.
Aber da dieſe Hoffnung nach ſeiner Himmelfahrt gänzlich verſchwand, erſt alsdenn trennten ſich ſeine Schüler völlig von jener Kirche, und damals nahm die chriſtliche Gemeine ihren öffentlichen und ſeyerlichen Anfang.
Jeſus hatte auch den bevorſtehenden Urſprung derſelben, ſo wie den Untergang des Tempels und des Cäri-
moniendienſtes der Juden, oft vorher geſagt: die Schuld
war allein auf ihrer Seite, daß ſich die Schüler Jeſu endlich ganz von ihnen abſondern mußten.   Es fällt überdieß

in die Augen, daß Jesus das jüdische Gesetz nur in der
Absicht erfüllet habe, um die Religion der Juden zum
Grunde der seinigen zu machen, und auch durch diese
Art des Gehorsams gegen die göttlichen Vorschriften,
den Menschen diese Pflicht zu empfehlen; aber die fort=
dauernde Gültigkeit jenes Gesetzes, oder die unverbrüch=
liche Heiligkeit der jüdischen Kirche, hat er nie dadurch
bestätiget.

Er hatte schon drey Jahre alle diese Absichten un=
ter vielen Widersprüchen und Verfolgungen zu erfüllen
gesucht, als er endlich die Zeit herankommen sahe, da
er, nach seiner Vorherverkündigung, beschlossen hatte,
sich selbst in die Gewalt seiner Feinde zu übergeben, um
die größte seiner Bestimmungen auszuführen, für das
menschliche Geschlecht zu sterben. Er reisete also im
Jahr 33 zum vierten male auf das Osterfest nach Je=
rusalem: öffentliche Wunderwerke und Lehren begleite=
ten ihn auch damals unaufhörlich. Die Verehrung
des Volks gegen ihn zeigte sich durch einen freudigen
Zuruf bey seinem Einzuge in die Hauptstadt. Diese
Neigung, ob sie gleich nur aus einem unbeständigen
Haufen sprach, war doch dem jüdischen hohen Rathe so
fürchterlich, daß er es nicht wagen wollte, Jesum vor
jedermanns Augen wegführen zu lassen.

Aber dieser bereitete sich zu seinem freywilligen To=
de mit der heitersten Ruhe des Geistes, und insonderheit
mit der zärtlichsten Sorgfalt für seine Jünger; er er=
schien ungemein liebenswürdig in seinen letzten Tagen.
Um seinen Freunden ein Zeichen der Liebe und Demuth
zu geben, zugleich aber sie zu eben diesen Tugenden gegen
einander zu ermuntern, wusch er ihnen die Füße ab;
voll mitleidigen Kummers nannte er seinen Verräther,
der sich unter ihnen fand; allein nicht weniger großmü=
thig, verschaffte er ihm selbst Gelegenheit, sich zu ent=
fernen.

fernen. Darauf folgten viele lehrreiche und tröstende
Reden, mit denen er seine Jünger unterhielt. Er sey
zwar, sagte er, im Begriff, sie zu verlassen, und sie wür=
den sehr viel um seiner Lehre willen leiden; aber er
werde ihnen einen himmlischen Führer und Beystand
senden; die vertrauliche Gemeinschaft, in welcher sie
mit ihm stünden, und die Früchte ihres Gehorsams ge=
gen ihn, würden ihnen auch die Gnade seines Vaters
erwerben, bey welchem sie dereinst ihre ewige, von ihm
jetzt zu bereitende Wohnung erhalten sollten. Sein lieb=
reiches Herz offenbarte sich noch in einem rührenden Ge=
bete, durch welches er sie, und alle, die an ihn glauben
würden, seinem Vater empfohl.

Unterdessen hatte Judas Ischarioth, bloß durch
Geldbegierde verleitet, dem hohen Rathe den Antrag
gethan, daß er Jesum in seine Hände liefern wollte,
ohne daß darüber einige Unruhen entstehen könnten.
Der Preiß des Dienstes, welchen er versprach, waren
dreyßig Silberlinge, oder ohngefähr funfzehn Reichs=
thaler. Diese mächtigen Feinde Jesu hatten bisher
nicht geruhet, ihm Fragen vorlegen zu lassen, deren
Beantwortung ihn verdächtig oder gar schuldig machen
sollte; aber jetzt erreichten sie ihren blutdürstigen End=
zweck weit geschwinder. Er selbst, immer eifriger zu
warnen, und zu unterrichten, je mehr er sich seinem En=
de näherte, veranstaltete auch die Zeit desselben derge=
stalt, daß das jüdische Volk auf das deutlichste erken=
nen möchte, er sey das wahrhafte Gegenbild von dem
Osterlamme, das zu dieser Zeit von den Juden gegessen
wurde. In der That aß er es auch mit ihnen, in Ge=
sellschaft seiner Jünger. Doch an die Stelle dieses Ge=
dächtnißmaales, das die Juden an ihre Befreyung aus
Aegypten erinnerte, setzte er nunmehro ein anderes zum
bleibenden Denkmaale seines bevorstehenden Todes ein:
und von diesem hat man die Beschreibung bereits in

dem

dem Abriſſe ſeiner Religion geleſen. Noch an demſelben Abend gieng er mit den Apoſteln in einen Garten
am Oelberge, und hier überfiel ſeine ſtille und freudige Seele eine ſo heftige Bangigkeit, daß er von
einem Engel geſtärkt zu werden brauchte. Man
kann von dieſer Todesangſt keinen wahrſcheinlichern
Grund angeben, als das innerſte Gefühl aller ver-
gangenen und künftigen Sünden des menſchlichen Geſchlechts, und aller Strafen, die denſelben gebührten;
denn beyde hatte Jeſus zu tragen übernommen. Aber
bald gieng er mit ſeiner gewöhnlichen Gelaſſenheit der
Schaar Soldaten und Gerichtsdiener entgegen, welche
kamen, ihn gefangen zu nehmen. Er that ihnen keinen Widerſtand, ob er gleich durch zwey Wunderwerke
zeigte, daß es nur an ihm liege, alle ſeine Feinde zu
Boden zu werfen.

Leiden und Sterben Jeſu.

Mit gleicher Würde und Hoheit, immer ein Beyſpiel der Sanftmuth und Menſchenliebe, immer ſeinem Lehrbegriffe, den Weißagungen der
heiligen Schrift, und den beſten Mitteln zur Ueberzeugung der Juden gemäß, verhielt ſich Jeſus nunmehro,
da er vielfache Beſchimpfungen und Leiden auszuſtehen
hatte. Er war von allen ſeinen Schülern und Anhängern verlaſſen worden, und Petrus, der ihm noch
von ferne nachfolgte, fiel unter allen am tiefſten von einer hohen Vermeſſenheit zu der frechſten Verleugnung
herunter. Aber Jeſus war ſich ſelbſt genug, da er vor
den großen Rath geſtellt wurde. Gegen den Vorwurf,

wurf, daß er Anhänger gesammlet, und eine neue Lehre ausgebreitet habe, berief er sich bloß darauf, er habe alles öffentlich gethan, und es sey also zu bekannt, als daß er seine wahren Absichten erst jetzt erklären sollte. Er beantwortete nicht einmal die verleumderischen Aussagen der Zeugen gegen sich, bis ihn dieses Gerichte durch eine Beschwörung bey dem lebendigen Gott nöthigte, sich ausdrücklich vor den Meßias und Sohn Gottes zu bekennen, und ihn wegen dieser vermeinten Gotteslästerung des Todes werth erklärte. Er hatte bisher alles versucht, um ihnen dieses Bekenntniß stillschweigend abzudringen.

Da die jüdischen Richter das Recht nicht mehr besaßen, ein Todesurtheil zu vollziehen, so übergaben sie Jesum, der schon auf allerley Art war gemißhandelt worden, dem römischen Procurator, Pontius Pilatus zur Bestrafung. Dadurch wälzten sie die Schande einer ungerechten Verdammung von sich auf die heidnische Obrigkeit; sie durften desto weniger einen Aufstand des Volks zum Besten Jesu befürchten, und konnten ihn mit mehrerm Anstande an einem ihrer heiligsten Feste umbringen. Pilatus war nicht so unbillig, als ihn die Juden verlangten. Anstatt das Urtheil, welches sie über Jesum gesprochen hatten, sogleich zu bestätigen, fragte er vielmehr, was derselbe vor ein Verbrechen begangen hätte. Man antwortete ihm, Jesus habe sich vor den König der Juden ausgegeben, und die Unterthanen dieses Landes von ihrer Treue gegen den römischen Kaiser abgezogen. Es ist kaum glaublich, daß sie diese Beschuldigung vor wahr sollten gehalten haben. Zu gewiß für ihre Wünsche, die eine ganz andere Richtung hatten, wußten es die Juden, daß Jesus keine weltliche Regierung zu errichten suche. Aber bey seinem heidnischen Richter glaubten sie ihm dadurch desto leichter zu schaden. Jesus würdigte seine Feinde

keiner

keiner Beantwortung auf Klagen, die so sehr ohne Beweis und ohne alle Wahrscheinlichkeit vorgebracht wurden. Da ihn aber Pilatus allein fragte, ob er der König der Juden sey, bejahete er es zwar, setzte aber hinzu, sein Reich habe nichts mit einem irdischen gemein; sonst würde er sich wohl mit einem Kriegsheere gegen seine Feinde zu beschützen gewußt haben: die Wahrheit zu lehren, dieses sey ein Hauptgeschäfte seiner Regierung, und wer dieselbe annehme, gehöre zu seinen Unterthanen. Pilatus, ob er gleich durch eine spöttische Frage zu erkennen gab, er halte die Untersuchung der Wahrheit vor eine sehr ungewisse Sache, sahe doch die Unschuld Jesu ein, gestand solche öffentlich vor dem Volke, und bot demselben an, Jesum nach einer Gewohnheit, die es eingeführt hatte, daß ihm ein Gefangner zum Osterfeste losgegeben wurde, dieses Rechts genießen zu lassen. Allein das Volk wählte lieber einen Mörder: es fand sich in seiner unbilligen Hoffnung von der Macht und den Thaten Jesu betrogen, und wurde durch seine Lehrer noch mehr gegen ihn aufgebracht, vielleicht auch zum Theil durch das Ansehen derselben abgeschröckt, sich seiner anzunehmen.

Noch andere Versuche, Jesum zu retten, mißlungen Pilato ebenfalls. Er schickte ihn zum Herodes Antipas, dem Vierfürsten von Galiläa, weil Jesus in diesem Lande zuerst aufrührerische Reden geführt haben sollte; aber auch dieser erkannte ihn vor unschuldig. Pilatus wollte ihn darauf nur mit der Geißelung bestrafen lassen, und stellte ihn, nachdem dieselbe an Jesu vollzogen worden war, dem Volke in einem beschimpfenden Anzuge vor, um das Mitleiden desselben gegen ihn zu erregen; auch erklärte er sich nochmals feyerlich, daß Jesus den Tod nicht verdiene, und daß er an seiner Hinrichtung keinen Antheil nehmen würde. Doch das ungestüme Geschrey des Volks, welches Jesum

sum zur Kreuzigung forderte, und wenn er unschuldig
seyn sollte, solches selbst, und in seinen Kindern zu büßen
sich verbindlich machte, endlich sogar Pilati Eifer für
den Kaiser in Verdacht zog, und ihn gewissermaßen mit
diesem bedrohte; Wuth und Getümmel in einem solchen Grade überwanden zuletzt seine Standhaftigkeit,
die doch bey einer Obrigkeit, zumal welche noch große
Gewalt in den Händen hat, niemals zum Nachtheile
der Gerechtigkeit unterliegen darf. Er gab den Befehl,
Jesum zum Tode zu führen. Weder Juden noch Heiden hatten den Stifter der christlichen Religion einer
Missethat überführen können; seine Wohlthaten wurden zu Verbrechen gemacht; seine Feinde und Richter
legten die rühmlichsten Zeugnisse gegen einander für ihn
ab: und die stille Größe, in welcher er bey allen Klagen,
Verspottungen und blutdürstigen Anfällen erschien, war
seiner vollkommen würdig.

Er war zur Kreuzigung, der schimpflichsten Lebens-
strafe bey den Römern, verurtheilt worden; er hatte sie
aber auch selbst vorher gesagt. Eine große Menge
Volks begleitete ihn zu dem Richtplatze Golgatha, wo
er sein Leben endigen sollte: unter derselben bemerkte
man insonderheit eine Anzahl Weiber, die seinetwegen
Thränen vergossen, und allem Ansehen nach, haben damals viele andere Zuschauer eine verborgene Rührung
oder Bestürzung empfunden. Jesus selbst aber trug
sein Kreuz so ruhig fort, daß er diese Weiber erinnern
konnte, nicht ihn, sondern das bevorstehende Unglück
ihres Volks zu beweinen. Mit gleichem Anstande, oder
um richtiger zu reden, mit gleicher Majestät und ge-
schäftiger Menschenliebe, betrug er sich in seinen noch
übrigen Stunden. In den Umständen seines Leidens
konnten nachdenkende Zuschauer die Erfüllung mancher
der ältesten Weißagungen sehen: von dieser Art waren
alle Beschimpfungen, mit denen man ihn noch verfolgte,

die

die Kreuzigung zwiſchen zween Uebelthätern, die Ver-
theilung ſeiner Kleider durch das Looß, und das Trän-
ken mit Eßig und Galle. Noch am Kreuze bat er ſeinen Vater, daß er ſeinen aus Unwiſſenheit läſternden
Feinden es vergeben möchte. Er verſprach einem der
mit ihm gekreuzigten Miſſethäter, daß er noch an demſelben Tage in ſeinem Reiche zum Genuſſe der Seeligkeit kommen ſollte. Seine Mutter empfohl er der
Sorgfalt und Verehrung ſeines liebſten Jüngers Johannes, der ſie auch ſogleich in ſeine Wohnung nahm.
Er hatte ſchon drey Stunden am Kreuze gehangen, als
die Luft im ganzen jüdiſchen Lande auf eine außerordentliche Weiſe verfinſtert wurde: alles ſollte, wie es ſcheint,
durch dieſe ſchröckliche Begebenheit auf den ſterbenden
Erlöſer der Welt aufmerkſam gemacht werden. Denn
daß er nicht bloß ein Beyſpiel der leidenden Unſchuld
und des Gehorſams gegen die Befehle Gottes abgebe,
ſondern eben jetzt am kräftigſten die Sünden der Menſchen trage, ſie völlig mit Gott ausſöhne; erkannte man
nach ſo vielen andern Lehren hierüber, aus den klagen-
den Worten des zwey und zwanzigſten Pſalms, in welchen er ſich am Ende dieſer dreyſtündigen Finſterniß,
über die Verlaſſung Gottes, das heißt, über die aller-
ſchmerzlichſten Empfindungen, bey denen er von allem
göttlichen Beyſtande entblößt wäre, beklagte.

Alles war nunmehro vollendet, was Jeſus zum
Unterrichte und zum Heile der Menſchen auf der Welt
thun ſollte. Er erkannte, und ſagte es öffentlich; darauf aber gab er freywillig und ſanft, mit einer lauten
Empfehlung in die Hände ſeines Vaters, ſein Leben
demſelben hin. Indem er ſtarb, wurde gleichſam die
Natur erſchüttert. Ein heftiges Erdbeben ſpaltete verſchiedene Felſen, und aus den Gräbern, welche in dieſelben gehauen waren, giengen einige Tage darauf, ver-
ſtorbene Heilige hervor, welche vielen zu Jeruſalem erſchienen.

schienen. Auch riß der Vorhang des Tempels, der
das Heilige von dem Allerheiligsten trennte, von selbst
entzwey. Diese neuen Erweckungen an alle Einwohner des Landes, so offenbar Bedeutungsvoll, daß sie
nicht erklärt zu werden brauchen, thaten auch bey vielen
ihre Wirkung: selbst Heiden riefen aus, dieses sey Gottes Sohn gewesen.

Jesus war todt; man überzeugte sich aber auf
mehr als eine Art von der Gewißheit seines Todes:
besonders, weil die Juden verlangten, daß sein Körper
noch vor dem Anbruche des Sabbaths vom Kreuze genommen werden möchte. Ein Mitglied des hohen
Raths, Joseph von Arimathia, welcher ein geheimer
Anhänger Jesu war, erbat sich von Pilato die Erlaubniß, den Leichnam desselben zu begraben: er wählte dazu eine neue Grabhöhle in seinem nahen Garten, und verwahrete den Eingang zu derselben, mit einem großen Steine. Allein den Oberhäuptern des jüdischen Volks war dieses eine zu geringe Vorsicht.
Sie stellten Pilato vor, daß Jesus, den sie einen Betrüger zu nennen sich unterstanden, mehrmals vorher
verkündigt habe, er werde am dritten Tage nach seinem
Tode aus dem Grabe wieder aufstehen: sie verlangten
daher, er möchte das Grab drey Tage lang sorgfältig
bewachen lassen, damit nicht die Jünger Jesu seinen
Leichnam herausnähmen, und alsdenn vorgäben, er
habe es selbst verlassen; von welcher Einbildung das
Volk weit schwerer zu heilen seyn würde, als von seiner ersten Neigung gegen ihn. Der römische Statthalter verwilligte ihnen Soldaten zur Bewachung, und
sie versiegelten noch überdieß den Stein, der vor dem
Grabe lag.

Aufer-

Auferstehung und Himmelfahrt Jesu.

Allein aus eben diesem so wohl verwahrten Grabe, gieng Jesus, nachdem es seinen Körper seit dem Abende des Freytages in sich gefaßt hatte, gegen den Anbruch des Sonntages wieder heraus. Seine Versicherung traf auf das genaueste ein, und er siegte jetzt über alle seine Feinde nachdrücklicher, als es durch die herrlichsten Wunder seines Lebens geschehen war. Die Erde erbebte bey dieser großen Begebenheit, und ein Engel wälzte selbst den Stein hinweg: die römische Wache erschrak und flüchtete sich. Unterdessen, daß die Feinde Jesu seine Auferstehung befürchteten, hoffte dieselbe niemand weniger, als seine vertrautesten Freunde und Schüler. Einige Frauenspersonen darunter kamen sogar nach dem Aufgange der Sonne zu dem Grabe, um seinen Leichnam durch Salben und Gewürze der Fäulniß zu entziehen. Sie fanden es leer, und erhielten von einem Engel die Nachricht, daß Jesus, wie er es versprochen habe, auferstanden sey; zugleich befohl er ihnen, daß sie dieses den Aposteln verkündigen sollten, denen er sich, nach seiner Verheißung, in Galiläa zeigen würde. Petrus und Johannes eilten auf ihre Anzeige an das Grab, vermißten den Leichnam, und verwunderten sich.

Jesus aber erschien nunmehro Marien Magdalenen, die er ehemals von sieben bösen Geistern befreyet

freyet hatte, und bald darauf auch den übrigen Frauen, die ihn suchten. Gleichwohl glaubten ihnen die Apostel noch nicht, daß Jesus wieder lebe: er, der vor ihren Augen mehr als Einen Todten ins Leben zurück gerufen, der ihnen seine Auferstehung so oft versprochen hatte. Daher ließ sich Jesus nach und nach vor ihnen allen, theils einzeln, theils beysammen sehen: er redete, aß und trank mit ihnen, ließ sich von ihnen befühlen, und bediente sich aller Mittel, die sie von ihrer Einbildung, als wenn er nur ein Geist wäre, heilen konnten. Er wiederholte dieses öfters, vierzig Tage nach einander. Einmal erschien er sogar fünfhundert seiner Jünger zugleich. In Galiläa insonderheit erkannten ihn die Apostel an einem wunderbaren Fischzuge: und eben daselbst weißagte er sowohl dem Petrus die Art seines Todes, als dem Johannes das hohe Alter, welches er erreichen würde.

Von so vielen tausenden aber seiner Feinde erschien Jesus keinem einzigen. Bey dem ersten Anblicke hat es allerdings das Ansehen, daß er sich wenigstens dem hohen Rathe, wo nicht dem ganzen jüdischen Volke, hätte zeigen sollen. Dadurch würde er, so scheinet es, sie zu einer unwiderstehlichen Ueberzeugung gebracht, und alle ihre Ausflüchte zerstöret haben. Er hätte in Gegenwart der Abgeordneten des hohen Raths, welche nach verflossenen drey Tagen vermuthlich das Grab Jesu würden besichtigt haben, auferstehen, oder auch nach seiner Auferstehung sich an Oertern sehen lassen sollen, wo ihn jedermann leicht finden konnte. Nur seinen Freunden zu erscheinen, die ohnedieß am bereitwilligsten mögen gewesen seyn, seine Auferstehung zu glauben, könnte vor einen desto partheyischern Kunstgriff gehalten werden, je weit mehr die übrigen Juden dieser mächtigen Aufklärung bedurften. Aufrichtig zu sagen, kann man sich dieser Gedanken nicht gänzlich entschlagen; aber die Feinde des Christenthums haben sie mit eben

ſo vieler Zuverſicht als boshaften Anmerkungen vorgebracht: ſchon Celſus im zweyten Jahrhunderte, und
mehrere in den neuern Zeiten, wie Woolſton und
Chubb in England. Und wenn gleich dieſer und
andere Einwürfe gegen die Auferſtehung Jeſu von
einigen Gelehrten des eben genannten Reichs, Ditton
in ſeinem Buche von der Wahrheit der chriſtlichen Religion, Sherlok im Gerichtlichen Verhör der Zeugen
bey der Auferſtehung Jeſu, und Weſt in den Anmerkungen über die Geſchichte und Auferſtehung Jeſu
Chriſti, ſo hinlänglich als man es nur wünſchen kann,
beantwortet worden ſind; ſo muß doch auch in dieſer
Geſchichte, die Gewißheit jener großen Begebenheit
genauer unterſucht werden, weil von derſelben das
ganze Urtheil abhängt, das von Jeſu, dem Stifter der
chriſtlichen Religion, und von dieſer Religion ſelbſt,
gefällt werden kann.

Die Zeugen, auf welchen die Glaubwürdigkeit der
Auferſtehung Jeſu beruhet, ſind bereits angeführet worden. Man findet gar nichts an ihnen zu tadeln, wenn
es nicht der einzige Umſtand iſt, daß ſie ſeine Freunde
und Vertraute waren, von denen ſich daher muthmaßen
ließe, daß ſie entweder ſeine Auferſtehung zu leicht geglaubt haben, und durch ganz andere Erſcheinungen
hintergangen worden ſind; oder daß ſie ſelbſt die Welt
durch die heimliche Wegſchaffung ſeines Leichnams zu
betrügen geſucht haben. Allein von dieſen Vermuthungen fällt alle Wahrſcheinlichkeit weg, ſo bald man dieſen
Zeugen auf jeden ihrer Schritte nachfolgt. Sie waren in die äußerſte Furcht gerathen, als Jeſus zum
Tode geführet wurde, und dieſe Furcht vor der Verfolgung der Juden dauerte noch immer fort, da Jeſus
ſchon angefangen hatte, ihnen zu erſcheinen. Eine ſolche Gemüthsfaſſung ſpricht ſie ſchon von aller Neigung
zu einem Betruge, mit welchem ſo viele Lebensgefahr
ver-

verbunden war, frey: und auch alles übrige, was man
bisher von ihnen geſehen hat, iſt einem ſolchen Verdachte zuwider. Es iſt nicht einmal begreiflich, wie ſie einen Betrug von der gedachten Art hätten anſtellen können. Die römiſche Wache lag vor dem verſiegelten
Grabe, und wider deren Willen alſo konnte daſſelbe
ſchwerlich beraubt werden. Zwar dieſe Soldaten gaben nachmals öffentlich vor, ſie wären eingeſchlafen,
und unterdeſſen hätten die Jünger Jeſu ſeinen Körper ge-
ſtohlen. Aber dieſe Erzählung war ihnen von den Gro-
ſen der Juden, denen ſie die wahren Umſtände erzählt
hatten, in den Mund gelegt, und ſie waren zugleich mit
Gelde beſtochen worden. Wäre hiebey in der That von
den Apoſteln ein Betrug begangen worden: ſo würde
nichts leichter geweſen ſeyn, als ihn durch die Ausſage
der Wache zu entdecken, und eine ſo ungemein wichtige
Begebenheit hätte es wohl verdienet, auf das ſchärfſte
unterſucht zu werden. Daran aber dachte der hohe
Rath nicht, weil er ſeinen Vortheil nicht dabey gefunden haben würde.

Es bleibt alſo nur übrig, daß die Jünger Jeſu zu
leichtgläubig geweſen wären. Allein niemals hat man
den Zweifel, das Mißtrauen und den Unglauben höher
treiben können, als ſie es gethan haben. Sie mußten
durch alle Mittel und Grade der Ueberzeugung geführt
werden, und wurden dadurch deſto glaubwürdiger in ihrem Zeugniſſe. Der Name der von Gott beſtimmten Zeugen der Auferſtehung Jeſu, den ſie ſich beylegen, (Apoſtelg. C. 10.) leitet uns auf eine vorzügliche
Tüchtigkeit derſelben, die wir ihnen nicht bloß glauben
dürfen; ſie fällt auch in die Augen. Eben dieſe unzertrennliche Gefährten Jeſu, die ihn unter allen Menſchen am beſten kennen gelernet hatten, und über alles
verehrten, aber gleichwohl das Wunderbare und Ueber-
natürliche an ihm überaus ſchwer begriffen; dieſe waren

ren ohne Zweifel die geschicktesten, um zu beurtheilen, ob Jesus wirklich ins Leben zurück gekommen sey, und um davon ohne alles Blendwerk versichert zu werden. Hier läßt sich nun auch ein ungezwungner Gebrauch von der Anmerkung machen, daß es unbillig sey, wenn an den Zeugen einer Begebenheit nichts ausgesetzt werden kann, noch mehrere, und von einer andern Art, willkührlich zu fordern.

Man ist daher nicht einmal genöthiget, auf den Einwurf zu antworten, daß Jesus nach seiner Auferstehung auch seinen Feinden hätte erscheinen sollen; es kann aber doch auf die leichteste Art geschehen. Das erste und unwidersprechliche Mittel, welches den Hohenpriestern und Aeltesten zur Ueberzeugung angeboten wurde, die Aussage der heidnischen Wache, dieses Mittel wurde von ihnen nicht allein hartnäckig verworfen, sondern sogar mit Bosheit gegen die Jünger Jesu umgekehrt. Hieraus, und aus ihrem unversöhnlichen Hasse gegen Jesum, wird es sehr glaublich, daß sie durch seine eigene Gegenwart nicht stärker würden gerührt worden seyn, als durch jenes unpartheyische Zeugniß. Wenn ihn die Apostel vor ein Gespenst gehalten haben, so würden die Juden allem Ansehen nach, seine Erscheinung vor Zauberey, und vor ein Werk des Teufels ausgegeben haben. Diejenigen unter den Großen oder von dem Volke, die vielleicht durch seine Erscheinung wären bewogen worden zu glauben, daß er auferstanden sey, würden vermuthlich von dem übrigen größten Theile als Betrüger oder Schwärmer verfolgt worden seyn. Kurz, es ist nicht bloß ungewiß, was vor Wirkungen in den Gemüthern entstanden wären, wenn sich Jesus seinen Feinden gezeigt hätte; sondern es ist auch höchstwahrscheinlich, daß seine Mühe fruchtlos gewesen seyn würde. Seine eigenen Worte bey einem nicht unähnlichen Falle, dienen hier zur Erläuterung. „Hören sie,
sagt

„sagte er, Mosen und die Propheten nicht, so werden
„sie auch nicht glauben, ob jemand von den Todten auf-
„erstünde.„ Was Moses und die Propheten bisher
den Juden waren, das fanden sie jetzt an den Aposteln,
wenn nur ihr Herz von nichts als Wahrheitsliebe eingenommen war.

Bald erschienen in der That die Apostel in einem
Glanze, und von einer so unüberwindlichen Stärke begleitet, daß ihr mündliches Zeugniß von der Auferstehung Jesu einer der geringsten Beweise für diese zu seyn
schien. Sie wurde von vielen tausenden geglaubt, weil
sie sahen, daß Jesus in den Aposteln lebe, und durch sie
die größesten Thaten verrichte. Auf solchen Gründen
beruhet die Glaubwürdigkeit der Auferstehung Jesu.
Alle seine Lehren, Handlungen und Wunder gewannen
nunmehro ein entscheidendes Ansehen. Sie war gleichsam das Siegel, das er darauf drückte: man erkannte
ihn wirklich vor die große Person, vor welche er gehalten seyn wollte, nachdem er sich siegreich über Leiden und
Tod erhoben hatte.

Er wandte die Zeit, welche er noch sichtbar auf der
Welt zubrachte, dazu an, daß er den Aposteln einen deutlichen und vollständigen Unterricht über alle Absichten
seines Lebens mit den Menschen ertheilte. Jetzo erst
fiengen sie an dieselben zu verstehen, da er alles, was mit
ihm vorgegangen war, gegen die Weißagungen der Propheten hielt, die an ihm waren erfüllt worden, und ihnen die göttlichen Schriften der jüdischen Kirche erklärte. Er befohl ihnen zugleich, sein Evangelium, so weit
sie nur in der Welt kommen könnten, zu predigen, und
diejenigen, welche ihm einen gläubigen Beyfall geben
würden, im Namen des Vaters, des Sohnes, und des
heiligen Geistes, das heißt mit der Verpflichtung, diese
drey göttliche Personen zu verehren, durch die Taufe
unter die Mitglieder seiner Gemeine aufzunehmen, ihnen auch die Versicherung der künftigen Seeligkeit, auf

II. Theil.   E   ihren

ihren Glauben an ihn, zu geben. Zur Erleichterung dieser mühsamen Arbeiten, versprach er ihnen den allerkräftigsten Beystand: nicht allein würde er selbst beständig ihnen gegenwärtig helfen; sondern es sollten ihnen auch in kurzem die Gaben des heiligen Geistes mitgetheilet werden, und das Vermögen, Wunder zu verrichten, welches sie schon besaßen, sollte auch auf viele von denen fortgepflanzt werden, welche sie zum Glauben führen würden. Nach allen diesen Reden, welche Jesus hauptsächlich nach seiner Rückkehr aus Galiläa nach Jerusalem an die Apostel hielt, segnete er sie noch zuletzt auf dem Oelberge, und erhob sich von demselben, vor ihren Augen, am vierzigsten Tage nach seiner Auferstehung, gen Himmel, um sich wiederum mit seinem Vater auf das genaueste zu vereinigen.

Ein solches Ende nahm das Leben Jesu auf der Welt, der als der bewundernswürdigste und heiligste unter allen Menschen würdig war, zum Lehrer des menschlichen Geschlechts angenommen zu werden; der aber solches durch die deutlichsten Beweise, daß er der Sohn Gottes sey, auch fordern konnte. Und nicht nur als Lehrer der edelsten und heilsamsten Religion zeigte er sich den Menschen; sondern auch als ihren Erlöser, durch den sie die Vergebung ihrer Sünden, mithin die Befreyung von den Uebeln, welche ihre Seele drücken, erlangen könnten. So war er viele hundert Jahre vorher beschrieben worden; so kündigte ihn die treffendeste Erfüllung aller von ihm voraus gemeldeten Kennzeichen und Umstände an; er aber bestätigte dieses noch auf jede Art, die man verlangen konnte. Unzählige Menschen aus allen Welttheilen, Zeiten und Völkern, von jedem Stande, Geschlecht und Alter, haben ihn bis jetzt davor erkannt: es ist sogar die Uebersetzung davon seit mehr als siebzehnhundert Jahren, anstatt in Dunkelheit und Zweifel zu verfallen, immer zu einer größern Festigkeit gekommen.

Zuver-

Zuverläßigkeit

der

Geschichte Jesu.

Die historische Gewißheit, daß Jesus derjenige wirklich sey, vor den ihn ein so großer Theil der Menschen bis auf unsere Zeiten hält, beruhet also hauptsächlich auf der Wahrheit der Erzählungen, welche die Evangelisten wi man die Geschichtschreiber seines Lebens genannt hat, hinterlassen haben. Aber diese Quelle seiner Geschichte ist so rein und unverdächtig, daß man keine andere begehren darf. Diese Schriftsteller verließen zum Theil Jeium gar nicht; theils hatten sie mit seinen Gefährten, den Aposteln, einen langen und vertraulichen Umgang: sie konnten also die Wahrheit wissen. Gegen ihre Aufrichtigkeit findet eben so wenig einiger Argwohn Statt. Es ist unbegreiflich, warum sie die Geschichte Jesu hätten verfälschen sollen, da sie für ihre Nachrichten nur durch Haß und Verfolgungen belohnt worden sind, und alles, was sie geschrieben haben, nicht die entferntste Absicht verräth, Ehre und Nutzen zu erlangen. Sie reden vielmehr immer mit einer liebenswürdigen Einfalt. Ein jeder von ihnen sagt, was er von Jesu gesehen oder erfahren habe: unbekümmert um die Erzählung des andern, geht er in der Ordnung und in den Umständen von ihm ab: es entstehen daraus zuweilen scheinbare Widersprüche zwischen ihnen; aber wenn sie alle durchaus und bis auf je-

de

de Kleinigkeit mit einander übereinſtimmten, ſo würde
man vielleicht vermuthen, ſie hätten ſich vorher mit ein=
ander beredet, was ſie der Welt vor Begriffe von Jeſu
und ſeiner Religion beybringen wollten. Die ungekün=
ſtelte Art, auf welche ihre Nachrichten abgefaßt ſind;
die Offenherzigkeit, mit der ſie ihre eigenen Fehler und
Irrthümer beſchreiben; auch die Anmerkung, welche
man leicht machen kann, daß ſich in ihren Schriften kei=
ne Spur von Nachahmung einer ältern Geſchichte fin=
de, und daß ſowohl der Stifter der Religion, als die
Religion ſelbſt, welche ſie bekannt machen, dieſe inſon=
derheit in Anſehung ihres Inhalts, ihrer Gründe und
ihres mächtigen Vortrags, ſich von allen ähnlichen Er=
zählungen vortheilhaft unterſcheiden; dieſes ſind noch
mehrere Merkmale von der Glaubwürdigkeit der Ge=
ſchichtſchreiber des Evangelii.

Auch daran läßt ſich keineswegs zweifeln, daß wir
ihre Schriften unverfälſcht erhalten haben. Man iſt
davon ohngefähr auf eben dieſelbe Art verſichert, wie
man es gewiß weis, daß die Werke der großen Schrift=
ſteller des heidniſchen Alterthums unſere Zeiten erreicht
haben. Hier finden wir das einmüthige Zeugniß der
erſten und ſo vieler folgender Jahrhunderte für jene
Schriften, und die Sorgfalt, welche eine unzählicheMen=
ge Menſchen, deren Religion auf dieſelben gegründet
iſt, angewandt hat, ſie richtig zu beſitzen, und auf die
Nachwelt fortzupflanzen. Es iſt nicht weniger wichtig,
daß die Wahrheit der Geſchichte, welche die Evangeli=
ſten erzählen, von ſehr vielen andern Schriftſtellern, die
entweder zu ihren Zeiten, oder bald nach ihnen gelebt
haben, beſtätigt worden iſt. Chriſten, Juden und Hei=
den haben Zeugen von dieſen Begebenheiten abgege=
ben: und wenn ſie gleich von den Urſachen und Abſich=
ten derſelben ſo verſchieden urtheilen, als ihre Religion
ſelbſt iſt; ſo begnügt ſich doch der Geſchichtſchreiber gerne
daran,

daran, daß sie über die Richtigkeit des Geschehenen, und über die Hauptumstände einig sind. Aus den Zeugnissen christlicher Schriftsteller der ersten vier Jahrhunderte nach der Geburt Jesu, hat ein sehr gelehrter Theologe der englischen Kirche, Nathanael Lardner, die Glaubwürdigkeit der evangelischen Geschichte in einem ausführlichen Werke bewiesen, das man in fünf Oktavbänden auch in die deutsche Sprache übersetzt hat. Dieses Werk verdiente noch einmal von mir genannt zu werden: denn ob es gleich, nach der gedachten Absicht betrachtet, etwas zu weitschweifig scheinen könnte; so ist doch zugleich noch eine andere durch dasselbe glücklich erreicht worden, nämlich, die gesammte Geschichte der Lehrer und des Lehrbegriffs der ältesten christlichen Kirche, im beständigen Verhältnisse gegen ihre heiligen Schriften, für allerley Gattungen von Lesern unterrichtend vorzustellen. Eben dieser Schriftsteller hat vor einigen Jahren in einem andern Werke die heidnischen und jüdischen Zeugnisse, durch welche die Wahrheit der evangelischen Historie bekräftiget werden kann, gesammelt und untersucht. Der Gebrauch von dieser letztern Art Stellen erfordert in der That viele Vorsichtigkeit, um weder mehr aus denselben zu schließen, als ihre Verfasser dabey gedacht haben, noch zweifelhafte oder gar untergeschobene Nachrichten leichtgläubig anzunehmen. Ein Beyspiel davon kann bereits dasjenige abgeben, was oben von der Geschichte des Abgarus gesagt worden ist; und andere ähnliche Zeugnisse werden in der Folge dieses Werks geprüft werden. Aber zwey derselben verdienen hier sogleich angeführt zu werden.

Eben der römische Landpfleger in Judäa, der Jesum wider seinen Willen zum Tode verurtheilte, Pontius Pilatus, soll einen Bericht in Briefen an den Kaiser Tiberius von dieser Begebenheit abgestattet, und darinne sowohl die Auferstehung, als viele andere

E 3   Wun-

Wunder Jesu vor wahr erklärt haben. Schon im zweyten Jahrhunderte berief sich Justin der Märtyrer in seiner ersten Schutzschrift für die Christen, (p. 33. 44. ed. Thalem.) auf diese Nachrichten Pilati, aus welchen, sagt er, die Kaiser seiner Zeit sehen könnten, daß seine Erzählung von Jesu richtig sey. Es ist auch überhaupt wahrscheinlich, daß Pilatus, nach der Pflicht und Gewohnheit der römischen Statthalter, die wunderbaren Vorfälle, welche sich mit Jesu vor seinen Augen zutrugen, an Tiberium werde berichtet haben. Allein die Briefe selbst, die noch unter seinem Nahmen vorhanden sind, und die zuletzt Johann Albrecht Fabricius (Cod. Apocr. N. Test. P. I. p. 298. P. III. p. 456) hat abdrucken lassen, führen die offenbarsten Merkmale der Erdichtung, im Ausdrucke und Inhalte, bey sich. Die ersten Christen scheinen nichts von jenen Berichten gesehen zu haben, weil sie dieselben nicht bekannt machten; dagegen aber ließen die Heiden, im Anfange des vierten Jahrhunderts, zur Beschimpfung des Christenthums, einen Aufsatz von dieser Art verfertigen und ausbreiten, dessen Falschheit, wie Eusebius (Hist. Eccl. L. I. c. 9. L. IX. c. 5.) meldet, sogleich erkannt wurde. Doch gegen das Ende des zweyten Jahrhunderts vermehrte Tertullianus die Anzeige des Justinus mit neuen Nachrichten. Der Bericht, schreibt er, (Apologet. c. 5.) welchen Pilotus dem Kaiser von Jesu ertheilet hatte, machte bey demselben einen so tiefen Eindruck, daß er Jesum unter die Götter des römischen Reichs versetzen wollte. Er trug dieses dem Senat vor; allein, ob er gleich bey demselben nicht durchdringen konnte, blieb er doch in seinen Gesinnungen gegen Jesum, und bedrohte diejenigen mit Strafen, welche die Christen verklagen würden. Und diese Nachrichten hat Eusebius aus dem Tertullian in seine Kirchengeschichte (L. II. c. 2.) eingetragen: er sieht zugleich die Neigung des Tiberius als einen Beweis der göttlichen Vorsorge für

für die Ausbreitung der Religion Jesu an. Gleichwohl bleibt diese Begebenheit noch immer streitig. Sie scheinet zwar dadurch glaubwürdig zu werden, daß sie Tertullianus in einer Schutzschrift für die Christen gegen die Heiden so zuversichtlich gebraucht hat. Aber die Umstände, mit welchen er sie erzählet, sind ihr keineswegs günstig. Tiberius, der aus seiner Lebensbeschreibung vom Sueton als ein Verächter der Religion überhaupt bekannt ist, sollte einem wunderthätigen Mann von demjenigen Volke, und von einer Religion, die sich unter allen auf der Welt mit der Römischen am wenigsten vertrug, unter die Götter der Römer haben aufnehmen wollen? Er sollte sich zum Beschützer der Christen zu einer Zeit aufgeworfen haben, da dieser Name allem Ansehen nach noch nicht entstanden war, da es außer Judäa, und zu Rom insonderheit, noch keine Anhänger Jesu gegeben hat? Sein Verlangen sollte von dem römischen Senat verworfen worden seyn, in welchem er doch durch Verstellung und Grausamkeit gleich mächtig war? Das Unwahrscheinliche von diesem allem kann zwar, wie es einige Gelehrte versucht haben, vermindert, aber es kann nicht völlig gehoben werden. Tertullianus mag vielleicht eine unter den Christen gemeine Sage, die auch einigen wahren Grund haben konnte, aufgezeichnet haben, und auf sein Ansehen hat sie Eusebius wiederholet.

Man hat sich noch weniger über ein anderes Zeugniß für Jesum vergleichen können, welches Flavius Josephus abgelegt haben soll. Dieser berühmte jüdische Geschichtschreiber, welcher gleich nach den Zeiten Jesu lebte, hat im achtzehnten Buche seiner ältern jüdischen Geschichte (p. 621. ed. Colon. a. 1691.) eine Stelle hinterlassen, die man jetzt folgendergestalt lieset: „Um eben dieselbe „Zeit lebte Jesus, ein weiser Mann, wenn man ihn an„ders einen Mann nennen darf. Denn er verrichtete „wunderbare Thaten, indem er ein Lehrer derjenigen

E 4 „Men=

„Menschen war, welche die Wahrheit gerne annahmen.
„Er brachte viele Juden und auch viele Heiden dahin,
„daß sie auf seine Seite traten. Dieser Mann war
„Christus. Ob ihn gleich Pilatus, auf die Anklage
„der Vornehmsten unsers Volks, ans Kreuz schlagen
„ließ; so verließen ihn doch diejenigen nicht, die ihn
„gleich Anfangs geliebt hatten. Denn er erschien ih-
„nen am dritten Tage darauf wieder lebendig, wie sol-
„ches und tausend andere Wunder von ihm die göttli-
„chen Propheten vorher gesagt hatten. „

Viele christliche Gelehrte haben dieses Zeugniß vor
sehr wichtig angesehen, und nicht gezweifelt, daß es von
Josepho herrühre. Sie haben nicht bedacht, daß ein
Mann, welcher öffentlich bekennet, Jesus sey Christus,
oder der Meßias, und seine Wunder seyen von den Propheten vorher verkündigt worden, daß ein solcher Mann
die Wahrheit der christlichen Religion zugebe; man
weis aber zuverläßig, daß Josephus stets bey der jüdischen Religion geblieben ist. Sollte er die ersten Pe-
rioden dieser Stelle geschrieben haben, welches nicht unwahrscheinlich ist; so müßte man glauben, daß das übrige von einem christlichen Abschreiber hinzugesetzt worden
sey, der die Jesu beygelegten aber unvollständigen Lobsprüche ergänzen wollte. Daß aber Eusebius (De-
monstr. Evang. L. III. c. 7.) einige Worte aus dieser
Stelle, und an einem andern Orte (Hist. Ecclef. L. I.
c. 11.) sie ganz beygebracht hat: daß dieses auch vom
Hieronymus (de Script. Ecclef. c. 13.) geschehen ist;
dieses beweiset nichts mehr, als daß die Stelle schon vor
ihrer Zeit verfälscht worden sey. Aeltere christliche
Schriftsteller hingegen haben sich dieses Zeugnisses, selbst
bey ihren Widerlegungen der Juden, nicht bedienet;
Origenes sagt sogar ausdrücklich in seinem Buche
wider den Celsus, Josephus habe Jesum nicht vor
Christum erkannt.

Es

Es scheinet überhaupt nicht nöthig zu seyn, daß eine sehr mühsame Untersuchung, oder gar eine ängstliche Vertheidigung der ächten Beschaffenheit solcher Stellen vorgenommen werde, in welchen Juden oder Heiden Jesu gedacht haben. Die Glaubwürdigkeit seiner Geschichte bekommt durch einige derselben mehr, keinen beträchtlichen Zusatz: ja sie kann derselben bey so bewährten Zeugnissen, als bereits für sie angeführt worden sind, fast gänzlich entbehren, weil sie nicht sowohl beweisend, als nur bekräftigend sind. Man hat noch weniger Ursache, die Wahrscheinlichkeit der Geschichte Jesu, nach der Anzahl ihrer Zeugen, und der Jahre, seit welchen sie verflossen ist, mathematisch zu berechnen. Nicht zu gedenken, daß die Geschichte keines von den Gebieten der Mathematik sey, in welchen diese festen Fuß fassen könnte, weil die Begebenheiten und ihre Umstände sehr selten völlig bestimmte, und von allen Seiten unleugbare Grundsätze verschaffen: so sind bey dieser Methode auch die Streitigkeiten eben so unvermeidlich, als schwer beyzulegen, und man fällt nirgends leichter als auf diesem Wege. Ein sehr geübter schottländischer Meßkünstler, Johann Craig, hat dieses in seinem Buche, Theologiae Christianae principia mathematica, durch sein eigenes Beyspiel bestätiget. Er glaubte gefunden zu haben, daß die Wahrscheinlichkeit der Geschichte Jesu zwar zu seiner Zeit, im Jahre 1699 noch so stark sey, als sie gewesen seyn würde, wenn sie jemand zu Jesu Zeiten selbst, von zween seiner Jünger hätte erzählen hören; daß sie aber innerhalb 3150 Jahren, von Jesu Geburt an gerechnet, völlig verschwinden müsse, und daß er daher um jene Zeit zum Gerichte über die Menschen erscheinen werde. Die Fehler dieser Ausrechnung hat der scharfsinnige und gelehrte Mann, der Craigs Buch wieder hat drucken lassen, der Herr Professor Titius, bündig aufgedeckt: er hat insonderheit richtig angemerkt, daß die historische Wahrscheinlichkeit, wenn sie gut ge-

E 5   gründet

gründet ist, niemals untergehen könne; sie muß vielmehr desto mehr zunehmen, je länger und häufiger sie
geprüft, nach dieser Prüfung von neuem wieder angenommen, und durch neue Beweise bis zur Gewißheit
erhöhet wird. So hat man wirklich siebzehnhundert
Jahre lang mit der Geschichte Jesu verfahren.

Die vornehmsten und für alle Zeiten hinlänglichen
Zeugen derselben, die Apostel, bereiteten sich nach der
Himmelfahrt Jesu, seinen Befehl durch die Ausbreitung des Evangelii in der Welt zu vollziehen. Ihre
Anzahl war durch die Verrätherey des Judas verrin-
gert worden: er nahm sich sogar selbst das Leben, da er
sahe, daß Jesus, wider seine Absicht, zum Tode verurtheilt wurde. Denn er hatte nur seinen Geiz zu befriedigen gesucht, und hoffte vermuthlich, sein Lehrer würde
leicht auf eine wunderbare Art sich der Gewalt seiner
Feinde entziehen. Die Apostel wählten also an seine
Stelle durch das Loos, zu welchem sie sich die merkliche
Bestimmung Gottes ausbaten, den Matthias, der bisher als einer von den Jüngern Jesu sehr häufig in seiner Gesellschaft gewesen war. Sie kamen täglich mit
den übrigen Freunden Jesu zu Jerusalem, deren hundert und zwanzig waren, zusammen, beteten mit ihnen, und erwarteten den himmlischen Beystand, den
er ihnen versprochen hatte, bald nach seinem Abschiede
zu senden.

Mitthei-

Mittheilung
der Gaben des heiligen Geistes
an die Apostel.

Sie erhielten auch denselben zehn Tage nach seiner Himmelfahrt. Bey ihrer gewöhnlichen Versammlung wurde das Haus, in welchem sie sich befanden, wie durch einen heftigen Wind, in Bewegung gesetzt: ein sonst aus den göttlichen Schriften bekanntes Merkmaal der außerordentlich wirksamen Gegenwart Gottes. Man sahe über ihnen Flammen, gleich gespaltenen Zungen, schweben: und zugleich erfüllte sie der Geist Gottes mit wunderbaren Kräften und Fähigkeiten. Damals wurden ohne Zweifel alle noch bey ihnen übrige Schwierigkeiten und Hindernisse gehoben, welche der Predigt des Evangelii im Wege standen. Ihr Verstand wurde ganz durch die Lehre desselben erleuchtet; in ihrem Vortrag kam eine gewisse Richtigkeit, Stärke und Macht, die sich mit der Beredsamkeit der Natur oder Kunst nicht vergleichen läßt; und an die Stelle ihrer alten Furchtsamkeit trat die freudigste Standhaftigkeit in allen Leiden. Das ihnen von Jesu ertheilte Vermögen, in seinem Namen Wunder zu verrichten, wurde jetzt nicht allein bestätiget, sondern auch erweitert. Und unter den neuen übernatürlichen Gaben, welche sie erhielten, zeigte sich sogleich die Fertigkeit, fremde Sprachen, welche sie nie gelernet hatten, zu reden:

den: sie bedienten sich derselben, um die göttlichen Wohlthaten gegen das menschliche Geschlecht zu preisen.

Man hat stets geglaubt, daß diese den Aposteln
plötzlich geschenkte Sprachkenntniß dazu habe dienen
sollen, daß sie mit einem jeden Volke, bey welchem sie
das Christenthum verkündigen würden, in seiner Sprache reden könnten. Der Befehl Jesu, weit in der Welt
herum sein Evangelium auszubreiten, und die gleichstim-
mige Erklärung, die man davon in der ersten christlichen
Kirche gemacht hat; beydes scheinet ein Beweis von jener Absicht zu seyn. Allein nach einer neuen Untersuchung, welche von dem Herrn D. Ernesti vor wenigen
Jahren angestellt worden ist, kann man die gewöhnlichen Beweise für diese Meinung nicht mehr gebrauchen.
In allen Ländern, in welche die Apostel, nach dem Berichte des Lucas, gekommen sind, wurde theils die griechische Sprache, theils die syrisch-chaldäische Mundart
geredet: und beyde waren ihnen längst bekannt. Jesus
selbst rechnete die Gabe fremder Sprachen, die er den
Aposteln verhieß, nicht zu der Lehre des Evangelii, oder
zu ihren Hülfsmitteln, sondern zu den wunderbaren Bestätigungen derselben. Er versprach sie auch andern,
die an ihn glauben würden, und diese wurden nicht lauter Lehrer, um dieselbe gebrauchen zu können. In der
Gemeine zu Corinth waren viele, welche sie besaßen;
gleichwohl hatte man daselbst keine andere als die griechische Sprache nöthig. Aber unter eben diesen miß-
brauchten sie manche, bloß ihren Vorzug vor den übrigen Christen daselbst zu zeigen: sie redeten fremde Sprachen, ohne verstanden zu werden. Indem Paulus dieses tadelt, (1 Corinth. C. XIV.) unterscheidet er zugleich diese Gabe von der eigentlichen Lehrfähigkeit, und
sagt ausdrücklich, daß diese letztere in der Gemeine nützlicher sey als jene. Auch die ungemeine Ausbreitung
der griechischen Sprache in der Welt scheinet in der Absicht

ficht von Gott veranstaltet worden zu seyn, damit die Lehrer des Evangelii durch Hülfe derselben fast überall fortkommen möchten.

Wenn aber gleich die Sprachfertigkeit, die in den Aposteln auf einmal, ohne allen Unterricht, entstand, nicht zur Fortpflanzung der christlichen Religion nöthig gewesen seyn sollte; so kann man doch andere Arten ihres Nutzens, die gleich wichtig sind, angeben. Sie selbst hatten daran ein Unterpfand von der Wahrheit der Lehre, welche sie vortragen sollten: diese Erfüllung von dem Versprechen Jesu mußte sie aufs lebhafteste rühren. Bey denen aber, welche sie hörten, war diese wunderbare Gabe eine sehr kräftige Aufmunterung, die Religion selbst kennen zu lernen, deren Bekenner den gemeinen Weg der menschlichen Fähigkeiten so weit überschritten.

So befriedigend auch diese Erklärung, insonderheit wegen ihres guten Zusammenhanges ist; so bleibt doch noch einiges übrig, das sich für die gemeine sagen läßt, wenn es gleich nur von der möglichen oder wahrscheinlichen Gattung ist. Die Apostelgeschichte berichtet nur die Reisen und Arbeiten einiger Apostel; unter den übrigen können verschiedene gar wohl in solche Länder gekommen seyn, wo weder die chaldäische noch die griechische Sprache herrschend waren, nach Persien, Arabien, und vielleicht selbst nach Indien. Man hat zwar nur ungewisse Nachrichten davon; aber es ist doch nicht ganz unwahrscheinlich. Selbst in den Ländern, wo eine von jenen Sprachen üblich war, scheinet sie doch nicht allein hinlänglich gewesen zu seyn. Sollte man nicht in Italien und in Egypten neben der griechischen Sprache auch die lateinische und coptische bey sehr vielen Einwohnern nöthig gehabt haben? Und wenn die Apostel selbst bey ihrem Unterrichte keiner fremden Sprachen bedurft haben; so hat es doch das Ansehen, daß diese Gabe ihren Schülern, welche weiter als sie gereiset sind, dabey desto
brauch-

brauchbarer geworden sey. Auch die Erklärung, welche
die ältern christlichen Lehrer von dieser Fertigkeit der
Apostel, fremde Sprachen zu reden, gemacht haben, ist
hier nicht ohne Gewichte. Es ist aber freylich nicht erweislich, daß die Ausbreitung des Evangelii ihre einzige
oder vornehmste Absicht gewesen sey.

Da die Apostel sogleich von dieser bisher unerhör-
ten Gabe Gebrauch machten, entstand unter den aus-
ländischen Juden, deren sich damals besonders viele zu
Jerusalem wegen des Pfingstfestes aufhielten, und die
das Gerüchte von dieser Begebenheit alsbald herbeyzog,
eine allgemeine Bewunderung. Es waren unter ihnen
gebohrne Parther, Meder und Perser; andere aus Mesopotamien und andern Landschaften Asiens gebürtig;
noch andere aus Aegypten, und Libyen, aus Rom selbst,
aus Creta und Arabien. Aber ein jeder derselben hörte die Apostel in seiner Landessprache Gott für dasjenige preisen, was er durch Jesum zum Besten der Menschen gethan hatte. Diese Ausländer konnten es nicht
begreifen, woher bey ungelehrten, in Palästina gebohrnen Juden, eine so weitläuftige Kenntniß von Sprachen entstanden sey, die selbst durch die größten Fähigkeiten und eine Uebung von vielen Jahren, nicht in einer solchen Fertigkeit erlangt werden kann. Andere
Zuhörer, welche zur Spötterey geneigt waren, nannten
die Reden der Apostel ein verworrenes Geschwätze, das
sie in der Trunkenheit vorbrächten; ob es gleich sehr
unwahrscheinlich war, daß sie am frühen Morgen, da
sich dieses zutrug, sich der Schwelgerey sollten überlassen haben.

Aber dieses Wunder sollte nicht bloß Bewunderung
und Erstaunen erregen: daher belehrte Petrus sogleich
die anwesende Menge, in was vor einer Absicht es geschehen sey, und wie sie es gebrauchen sollte. „Hier,„
sagte

sagte er, „sehet ihr die Erfüllung von demjenigen, was
„euer Prophet Joel vor so vielen hundert Jahren vor-
„hergesagt hat. In späten Zeiten, sprach Gott durch
„ihn, will ich meinen Geist Personen aus allen Völ-
„kern, Geschlechtern und Ständen reichlich mittheilen.
„Eure Söhne und eure Töchter sollen durch einen auß-
„serordentlichen Unterricht von mir zu Lehrern bestellt
„werden; eure Jünglinge sollen durch Gesichter, und
„eure Aeltesten durch Träume von mir Offenbarungen
„erhalten. Auch meinen Knechten und Mägden will
„ich alsdenn Gaben meines Geistes mittheilen, durch
„welche sie tüchtig werden sollen zu lehren. Allein um
„eben dieselbe Zeit will ich so große und traurige Ver-
„änderungen in diesem Lande geschehen lassen, daß es das
„Ansehen haben wird, die ganze Natur sey in Unord-
„nung gerathen: und daraus soll man die Annäherung
„meiner Strafen über dieses Volk erkennen. Doch
„mitten unter denselben sollen diejenigen, welche Gott
„nach seiner Vorschrift verehren, errettet werden. ——
„Dieses alles, fuhr Petrus fort, wird nun nach und
„nach erfüllet: und die heute an uns erfolgte Mitthei-
„lung der Gaben des heiligen Geistes soll euch insonder-
„heit auf Jesum von Nazareth aufmerksam machen,
„dessen Lehre dadurch bestätiget wird. Ihr wisset, daß
„euch Gott denselben durch viele Wunder, die er durch
„ihn vor euren Augen verrichtete, als den Meßias dar-
„gestellet hat; ihn aber, den Gott nach seinen vorherbe-
„stimmten und verkündigten Absichten in eure Gewalt
„gegeben hat, habt ihr gleichwohl durch Hülfe der Heyden
„ans Kreuz geschlagen. Allein Gott hat ihn vom Tode
„wieder auferweckt; denn es war unmöglich, daß er von
„demselben zurückgehalten würde. Schon David, euer
„König, hat dieses in seinen Psalmen von Jesu vor-
„ausgesagt, besonders durch die Worte: Du wirst mich
„keineswegs im Grabe lassen, noch zugeben, daß dein
„Heiliger verwese: vielmehr wirst du mich wieder ins
„Leben

„Leben führen, und mir die vollkommenſte Freude, eine
„ewige Seeligkeit an deiner Seite, verſchaffen. — Er=
„laubt mir, freymüthig von dem Erzvater David mit
„euch zu reden: er iſt geſtorben, und an einem euch noch
„bekannten Orte begraben; auf ihn alſo können die an=
„geführten Worte nicht gezogen werden. Da er aber
„ein Prophet war, und wußte, daß ihm Gott mit ei=
„nem Eyde verſprochen habe, der Meßias ſollte leib=
„lich von ihm abſtammen, und ein Reich unter ſeinem
„Volke aufrichten: ſo ſprach er, indem er die Auferſte=
„hung deſſelben vorherſah, in ſeinem Nahmen die ge=
„dachten Worte aus. Dieſen Jeſum, von welchem
„David geredet hat, hat Gott auferweckt: wir alle ſind
„Zeugen davon. Nachdem er aber, wie wir ebenfalls
„geſehen haben, gen Himmel gefahren war, hat er die
„verſprochenen Gaben des heiligen Geiſtes von ſeinem
„Vater bekommen, und, wie ihr jetzt ſehet und höret,
„über uns ausgegoſſen. David hat auch die Himmel=
„fahrt Jeſu geweißagt; denn er ſelbſt iſt nicht in den
„Himmel gefahren, und gleichwohl ſagt er: Der Herr
„ſprach zu meinem Herrn, ſetze dich zu meiner Rechten,
„bis ich deine Feinde zu deinem Fußſchemel werde ge=
„macht haben. Euer ganzes Volk alſo kann hieraus
„mit Gewißheit erkennen, daß Gott dieſen Jeſum, den
„ihr gekreuziget habt, zum Herrn und zum Meßias ge=
„macht habe. „

So fiengen die Apoſtel an, Jeſum den Juden be=
kannt zu machen: in einem ungekünſtelten Vortrage,
aber mit Beweiſen, welche für dieſes Volk unwider=
ſprechlich waren, und mit einem ſichtbaren Vertrauen
auf die Wahrheit ihrer Lehre. Ihre Zuhörer wurden
auch dadurch gerührt, und fragten die Apoſtel, was ſie
nach dem Verbrechen, das ſie an Jeſu begangen hätten,
thun ſollten? „Beſſert euer Leben, „ antwortete ihnen
Petrus, „und laßt euch auf den Nahmen Jeſu taufen:
»ſo

„so werden euch eure Sünden vergeben werden, und ihr
„werdet ebenfalls die Gaben des heiligen Geistes erhal-
„ten. Denn sie sind auch euch und euren Kindern, ja
„selbst vielen aus den Heiden, verheißen worden.„
Drey tausend gehorchten ihm noch an demselben Tage,
und nahmen die Taufe von den Aposteln an.

Gemeine
der Schüler Jesu zu Jerusalem.

Seit diesem feyerlichen Anfange, im vier und drey-
ßigsten Jahre nach der Geburt Jesu, entstand zu
Jerusalem gar bald eine sehr zahlreiche Gesellschaft von Juden, welche seiner Lehre beypflichteten.
Sie wurde täglich durch die häufigen Wunder der Apostel vermehret. Ihre Mitglieder fuhren beständig fort,
sich des Unterrichts dieser Lehrer zu bedienen, und lebten
unter einander in der vertraulichsten Einigkeit, welche
durch Gebet und gemeinschaftliche Mahlzeiten, zu welchen auch das Gedächtnißmal des Todes Jesu gehörte,
befestigt wurde. Verschiedene Häuser dienten ihnen zu
diesen Uebungen der Gottseeligkeit und Liebe; aber sie
kamen auch zu dem täglichen Gebete im Tempel zusammen: so wenig waren sie noch gesonnen, eine Trennung
von der jüdischen Kirche zu stiften.

Gleich zeigten sich auch an ihnen die wahren Früchte des Evangelii, welche Jesus verlangt hatte: Menschenliebe, Gutthätigkeit und Uneigennützigkeit. Nicht

nur zu dem Aufwande bey jenen Mahlzeiten, sondern hauptsächlich auch zum Unterhalte der Armen unter ihnen, gaben die übrigen ihr Vermögen willig her. Sie verkauften ihre Güter, und brachten das Geld, welches sie dafür empfiengen, den Aposteln, damit sie es zur gemeinen Nothdurft anwenden möchten; oder sie theilten es auch selbst unter die Dürftigen aus. Man kann dieses zwar keine vollkommene Gemeinschaft der Güter nennen, welche alle eigenthümliche Besitzungen nothwendig aufgehoben hätte. Allein der Eifer dieser ersten Bekenner Jesu führte sie doch so weit, daß man sagen konnte, sie hätten alles unter einander gemein gehabt. Ihr Betragen gegen die Armen war überhaupt den Befehlen Jesu gemäß, der auch von dieser Seite seine Religion von allen andern rühmlich unterscheiden wollte; allein die Christen späterer Zeiten haben nur den Schein davon, mit einem gewissen Gepränge, beybehalten. Und diese Mildthätigkeit gegen Nothleidende, verschaffte der angehenden Gemeine nicht nur viele Liebe; sondern scheinet auch ihren Zuwachs befördert zu haben.

Es ist größtentheils unbekannt, wer ihre ersten Mitglieder gewesen sind. Sehr viele außerhalb Palästina gebohrne Juden, die sich aber zu Jerusalem niedergelassen hatten, scheinen sich gleich Anfangs zu ihr geschlagen zu haben. Nächstdem aber ist es glaublich, daß sie aus Leuten von allen Ständen bestanden habe; vielleicht nur die Lehrer und Vorsteher des Vols in so ferne ausgenommen, daß sich keiner von diesen ganz frey für Jesum erkläret hat. Hingegen hat die Muthmaßung derer wenig Wahrscheinlichkeit, welche behauptet haben, die allermeisten in dieser Gemeine wären armselig und dürftig gewesen. Sie haben dieses aber nur in der Absicht voraus gesetzt, um dem Christenthume den Vorwurf machen zu können, seine ersten Anhänger seyen nur ein Zusammenfluß von schlechten und elenden Leuten

aus

aus der Mitte des Pöbels gewesen, die durch die Freygebigkeit einiger wenigen Reichen wären herbey gelockt
worden, und sich dieser Gelegenheit bedienet hätten, müß-
sig und ruhig zu leben. Gesetzt sogar, die Armen hätten
den größern Theil dieser Gemeine ausgemacht, so weis
man wohl, daß die ersten Christen keine Gesellschaft müs-
siger Herumstreicher gewesen sind; daß ihre Religion
und ihre Lehrer sie auf das kräftigste zu einem nützlichen
Fleiße verbunden haben; ja, daß es keineweges leicht
gewesen ist, sich durch Betrug und Verstellung unter sie
einzuschleichen, oder unter ihnen zu erhalten.

Unterdessen fuhren die Apostel fort, die gegründete
Gemeine durch öffentliche Lehren und Wunder weiter
aufzubauen. Petrus heilte an einer Thüre des Tempels einen Bettler, der seit seiner Kindheit lahm gewesen
war, bloß dadurch, daß er ihm im Namen Jesu befohl,
aufzustehen, und herum zu gehen. Das Erstaunen, welches dadurch unter dem Volke verursacht wurde, war
für ihn eine gewünschte Gelegenheit, dasselbe zu belehren,
daß auch dieses Wunder zur Bestätigung der Lehre Jesu geschehen sey, und daß sie an ihn, als an den großen
Propheten glauben müßten, den ihnen alle ihre Propheten vorher verkündigt hätten, wenn sie Gott gefällig und
selig werden wollten. Diese Ermahnung wurde wirklich von fünftausend Menschen angenommen.

Petrus und Johannes redeten noch zu dem Volke, als sie auf Befehl des hohen Rathes, und besonders
der Sadducäer, welche zu demselben gehörten, ins Gefängniß geführt wurden. Diese Parthey, welche die
Auferstehung der Todten leugnete, war desto heftiger gegen diejenigen aufgebracht, die den auferstandenen Jesum als öffentliche Lehrer, ohne doch dazu bestellt worden zu seyn, verkündigten. Das höchste Gericht fragte
also die beyden Apostel, von wem sie die Vollmacht und

die

die Kräfte empfangen hätten, auf diese Art zu handeln. Sie antworteten, es sey im Nahmen Jesu und durch das von ihm erhaltene Vermögen geschehen, daß sie dem Kranken seine Gesundheit wieder gegeben hätten: und eben dieser Jesus, den sie, die Großen des Volks, verworfen hätten, sey der allgemeine Erlöser aller Menschen. Man verbot ihnen zwar, die Lehre von demselben vorzutragen; allein sie versicherten, daß ihnen dieses so gewiß von Gott selbst aufgetragen worden sey, daß sie ihm nicht ungehorsam werden könnten. Diese Erklärung setzte das Christenthum den Befehlen der Obrigkeit im Grunde nicht entgegen; wohl aber in dem seltnern Falle, wenn durch diese die offenbarsten Gebote Gottes aufgehoben werden sollten.

Die Freudigkeit der Apostel nahm nach dieser Begebenheit merklich zu; zumal da die immer häufigern Wunder, welche sie verrichteten, Zeugnisse des göttlichen Beystandes waren. Diese außerordentliche Theilnehmung Gottes an ihren Arbeiten, zeigte sich auch auf eine schröckliche Art für diejenigen, welche Betrug und Arglist vor kein Hinderniß hielten, Mitglieder der Gemeine abzugeben, die er sammeln ließ. Ananias und Sapphira wollten das Ansehen haben, als wenn sie ihre Güter zum gemeinschaftlichen Gebrauche hergäben: sie verkauften dieselben, und brachten einen Theil des Geldes den Aposteln, indem sie das übrige mit einer frechen Verstellung zurück behielten; allein sie starben plötzlich unter den Vorwürfen, die ihnen Petrus darüber machte. Ohne ein solches Beyspiel würden es vermuthlich mehrere versucht haben, bey einem verborgenen Vermögen doch auf gemeine Kosten unterhalten zu werden. Man zweifelte endlich so wenig mehr an der Wunderkraft der Apostel, daß man ihnen sowohl aus Jerusalem, als aus den herumliegenden Städten, alle Arten von Kranken, und selbst von bösen Geistern geplagte, zuführte:

führte: und alle wurden sie von ihnen gesund gemacht.
Der hohe Rath versuchte es zwar noch einmal, sie von
diesen Beschäfftigungen abzuschröcken: er ließ sie gefangen setzen; aber Gott gab ihnen auf eine wunderbare
Art ihre Freyheit wieder, und ihre Verfolger beschlossen
nunmehro, diese ganze Sache sich selbst zu überlassen.
Dieses war der Rath eines unter ihnen, weil sie, wie er
hinzu setzte, von selbst zu Grunde gehen müßte, wenn sie
nicht von Gott unterstützt werde. Sie ließen also die
Apostel geißeln, und verboten ihnen nochmals, von Jesu
zu reden; allein diese fuhren darinne im Tempel und in
den Häusern beständig fort.

Eine kleine Uneinigkeit in ihrer Gemeine beschäff-
tigte sie ebenfalls. Sie bestand theils aus Juden, die in
Palästina gebohren waren, und die, wie überhaupt alle
Juden in den Morgenländern, welche das Hebräische,
oder vielmehr das damit verwandte Syrisch-Chaldäische
redeten, Hebräer genannt wurden; theils aus solchen
Juden, die in den abendländischen und einigen andern Gegenden zerstreuet, griechisch sprachen, und davon den Nahmen der Hellenisten bekommen hatten. Diese letztern
beklagten sich, daß ihre armen und kranken Wittwen, bey
der täglichen Austheilung der Allmosen, den Wittwen der
Hebräer nachgesetzt würden. Die Geringschätzung also,
welche die aus dem gelobten Lande gebürtigen Juden gegen ihre ausländische Glaubensgenossen hegten, hatte
sich nicht einmal, nachdem sie beyde zum Christenthume
getreten waren, verloren. Diese Unordnung hoben die
Apostel sogleich auf. Sie selbst wollten zwar die Ver-
theilung der Allmosen nicht übernehmen, weil sie dadurch
an dem Unterrichte, welchen sie unaufhörlich gaben, wären gehindert worden: vielleicht hätten sogar manche den
Verdacht auf sie geworfen, als wenn sie die gemeinen Gel-
der hauptsächlich zu ihrem Vortheile anwendeten. Sie
ließen daher von der versammleten Gemeine sieben Män-

F 3

ner

ner aus ihrem Mittel wählen, die außer einem guten
Rufe, auch eine große Kenntniß des Christenthums be-
faßen, und selbst die Gaben des heiligen Geistes empfangen hatten. Eben damit dieselben desto unpartheyischer
für die Armen in der Gemeine sorgen möchten, wählte
man fast lauter Hellenisten: die Apostel legten ihnen
die Hände auf, und seegneten sie mit Gebete zu ihrem Amte ein. Nachdem diese Anstalt getroffen worden war,
nahmen immer mehrere zu Jerusalem, und sogar viele
Priester, den christlichen Glauben an.

Unter den neubestellten Almosenpflegern aber,
welche gelegentlich auch gelehrt zu haben scheinen, that
sich insonderheit Stephanus durch seinen Eifer für das
Christenthum, und durch ungemeine Wunder hervor.
Daher unterredeten sich mit ihm viele fremde Juden, die
ihre besondere Synagogen zu Jerusalem hatten, über
den Unterschied seiner Religion von der ihrigen. Allein
da sie nicht im Stande waren, die Beweise zu beantworten, welche er ihnen entgegen setzte, verklagten sie ihn
als einen Feind und Lästerer der jüdischen Religion, der
ihre Aufhebung durch Jesum und die Zerstörung des
Tempels verkündigt hätte. Stephanus mußte sich
deswegen vor dem hohen Rathe vertheidigen. Er erinnerte seine Feinde in einer langen und nachdrücklichen
Rede an die Stiftung und Geschichte der jüdischen Religion, wodurch er zeigte, daß sie ihm eben sowohl als
ihnen bekannt wäre; und er war schon im Begriff, die
Anwendung davon auf die Lehre Jesu zu machen.
Schon stellte er ihnen vor, daß sie von ihren Propheten
hätten lernen sollen, die Gegenwart Gottes nicht in ihren Tempel einzuschränken, indem denselben weder Himmel noch Erde fassen könnten; er bestrafte sie, daß sie
jederzeit die außerordentlichen Boten Gottes an sie verfolgt oder getödtet hätten, noch vor kurzem erst den
größten unter allen, der von jenen war vorher gesagt
worden,

worden, den Meßias: und er setzte hinzu, daß sie eben das Gesetz Mosis, dessen sie sich so sehr rühmten, übertreten hätten. Hier aber unterbrach ihn das Geschrey der wütenden Menge, welche keine Vorwürfe vertragen konnte. Sie wurde noch mehr erbittert, als ihr Stephanus voll Freudigkeit die göttliche Offenbarung ankündigte, die ihm eben damals, um seine Standhaftigkeit zu stärken, wiederfuhr: er sahe die Herrlichkeit Gottes, und Jesum zur Rechten Gottes stehen, der ihn gleichsam seines Beystandes versicherte. Ohne eine gerichtliche Untersuchung und ein Urtheil zu erwarten, schleppte ihn der große Haufen zur Stadt hinaus, und steinigte ihn in der Hitze seines Aufstandes. Stephanus empfohl sterbend seine Seele der gnädigen Aufnahme Jesu, und ahmte demselben auch darinne nach, daß er Gott bat, seinen Tod an seinen Mördern nicht zu strafen. Er war der erste, der sein Leben für das Bekenntniß Jesu gewaltsam hingeben mußte.

Diese Verfolgung traf auch die übrigen Schüler Jesu zu Jerusalem: und daher retteten sich die meisten derselben, außer den Aposteln, in andere Gegenden von Judäa und Samarien. Saulus, ein hebräischer Jude aus Tarsus in Cilicien, war unter ihren Feinden der geschäftigste. Man glaubt ordentlich, daß er in seiner Vaterstadt, wo die griechische Gelehrsamkeit blühte, sich mit derselben überaus bekannt gemacht habe; allein man bringt, um dieses wahrscheinlich zu machen, nur die Anführung einiger griechischen Dichter in seinen Briefen bey, aus welcher man doch nur eine gemeine Wissenschaft dieser Art schließen kann. Die jüdische Gelehrsamkeit hingegen, die ihm allein brauchbar, und unter seinem Volke hochgeschätzt war, hatte er von einem berühmten pharisäischen Lehrer zu Jerusalem, Gamaliel, erlernet. Mit allem Eifer, der ihm durch diesen Unterricht war eingeflößet worden, griff er jetzt die Anhänger Jesu an,

riß

riß ſie, von der jüdiſchen Obrigkeit unterſtützt, Männer
und Weiber, ins Gefängniß, und ließ ſie ſo lange geiſ=
ſeln, bis ſie den Nahmen Jeſu läſterten. Dieſer Ver=
folgungsgeiſt, der die erſte Gemeine Jeſu ſo grauſam
verwüſtete, ſcheint nur darum in der apoſtoliſchen Ge=
ſchichte mit allen ſeinen ſchröcklichen Uebeln mehr als
einmal vorgeſtellt worden zu ſeyn, damit ihn künftige
Chriſten, auch wenn er den beſten Schein für ſich haben
ſollte, verabſcheuen lernen möchten.

Ausbreitung
der
Lehre Jeſu außerhalb Jerusalem.

Jedoch an Statt die Lehre und Gemeine Jeſu zu
vertilgen, beförderte er nur ihre Fortpflanzung in
dem übrigen Paläſtina. Zugleich wurden auch
die Weißagungen der Propheten und die Befehle Jeſu
erfüllt, nach welchen die Verkündigung des Evangelii
zu Jeruſalem ihren Anfang nehmen, und von dort aus
zuerſt unter den andern Juden, ſodann aber unter den
Heiden fortgehen ſollte. Die zerſtreute Gemeine,
welche durch den Unterricht der Apoſtel ſehr geübt in
der Religion geworden war, machte nunmehro dieſelbe
weit umher bekannt. Aber außer Paläſtina kamen
ihre Mitglieder damals nicht, wenigſtens nicht weit
über die Gränzen dieſes Landes. Das alte Vorgeben,
daß Maria Magdalena, Martha, Lazarus, Jo=
ſeph von Arimathia und andere mehr, um dieſe Zeit

nach

nach Gallien übergegangen wären, und daſelbſt das
Chriſtenthum geprediget hätten; daß Joſeph ſogar dieſes auch in Brittannien gethan habe; dieſes alles iſt erſt
nach vielen Jahrhunderten erdichtet, und daher längſt
verworfen worden.

Das Evangelium kam zum zweytenmale unter
die Samariter. Jeſus ſelbſt hatte es ſchon einmal
mit großem Beyfalle unter ihnen vorgetragen; aber
gleichwohl verbot er ſeinen Apoſteln, da er ſie während
ſeines Lebens ausſandte, zu ihnen zu gehen. Die Juden ſollten das Vorrecht der Zeit, das ihnen zugedacht
war, hinlänglich genießen: und vielleicht ließ er ſich auch
hierinne zu der Schwachheit der Apoſtel herab, weil ſie,
wie alle Juden, mit Widerwillen gegen die Samariter
eingenommen waren. Jetzt aber hatten die Schüler
Jeſu richtigere Einſichten in Anſehung dieſes Volks.
Daher gieng Philippus, einer von den ſieben Almoſen-
pflegern der Gemeine zu Jeruſalem, in eine ſamarita-
niſche Stadt, wo ſeine Lehren deſto mehr Aufmerkſamkeit fanden, weil er ſie mit vielen Wundern beſtätigte.

In dieſer Stadt hielt ſich damals ein gewiſſer Samariter, Simon, auf, der ſich einer großen Fertigkeit
in der Magia rühmte. Dieſe alte Wiſſenſchaft der
Morgenländer, die in einer geheimnißvollen Kenntniß
der Geiſter, und in einem vertraulichen Umgange mit
denſelben beſtehen ſollte, war in Chaldäa, Perſien und
andern benachbarten Ländern zuerſt aufgekommen. Sie
hatte ſich auch frühzeitig in Aegypten ausgebreitet, wo ſie
aber mehr in die Kunſt verändert wurde, durch dieſes
vorgegebene Verſtändniß mit den Geiſtern übernatürliche Dinge zu verrichten. Die Gaukler, welche Moſis
Wunder nachzumachen verſuchten, ſind das älteſte Beyſpiel davon. Man hält es daher vor wahrſcheinlich,
daß Simon in dieſer Kunſt, und überhaupt in den

Grund-

Grundsätzen der morgenländischen Weisen von Gott,
den Geistern und den Menschen, zu Alexandrien unter=
richtet worden sey. Er gab sich in der That unter den
Samaritern vor einen außerordentlichen Menschen aus,
in welchem eine göttliche Kraft wohne: und da er ihre
Bewunderung durch viele seltsame Handlungen auf sich
zog, die entweder aus künstlicher Geschicklichkeit, oder aus
seinen Betrügereyen entstanden, so verehrten ihn alle
Einwohner der gedachten Stadt. Vielleicht sahen sie
ihn gar vor den Messias an, den die Samariter damals
eben sowohl als die Juden erwarteten.

Allein die Wunder Philippi übertrafen alle magi=
sche Künste dieses Mannes so augenscheinlich, daß viele
Einwohner an Jesum glaubten, und sich taufen ließen.
Simon selbst folgte ihrem Beyspiele nach, indem er sich
mit Erstaunen von diesem christlichen Lehrer verdunkelt
sahe. Auf diese Nachricht sandten die Apostel Petrum
und Johannem dahin, welche über den Neubekehrten
mit Auflegung der Hände beteten, und ihnen dadurch die
Wundergaben des heiligen Geistes verschafften: ein Vor=
zug, den ihre Schüler nicht ertheilen konnten; der aber,
wie es scheint, beym Anfange allen widerfuhr, welche
die Lehre von Jesu aufrichtig annahmen, um dieselbe
desto verehrungswürdiger zu machen. Simon hielt die=
se Gaben, welche sich sogleich offenbarten, nicht vor ein
Geschenk Gottes; er glaubte, die Apostel hätten sie als
eine der seinigen ähnliche, aber doch weit größere Kunst
erlernet, und bot ihnen daher Geld dafür, daß sie ihm
eben dieses Vermögen mittheilen möchten. Er wurde
wegen dieser niederträchtigen Vorstellung, und über=
haupt wegen seines falschen Herzens, vom Petro scharf
bestraft, und zur Besserung ermuntert. Dieses rührte
ihn: er bat die Apostel, daß sie durch ihre Fürbitte bey
Gott die ihm angedroheten Strafen abwenden möchten.

Man

Man hat in spätern Zeiten von diesem schändlichen Verlangen und Anerbieten des Simon die Vergehung derjenigen Christen mit dem Nahmen der Simonie belegt, welche geistliche Aemter durch Geld oder Bestechungen erlangten: ja man hat diesen Nahmen selbst auf die, welche, durch solche Mittel bewogen, Kirchenbedienungen vergaben, ausgedähnt. Aber beydes ist ein Mißbrauch des gedachten Wortes. Simon versuchte es, eine wunderthätige Kraft zu kaufen; diejenigen hingegen, welche auf gleiche Art nach einer Stelle unter den Lehrern trachten, glauben so wenig, mit derselben außerordentliche Gaben von Gott zu bekommen, daß sie vielmehr nur auf das Ansehen und die Einkünfte sehen, welche damit verknüpft sind. Es ist wohl nicht zu leugnen, daß zu dieser Vermischung zwey verschiedener Sünden, der irrige Gedanke, welchen viele Christen frühzeitig angenommen haben, als wenn auf die Einweihung zum Lehramte die Gnadengaben des heiligen Geistes folgten, das meiste beygetragen habe.

Die beyden Apostel kehrten zwar nunmehro nach Jerusalem zurück, nachdem sie noch unterwegens in den samaritanischen Dörfern das Evangelium verkündigt hatten; allein Philippus bekam durch einen Engel Gottes Befehl, sich auf die Straße, welche von Jerusalem nach Gaza führte, zu begeben. Daselbst traf er den Schatzmeister der Königinn von Aethiopien Candace an, der nach der Gewohnheit vieler Heiden, aus Ehrerbietung gegen den Gott der Juden, sein Gebet in dem Tempel verrichtet hatte, und nun wieder in sein Vaterland reisete. Er las eben auf seinem Wagen die Stelle des Propheten Jesaias, in welcher das Leiden und Sterben Jesu so ausführlich beschrieben wird; Philippus erklärte ihm dieselbe auf sein Verlangen, und überzeugte ihn so nachdrücklich von der Göttlichkeit der Religion Jesu, daß er sich sogleich taufen ließ.

Eusebius

Eusebius (Hist. Eccl. L. II. c. 1.) scheinet diesen Mann mit Rechte den ersten Heiden zu nennen, der das Christenthum angenommen habe: denn es kann durch nichts bewiesen werden, daß er ein Proselyt der Gerechtigkeit, ein vollkommener und beschnittener Judengenoße gewesen seyn. Eben dieser Schriftsteller, und vor ihm Irenäus (adv. haer. L. III. c. 12.) erzählen, daß er, nach seiner Zurückkunft nach Aethiopien, die christliche Religion daselbst ausgebreitet habe. Sein Lehrer Philippus fuhr gleichfalls in dieser Beschäftigung auf göttlichen Antrieb, längst der Seeküste, von Aedod bis Cäsarea fort.

Auf der andern Seite suchte Saulus nicht weniger eifrig die zerstreuten Anhänger Jesu auch außerhalb Palästina zu verfolgen. Er ließ sich von dem hohen Rathe eine schriftliche Vollmacht an die jüdischen Synagogen zu Damascus geben, damit sie ihm diejenigen Juden, welche daselbst zu dieser verhaßten Sekte gehörten, vermuthlich mit Bewilligung des arabischen Königes Aretas, der damals über Damascus regierte, überliefern möchten, die er sodann nach Jerusalem zur Strafe bringen wollte. Doch da er nicht weit mehr von dieser Stadt entfernet war, überfiel ihn am Mittage ein außerordentliches himmlisches Licht, von welchem er geblendet niederfiel, und darauf eine Stimme hörete, die ihn fragte: „Saul! Saul! warum verfolgest du mich?„ Wer bist du, Herr! antwortete Saulus darauf, den ich verfolgen soll? Ich bin Jesus von Nazareth, fuhr diese Stimme fort: es wird dir schwer fallen, dich meiner Macht zu widersetzen. Bestürzt über diese Drohung fragte er, was er thun sollte, und bekam Befehl, nach Damascus zu gehen, wo er weitern Unterricht erhalten würde. Er that solches, aber mit dem Verluste seines Gesichtes, das diese Erscheinung nicht hatte vertragen können, bis ein dortiger Anhänger Jesu,

Jesu, Ananias auf göttliche Verordnung, zu ihm gieng, und ihm die Hände auflegte, wodurch er wieder sehend wurde. Gleich darauf ließ er sich taufen; allein das Evangelium, welches er predigen sollte, empfieng er durch eine besondere Offenbarung von Jesu selbst, der ihn den übrigen Aposteln zugesellte. Kaum war er auf diese wunderbare Weise bekehrt worden, als er, zum Erstaunen der Juden, in ihren Synagogen zu Damascus auftrat, und mit großem Eifer gegen sie bewies, daß Jesus der Meßias sey. Er lehrte hierauf über zwey Jahre in Arabien, und sodann wieder zu Damascus. Endlich verbanden sich die Juden daselbst mit einander, ihn umzubringen, und auf ihr Verlangen, ließ der königliche Statthalter die Thore bewachen, damit Saulus nicht entrinnen möchte; seine Freunde aber brachten ihn über die Stadtmauer in Sicherheit. Nunmehro erst, nachdem er bereits drey Jahre **Jesum** bekannt hatte, begab er sich nach Jerusalem. Die Schüler der Apostel scheueten sich vor ihm, als vor ihrem alten Verfolger; allein nachdem er den Aposteln besser bekannt geworden war, breitete er auch neben ihnen die Lehre Jesu aus. Nur die Nachstellungen der fremden Juden gegen sein Leben verursachten, daß er, von Jesu selbst gewarnet, in seine Vaterstadt zurückgieng.

Sein Uebertritt zu der Gemeine Jesu, welcher im 35 Jahre der christlichen Zeitrechnung erfolgt zu seyn scheinet, wurde ohne Zweifel deswegen durch so außerordentliche Mittel befördert, weil er unter allen Aposteln der größte und glücklichste Lehrer dieser Religion werden sollte; weit umher bey vielen heidnischen Völkern, und bey den Juden selbst; mit einem erwünschten Fortgange, ohngeachtet der häufigsten Leiden: eine Bestimmung, welche schon dem Ananias bekannt gemacht worden war. Das Vorrecht, von Jesu selbst berufen und belehrt zu werden, gab ihm eine gleiche Würde mit den
übri-

übrigen Aposteln; unter seinem Volke aber mußte diese plötzliche Veränderung an einem so blutdürstigen
Verfolger, die stärkste Vermuthung für die Redlichkeit seiner neuen Entschließungen erwecken: denn er
gieng von der herrschenden und mächtigen Parthey,
mit aller Fähigkeit zu urtheilen, gleichwohl zu derjenigen über, welche er bisher verachtet und gehaßt hatte,
wo er nichts als Gefahr und Elend erwarten konnte.
Alles, was sich über diese für das Christenthum wichtige Begebenheit nützliches sagen läßt, hat der Engländer
Lyttleton in seinen Anmerkungen über die Bekehrung
und das Apostelamt Pauli, welche man auch ins Deutsche übersetzt hat, zusammen gefaßt. Man kann übrigens nicht genau angeben, wenn dieser neue Apostel seinen berühmtern Nahmen Paulus zuerst angenommen
habe. Vielleicht hat er ihn, da das römische Bürgerrecht in seinem Geschlechte erblich war, stets neben dem
jüdischen Nahmen Saulus geführet. Aber dieser war
ohnedieß keiner der geehrtesten Nahmen unter den Juden: er brachte das verhaßte Andenken seiner ehemaligen Gesinnungen ins Gedächtniß: und der römische
Nahme Paulus war überhaupt für einen Lehrer der
Heiden weit schicklicher.

Um die Zeit, da Paulus Jerusalem verließ, gegen das Jahr 38 oder 39, genossen die christlichen Gemeinen in ganz Palästina einer völligen Ruhe, und vermehrten sich desto ungehinderter. Daher reisete Petrus
unter denselben herum, sie noch mehr zu befestigen. Er
fuhr dabey fort, Wunder zu verrichten: zu Lydda gab er
einem Manne, der acht Jahre an einer Lähmung darnie-
der gelegen hatte, in Jesu Nahmen, durch wenige Worte
seine Gesundheit wieder, und zu Cäsarea weckte er eine
gottseelige Frauensperson, die eben gestorben war, zum
Leben auf; dadurch wurden in beyden Gegenden sehr
viele zum Glauben an Jesum gebracht.

Aber

Aber noch waren nur Juden oder beschnittene Judengenoffen zu dieser Religion getreten. Bey denjenigen Proselyten, welche Fremdlinge des Thors genannt wurden, und, ohne sich beschneiden zu laffen, doch wegen ihrer Entfernung von aller Abgötterey, und Beobachtung einiger Vorschriften des jüdischen Gesetzes, nicht nur in einer bürgerlichen Verbindung mit dem jüdischen Volke standen, sondern auch ihr Gebet im Tempel verrichten durften: bey diesen hatte man noch keinen Versuch zur Bekehrung gemacht. Daran war das Vorurtheil der Juden Schuld, welches keinen genauern Umgang mit diesen Leuten verstattete. Doch jetzo wollte Gott auch dieses aufgehoben wissen. Er ließ dem Cornelius, einem römischen Kriegsbedienten zu Cäsarea, der unter diese Art von Proselyten gehörte, durch einen Engel melden, daß Gott sein Gebet und seine häufigen Allmosen gnädig angesehen habe; daß er aber, um einen vollständigen Unterricht in der Religion zu erlangen, Petrum von Joppe zu sich berufen möchte. Diesem Befehle gemäß, näherten sich schon seine Boten dieser Stadt, als Gott Petro, der eben sehr hungrig war, eine Menge von mancherley Thieren, Würmern und Vögeln sehen ließ; wobey ihn eine Stimme ermahnte, sich derselben zur Speise zu bedienen. Dreymal wurde dieses wiederholt, und da sich der Apostel immer entschuldigte, daß er nach dem jüdischen Gesetze solche unreine Thiere nicht essen dürfe, antwortete ihm die Stimme eben so oft: „Halte dasjenige nicht vor unrein, was Gott selbst vor rein erkläret!„ Gleich darauf, da er noch dieser Erscheinung nachdachte, kamen die Boten des Hauptmanns, mit welchen er durch einen besondern göttlichen Befehl ermuntert, zu demselben abreisete. Er fand ihn in der Gesellschaft seiner Freunde von gleichen Gesinnungen; kaum aber hatte er gehört, warum ihn Cornelius gerufen habe, als er mit lebhafter Ueberzeugung ausrief: „Jetzt sehe ich es erst vollkommen ein, daß Gott

seine

ſeine Gnade nicht auf beſondere Perſonen einſchränke; ſondern daß ihm unter allen Völkern der Erde diejenigen angenehm ſind, die ihn aufrichtig verehren, und ein rechtſchaffenes Leben führen. „ Er verkündigte darauf den Anweſenden das Evangelium von Jeſu, und inſonderheit, daß durch den Glauben an denſelben, die Vergebung der Sünden bey Gott erlangt werde. Sie nahmen es gläubig an: daher ſchenkte ihnen Gott, da Petrus noch redete, die Gaben des heiligen Geiſtes, und ſie fiengen an, Gott in fremden Sprachen zu loben: deſto weniger Bedenken trug der Apoſtel, ſie taufen zu laſſen. Zwar bey ſeiner Rückkunft nach Jeruſalem, machten ihm die bekehrten Juden daſelbſt Vorwürfe, daß er mit Unbeſchnittenen umgegangen wäre; allein, nachdem er ihnen dieſe Begebenheit erzählet hatte, prieſen ſie die Güte Gottes, welche auch den Heiden den Weg zur Seeligkeit zu öffnen angefangen habe.

Römiſche und Jüdiſche
Staatsveränderungen.

Zu dieſer glücklichen Ausbreitung des Evangelii in Paläſtina, und zur Sicherheit der dortigen Gemeinen, trug die damalige Verfaſſung dieſes Landes nicht wenig bey, welche größtentheils aus der Verbindung deſſelben mit dem römiſchen Reiche entſtand. Ueber dieſes herrſchte bis ins 37ſte Jahr nach der Geburt Jeſu, Tiberius. Von Paläſtina war ſchon unter ſeinem Vorgänger Auguſtus, der anſehnlichere Theil
Judäa,

Judäa, Samaria und Jdumäa, nach der Absetzung des
Archelaus, im Jahr 10, zu einer römischen Provinz
gemacht worden, welche ein Procurator, der dem
Statthalter von Syrien unterworfen war, regierte.
Zween andere Söhne Herodes des Großen behielten
zwar noch einige Länder von dem väterlichen Erbe unter
dem Nahmen der Vierfürsten: Philippus, die Landschaften Trachonitis, Gaulonitis, Bartanäa und Paneas; Herodes Antipas aber Galiläa und Peräa.
Allein sie mußten doch die römischen Kaiser vor ihre
Schutzherren erkennen: und da Philippus im Jahr
35 gestorben war, wurde sein Gebiet zu Syrien geschlagen. Die Regierung der beyden Brüder war sehr ruhig. So lange Archelaus regierte, entstanden zwar
die heftigsten Empörungen, und viele räuberische Rot-
ten in Judäa; sie hörten aber seit der Verwaltung der
römischen Procuratoren eine Zeitlang auf.

Unter diesen trat Pontius Pilatus sein Amt im
Jahr 26 an, und gab zu vielen Unruhen im jüdischen
Lande Gelegenheit. Man beschreibt ihn als einen geld-
begierigen, ungerechten und grausamen Mann. Seine
Vorgänger hatten die Juden, welche auch jeden Anschein
der Abgötterey äußerst verabscheueten, von dieser Seite
sehr geschonet; er aber versuchte es, theils die Fahnen
oder Adler der römischen Soldaten, die zu Jerusalem
lagen, in diese Hauptstadt zu bringen; theils einige gol-
dene Schilde, dem Kaiser zu Ehren, in dem königlichen
Palaste daselbst aufzustellen. Kaum stand er von dem
erstern Vorhaben ab, nachdem die Juden mehrere Tage
vor seinem Palaste, auf die Erde hingeworfen, gelegen
hatten, um ihn zu bewegen, und verschiedene darunter
auf seinen Befehl waren umgebracht worden; das andere aber hob Tiberius selbst, an den sich die Juden
wandten, auf. Bald darauf wollte er eine Wasserlei-
tung mit dem Schatze des Tempels gebauet wissen, und

II. Theil.   G   ließ

ließ viele Juden, die sich dagegen setzten, ermorden. Einigen Galiläern widerfuhr dieses sogar am Altare, da sie opferten. Allein im Jahr 35 übte er noch größere Gewaltthätigkeiten an den Samaritern aus. Eine Menge derselben war, von einem Betrüger verführt, bey dem Berge Garizim zusammen gekommen, um die heiligen Gefäße Mosis, welche daselbst vergraben seyn sollten, hervorzuziehen. Pilatus ließ sie durch Soldaten angreifen und zerstreuen; außer vielen aber, welche dabey umkamen, noch eine Anzahl der reichsten Samariter hinrichten. Dieses Volk beschwerte sich darüber, und die Juden verklagten ihren Landpfleger ebenfalls bey dem Statthalter von Syrien, Vitellius, der dem Pilatus seine Würde nahm, und ihm befohl, zur Verantwortung nach Rom zu gehen. Er kam daselbst erst nach dem Tode des Tiberius an, welcher im Jahr 37 erfolgte. Der neue Kaiser Caligula soll ihn nach Vienne in Frankreich ins Elend verwiesen haben; diese Nachricht ist aber eben so wenig sicher, als eine andere, daß er sich daselbst das Leben genommen habe.

Vitellius bezeigte sich gegen die Juden desto gefälliger. Da er insonderheit vom Tiberius den Befehl erhalten hatte, den arabischen König Aretas zu bekriegen, und im Jahr 37 bereits im Begriff war, sein Heer durch Judäa zu führen: beschloß er auf die Vorstellung der Juden, welche die abgöttischen Bilder der römischen Adler nicht unter sich dulden wollten, einen Umweg zu nehmen. Dieser Krieg unterblieb zwar gänzlich, nachdem Caligula auf den Thron gekommen war; aber Juden und Römer waren unter diesem Kaiser fast gleich unglücklich. Er verfiel in eine Art von Unsinn, der ihn zu den ausschweifendesten Thorheiten und Grausamkeiten fortriß, bis er durch eine Verschwörung im Jahr 41 das Leben verlohr. Gleich nach dem Antritte seiner Regierung ertheilte er dem Herodes Agrippa, einem Enkel

Heros

Herodes des Großen, den Tiberius gefangen gehalten hatte, die königliche Würde von Judäa, und zugleich die ehemaligen Länder des Vierfürsten Philippus, seines Oheims, nebst dem chalcidenischen Fürstenthum. Sein noch lebender Oheim, Herodes Antipas, suchte daher auch den königlichen Titel zu erlangen; allein Agrippa brachte so wahrscheinliche Beschuldigungen wider ihn vor, daß ihn der Kaiser im Jahr 39 nach Lion ins Elend schickte, und Agrippa Gebiet durch seine Länder vergrößerte.

Zu gleicher Zeit errichteten einige Heiden in der jüdischen Stadt Jamnia, dem Caligula zu Ehren, einen Altar: denn unter seinen wahnwitzigen Einfällen war dieser nicht der geringste, als ein Gott verehrt zu werden. Die Juden rissen den Altar nieder: darauf befahl der Kaiser, daß an die Stelle desselben seine Bildsäule in den Tempel zu Jerusalem gesetzt werden sollte. Petronius, Statthalter von Syrien, machte die Anstalten dazu, und versammelte ein ganzes Kriegsheer zur Unterstützung dieses Vorhabens. Durch die kläglichen Bitten der Juden ließ er sich bewegen, die Vollziehung desselben unter allerhand Vorwande aufzuschieben; setzte aber dadurch den Kaiser in die heftigste Wuth. Agrippa brachte ihn zwar so weit, daß er seinen Befehl aufhob; aber er gab bald einen andern, daß die Juden wenigstens außerhalb Jerusalem in Palästina bey harter Strafe niemanden hindern sollten, ihm eine Bildsäule oder einen Altar aufzurichten. Er nahm sogar seinen erstern Entschluß wieder vor, und würde selbst versucht haben, ihn in dem Tempel zu Jerusalem auszuführen, wenn er nicht früher wäre umgebracht worden. Noch ärgere Bedrängnisse litten die Juden unter seiner Regierung in Aegypten. Der Statthalter dieses Landes Flaccus Avillius erlaubte den heidnischen Einwohnern von Alexandrien den grausamsten Muthwillen gegen sie,

G 2 und

und verfolgte sie selbst mit gleicher Härte: nachdem man
ihnen das Bürgerrecht entzogen hatte, wurden sie aller
ihrer Güter beraubt, sehr viele gemartert und ums Leben
gebracht. Sie hatten damals auch in ganz Aegypten
sehr viel auszustehen. Bald darauf schickten die alexandrinischen Juden im Jahr 40 Abgeordnete an den Caligula, um sich bey ihm gegen ihre Feinde, besonders
auch wegen des entrissenen Bürgerrechtes, zu vertheidigen. Allein sie wurden von ihm mehr verspottet als
angehört, bis er ihnen endlich den Abschied gab, nachdem
er das Urtheil gefället hatte: Diese Leute kommen mir
nicht sowohl boshaft, als unglücklich und unverständig
vor, weil sie nicht glauben wollen, daß ich an der göttlichen Natur einen Antheil habe.

Der vornehmste unter diesen Abgeordneten war
Philo, ein Jude von Alexandrien aus priesterlichem Geschlechte. Er verband mit der Kenntniß seiner Religion und der Geschichte seines Volks, eine ausnehmende
philosophische Scharfsichtigkeit. Besonders hatte er
sich die Denkungsart, die Untersuchungen und Betrachtungen des Plato so sehr eigen gemacht, daß man von
ihm sagte: „entweder ist Philo ein Nachahmer des
„Plato, oder Plato ist ein Nachahmer des Philo.„
Er kommt auch diesem großen Manne und andern der
besten griechischen Schriftsteller durch die vortrefliche
griechische Schreibart, deren er sich bedienet, ungemein
nahe. Seine Schriften sind fast gänzlich der Auslegung der jüdischen Geschichte und des mosaischen Gesetzes gewidmet. Allein die Erklärung des Wortver-
standes bedeutet darinne am wenigsten; er sucht vielmehr überall geheime Deutungen und Absichten auf,
und nimmt von seiner Materie Gelegenheit zu morali-
schen Abhandlungen. Sehr viele seiner Stellen sind
überaus schön und lesenswürdig; die Gedanken sind
wahr, ausgesucht, wohl verbunden, mit einer rührenden,

bey-

beynahe unnachahmlichen Beredsamkeit gesagt: er ist
vornehmlich groß, wenn er von den göttlichen Eigen=
schaften und Werken, und von den Pflichten der Men=
schen spricht. Ueberall aber erkennet man den Philoso=
phen, der in die Natur der Dinge eindringen, die Ursa=
chen der Begebenheiten und Gesetze ergründen will, der
mit dem menschlichen Herzen bekannt ist, erhabene Be=
griffe sucht, und weiter zu sehen sich bemüht, als die ge=
wöhnlichen Menschen. An sich betrachtet also ist der
größere Theil seiner theologischen und philosophischen
Erörterungen eines Mannes von seinen Gaben werth.
Aber wenn man sie als Erklärungen der biblischen Ge=
schichte ansieht, verdienen sie nur ein geringes Lob. Der
verborgene Verstand, den sie angeben, ist fast immer un=
erweislich und gezwungen: sie fallen sogar dabey oft
ins Spielende. Es werden Gott bey seinen Gesetzen
Absichten zugeschrieben, die man mehr gekünstelte Aus=
legungen der Menschen nennen kann. Dazu kommen
noch manche Spitzfindigkeiten und Einfälle, welche kei=
ne scharfe Proben aushalten.

Philo ist in der christlichen Kirchengeschichte desto
merkwürdiger, da die allegorische und mystische Erklä=
rungsart der heiligen Schrift, welche überall einen ge=
heimnißvollen Verstand aufsucht, hauptsächlich von ihm
auf die Christen gekommen ist, und nach seinem belieb=
ten Beyspiele unter ihnen so bald überhand genommen
hat. Er ist gleichwohl nicht der Erfinder derselben: sie
war lange vor seinen Zeiten unter den Juden eingeführt
worden, und er hat hierinne einiges ihren ältern Schrift=
stellern zu danken. Diese Auslegung hatte einen guten
Grund: denn der Gottesdienst der Juden und der Vor=
trag ihrer Propheten setzten offenbar einen verborgenen,
in Bilder eingehüllten Verstand voraus. Selbst der
Apostel Paulus hat in seinem Schreiben an die bekehr=
ten Hebräer, und noch in andern seiner Briefe, denselben

G 3 auf=

aufgesucht: daher stellt man mit Nutzen eine Verglei=
chung zwischen seinen Erklärungen, und denen, welche
Philo vorgebracht hat, an, weil beyde sich darinne zu=
nächst nach der bey ihrem Volke gewöhnlichen Deu=
tungsart gerichtet haben. Der Herr Abt Carpzov
hat würklich eine solche Vergleichung mit vieler Ge=
lehrsamkeit in einem besondern Werke vorgenommen.
Allein die Juden und Philo besonders überschritten
die Gränzen dieser Methode, und füllten den ganzen
Umfang ihrer Geschichte und ihres Gesetzes mit Alle=
gorien aus.

Die Christen haben endlich gelernet, dem Philo
für die Schönheit und Stärke seiner Sittenlehre, für
die edeln Betrachtungen über die heilige Schrift, zu
welchen er sie führet, und noch für andere Arten der
Nutzbarkeit, so viele seichte und willkührliche Deutun=
gen zu verzeihen. Es ist sogar wahrscheinlich, daß er
insonderheit für die Heiden geschrieben habe, um ihnen
die Religion und Geschichte seines Volks durch geheim=
nißvolle Auslegungen desto ehrwürdiger zu machen:
dieser Umstand könnte ebenfalls einen Grund zu seiner
Entschuldigung abgeben; man weiß auch, daß die Rö=
mer verschiedene seiner Schriften in ihren Büchersamm=
lungen aufbehalten haben. Seine treffliche Lebens=
beschreibung Mosis ragt vor seinen übrigen Arbei=
ten weit hervor. Die Bücher von der Schöpfung
der Welt, von den Opfern des Abel und Kain,
von der Frage, warum der Böse dem Bessern nach=
stelle? von dem Weinbaue des Noah, von der
Trunkenheit, vom Abraham, das Leben Josephs,
die Abhandlung über den Satz, daß jeder rechtschaf=
fene Mann frey sey nebst noch einigen andern, ver=
dienen gleichfalls eine vorzügliche Stelle. In seinem
Buche von dem Leben, das in Betrachtung gött=
licher Dinge zugebracht wird, beschreibt er eine
Gesell=

Gesellschaft sonderbarer Menschen, die er Therapev=
ten nennt, und die allem Ansehen nach eine jüdische,
den Eßäern ähnliche Sekte in Aegypten gewesen sind.
Es ist desto mehr erlaubt, hierinne vom **Eusebius**
(Hist. Eccl. Lib. II. c. 17.) abzugehen, der sie, von der
großen Aehnlichkeit zwischen den Therapevten und den
christlichen Mönchen eingenommen, vor Christen hielt,
da sich bereits **Photius** (Biblioth. Cod. 104.) wider
diese Meinung erkläret hat. Man kann überhaupt
nicht glauben, daß die Christen zu den Zeiten des **Phi=
lo** sich schon in Aegypten ausgebreitet hätten: und in
seiner Beschreibung dieser Sekte findet man kein ein=
ziges Merkmaal des christlichen Glaubens, aber desto
mehrere von dem jüdischen. Selbst die alte Nachricht,
daß **Philo** zum Christenthum getreten, aber dasselbe
wegen eines gewissen Mißvergnügens wieder verlassen
habe, ist nur ein unsicheres Gerüchte. Sein Buch
wider den Flaccus, den Verfolger der Juden in
Aegypten, und ein anderes **von den Tugenden**, oder
von seiner Gesandschaft an den Kaiser Caligula,
sind noch besonders zur römischen und jüdischen Ge=
schichte seiner Zeiten lesenswürdig. Nach der brauch=
baren Pariser Ausgabe seiner Schriften vom Jahr
1640, welche in der Wittenbergischen vom Jahr 1690
zum Grunde gelegt worden ist, hat sich um dieselben
Thomas Mangey am meisten verdient gemacht, in=
dem er sie zu London im Jahr 1742 in zween Folio=
bänden am vollständigsten und richtigsten mit seinen
Anmerkungen ans Licht stellte.

G 4 Ausbrei=

Ausbreitung

der

Religion Jesu unter den Heiden.

Die Begebenheiten, an welchen Philo Antheil hatte, und der ganze damalige Zustand seines Volks, scheinen die Arbeiten der Apostel und ihrer Schüler ziemlich begünstigt zu haben. Sie hatten bisher nur Juden das Evangelium vorgetragen: in Phönicien, auf der Insel Cypern, und zu Antiochien, der Hauptstadt von ganz Syrien, war dieses insonderheit von den aus Palästina geflüchteten Gläubigen geschehen. Aber einige von diesen, die aus Cypern und Cyrene, einer Stadt an der afrikanischen Seeküste, gebürtig waren, wandten sich gegen das Jahr 40 auch an die Heiden zu Antiochien mit so glücklichem Erfolge, daß viele derselben Jesum vor den Heiland der Welt erkannten. Da die Gemeine zu Jerusalem von diesem unerwarteten Zuwachse Nachricht bekam, schickte sie den Barnabas, der nach den Aposteln ihr ansehnlichster Lehrer war, nach Antiochien, um der eben errichteten Gemeine beyzustehen. Er stärkte die Neubekehrten, und durch seinen Unterricht wurde ihre Anzahl noch ungemein vergrössert. Die Gemeine scheinet endlich für den Barnabas zu weitläuftig geworden zu seyn: daher holte er Paulum von Tarsus nach Antiochien, wo sie gemeinschaftlich ein Jahr lang mit großem Seegen lehrten.

Hier

Hier wurden bald darauf die Bekenner Jesu zuerst mit dem Nahmen der Christen belegt. Bisher waren sie vermuthlich von den Heiden mit den Juden vermischt, und von diesen vielleicht Galiläer, Nazarder, und mit andern Ausdrücken der Verachtung, genannt worden. Unter sich selbst hatten sie die Nahmen der Jünger oder Schüler, der Gläubigen, und der Brüder, gebraucht. Der neue feyerliche Nahme, den die bekehrten Heiden oder Griechen zu Antiochien erhielten, und der nach und nach allgemein wurde, hatte einen sehr natürlichen Ursprung, indem ihnen der Stifter der Religion mit dem griechischen Nahmen Christos, das heißt, als der Gesalbte, der König seiner Gemeine verkündigt wurde. Es war eine unendlich größere Ehre und Zufriedenheit für sie, von ihm genannt zu werden, als sonst die Schüler eines großen Philosophen unter den Heiden empfanden, wenn sie an seinem Nahmen und Ruhme zugleich Antheil nehmen konnten. Es ist nicht unwahrscheinlich, daß selbst die Verschiedenheit der Mitglieder der Gemeine zu Antiochien, welche die erste gewesen ist, die theils aus Juden, theils aus Heiden zusammen gesetzt war, für die letztern einen Unterscheidungsnahmen hervorgebracht habe; da die Juden so abgeneigt waren, die Heiden vor ihre Brüder zu erkennen. Die Griechen und Römer verwandelten bald den Nahmen Christus und Christiani, in den gewöhnlichern Nahmen Chrestus und in Chrestiani, weil sie, an Statt die Bedeutung und Absicht des erstern zu kennen, ihn vielmehr vor einen Familiennahmen hielten. Daher kommt es, wenigstens nach einer nicht ganz verwerflichen Muthmaßung, daß Suetonius (in Claud. c. 25.) indem er zugleich, wie es bey den Heiden nicht selten geschah, Christen und Juden mit einander vermengt hat, von den letztern schreibt, sie hätten, unter der Anführung eines gewissen Chrestus, häufige Unruhen gestiftet. Antiochien hat übrigens den doppelten Vorzug, welcher

G 5

hier

hier beschrieben worden ist, vermuthlich darum vor andern Städten erhalten, weil sie damals die größte und vornehmste Stadt in Asien, so wie Rom in Europa, und Alexandrien in Afrika war. Desto bequemer war sie zur geschwindern Fortpflanzung der christlichen Religion in jenem Welttheile. Diese neue Gemeine schickte bald darauf, ohngefähr gegen das Jahr 44, der zu Jerusalem durch Paulum und Barnabam eine Beysteuer wegen der einbrechenden großen Theurung, welche drey Jahre vorher Agabus, ein Prophet aus der letztern Gemeine, der nach Antiochien gekommen war, vorher gesagt hatte.

Zu dieser Zeit herrschte Claudius seit dem Jahre 41 über das römische Reich: ein blödsinniger Herr, dessen Unfähigkeit zu regieren seine Gemahlinnen und Vertrauten auf das schändlichste misbrauchten. An seiner Erhebung auf den Thron hatte der König Agrippa bey seiner Anwesenheit zu Rom einen sehr großen Antheil gehabt, indem er ihm den Muth zugesprochen hatte, der ihm fehlte. Daher vermehrte Claudius sein Reich noch mit Judäa und Samaria, und ertheilte ihm die consularische Würde; sein Bruder aber, Herodes, bekam die Herrschaft Chalcis, und den Titel eines römischen Prätor. Diese Gunstbezeugungen des Kaisers trafen bald die Juden überhaupt im römischen Reiche, denen er, mit dem Besitze ihrer vorigen Rechte, Schutz und Ruhe angedeihen ließ.

Agrippa hatte kaum angefangen, seine Länder zu regieren, als er jedes Mittel gebrauchte, sich bey seinen jüdischen Unterthanen beliebt zu machen. Ein solches war auch die Verfolgung der Christen seines Gebiets, wozu ihn vielleicht auch der Eifer für das Mosaische Gesetz verleitete. Er ließ im Jahr 44 den Apostel Jacobum den ältern, den Bruder des Apostels Johannes, ent-

enthaupten. Sein Ankläger bekannte sich, durch seine Standhaftigkeit gerührt, ebenfals zum Christenthum, und wurde zugleich mit ihm hingerichtet. Jacobus hatte, allem Ansehen nach, Jerusalem niemals verlassen. Vom neunten Jahrhunderte an kam zwar in Spanien die Meinung auf, welche noch daselbst vertheidigt wird, er habe in diesem Lande zuerst das Evangelium gepredigt. Allein zu geschweigen, daß man keine ältere Zeugnisse davon findet, und daß Paulus im Begriff gewesen ist, nach Spanien, als in Gegenden zu reisen, wo die Lehre Jesu noch nicht bekannt war, (Br. an die Röm. Christen, Cap. XV, v. 20, 24, 28.), so gestand der Erzbischoff von Toledo, Roderich Ximenes, auf der lateranensischen Kirchenversammlung im Jahr 1215 selbst, daß ihm kein Beweis für dieses Vorgeben bekannt sey. Sein Ansehen hat den Kardinal Baronius (Annal. Eccles. ad a. 816. n. 49.) bewogen, diese Erzählung vor zweifelhaft zu halten: und andere Gelehrte seiner Kirche sind ihm hierinne gefolgt. Dergleichen Erdichtungen entstanden hauptsächlich aus der Begierde der christlichen Gemeinen nach der Ehre, von einem Apostel gestiftet worden zu seyn. Die gegenwärtige aber wurde besonders durch eine andere noch unwahrscheinlichere, doch für die Geistlichkeit und ihre Kirchen desto einträglichere, hervorgebracht. Man wollte nämlich den Körper dieses Apostels im Jahr 816 zu Compostella in Gallicien gefunden haben: und seitdem fiengen sich die Wallfahrten zu diesem Orte an, wo der heilige Körper unzählige Wunder verrichtet haben sollte. Vergebens suchte man die so späte Erzählung eines bis dahin unbekannten Umstandes dadurch wahrscheinlich zu machen, daß der Körper noch in dem Jahre der Hinrichtung des Apostels zu Schiffe nach Gallicien gebracht worden sey; aber wegen der Verfolgungen wider die Christen lange verborgen gelegen, bis ihn ein außerordentliches Licht entdeckt habe. Abergläubische Geistliche und leichtgläubi-

ger

ger Pöbel im neunten Jahrhunderte sind die einzigen
Zeugen dieser ganzen Geschichte.

Die Juden sahen den Tod des Apostels Jacobus
mit so vielem Vergnügen, daß Agrippa auch Petrum
ins Gefängniß werfen ließ, um ihm nach dem Osterfeste
öffentlich das Leben zu nehmen. Allein, so scharf er auch
bewacht wurde, befreyete ihn doch Gott aus der Gefangenschaft auf eine wunderbare Art. Eben so außerordentlich endigte Gott noch in diesem Jahre das Leben
seines Verfolgers. Agrippa gab zu Cäsarea den Gesandten aus Phönicien ein feyerliches Gehör. Seine
Reden bey dieser Gelegenheit wurden von den heidnischen Zuhörern mit dem schmeichelhaften Zurufe geprie-
sen, dieses sey nicht die Stimme eines Menschen, sondern eines Gottes: und der jüdische König gestattete
nicht allein dieses abgöttische Lob; er scheinet es auch mit
einer gewissen Selbstzufriedenheit angenommen zu haben. Sogleich überfiel ihn eine schmerzhafte Krankheit, an welcher er einige Tage darauf starb. Er hinterließ einen Sohn von siebzehn Jahren, Agrippa den
jüngern; allein Claudius machte das jüdische Reich
von neuem zu einer römischen Provinz, weil seine Hof-
leute ihm widerriethen, es einem so jungen Prinzen zu
ertheilen; im Grunde aber, weil sie nach den Statthal-
terschaften dieses Landes trachteten. Es wurde also Cu-
spius Fadus als Landpfleger nach Judäa geschickt.

Damals waren die christlichen Gemeinen zu Jerusalem und Antiochien die beyden vornehmsten. Die letztere hatte verschiedene Lehrer von außerordentlichen Gaben, unter welchen auch Barnabas und Saulus genannt werden. Da sie ihr Amt unter Gebet und Fasten verrichteten, bekamen sie göttlichen Befehl, die beyden erstgedachten zur auswärtigen Predigt des Evangelii abzusenden: sie thaten auch solches unter gleichen
Uebun-

Uebungen der Frömmigkeit, und mit Auflegung der Hände. Barnabas und Saulus schifften darauf mit dem Johann Marcus von Seleucien nach Cypern über. Auf dieser Insel, dem Vaterlande des Barnabas, verkündigten sie Jesum zu Salamin in den Synagogen der Juden, und sodann zu Paphos vor dem römischen Statthalter oder Proconsul Sergius Paulus. Bey diesem fanden sie einen jüdischen falschen Propheten und Magum, Bar-Jesu, der ihn vom Glauben zurück zu halten suchte, den aber Saulus, von Gott angetrieben, mit Worten und mit einer plötzlichen Blindheit bestrafte. Der Statthalter wurde dadurch bewogen, sich zum Christenthum zu bekennen: und da Lucas seit dieser Geschichte Saulum stets Paulum nennt; so hat man nicht ganz ohne Wahrscheinlichkeit gemuthmaaßet, er habe den letztern Nahmen von dem neubekehrten Römer angenommen; zumal da derselbe von seinem ältern nicht sehr verschieden, auch den Heiden, welche er lehren sollte, bekannter war; wo er anders nicht schon lange diesen doppelten Nahmen bey den Juden und Heiden geführet hat.

Von Paphos gieng Paulus mit seinen Gefährten wieder in das feste Land von Asien, nach Perga in Pamphylien über, wo sie Marcus verließ, und nach Jerusalem zurückkehrte. Sie wandten noch immer ihre nächsten Bemühungen an die Juden. Denn da sie in die Hauptstadt des angränzenden Pisidiens, nach Antiochia gekommen war, trug Paulus das Evangelium von Jesu in der Synagoge vor. Er bewieß kurz und bündig, daß die göttlichen Verheißungen durch die Propheten an demselben eingetroffen wären: und er fand bereits einigen Eingang bey Juden und Proselyten. Allein da fast die ganze Stadt sich versammlete ihn zu hören, wurde er von den feindseeligsten Juden gelästert. Dieses Betragen veranlaßte Paulum und

Barna-

Barnabam ihnen die merkwürdige Erklärung zu thun, daß den Juden zwar die erste Ankündigung des Evangelii nach dem Willen Gottes habe geschehen müssen; weil diese aber, setzten sie hinzu, es selbst von sich stießen, so würden sie sich nunmehro zu den Heiden wenden, denen schon der Prophet Jesaias diese Gnade versprochen habe. Die Heiden hörten dieses mit Freuden, und viele derselben in der Stadt und umliegenden Gegend glaubten an Jesum; bis die Juden es dahin brachten, daß Paulus und Barnabas aus der Stadt vertrieben wurden.

Sie setzten darauf ihre Reise nach Iconium in Lycaonien fort. Auch hier hatten ihre Lehren unter Juden und Heiden einen erwünschten Fortgang: und da sie endlich von den Ungläubigen beyder Völker gezwungen wurden, von dort zu entfliehen, begaben sie sich in die benachbarten Städte Lystra und Derbe. In der erstern that die wunderthätige Heilung, welche Paulus an einem Menschen verrichtete, der von Kindheit an untüchtig zu gehen gewesen war, der aber durch seinen Glauben an Jesum plötzlich in den Stand gesetzt wurde, seine Füße zu gebrauchen; dieses Wunder that eine außerordentliche Wirkung. Die heidnischen Einwohner schlossen daraus, Barnabas und Paulus wären Götter, die in einer menschlichen Gestalt erschienen: jenen hielten sie vor ihren Gott Jupiter; diesen aber, weil er das Wort führte, vor den Götterboten Mercurius, und sie machten sich bereits fertig, ihnen Opfer darzubringen. Allein die Apostel setzten sich mit allen Zeichen des Unwillens und der Bestürzung dagegen: sie versicherten die Heiden, sie wären gleichfalls sterbliche Menschen, und predigten ihnen eben deswegen das Evangelium, daß sie ihre falschen Götter verlassen, und sich zu dem einzigen wahren Gotte bekehren möchten, den sie zwar schon aus der Schöpfung der Welt, und

seinen

seinen täglichen Wohlthaten hätten erkennen sollen.
Doch bald darauf wurden eben diese Einwohner von
den Juden aus den vorher gedachten Städten dergestalt
aufgebracht, daß sie Paulum steinigten, und außerhalb
ihrer Stadt vor todt liegen ließen. Er gieng hierauf
mit seinem Gefährten von neuem in den Städten dieser
Landschaft herum, und ermahnte die Christen zur Be-
ständigkeit, weil Verfolgungen bey ihrem Bekenntnisse
unvermeidlich wären: eine Vorstellung, die jede Religion, welche nicht eines göttlichen Ursprungs gewesen
wäre, verhaßt gemacht haben würde.

Bey dieser Besuchung der neugestifteten Gemeinen in diesem Theile von Asien gaben ihnen Paulus
und Barnabas zuerst ordentliche und beständige Lehrer
unter dem Nahmen Presbyteri oder Aeltesten. Die
bekehrten Juden konnten auf keine Art länger in der
Gemeinschaft der jüdischen Kirche bleiben: man begegnete ihnen auf das feindseeligste: sie sowohl, als die
übrigen Christen, brauchten einen anhaltenden Unterricht, auch vermuthlich eine gewisse Aufsicht. Wegen
dieser Ursachen wurden ihnen, unter Gebet und Fasten,
Lehrer vorgesetzt. Der Nahme derselben kam aus der
jüdischen Kirche: denn die Synagogen hatten ihre
Sekenim oder Aeltesten, welche unter ihre ansehnlichsten Vorsteher gehörten. Allein dieser Nahme zeigte
nicht bloß ein höheres Alter, sondern haptsächlich die
Klugheit und Festigkeit der Sitten an, die dem Alter
eigen sind: so wie auch der römische Senat seine Benennung vom Alter führte.

Die ersten dieser Aeltesten findet man in der Gemeine zu Jerusalem. Bald aber hatten sie alle Gemeinen, welche von den Aposteln waren gestiftet worden:
weil diese nicht zu beständigen Lehrern einzeler Gesell-
schaften von Menschen, sondern aller Gegenden, in welche

che sie kamen, bestimmt waren. Die Aeltesten lehrten nicht nur, sondern sie führten auch eine gewisse Aufsicht über die Gemeinen, und trugen Sorge für das
äußerliche Beste derselben: eine Bemühung, die in den
damaligen Zeiten desto nothwendiger war, auch sich weit
genug erstrecken mußte, da die Christen auf die Gewogenheit und den Schutz der Obrigkeit nicht rechnen
durften. Unterdessen gaben doch die Apostel durch
nichts zu erkennen, daß gerade eine solche Art von Lehrern, unter diesem Nahmen, mit diesen Gränzen ihres
Amtes, die einzige sey, welche die Christen jemals annehmen könnten. Die christlichen Gemeinen haben sich
nachmals in jeder Betrachtung, der Größe, der Länder und ihrer Sitten, der weltlichen Regierung, und in
andern Umständen, so sehr verändert, daß es den Aposteln nicht einmal möglich gewesen seyn würde, eine solche einförmige Vorschrift zu hinterlassen. Aber überhaupt sollten jedoch die Lehrer, welche sie setzten, Beyspiele für alle künftige Zeiten werden: denn so sehr sich
auch Zeiten und Menschen ändern; so wenig kann in
der Natur des christlichen Lehramtes eine gänzliche
Veränderung vorgehen. Und hier ist es offenbar, daß
die Aeltesten nur gelehrt, auf das Wohl ihrer Gemeine und die guten Sitten in derselben aufmerksam gewesen sind; von einer Gewalt zu herrschen oder Gesetze zu geben, die sie gehabt hätten, trifft man keine
Spuren an. Aeltesten, die nicht gelehrt, noch den
übrigen äußerlichen Gottesdienst der Christen verwaltet hätten, trifft man in den drey ersten Jahrhunderten
nicht an. Dieses ist besonders vom Hugo Grotius
(de imperio summar. potestat. circa sacra, Hag. Com.
1652. 8. p. 364. sq.) wohl bewiesen worden.

Streitig-

Streitigkeit

in der

Gemeine zu Antiochien.

Nach diesen Arbeiten kehrten Paulus und Barnabas gegen das Jahr 48 nach Antiochien zurück, und fuhren in dem Unterrichte der dortigen Gemeine eine geraume Zeit fort. Sie wurden aber darinne durch die Ankunft einiger bekehrten Juden aus Palästina gestört. Diese behaupteten gegen die Christen zu Antiochien, die ehemals Heiden gewesen waren, daß sie nicht seelig werden könnten, wenn sie sich nicht beschneiden ließen. Paulus und sein Gehülfe widersetzten sich ihnen vergebens; die Gemeine wurde doch durch diese Forderung in Uneinigkeit und Verwirrung gesetzt. Sie schickte daher Paulum und Barnabam, nebst andern, an die Gemeine zu Jerusalem, um die Meinung ihrer Lehrer darüber zu erfahren. Auch hier bestanden einige bekehrte Pharisäer darauf, daß alle Christen schuldig wären, das mosaische Gesetz zu beobachten. Ihnen widersetzte sich Paulus desto muthiger, weil seine Lehrart aus göttlicher Eingebung geflossen war: sein Vertrauen darauf zeigte er auch durch die That selbst, indem er Titum, einen Christen aus dem Heidenthum, ob er gleich nicht beschnitten war, dennoch in die Gemeine zu Jerusalem aufnehmen ließ. Die angesehensten Apostel, Jacobus, Petrus und Johannes, billigten sein Betragen, und verglichen sich mit ihm darüber, daß sie hauptsächlich den Juden, er aber nebst dem Barnabas den Heiden das Evangelium predigen sollten.

II. Theil.   H   Man

Man fand kein besseres Mittel, die zu Antiochien
entstandene Streitigkeit beyzulegen, als daß sich die Apostel nebst den Mitgliedern der Gemeine zur Untersuchung derselben versammelten. Es ist oft gefragt worden, ob diese Zusammenkunft eine wirkliche Kirchenversammlung, ob sie die erste gewesen sey, welche die Christen gehalten haben? Legt man den strengern und nachmals gewöhnlichen Begriff einer solchen Versammlung
dabey zum Grunde, nach welchem die Mitglieder oder
Abgeordneten mehrerer Gemeinen daran Antheil haben:
so sieht man wohl, daß ihr dieser Nahme nicht eigentlich
gebühre; ob man gleich immer noch sagen kann, daß
die Gegenwart Pauli und Barnabä im Nahmen einer
auswärtigen Gemeine, vielen Einfluß auf dieselbe gehabt habe. Will man aber jede gemeinschaftliche Be-
rathschlagung einer einzelen Gemeine über erhebliche Angelegenheiten, eine Kirchenversammlung nennen, so könnte dieses zwar durch den weitläuftigsten Verstand entschuldigt werden; allein der älteste Sprachgebrauch steht
demselben entgegen: man läuft auch dabey Gefahr, vielerley Zusammenkünfte von einer ganz verschiedenen Art
mit Kirchenversammlungen zu vermischen. Diese kleine Wortstreitigkeit ist doch wegen der Folgen, zu denen
sie Gelegenheit giebt, beträchtlich.

In der Versammlung zu Jerusalem wurde erst-
lich von beyden Theilen vieles über die vorgelegte Frage
vorgebracht, bis Petrus die Beantwortung derselben,
durch sein eigenes Beyspiel erleichterte. „Ihr wisset
„wohl, meine lieben Brüder, sagte er, daß mich Gott
„vor mehrern Jahren dazu erwählet habe, zuerst unter
„den Heiden das Evangelium zu lehren. Cornelius
„und seine Freunde glaubten wirklich, und Gott, der
„die Herzen durchschauet, gab ihnen das deutlichste Zeug-
„niß, daß sie ihm eben so angenehm wären, als die be-
„kehrten Juden; denn er ertheilte ihnen vor meinen Au-
„gen,

„gen, eben so wie uns, die Gaben des heiligen Geistes.
„Bey einer so unstreitigen göttlichen Erklärung, wie
„dürft ihr es versuchen, den Bekehrten aus dem Heiden-
„thume noch die Erfüllung des Gesetzes Mosis aufzu-
„dringen, das uns sowohl, als unsern Vorfahren so be-
„schwerlich gefallen ist? Ich glaube vielmehr, daß wir,
„die wir gebohrne Juden sind, eben so wohl als sie, oh-
„ne jenes Gesetz, durch die Gnade Jesu Christi die See-
„ligkeit erlangen werden. „

Durch diese Vorstellungen gerührt, hörte die Versammlung dasjenige desto aufmerksamer an, was Paulus und Barnabas zur Bestätigung des Vortrags
Petri, von so vielen Wundern erzählten, die Gott durch
sie unter den Heiden verrichtet hatte. Da sich gegen
alle diese Beweise, daß Gott die bekehrten Heiden gnädig aufnehme, wenn sie gleich das Cärimonialgesetz nicht
beobachteten, nichts einwenden ließ: so bediente sich Jacobus dieses Eindrucks in den Gemüthern, die Entscheidung der Streitfrage vorzuschlagen. Nachdem er
die Versammlung aus den Propheten daran erinnert
hatte, daß Gott längstens schon die Bekehrung der Heiden vorher verkündigt habe, ohne ihnen die mosaischen
Cärimonien vorzuschreiben; so fuhr er fort: „Ich bin
„daher der Meinung, daß man die bekehrten Heiden
„deswegen gar nicht weiter beunruhige. Wir müssen
„ihnen nur schreiben, daß sie sich aller den Götzen ge-
„weihten Speise und Tranks, aller Arten von Unkeusch-
„heit, des Erstickten, und des Bluts der Thiere, enthal-
„ten. Es ist auch nicht zu befürchten, daß das Gesetz
„Mosis darüber in Vergessenheit gerathen werde: denn
„es wird unter uns seit langen Zeiten fleißig genug ge-
„lesen und angepriesen. „

Alle Anwesende traten dieser Meinung bey. Es
wurde also im Namen der Apostel, der Aeltesten, und

H 2　　　　der

der ganzen Gemeine, an ihre aus dem Heidenthume be=
kehrten Brüder zu Antiochien, auch in dem übrigen Sy=
rien und Cilicien, nach dem Vorschlage Jacobi ge=
schrieben: und den Abgeordneten von Antiochien wur=
den noch zween andere Lehrer zugegeben, welche den Ent=
schluß der Gemeine zu Jerusalem mündlich erklären,
überhaupt aber die Neubekehrten aus dem göttlichen
Worte unterrichten und stärken sollten. Schon das
Schreiben that die gewünschte Wirkung, und die Ge=
meine wurde beruhigt. Es ist übrigens nicht schwer, die
Ursachen zu finden, warum eben von den vier genann=
ten Dingen den ehemaligen Heiden die Enthaltung ein=
geschärft wurde. Diese Dinge standen in einer nahen
Verwandschaft mit der Abgötterey, als Theile, Kenn=
zeichen, oder doch Veranlassungen derselben. Man
konnte daher denjenigen, der sich ihrer bediente, sehr
leicht in den Verdacht ziehen, daß er einige Neigung
zum Götzendienste trage: und der bekehrte Heide wurde
auch durch seine Entfernung von denselben, desto mehr
vor dem Rückfalle verwahret. Die Hurerey, welche
eine Stelle darunter einnimmt, bezieht sich offenbar auf
alle unzüchtige Ausschweifungen in den heidnischen Tem=
peln, auf die geringste Theilnehmung an denselben, die
bey einem Laster, das die Heiden so wenig vor sündlich
hielten, nicht genug verboten werden konnte; wenn gleich
schon die ersten Lehren der christlichen Moral jede Art
der Unzucht verabscheuungswürdig machten. Setzt
man noch dazu, daß selbst auch die unbeschnittenen Ju=
dengenossen zur Enthaltung vom Götzenopfer, vom Blu=
te und Erstickten verbunden waren, und daß daher dem
Aergernisse der Juden vorgebeugt werden mußte, das
unvermeidlich groß war, wenn die zum Christenthume
bekehrten Heiden von allem diesem aßen: so erkennet
man die Weisheit dieser Verordnung unter den Umstän=
den dieser Zeit, da die christlichen Gemeinen so sehr aus
Juden und Heiden vermengt waren.

Die

Die Versammlung, in welcher diese Vorschriften waren beschlossen worden, mag einen Nahmen führen, welchen sie will: so ist es gewiß, daß sie ein Muster für alle folgende Kirchenversammlungen abgeben konnte, auf welchen über wichtige Fragen oder Angelegenheiten der Religion und Kirche einmüthige Entschließungen gefaßt werden sollten. In dieser findet man eine freye und ruhige Untersuchung, die selbst durch das ausnehmende Ansehen der Apostel nicht gehindert wird. Da ist kein Lehrer, der, indem er den Vorsitz und die Anordnung geführt hätte, einen zu mächtigen Einfluß in die Berathschlagungen würde behauptet haben. Petrus redet, nachdem beyde Theile ihre Meynung gesagt hatten: er belehret die Zuhörer; aber Paulus, Barnabas, Jacobus, thun eben dieses; und wenn der letztere die Entscheidung vorträgt, so geschieht es nichts weniger, als auf eine gebieterische Art. Die Apostel, welche sich hiebey bloß auf den göttlichen Unterricht, den sie empfangen hatten, hätten berufen können, brauchen lauter Gründe: und diese sind aus ihrer eigenen Erfahrung, aus der Natur der Religion, und aus der heiligen Schrift genommen. Jedermann kann sie prüfen, und wird endlich durch sie überzeugt. Man hat nicht im voraus einen Schluß gefaßt, der in der Versammlung nur feyerlich durchgesetzt werden soll. Auch haben alle Mitglieder der Gemeine, nicht nur die Lehrer, Antheil an dieser öffentlichen Untersuchung, weil sie alle im Stande sind, von den Grundsätzen zu urtheilen, nach welchen dieselbe angestellt werden muß. Endlich sind die Schlüsse dieser Versammlung keine Befehle, die durch Gewalt unterstützt würden; sondern nur warnende Gutachten und Erinnerungen. Eines scheinet zwar denselben allein eigen gewesen zu seyn: die Unfehlbarkeit, mit welcher sie von den Aposteln aufgesetzt worden sind. Und man könnte dahin auch dieses ziehen, wenn in ihrem Briefe gesagt wird, es habe dem heiligen Geiste und ihnen

H 3   gefallen,

gefallen, eine solche Vorschrift zu ertheilen. Doch die ganze übrige Erzählung enthält keine Spur, daß die Apostel bey dieser Gelegenheit sich in ihren Aussprüchen untrüglich hätten zeigen wollen, weil sonst diese Versammlung überflüßig gewesen wäre: und der vom Petro angeführte Beweis aus der Mittheilung der Gaben des heiligen Geistes ist wohl hinlänglich, diese Redensart zu verstehen.

Reisen und
Arbeiten der Apostel.

Die erste Uneinigkeit der Christen war also auf die rühmlichste Art gestillt worden. Allein es fehlte wenig, daß sie nicht bald darauf durch die Unvorsichtigkeit Petri wieder aufgewacht wäre. Dieser Apostel kam gegen das Jahr 50 nach Antiochien. Er aß anfänglich mit den bekehrten Heiden daselbst, ohne Unterscheid von ihren Speisen; da aber einige Eiferer aus der Gemeine zu Jerusalem anlangten, entzog er sich, um diesen nicht zu misfallen, dem Umgange mit den erstern. Seinem Beyspiele folgten mehrere bekehrte Juden, und selbst Barnabas. Die Folgen von dieser Verstellung, da man die Christen aus dem Heidenthume als unreine, der Gesellschaft unwürdige, ansah, bloß um sich nach den Juden zu richten, konnten ungemein schädlich werden. Daher wurde Petrus öffentlich vom Paulo deswegen bestraft. „Wenn du, sagte dieser zu „ihm, der du ein gebohrner Jude bist, gleichwohl bisher „die Lebensart der Heiden beobachtet hast, warum willst „du

„du denn die Heiden nöthigen, ſich nach den jüdiſchen
„Gebräuchen zu bequemen? Wir ſind zwar Juden, und
„alſo gewiſſermaßen ein heiliger Volk, als die Heiden;
„da wir aber wiſſen, daß die Menſchen nicht durch die
„Erfüllung des Geſetzes Moſis, ſondern durch den
„Glauben an Jeſum Chriſtum Gnade bey Gott er=
„langen, ſo glauben wir auch deswegen an Jeſum.
„Sollten wir nun, da wir einmal durch Chriſtum die
„Seeligkeit ſuchen, wieder als unreine Sünder uns dem
„Geſetze unterwerfen: ſo würden wir Chriſtum zum
„Diener der Sünden machen.„ — Es iſt kein Zwei=
fel, daß Petrus, und die es mit ihm hielten, durch dieſe
ſo richtigen Gründe zu einem würdigern Verhalten wer=
de zurückgeführt worden ſeyn.

Dieſe Freyheit, mit welcher der jüngſte Apoſtel ei=
nen der älteſten und angeſehenſten von dieſer Geſellſchaft
tadelte; ſelbſt die aufrichtige Erzählung, die er den Chri=
ſten in Galatien davon gemacht hat, ſetzt die völlige
Gleichheit der Apoſtel unter einander außer allen Streit.
Man erkennet eben daran die Ehrlichkeit ihrer Abſich=
ten, welche ſie ſich nicht ſcheueten, einander vor jeder=
mann ernſtlich ins Andenken zu bringen. Noch ſieht
man aus dieſem Beyſpiele, wie wenig ſie in ihren Hand=
lungen, und in der Anwendung ihrer untrüglichen Leh=
ren vor allen Fehltritten geſichert geweſen ſind: ſie, mit
denen ſich gleichwohl keine andere Lehrer der Chriſten
vergleichen dürfen. Aber ſehr befremdend müßte dieſe
Begebenheit ſeyn, wenn Petrus Biſchoff von eben die=
ſer Gemeine zu Antiochien geweſen wäre, die er jetzt durch
ſeine Schwachheit ärgerte. Faſt alle Schriftſteller der
römiſchen Kirche legen ihm dieſe Würde bey, und behau=
pten, daß er ſie ſieben Jahr bekleidet habe.

In der Apoſtelgeſchichte des Lucas, wo ſich mehr=
mals eine ſehr natürliche Gelegenheit zeigte, dieſes Biß=

thums

thums zu gedenken, findet man keine Spur von demselben. Alles, was darinne bis auf diese Zeit vom Petrus erzählt wird, giebt vielmehr deutlich zu erkennen,
daß er wenigstens vor dem 50sten Jahre der christlichen
Zeitrechnung nicht aus Judäa gekommen sey: und wenn
man dieses einzige bemerkt, so fällt die ganze Zeitbestimmung über den Haufen, nach welcher man die Dauer
dieser Würde des Apostels abzumessen versucht hat.
Man kann noch mehr sagen: das Wort Bischof steht
weder in diesem Buche, noch in den Briefen der Apostel
jemals in dieser Bedeutung, daß es den obersten Aufseher einer Gemeine anzeigte; immer werden nur Aeltesten oder Lehrer darunter verstanden, welche diese Aufsicht unter einander theilten. Desto unglaublicher ist es,
daß Petrus, der die Gemeine zu Antiochien nicht gestiftet hat, und vor welchem Paulus und Barnabas weit
größere Verdienste um dieselbe hatten, ihr erster Bischof
nach dieser spätern Bedeutung gewesen seyn sollte. Eusebius giebt diese Stelle (Hist. Eccl. L. III. c. 22.) viel
glaubwürdiger dem Evodius: und wenn er an einem
andern Orte (c. 36.) den Ignatius den zweyten Bischof zu Antiochien nach dem Petro nennet, so ist es
aus dieser Vergleichung offenbar, daß er eben so, wie
sonst, (unter andern cap. 2.) von dem Lehramte redet,
welches die Apostel eine Zeitlang bey einer Gemeine geführet haben, ohne sie darum zu Bischöfen derselben zu
machen. Aber schon seit dem zweyten Jahrhunderte
suchten die christlichen Gemeinen ihre Ehre darinne, von
den Aposteln gestiftet worden zu seyn, und ihre Bischöfe
wollten vor Nachfolger der Apostel angesehen werden, die
im übrigen so weit über sie erhaben waren. Daher kam
unter andern die Sage, daß Petrus Bischof zu Antiochien gewesen sey. Sie wurde insonderheit seit dem vierten Jahrhunderte von einigen angesehenen Lehrern vor
wahr angenommen: dieses war genug, um ihr den Beyfall der folgenden Jahrhunderte zu verschaffen; so wenig

nig sie auch mit der biblischen Geschichte, Zeitrechnung und Verfassung der Kirche vereinigt werden kann. Ein reformirter Theologe zu Fraa-cker, Nicol. Vedelius, hat sie längst in einem besondern Buche (de cathedra Petri, Franek 1640. 8.) glücklich genug bestritten: und Tillemont selbst endigt seine schüchterne Untersuchung derselben (Memoir. pour servir à l'Hist. Eccl. T. I. P. II. p. 448 seq. p. 739 seq. ed. de Bruxell.) mit dem Verdachte, diese Nachricht möchte wohl zuerst aus den untergeschobenen Recognitionen des Clemens von Rom geflossen seyn.

Desto gewisser hingegen scheinet es zu seyn, daß zu der Zeit, da diese Begebenheiten in der Gemeine von Antiochien vorfielen, bereits alle Apostel, Petrum, Jacobum und Johannem ausgenommen, Jerusalem verlassen hatten, um ihrem Berufe als Lehrer der Welt zu folgen. Man schließt dieses mit Rechte daraus, weil weder Lucas noch Paulus ihrer jemals von dieser Zeit an gedenken, wenn sie etwas von der Gemeine jener Stadt erzählen. Die Nachricht, welche Eusebius (Hist. Eccl. Lib. V. c. 18) aus der Schrift eines Lehrers im zweyten Jahrhunderte, Apollonius, aufbehalten hat, Christus habe den Aposteln verboten, sich nicht eher als zwölf Jahre nach seiner Himmelfahrt von Jerusalem wegzubegeben: diese Nachricht ist nicht unwahrscheinlich, ob gleich viel daran fehlt, daß man völlig auf sie bauen könnte.

Ueberhaupt ist fast alles, was von der Geschichte der Apostel berichtet wird, ohne aus den Nachrichten des Lucas, oder aus den apostolischen Briefen bewiesen werden zu können, sehr ungewiß. Allein aus diesen kann man nur wenige historische Umstände ziehen: und der erstere hat nicht viel mehr als einen Theil des Lebens Petri, und vorzüglich Pauli, beschrieben. Es ist unmöglich,

H 5   glich,

glich, die Ursachen sicher anzugeben, warum uns die Ge=
schichte der ersten Stifter der christlichen Gemeinen, die,
wie man glauben sollte, sehr ehrwürdig und lehrreich
seyn müßte, so unvollständig hinterlassen worden ist.
Vielleicht wurde das Beyspiel von zween der ansehnlich=
sten unter ihnen vor unterrichtend genug angesehen:
und die Christen brauchten auch mehr das Leben Jesu,
und einen bündigen Begriff seiner Religion zu kennen,
wie er und seine Schüler ihn vorgetragen hatten, als al=
le Handlungen dieser letztern, die doch nur auf ein ge=
meinschaftliches Ziel gerichtet waren, auf die Vereh=
rung und Ausbreitung der Religion. Das ist unter=
dessen leichter zu beantworten, warum Lucas haupt=
sächlich Pauli und Petri Geschichte gewählet habe.
Sie beyde haben unter allen Aposteln, und Paulus in=
sonderheit, die größten Dinge verrichtet. Lucas war
nächstdem der beständige Gefährte Pauli: er konnte
daher von ihm mit mehrerer Zuverläßigkeit schreiben,
als von einem andern Apostel.

In den christlichen Schriftstellern vom zweyten
Jahrhunderte an, steht eine Menge Nachrichten von den
Aposteln: theils liegen sie zerstreuet in denselben, theils
machen sie kleine Bücher aus. Was die Schüler und
Freunde der Apostel, und andere der ältesten Lehrer der
Christen, oder was in den folgenden Jahrhunderten
Männer von einer bewährten historischen Vorsichtigkeit
und Glaubwürdigkeit, wie Eusebius, davon erzählen,
ist das einzige darunter, worauf man trauen kann. Die
übrigen haben meistentheils zu leicht gemeine Sagen vor
wahr angenommen; Muthmaßungen und Deutungen
an die Stelle wirklicher Begebenheiten gesetzt. Schon
seit dem dritten Jahrhunderte wurde die Geschichte der
Apostel durch Schriften und Handlungen, welche man
ihnen beylegte, merklicher verfälscht. Angesehene Leh=
rer, unter welche man besonders den Hieronymus rech=

nen

nen muß, begünstigten viele ungewisse oder fabelhafte Erzählungen von denselben. Und die Schriften, in welchen man solche Nachrichten zusammen faßte, wurden unter dem Nahmen älterer Schriftsteller ausgebreitet, ohne Mistrauen gebraucht, und erst in den neuern Zeiten vor unächt erkannt. In diesen letztern hat man endlich alle von den Aposteln vorhandene Nachrichten mit desto größerer Schärfe untersucht, je mehr diese Geschichte zu einer der wichtigsten historischen Streitigkeiten zwischen den Römischcatholischen und Protestanten Anlaß gegeben hat. Ludwig Cappel (in der Historia Apostolica illustrata,) der jüngere Friedrich Spanheim (in seinen Dissertationibus tribus de Apostolicis rebus,) und Tillemont (in den erstgedachten Mémoires) sind einige der gelehrtesten und fleißigsten, welche diese Untersuchung angestellt haben; ob sie gleich eben so wenig als andere, von denen diese Geschichte bearbeitet worden ist, ganz frey von allen Vorurtheilen ihrer Kirchen dabey gewesen sind.

Unter den Schriften, welche man der Gesellschaft der Apostel lange Zeit ohne Grund beygelegt hat, ist das apostolische Glaubensbekenntniß die älteste und ehrwürdigste. Man hat hauptsächlich seit dem vierten Jahrhunderte, nach der Erzählung Rufins (Expositio Symboli) vorgegeben, die Apostel hätten dasselbe noch zu Jerusalem, kurz vor ihrer Zerstreuung in die Welt, in einer besondern Versammlung gemeinschaftlich aufgesetzt. Diese Sage, die älter als Rufinus war, ist nach und nach zu einem Glaubensartikel der abendländischen Kirche geworden. Valla unterstand sich zuerst im funfzehnten Jahrhunderte, sie zu verwerfen; allein, die Gefahr, welche sich dieser scharfsichtige Mann dadurch von der Geistlichkeit zuzog, nöthigte ihn zum Widerrufe. Hundert Jahre nach ihm, da es endlich erlaubt war, freyer zu zweifeln und zu untersuchen, trat Erasmus seiner

seiner Meinung bey: und in den neuern Zeiten ist dieselbe, nachdem man alles, was dagegen angeführt werden kann, aufs schärfste geprüft hat, unter den Protestanten allgemein, aber auch mehr berichtigt geworden.
Der Ursprung, die Geschichte, und die Auslegung dieses Glaubensbekenntnißes, sind vom Gerhard Johann Voß, (Dissert. de tribus Symbolis, Diss. I.) vom
Johann Pearson, Expos. Symb. Apostol.) ingleichen
vom Peter King, (Hist. Symb Apost) und Herrmann
Witsius, (Exercitt. Sacr. in Symb. Apost.) so glücklich
erläutert worden, daß man nichts von Wichtigkeit mehr
hinzusetzen kann.   In der römischen Kirche selbst, wo
die alte Meinung noch herrschend ist, und am Christian
Lupus (ad Tertullian. de Praescript.) und Natalis
Alexander (Histor. Ecclef. Sec. I. Dissert. XI.) gelehrte
Vertheidiger gefunden hat, ist sie doch vom Dů Pin
(Biblioth. des Auteurs Ecclei. T. I.) vor unrichtig erklärt worden.

Der Beynahme des apostolischen, den man diesem
Bekenntnisse frühzeitig unter den Christen gegeben hat,
und den außerdem so viele Kirchen, Lehrer und Schriften wegen einiger Verbindung mit den Aposteln damals
führten, beweiset nichts mehr, als daß man mit Recht
geglaubt habe, es sey in demselben der Glaube und die
Lehre der Apostel enthalten. Daß es aber von ihnen verfertigt worden sey, sagt kein einziger Schriftsteller bis
zum vierten Jahrhunderte, auch nicht der glaubwürdig-
ste Geschichtschreiber in diesem, Eusebius. Man findet es in der ältesten christlichen Kirche nicht einmal völlig in derjenigen Gestalt, in welcher wir es jetzt haben,
und es ist überaus wahrscheinlich, daß es nach und nach
aus dem Bekenntnisse entstanden sey, das die Erwachsenen, welche getauft werden sollten, ablegten. Jesus
hatte befohlen, daß die Apostel im Nahmen des Vaters,
des Sohnes, und des heiligen Geistes taufen sollten.
Dieses

Dieses macht offenbar die Grundlage des apostolischen Glaubensbekenntnisses aus, indem darinne gesagt wird, was man von einer jeden dieser göttlichen Personen glaube. Daher war dieses Bekenntniß auch in manchen Kirchen sehr kurz; endlich ist es durch verschiedene Veranlassungen zu dem jetzigen Umfange angewachsen. Die merklichste Ursache der Vermehrung war diese, daß man die angehenden Christen vor den über die Religion sich ausbreitenden Irrthümern zu verwahren suchte. Da nicht alle Gemeinen in dieser Absicht einerley Bedürfnisse hatten, so waren auch die Zusätze, welche sie zu diesem Glaubensbekenntnisse machten, etwas verschieden. So hatten die africanischen und morgenländischen, auch einige gallische Gemeinen unter die Worte des ersten Absatzes: Ich glaube an Gott den Vater, das Wort Einen eingerückt, um der gnostischen Meinung von einem doppelten höchsten Wesen zu begegnen. Und im zweyten Absatze lasen einige Kirchen: Und an Einen Jesum Christum, weil Cerinth Jesum von Christo unterschied. In der alten römischen Kirche, aus welcher wir eigentlich dieses Bekenntniß erhalten haben, sahe es nicht in allen Ausdrücken so, wie jetzt, aus, und das Glaubensbekenntniß der Gemeine zu Aquileja, von welchem Rufinus redet, war wieder von dem römischen ziemlich unterschieden.

Hätte die erste christliche Kirche wirklich davor gehalten, daß dieses Glaubensbekenntniß, dem man den griechischen Nahmen Symbolum, (eine Losung, ein Unterscheidungszeichen, an welchem man die rechtgläubigen Christen kannte,) gegeben hat, sich von den Aposteln herschreibe: sie würde sich es niemals erlaubt haben, so viele Veränderungen in demselben zu treffen, und an Statt desselben andere bey der Taufe zu gebrauchen. Ohne Zweifel würde es auch, wenn es nach dem Willen der Apostel, wie man sonst durchgängig glaubte,

ein

ein kurzer Begriff der Lehre Jeſu hätte ſeyn ſollen, weit
vollſtändiger gerathen ſeyn. Schwerlich würde alsdenn
eine ausdrückliche Vorſtellung von der Erlöſung Jeſu,
von dem Glauben an ihn, der Taufe, und dem Abend-
mahle, das er geſtiftet hat, darinne vorbey gelaſſen worden ſeyn. Für diejenigen hingegen, die erſt in die chriſtliche Gemeine aufgenommen wurden, war dieſes Bekenntniß, das ihnen erklärt worden war, eben hinlänglich, um darauf den ausführlichſten Unterricht zu bauen,
und ihnen den Unterſcheid des Chriſtenthums von der
jüdiſchen und heidniſchen Religion begreiflich zu machen.

Aber wenn gleich das apoſtoliſche Glaubensbekenntniß nicht ſo alt iſt, als man aus ſeinem Nahmen
ſchließen möchte; ſo hat es doch noch immer ſeine große
Brauchbarkeit. Man ſieht daran ein Beyſpiel der edeln
Einfalt, mit welcher die erſten Chriſten ihren Glauben
denen, die ihn anzunehmen geneigt waren, beybrachten;
ohne alle Kunſtwörter und ſchärfere Beſtimmungen.
In dieſer Betrachtung iſt es noch gewiſſermaßen ein
Muſter des Unterrichts in der Religion, der für viele
Gattungen von Chriſten gehört. Bey aller ſeiner Kürze dient es doch ungemein dazu, den Glauben der erſten
Kirche daraus einzuſehen: ſelbſt dieſer ſo ſehr ins Enge
gezogene Vortrag ſagt genug. Unter vielen lehrreichen
Anmerkungen, welche man hierüber gemacht hat, iſt diejenige eine der erheblichſten, welche die gewöhnliche Lehre
der Chriſten von der Höllenfahrt Jeſu betrifft. Die
Worte dieſes Bekenntniſſes: Niedergefahren zur
Höllen, hatten weder die morgenländiſchen Kirchen noch
die zu Aquileja, bis auf die Zeiten des Rufinus. In
andern Glaubensbekenntniſſen der alten Chriſten fehlen
ſie entweder ebenfalls, wie in dem Nicäniſchen; oder,
wo man ſie findet, wie in dem Athanaſianiſchen, ſind
ſie an die Stelle des Todes und Begräbniſſes Jeſu geſetzt. Das iſt auch die eigentlichſte und gemeinſte Bedeutung

deutung des griechischen Wortes (ᾄδης, der Zustand
der Todten, das Grab, aus welchem die lateinische
Uebersetzung (inferna) und aus dieser die deutsche (Hölle)
entstanden ist. Daraus hat man den sehr wahrscheinlichen Schluß gezogen, daß die Worte von der Höllenfahrt des Heilandes in diesem Symbolo nur eine mit
den Ausdrücken, gestorben und begraben, gleichbedeutende Leseart sind, die endlich neben dieselben eingerückt worden ist.

Es könnte scheinen, und gelehrte Männer haben
es in den neuern Zeiten behauptet, daß dieser Gebrauch
des apostolischen Glaubensbekenntnisses noch viel weiter
gehen müsse; daß man es auch zur Vereinigung der jetzigen christlichen Gemeinen anwenden könne, weil sich
doch keine von diesen weigern dürfe, das älteste Glaubensbekenntniß der ersten Christen zu unterschreiben.
Allein, so wenig es diese zu dem Endzwecke aufgesetzt haben, um unter ihnen selbst allen Streitigkeiten über die
Lehre ein Ende zu machen, und darinne die genauesten
Erklärungen von allem zu geben, worüber man uneinig
werden könne; so wenig — vielmehr noch weit weniger werden es die neuern Gemeinen, die ungleich mehr
von einander abweichen, als die alten Christen, und von
denen eine jede dasselbe nach ihrem Sinne drehen kann,
dazu tüchtig befinden. Es bleibt noch die Frage übrig,
werth einer christlichen Untersuchung, ob gleichwohl dieses Symbolum nicht bey den Bemühungen um eine
solche Vereinigung einige Nebendienste zu leisten im
Stande sey.

Zwo andere Schriften, welche sich ebenfals unter
dem Nahmen der Apostel erhalten haben, erfordern noch
weniger Aufmerksamkeit, um zu sehen, daß sie nicht von
denselben herrühren. Dieses sind die Kirchenverordnungen der Apostel, (Constitutiones Apostolicae,)
und

und in der Ursprache, Διαταγαὶ oder Διατάξεις τῶν Ἀποστόλων,) und ihre kleinern Kirchengesetze, (Canones Apostolorum,) ebenfalls in griechischer Sprache aufgesetzt. Man hat lange geglaubt, daß Clemens, ein berühmter Lehrer der Christen zu Rom, diese Schriften aus dem Munde der Apostel, deren Schüler er war, gesammlet, oder von ihnen überschickt bekommen habe. Aber nach einer genauern Prüfung derselben in den neuern Zeiten, sonderlich nach dem, was **Johannes Dalläus,** (de Pseudepigraphis Apostolicis) **Wilhelm Beveridge** (in seinen Anmerkungen über die zweyte dieser Sammlungen, und in dem Codice Canonum ecclesiae primitivae vindicato et illustrato,) und **Thomas Ittig** (Diss. de Patribus Apostolicis,) davon geschrieben haben, ist diese Meinung gänzlich gefallen.

Die apostolischen Kirchenverordnungen oder Constitutionen, wie man sie gemeiniglich nennet, sind in acht Bücher abgetheilt. In denselben werden die zwölf Apostel gleich anfangs, und nachmals noch oft besonders, redend eingeführt. Sie ertheilen Vorschriften über das ganze Verhalten der Christen, über die Verfassung der Kirche, das Amt und die Pflichten der Lehrer, und über den Gottesdienst. Die Sittenlehre, welche darinne eingeschärft wird, ist ungemein strenge. Es wird den Christen nicht allein jeder Schmuck, und die Sorge für die äußerliche Schönheit, sondern auch das Lesen aller heidnischen Bücher, schlechterdings verboten. Desto mehr wird ihnen empfohlen, täglich zweymal in die Kirche zum Gebete und Singen sich zu versammeln, viele Feyertage und Fasten zu beobachten, und den Sabbath eben so wohl, als den Tag des Herrn zu begehen. Die Ehrerbietung, welche sie ihren Lehrern erweisen sollen, übertrifft alle Vorstellung, die man sich davon machen könnte. Sie sollen einen Bischof als einen irdischen Gott, als einen König und Fürsten betrachten, ihm

ihm den vollkommenſten Gehorſam leiſten, eben ſo, wie Kö-
nigen, Steuern abtragen, und ihn, wenn ſie etwas von ihm
verlangen, nicht ſelbſt ſtören, ſondern ihm ſolches durch die
Diener der Gemeine oder Diaconos, vortragen laſſen:
ſo wie man auch zu Gott nicht anders als durch Chriſtum
komme. Dieſe Vergleichung geht noch viel weiter: die
Diaconiſſen oder Dienerinnen ſollen eine Aehnlichkeit mit
dem heiligen Geiſte haben, weil ſie ohne die Diaconos
nichts verrichten können: und die Presbyteri ſtellen die
Apoſtel vor. Ueberhaupt aber wird der Stand der Lehrer
allen Fürſten und Obrigkeiten weit vorgezogen. Dazu
kommt noch eine vollſtändige Liturgie für die chriſtlichen
Gemeinen, welche nicht allein die kirchlichen Gebräuche,
ſondern auch alle Arten von Gebeten, die dabey geſprochen werden ſollen, in ſich begreift.

Schon dieſer Inhalt der Conſtitutionen ſpricht
das Urtheil der Falſchheit wider ſie aus. Nicht zu gedenken, daß die chriſtlichen Lehrer keineswegs ſeit dem zweyten Jahrhunderte die Schriften der heidniſchen Gelehrten
ſo fleißig geleſen haben würden, wenn ihnen die Apoſtel
ſolches unterſagt hätten; daß in dieſen erſten Zeiten des
Chriſtenthums weder eigentliche Kirchen, noch beſtimmte
Faſttage und überaus wenige Feyertage vorhanden geweſen ſind: ſo ſind die ungeheuren Begriffe von der Hoheit der Lehrer noch weit weniger apoſtoliſch. Es kommen
ſogar in dieſen Verordnungen diejenigen Unterbedienten der
chriſtlichen Gemeinen vor, die erſt im dritten Jahrhunderte geſetzt worden ſind, die Vorleſer, die Exorciſten, und
andere ihres gleichen. Eben dieſen Zeiten iſt auch der ganze Vortrag und die Schreibart derſelben gemäßer, als den
Apoſteln. Es ſind oft zuſammengeſtoppelte Stellen der
heiligen Schrift mit wortreichen und wäſſerichten Gedanken darüber: es iſt eine elend mühſame Beſchäftigung mit
Kleinigkeiten, ſehr entfernt von der edeln im Großen ſichtbaren Einfalt der Apoſtel; und jene erſtreckt ſich hier ſo

II. Theil.　　　　　　　J　　　　　　　weit

weit, daß der ältere Jacobus besiehlt, bey der Austheilung des heiligen Abendmahls sollten zween Diaconi mit
großen Fächern zugegen seyn, um die Mücken abzuwehren.
Außer so vielen abgeschmackten Stellen giebt es in diesen Verordnungen auch offenbare Widersprüche.

Es ist weniger daran gelegen, zu wissen, wer der Verfasser derselben sey, welches auch nur durch Muthmaaßungen beantwortet werden kann; als zu welcher Zeit und
warum er die Welt damit habe betrügen wollen. Epiphanius, der gegen das Ende des vierten Jahrhunderts
lebte, scheinet der erste christliche Schriftsteller zu seyn, der
sie (Haeres. LXX. n. 10.) unter dem Nahmen der apostolischen Kirchenverordnungen anführet. Gleichwohl gedenkt er ihrer nur als eines nützlichen, dem Glauben und der Kirchenzucht der Christen gemäßen Buchs, ohne sie unter die Schriften der Apostel zu rechnen, und er meldet, daß sie von vielen ver zweifelhaft angesehen würden.
Was noch mehr ist, er bringt eine Stelle daraus bey, welche in diesen Verordnungen, wie wir sie jetzt lesen, gerade
das Gegentheil sagt. Daraus scheinet zu folgen, daß Epiphanius ein anderes Werk mit gleicher Aufschrift vor
sich gehabt habe, so wie man beym Eusebius und Atha-
nasius Spuren antrifft, daß sie ähnliche Schriften unter
dem Nahmen der Apostel gekannt haben; man müßte denn
sagen, ohne es beweisen zu können, daß die Kirchenverordnungen, deren sich Epiphanius bediente, nachher verfälscht worden sind. Dieses bey Seite gesetzt, ist es vielleicht nicht schwer, die Zeit, wenn diese Sammlung verfertigt worden ist, ohngefähr anzugeben. Die Kirchen-
ämter des dritten Jahrhunderts, die darinne vorkommen,
die Verfassung der christlichen Gemeinen überhaupt, welche daselbst beschrieben wird, und die den Christen aufer-
legte Pflichten gegen ihre Mitbrüder, die von den Heiden
zum Tode oder zu Leibesstrafen verurtheilt worden sind:
(Const. Apost. L. V. c. 1.) alles dieses macht es sehr
wahr-

wahrscheinlich, daß dieses Werk noch unter der Regierung heidnischer Kaiser, gegen das Ende des dritten oder mit dem Anfange des vierten Jahrhunderts aufgesetzt worden sey. Es ist ein geringer Einwurf dagegen, daß in diesen Verordnungen die Kirchen genannt werden: denn um die gedachte Zeit hatten die Christen schon eine Art von Versammlungshäusern zum Gottesdienste. Und wenn es scheinen sollte, daß die Verordnung von den Gerichten der Bischöfe, (Conſt. Apoſt. L. II. c. 47.) auf eine Gewalt ziele, die ihnen erſt von den chriſtlichen Kaiſern ertheilt worden iſt: ſo kann man antworten, daß ſie einen Theil dieſer Gerichtsbarkeit ſchon unter der heidniſchen Regierung und eben wegen derſelben ausgeübt haben, wozu die Erinnerung Pauli (1 Br. an die Chriſten zu Corinth, C. 6.) vermuthlich die erſte Gelegenheit gegeben hat. Man braucht nur etwas zurückzuſehen, (Conſt. Apoſt. L. II. c. 45. 46.) um zu finden, daß dieſes die wahre Erklärung ſey. Es wird endlich aus allen Umſtänden glaublich, daß die apoſtoliſchen Conſtitutionen von irgend einem Lehrer, auch wohl ſelbſt von einem Biſchof in den morgenländiſchen Gemeinen zuſammengetragen worden ſind: nicht bloß um der Einrichtung derſelben, in welcher auch einiges von ihm ſich herſchreiben könnte, deſto mehr Anſehen durch den Nahmen der Apoſtel zu verſchaffen; ſondern hauptſächlich, um den biſchöflichen Stand über alles zu erheben.

Iſt die Zeitbeſtimmung dieſes Werks auf die wahrſcheinlichſte Art feſtgeſetzt, ſo bekommt es erſt ſeine Brauchbarkeit, die es, als Erdichtung betrachtet, nicht hat. Man kann aus demſelben den Glauben der Chriſten, den Zuſtand ihrer Lehrer und Kirchendiener, die völlige Geſtalt ihres öffentlichen Gottesdienſtes, ihre Kirchenzucht, und viele andere ihnen eigene Dinge im dritten Jahrhunderte kennen lernen. Auch ſieht man daraus das ſchnelle Wachsthum der Größe der Biſchöfe, und die liſtigen Bemühun-

gen,

gen, die man angewandt hat, dieſelbe von den Apoſteln
ſelbſt herzuleiten. Viele Vorſchriften und moraliſche Anmerkungen in dieſen Verordnungen, inſonderheit auch die
Gebete, ſind meiſtentheils chriſtlich und erbaulich gerathen;
noch findet man darinne nur einen geringen Anſatz zum
Aberglauben, und mehr iſt zuweilen ein geſuchtes geheimnißvolles Weſen in der Erklärung oder Anwendung der
heiligen Schrift, auch in den Cäremonien, anſtößig. Auſſer dem gedachten hiſtoriſchen Theil dieſer Verordnungen
ſtehen in denſelben auch Nachrichten von frühern Zeiten,
inſonderheit denen, da die Apoſtel lebten; allein es fehlt
ihnen faſt durchgehends an Glaubwürdigkeit, weil ſie zu
genau mit dem ungeſchickt angelegten Entwurfe des Ver-
faſſers, ſeine Sammlung vor ein Werk der Apoſtel auszugeben, verbunden ſind.

Die zweyte Sammlung von Kirchengeſetzen, welche
den Nahmen der Apoſtel führen, ſind die apoſtoliſchen
Canones: kurze Verordnungen, welche die Pflichten
chriſtlicher Lehrer, zum Theil auch der übrigen Chriſten
feſtſetzen, überhaupt aber vieles, was die Kirchenverfaſſung
und den Gottesdienſt betrifft, beſtimmen: faſt alles mit
angehängter Strafe der Abſetzung oder der Ausſchlieſ-
ſung von der Gemeine, wider die Uebertreter. Die erſte
nahmentliche Meldung derſelben findet man auf der Kir-
chenverſammlung, welche im Jahr 394 zu Conſtantinopel, unter dem Vorſitze des dortigen Biſchofs Nectari-
us, gehalten wurde. Aber auch in frühern Kirchenver-
ſammlungen und Schriftſtellern dieſes Jahrhunderts kommen Ausdrücke vor, welche ſich auf dieſelben zu beziehen
ſcheinen. In den erſten Zeiten des ſechſten Jahrhunderts
überſetzte der römiſche Abt, Dionyſius der Kleine,
funfzig dieſer Kirchengeſetze aus der griech. chen in die lateiniſche Sprache; allein zu eben derſelben Zeit rückte Johannes, Patriarch von Conſtantinopel, in eine Sammlung ſolcher Geſetze, nächſt jenen funfzig noch fünf und
dreyßig

dreyßig andere hinein; und diese letztere Anzahl ist seitdem
in der morgenländischen Kirche immer beybehalten wor=
den; da hingegen die ältere römische Kirche nur die funf=
zig erstern vor ächt angesehen hat.

Daß diese Gesetze keine Arbeit der Apostel sind, kann
wiederum ihr Inhalt allein beweisen, der sich mehr für
das zweyte und sogar das dritte Jahrhundert schickt. Da=
hin gehört die Meldung der Vorleser, Sänger und ande=
rer christlichen Kirchenbedienten; die Verordnung, daß
die Bischöfe zweymal im Jahre Kirchenversammlungen
halten sollen; und einige Einschränkung der Freyheit christ=
licher Lehrer, sich zu verheyrathen. Die Gesetzreiche Zeit
in der christlichen Kirche, kann man überhaupt anmerken,
kam zwar bald; aber sie ist nicht die Zeit der Apostel.
Da man unterdessen zeigen kann, daß diese Gesetze und
Anstalten fast alle in den beyden gedachten Jahrhunder=
ten bereits üblich gewesen sind: so ist es sehr wahrschein=
lich, daß ihre Sammlung um die Mitte des dritten Jahr=
hunderts, oder etwas später, in irgend einer asiatischen Ge=
meine, aufgesetzt worden sey. Ihr Verfasser mag ohnge=
fähr eine gleiche Absicht mit dem Urheber der apostoli=
schen Constitutionen gehabt haben. Er nennt sogar
und empfiehlt diese letztern, als heilige Bücher, im 85sten
Canon; giebt vor, als wenn sie ebenfals von ihm, dem
Clemens von Rom, gesammlet worden wären; will
aber nicht, daß sie von andern als von Bischöfen gelesen
werden sollen. Diese und andere Umstände erregen die
Vermuthung, daß beyde Sammlungen wohl von Einem
Manne herrühren; oder daß die Verfasser wenigstens ein
gutes Verständniß mit einander unterhalten haben möch=
ten. Ob diese Canones gleich Anfangs alle vorhanden
gewesen, oder erst nach und nach zu ihrer größern Anzahl
aufgewachsen sind; ob sie in spätern Zeiten irgend eine
Verfälschung erlitten haben? diese und andere ähnliche
Fragen sind zwar nicht unerheblich; können aber nur durch

J 3

Vermuthungen ohne einen festen Grund beantwortet werden.

Gewisser ist der Gebrauch, den man von diesen Kirchengesetzen machen kann, nachdem ihr Alter wahrscheinlich genug ist gefunden worden. Man lernet daraus den Zustand der christlichen Gemeinen und die Denkungsart der Christen im dritten Jahrhunderte, besonders in den Morgenländern. Ob sie gleich nicht viel weniger als die Constitutionen auf die Erhöhung des Ansehens der Bischöfe gerichtet sind; so sieht man doch aus beyden die völlige Gleichheit, welche damals noch unter diesen geherrscht hat: und eine Verordnung insonderheit im 66sten Canon, daß ein angeklagter Bischof von andern Bischöfen, oder von einer Kirchenversammlung gerichtet werden soll, scheinet der römischen Kirche durch den Widerspruch gegen die Anforderungen ihres Oberhauptes, sehr unangenehm zu seyn. Die Enthaltsamkeit der Christen, welche den Grund zum Mönchsleben gelegt hat, hatte zur Zeit dieser Gesetze noch einen gewissen Zaum, der gröbere Misbräuche abwehrte. Im 43sten (oder nach einer andern Zählungsart im 51sten,) wird befohlen, daß, wenn ein Bischof oder sonst ein Lehrer und Kirchendiener sich der Ehe, des Fleisches und Weines, nicht wegen einer geistlichen Uebung, sondern aus Abscheu dagegen enthalten, und vergessen sollte, daß alles dieses sehr gut sey, und daß Gott beyde Geschlechter für einander geschaffen habe, so sollte dieser Lästerer gegen die Schöpfung entweder seinen Irrthum ablegen, oder abgesetzt, und aus der Gemeine gestoßen werden: auf gleiche Art sollte auch jedem andern Christen in diesem Falle begegnet werden. Es ist endlich auch noch im 85sten Canon das Verzeichniß der heiligen Bücher merkwürdig, welche in der Gemeine gelesen werden sollten. Die Schriften des Neuen Bundes stehen darinne nach ihrer jetzigen Anzahl; nur die Offenbarung Johannis ausgenommen. Da außer diesem Buche auch an dem ächten

Ursprun-

Urſprunge verſchiedener Briefe der Apoſtel unter den Chriſten noch) im dritten Jahrhunderte gezweifelt worden iſt:
ſo wird es deſto glaublicher, daß dieſe Geſetze erſt gegen
das Ende des gedachten Jahrhunderts verfertiget worden
ſind. Außerdem kommen in dieſem Verzeichniſſe auch die
beyden Briefe des Clemens von Rom, und die apoſtoliſchen Conſtitutionen vor; aber beyden Schriften hat man ſonſt niemals in dieſen erſten Zeiten einen ſo
hohen Werth beygelegt; kaum hat man den erſten jener
Briefe vor ächt erkannt: ein neuer Beweis von dem Alter der apoſtoliſchen Geſetze.

So wenig aber die bisher beſchriebenen Schriften den
Apoſteln zugehören: eben ſo unerweislich iſt ein großer
Theil ihrer Lebensgeſchichte, den man lange Zeit ſpätern
Schriftſtellern oder alten Sagen geglaubt hat. Nachrichten von dieſer Art anzuführen, iſt nur in ſo ferne nützlich,
als ſie ſehr allgemein, und wohl gar noch in unſern Zeiten angenommen ſind; einen Einfluß in wichtigere und
ausgemachte Begebenheiten und Meinungen haben; oder
wegen ſonſt irgend einer Urſache verdienen beurtheilet zu
werden. Von dieſer Art iſt überhaupt die Erzählung,
welche die Apoſtel ſehr weit in den damals bekannten Welttheilen zum Dienſte des Evangelii herum reiſen läßt. Eine zu weite Ausdähnung des Befehls Jeſu, daſſelbe in
aller Welt zu lehren, kann viel zur Aufnahme dieſer Meinung beygetragen haben; ob man gleich aus der folgenden Geſchichte ſieht, daß beſondere Veranlaſſungen und
außerordentliche göttliche Befehle, die von den Apoſteln
vorzunehmenden Reiſen noch näher beſtimmt haben.
Nichts aber hat wohl jener Erzählung ſo viel Anſehen
gegeben, als die Bemühung mancher chriſtlichen Gemeinen, ihren Urſprung von einem Apoſtel herzuleiten. Da
unterdeſſen dieſe Lehrer der Welt ihrem Nahmen und Amte in den damaligen ſchönſten Ländern des Erdbodens, wo
Gelehrſamkeit, Künſte, Handelſchaft und feine Sitten vor

allen

allen andern blühten, in klein Asien und Syrien, in Griechenland und selbst in Italien, ein Genüge thaten; da sie in den berühmtesten und in den Hauptstädten des römischen Reichs Gemeinen anlegten; da endlich so viele tausend ihrer Schüler aus diesen Gemeinen in andere Gegenden ausgiengen, in welchen sie das Christenthum mit fast gleichem Glücke pflanzten: so war es eben so viel, als wenn die Apostel selbst in allen Ländern des römischen Reichs gelehrt hätten. Ihr längerer Aufenthalt in verschiedenen Städten mußte sogar weit nützlicher zur Gründung der Gemeinen seyn, als wenn sie dieselben flüchtig durchgezogen hätten.

Man darf freylich die Nachrichten nicht ganz verwerfen, welche Eusebius (Hist. Eccl. L. III. c. 1. L. V. c. 10.) Rufinus (Hist. Eccl. L. X. c. 9.) Socrates (Hist. Eccl. L. I. c. 19.) und andere Schriftsteller dieser Zeiten, zum Theil aus Büchern älterer Lehrer, von den Ländern, welche die Apostel betreten haben, beybringen. Allein man merkt doch zugleich, daß dabey öfters nur alte Gerüchte zum Grunde liegen: und bisweilen kommen auch verdächtige Umstände hinzu. Folgt man jenen Schriftstellern, so hat der Apostel Andreas die christliche Religion in Scythien, Sogdianien und Colchis, nachmals auch in Griechenland und Epirus gepredigt, und ist zuletzt zu Paträ in Achaja auf Befehl des Proconsul, dessen Gemahlinn und Bruder er zum Christenthum bekehret hatte, gekreuzigt worden. Weit spätere Nachrichten machen ihn zum Stifter der Gemeine zu Byzanz, oder dem nachherigen Constantinopel, lassen ihn das Christenthum in Rußland ausbreiten, geben dem Kreuze, an welches er geschlagen worden, eine besondere Gestalt, und schreiben seinen Gebeinen, die noch in verschiedenen Kirchen von Italien und Frankreich, sein Körper aber überhaupt zu Amalfi, im Neapolitanischen, übrig seyn sollen, viele Wunder zu. Es ist insonderheit unter dem Nahmen der Aeltesten und

Diaco-

Diaconorum von Achaja ein Schreiben von seinem Tode vorhanden, an dem man bey einer genauern Prüfung die Erdichtung nicht verkennen kann.

Diese Geschichte des Andreas kann zu einem Beyspiele desjenigen dienen, was die Christen von einigen andern Aposteln, nach Erzählungen von sehr ungleichem Werthe, geglaubt haben. Die wahrscheinlichsten darunter verdienen hier eine Stelle. Thomas, der man sehr mit Unrecht vor ungläubiger hält, als die übrigen Apostel, indem er vielmehr nur einen hinlänglichen Beweis forderte, und demselben sogleich glaubte; dieser Apostel hat allem Ansehen nach unter den Parthern und Persern das Evangelium gelehrt. Man setzt noch Indien hinzu: und obgleich dieses Wort bey den Alten in einem weitläuftigen Umfange genommen wird; so würde uns doch nichts hindern, Ostindien darunter zu verstehen, wenn nicht die ganze Erzählung von den Verrichtungen des Thomas in diesem Lande das Ansehen einer Fabel hätte. Auch das Vorgeben der noch jetzt daselbst sogenannten St. Thomas-Christen, als wenn ihre Vorfahren diesen Apostel zum Lehrer gehabt hätten, braucht keine besondere Widerlegung. Eine fast gleiche Zweydeutigkeit verursacht das Wort Indien in den Nachrichten von dem Apostel Bartholomäus. Die Schriftsteller lassen das Indien, in welchem er gelehrt haben soll, an Aethiopien gränzen: man hat es daher glaublich gefunden, daß dieses das glückliche Arabien seyn möchte. Eusebius scheinet dieser Erklärung nicht günstig zu seyn, indem er (Hist. Eccl. L. V. c. 10.) von morgenländischen Völkern redet, unter welche Bartholomäus, und nach ihm Pantänus, das Christenthum gebracht haben soll. Aber dennoch hat die erstere Meinung noch vielleicht die wenigsten Schwierigkeiten. Die Erzählungen hingegen von den Reisen der Apostel Philippus, Simon von Cana, Judas Thaddäus und Matthias, können gänzlich übergangen wer-

den,

den, weil sie aus zu späten oder gar ungewissen Zeiten herkommen.

Verbindet man mit diesen wenigen glaubwürdigen Nachrichten noch diejenigen, welche bald vom Petrus und Paulus angeführt werden sollen: so darf kaum gezweifelt werden, daß die Apostel in Asien nicht über die Gränzen des heutigen Türkischen und Persischen Reichs, oder doch nur sehr wenig weiter, und auf die Insel Cypern, gekommen sind; daß sie von Africa gar nichts, es wäre denn die äthiopische Küste, berührt haben, und in Europa, außer Griechenland, Macedonien und Jllyricum, oder Dalmatien, auch einigen Inseln des Archipelagus und des mittelländischen Meeres, nur zu Rom und in einigen Gegenden des untern Italiens, gewesen sind. So weit reichen bewährte Zeugnisse und historische Spuren; Vermuthungen aber und theologische Gründe können hier nichts beweisen. Auch darf uns diese Einschränkung der Apostel in einen so kleinen Theil der Welt, wenn man gleich nicht auf diejenigen Umstände sieht, die davon oben bemerkt worden sind, schon deswegen nicht befremden, weil viele Länder der damals bekannten Welt mehrere Jahrhunderte ohne eine Kenntniß der christlichen Religion geblieben sind, und weit über tausend Jahre America. Dieses ist einer von den vielen Beweisen aus der Geschichte, daß diejenige Erkenntniß und Verehrung Gottes, zu welcher er den Menschen durch Natur und Vernunft die begreiflichste Anweisung gegeben hat, oft und lange nach seinem Willen die Stelle einer nähern Offenbarung vertreten habe, wenn sie sich anders derselben gewissenhaft bedienen wollten. Gleichwohl ist es niemals erlaubt, hierbey zu vergessen, daß aus dem an sich kleinen aber edelsten Mittelpunkte des Erdbodens, in welchem sich die Apostel aufgehalten haben, der Ruf des Evangelii sich ungemein geschwind durch das römische Reich, und zu den Völkern, die mit demselben in einiger Verbindung standen, verbreitet hat. Ein neuerer
Ge=

Gelehrter (Deguignes in seiner Untersuchung über die im siebenten Jahrhunderte in China sich aufhaltenden Christen, S. 55. folg. vor dem dritten Bande der deutschen Uebersetzung seiner Geschichte der Hunnen, und Türken, und anderer Völker, Greifswald, 1769. 4.) hat es sogar sehr wahrscheinlich gefunden, daß die christliche Religion, seit dem ersten Jahrhunderte ihrer Stiftung, bis nach China gekommen sey. Wenn man alles beysammen sehen will, was man von der ersten Stiftung des Christenthums in jedem Theile und Lande der Welt, entweder sicher weiß, oder erzählt, gemuthmaaßt und geglaubt hat, so muß man ein Werk des Johann Albrecht Fabricius: (Salutaris Lux Evangelii toti orbi per divinam gratiam exoriens, Hamburg, 1731. 4.) lesen.

Zu diesen Nachrichten von den Reisen der Apostel gehöret auch die Erzählung von der Art, wie sie sich geendigt haben. Man läßt sie alle, bis auf Johannem, eines gewaltsamen Todes sterben, den sie wegen des Bekenntnisses Jesu gelitten haben sollen. Dieses sagt wiederum kein Schriftsteller der ersten drey Jahrhunderte: sie melden vielmehr nur von Petro, Paulo und dem ältern Jacobo, daß sie von den Feinden des Christenthums umgebracht worden wären. Tertullian setzt sogar an einem Orte, wo er die Verbindlichkeit für die Religion Jesu zu sterben, gegen die Gnostiker vertheidigt, (Scorpiac. c. 15.) nachdem er die gedachten Apostel und Stephanum genannt hat, hinzu, es sey für ihn einerley, ob er nur die Bereitwilligkeit der Apostel zu sterben, oder ihr wirklich gewaltthätiges Ende sich zum Muster vorsetzte. Es ist daher überaus glaublich, daß jene Meinung von dem Tode fast aller Apostel, die erst seit dem vierten Jahrhunderte aufgekommen ist, nur auf diese wenige eingeschränkt werden müsse. Sie ist vermuthlich aus der unbeschreiblichen Hochachtung entsprungen, welche man gegen die Märtyrer bezeigt hat, und von welcher man also die Apostel an

am wenigsten ausschließen wollte. Diese ganze Bemerkung hat Mosheim zuerst (Comment. de rebus Christian. ante Constant. M. p. 381 - 384.) vorgetragen.
Man könnte sie vielleicht noch durch einige Vermuthungen bestätigen: wie es denn allerdings glaublich ist, daß
die Verwechselung der biblischen Bedeutung des Worts
Märtyrer (oder μάρτυς) nach welcher es überhaupt
einen Lehrer anzeigt, mit der etwas später entstandenen,
da man einen Christen darunter verstand, der für seine
Religion gestorben ist, auch viel zu derselben beygetragen
habe. Wollte man dagegen einwenden, daß auch der jüngere Jacobus unter den Aposteln zuverläßig ein Märtyrer geworden sey: so würde man nichts leichter darauf
antworten können, als dieses, daß entweder die Erzählung
davon nicht zeitig genug unter den Christen bekannt geworden, oder von ihnen nicht vor glaubwürdig gehalten
worden sey. Wenigstens ist doch die Todesart jener drey
Apostel weit berühmter und gewisser gewesen.

Wir haben auch von der Größe des Ansehens und der
Gewalt, welche die Apostel in den von ihnen gestifteten
Gemeinen behauptet haben, keine vollständige und zusammen hängende Nachrichten: aber doch immer so viele, daß
man, wenn man nur bey diesen stehen bleibt, sich unmöglich einen falschen oder ungewissen Begriff davon machen
kann. Daß dieses Ansehen nicht einmal den Schein einer
weltlichen Herrschaft an sich haben, und eben so wenig unter den Aposteln selbst einen Unterscheid von Hoheit und
Unterwürfigkeit hervorbringen sollte; dieses hatte sie Jesus selbst durch warnende Ermahnungen, und durch sein
ganzes Verhalten gegen sie gelehret: nichts anders konnte man auch von einem so völlig geistlichen Reiche, als er
aufrichtete, erwarten. Das Beyspiel, das er ihnen gab,
die Wundergaben, die er ihnen ertheilte, und der Befehl,
mit welchem er sie zur Ausbreitung seiner Religion in die
Welt sandte; alles dieses zeigte ihnen neben seinem so deutlichen

lichen Unterrichte noch genauer, was vor Rechte ihnen bestimmt wären. Die Apostelgeschichte und ihre Briefe beweisen es, wie sie die Absichten ihres Lehrers zu erreichen
gesucht haben. Auf der einen Seite bedienten sie sich der
von ihm empfangnen Vorzüge, um Gemeinen zu stiften,
einzurichten, sie vom Glauben und Leben mit einer Zuversicht, die sich für sie allein schickte, zu belehren, auch eine
Aufsicht ohne Herrschbegierde und Zwangsmittel über dieselben zu führen. Aber auf der andern Seite sah man sie
zugleich mit wahrer Demuth und Bescheidenheit reden und
handeln; sich in den meisten Fällen den übrigen Lehrern
der Christen gleichstellen; bey streitigen und zweifelhaften
Fragen, auch bey Wahlen und andern Anstalten, die für
die ganze Gemeine wichtig waren, sie selbst zusammen berufen, und ihre Meinung hören, um jede Art des Ver-
dachtes desto mehr zu vermeiden; überhaupt aber den christlichen Gemeinen ohne andere Vortheile und Belohnungen,
als den Fortgang der Religion, die Liebe, Ehrerbietung und
Folgsamkeit der Christen, unter großen Ungemächlichkeiten
dienen. Sie hatten es offenbar in ihrer Gewalt, sich zu
Herren der Gemeinen aufzuwerfen; allein sie blieben immer nur Lehrer von der seltensten Fähigkeit und Tugend,
den Verfolgungen und Leiden mehr ausgesetzt, als alle ihre Schüler.

Gleichwohl waren die Apostel in einem gewissen Verstande allerdings Gesetzgeber der Christen. So weit sich
auch ihre Verordnungen von der weltlichen Verfassung entfernten; so natürlich war es dagegen, daß diese außerordentliche Abgeordnete des Stifters und Herrn der Kirche, so
zuverläßige und getreue Ausleger seines Willens, die Vollmacht besaßen, mancherley besondere Vorschriften zu ertheilen, die diesem gemäß waren. Die Christen konnten
sie von ihnen allein begehren und hoffen; der schwache wan-
kende Anfang ihrer Gemeinen erforderte sie; das Neue in
ihrer Religion und der Ausübung derselben, auch vernem-
lich)

lich die Bedrückung, welche sie von jüdischen und heidnischen Obrigkeiten litten, die ihren christlichen Unterthanen
nichts von der schuldigen Sorgfalt für den Wohlstand ihrer Gemeinen erwiesen: beydes scheinet sie noch unentbehrlicher gemacht zu haben. Die Gesetze der Apostel konnten eigentlich nicht neue Lehren der Religion in sich schließen, (denn über diese hatte Jesus nichts zu sagen übrig
gelassen;) aber desto mehr ihre Anwendung auf einzelne
Fälle, die äußerliche Ordnung der Gemeinen, ihre Gebräuche, und andere ähnliche Angelegenheiten. Es konnte
zwar nie daran gezweifelt werden, daß diese Gesetze eine
allgemeine Verbindlichkeit für alle Christen hätten; doch
hat man auch einsehen gelernt, daß sie dieselbe alsdenn
verlieren, wenn sie in einer zu genauen Beziehung auf gewisse Zeiten, Länder und Völker gegeben worden sind.

Eine große Anzahl von Kirchengesetzen, die man den
Aposteln fälschlich beygelegt hat, ist bereits oben aus dem
Wege geräumt worden. Aber solche, die ihnen wirklich zugehören, verdienen desto sorgfältiger ausgezeichnet zu werden. Nachdem sie, wie man bereits gesehen hat, die christlichen Gemeinen mit den ersten ordentlichen Lehrern, unter dem Nahmen der Aeltesten, versehen hatten: setzten
sie die Eigenschaften fest, welche diejenigen haben sollten,
denen künftig ein solches Amt anvertrauet werden könnte.
Auf gleiche Art bestimmten sie die nöthigen Gaben der
Diener und Dienerinnen der Kirche, (Diaconi
und Diaconißä.) Sie verboten den Frauenspersonen, in
den Versammlungen zum Gottesdienste das Wort zu führen. Sie entschieden einige Fragen über den Ehestand,
und den Unterscheid der Speisen. Ueber die Gewohnheit
der Christen, ihre Streitigkeiten unter einander vor die
Gerichte der Heiden zu bringen, bezeigten sie nicht nur ihr
Misvergnügen; sondern verlangten auch von ihnen, daß
sie selbst als Brüder einander richten möchten. Sie wollten, daß die Christen öfters Psalmen und andere geistliche

Lieder mit einander singen sollten. Würde jemand unter ihnen krank werden, so sollte er, nach dem Befehle der Apostel, die Aeltesten der Gemeine zu sich rufen, sie über sich beten, und sich von ihnen im Nahmen des Herrn mit Oele salben lassen; dieses gläubige Gebet werde dem Kranken zur Gesundheit verhelfen, und er werde zugleich Vergebung seiner Sünden erlangen. Diese letztere Vorschrift ist eine von denen, bey welchen man nicht bemerkt hat, daß sie nur auf eine bestimmte Zeit der Kirche gerichtet wären. Man hat dieses außerordentliche Heilungsmittel der Kranken, das den herrschenden Wundergaben der apostolischen Zeit völlig angemessen war, vor eine nothwendige Cärimonie für alle Christen angenommen; was zur Wiederherstellung der Kranken dienen sollte, hat man in eine Vorbereitung der Sterbenden zum Tode verwandelt: so ist endlich die letzte Oelung in der römischen Kirche entstanden. Sehr würdig ist hier Johann Dalläus (de duobus Latinorum exunctione Sacramentis, Genevae, 1659. 4.) gelesen zu werden.

Unter diesen und andern Gesetzen der Apostel, war die Feststellung des ersten Tags der Woche zum öffentlichen Dienste Gottes, eines der merkwürdigsten und heiligsten. Daß sie diesen Gebrauch sogleich in der Gemeine zu Jerusalem eingeführt haben, ist überaus wahrscheinlich: denn die Nachrichten von ihren und der übrigen Christen Versammlungen an diesem Tage kommen früh genug vor. Und die bald ausgebreitete Feyer desselben in den christlichen Gemeinen scheinet schon allein die Stiftung der Apostel zu verrathen. Diesen Ursprung bestätigt außer andern biblischen Spuren, auch die Stelle in der Offenbarung Johannis, in welcher des Tags des Herrn gedacht wird: ein Nahme, der in der ersten Kirche mit dem Sonntage gleichgültig war, und nur noch eine andere bequeme Erklärung von dem Feste der Auferstehung Jesu leidet.

leidet. Die Apostel waren in der jüdischen Kirche an die Feyer des Sabbaths gewohnt. Ob man gleich dieselbe als einen Theil des Cärimonialgesetzes betrachten mußte; so lag doch dabey die Verbindlichkeit aller Menschen zum Grunde, ihrem Schöpfer wenigstens einen Tag der Woche zu heiligen. Sie verließen also zwar die Bestimmung jenes nunmehro verlöschenden Gesetzes; allein sie wählten zugleich zu ähnlichen Absichten einen andern Tag, den eine der wichtigsten Begebenheiten ebenfals auf immer feyerlich gemacht hatte. Am siebenden Tage der Woche hatte Gott die Schöpfung der Welt geendigt; aber am ersten war Jesus vom Tode auferstanden. Das Andenken dieses so heilsamen Wunders sollte ohne Zweifel die Andacht der Christen stärker anfeuern: und zugleich wurde die Beobachtung dieses Tages ein Unterscheidungszeichen zwischen ihnen und den Juden. Davon aber sieht man keine Spuren, daß die Apostel alle Rechte und Pflichten des Sabbaths auf den Sonntag übergetragen hätten. Aus der Apostelgeschichte und dem Verhalten der Christen, die bald auf sie gefolgt sind, kann man nur so viel schließen, daß die Apostel den Sonntag als einen dem Gedächtnisse Jesu vorzüglich geweihten Tag, zum Lesen und Betrachten des göttlichen Wortes, und besonders der Wohlthaten ihres Erlösers, zum gemeinschaftlichen Gebete, und zum Genusse des von Jesu aufgerichteten Denkmals seines Todes, empfohlen haben.

Aber außer der Zeit, die auf diese Uebungen der Gottseeligkeit verwandt wurde, war der übrige Sonntag zu den Zeiten der Apostel, und bis auf die Regierung Constantins des Großen, keineswegs frey von den täglichen Arbeiten des Lebens. Eine solche strenge Ruhe des Sabbaths, ein äußerliches Bild und Hülfsmittel der Stille des Geistes, mit welcher man Gott dienen sollte, war den Christen, die durch ihre Religion so

sehr

sehr auf den innerlichen Gottesdienst geführt wurden, weit weniger nöthig, als den unter lauter Cärimonien Gott verehrenden Juden. Die ersten Christen, die täglich zum Gebete zusammen kamen, deren Eifer für die Religion so brennend, und deren ganzes Leben, mitten unter allen Beschäftigungen, ein so wahrer Dienst Gottes war, verloren desto weniger Zeit zu ihren Pflichten gegen den Höchsten, durch ihre Arbeitsamkeit am Sonntage. Sie hätten diese nicht einmal unterlassen dürfen, so lange sie unter der Regierung der Heiden standen, und mit den übrigen Unterthanen des Reichs an gleich fortdaurende Verrichtungen gebunden waren. Unterdessen zeigte sich die christliche Freyheit, welche Jesus und seine Apostel im Gegensaße auf die Einschränkungen der Juden einführten, auch bey der Heiligung dieses Tages. Neben dem Sonntage feyerten die Christen in den meisten Ländern, seit den Zeiten der Apostel bis ins vierte Jahrhundert, auch den Sabbath. Es war so schwer, den Juden, die das Christenthum annahmen, denselben zu entreißen, daß man ihnen diesen Uebergang durch ein gefälliges Nachgeben hierinnen erleichterte. Dieses nahm gleich in den Morgenländern seinen Anfang, wo die Juden am häufigsten wohnten, und die ersten christlichen Gemeinen ausmachten. Aber auch die abendländische Kirche begieng in diesen ältesten Zeiten den Sabbath ohngefähr auf gleiche Art wie den Sonntag; bis sie im dritten Jahrhunderte, durch Anordnung des Fastens am siebenten Tage die Feyer desselben unterbrochen hat: Umstände, welche Albaspinäus (Observat. de veter. Eccl. ritib. L. I. Obs. 13. p. 53. seq. ed. Helmst.) außer Streit gesetzt und erläutert hat. Man kann damit auch Bingham (Origg. seu Antiquitt. Ecclesiast. Vol. IX. p. 13. sq. 51. sq. Halae 1760. 4.) Sammlungen von der Feyer beyder Tage in der ersten Kirche, vergleichen. Uebrigens mußte der ausgebreitete Nutzen eines solchen vorzüglich zum äußerlichen Gottesdienste bestimmten Tages nicht nur die ersten Christen rühren; sondern

II. Theil.　　　　　K　　　　　mit

mit dem Wachsthum ihrer Gemeinen auch immer fühlbarer werden. Er vereinigte sie zu der größten Absicht des Lebens, und war eine oft wiederkommende Erinnerung, daß sie ihrem allgemeinen Vater und Herrn alle ihre Zeit schuldig wären; dieser Tag wurde zugleich ein Band der brüderlichen Liebe unter den versammleten Christen, und eine vortrefliche Gelegenheit, einen für die meisten unter ihnen unentbehrlichen, auf alle Fälle und Stände, und auf jeden besondern Zustand der Gemeine gerichteten Unterricht von ihren Pflichten zu erhalten. Ursachen genug für alle folgende Zeiten, ihn zu heiligen, wenn sie auch nicht glauben sollten, daß er von den Aposteln gestiftet worden sey.

Diese Lehrer der Welt unterstützten ihre Verordnungen keineswegs durch Drohungen und Strafen. Sie schärften selbst die ausdrücklichen göttlichen Befehle, die sie von Jesu erhalten hatten, nur durch eifrige Bitten und Ermahnungen ein; desto weniger wollten sie einiges Ansehen von Zwang bey denjenigen Anstalten sehen lassen, die sie für die Wohlfahrt und anständige Einrichtung der Gemeinen festsetzten. Sie warneten nachdrücklich, und züchtigten die Vergehungen ihrer Schüler mit scharfen Verweisen. Wenn sie gleich zuweilen dieselben mit harten Strafen belegten, so waren es so außerordentliche, so sehr aus den Wunderkräften der Apostel entspringende Strafen, daß man wohl sehen konnte, sie wären zur Behauptung der Würde der Religion und ihres Amtes nothwendig, und könnten nur von solchen Lehrern gebraucht werden. So bestrafte Petrus die freche Lüge des Ananias und seiner Frau mit einem plötzlichen Tode. Einen Blutschänder in der Gemeine zu Corinth ließ Paulus in eine schwere Krankheit fallen, um ihnen desto dringender zur Besserung zu erwecken. Selbst Feinde der Religion betrafen bisweilen diese Strafen: wie Paulus dem Bar-Jesu im Nahmen Gottes die Blindheit ankündigte, welche sogleich erfolg=

erfolgte. Alle diese Gewalt der Apostel also war zu keiner
Nachahmung anderer Lehrer bestimmt. Und wenn sie diesen das Beyspiel und Recht hinterlassen haben, lasterhafte oder Verfälscher der Religion von der Gemeine auszu-
schließen: so verstanden dieses die ersten Christen und ihre Lehrer nicht anders, als daß sie beyde gemeinschaftlich
zu einer solchen Ahndung, die zugleich ein Verwahrungsmittel für sie selbst war, berechtiget wären.

Sieht man noch auf die äußere Lebensart der Apostel, so haben sie sich vermuthlich über das bereits angeführte durch nichts von andern Menschen unterschieden.
Sie lebten und kleideten sich, wie es ihrem geringen Stande gemäß war: und wenn sie nicht eben der damals üblichen Gastfreyheit, oder der freywilligen Gaben der Christen genossen, so näherten sie sich von Handarbeiten, die
sie gelernt hatten. Paulus unter andern hat eine Zeitlang zu Corinth Zelte verfertigt. Aber doch billigten und
empfelen sie eine hinlängliche Sorge für den Unterhalt
der Lehrer, und beriefen sich auf den Befehl des Stifters
der Religion, daß die, welche das Evangelium verkündigten, sich auch von demselben nähren sollten. Allem
Ansehen nach, waren auch schon die meisten Apostel ver-
heyrathet, da sie sich zu Jesu wandten. Vom Petrus
sagt es die Evangelische Geschichte ausdrücklich: und in
Ansehung verschiedener anderer würde es schon aus den
Sitten der Juden wahrscheinlich seyn, wenn es nicht
Paulus selbst (1 Br. an die Corinth. Christen, C.
IX.) und einige der ältesten Schriftsteller bestätigten.
Man kann auch durch nichts beweisen, daß sie ihre Frau-
en verlassen hätten, nachdem sie in die Verrichtungen ihres Amtes getreten waren. Paulus widerspricht vielmehr dieser Meinung offenbar, indem er an dem angeführten Orte sich darauf beruft, daß er eben so wohl als
die andern Apostel, als die Anverwandten Jesu, und
Kephas oder Petrus, das Recht habe, auf seinen

Reisen

Reiſen eine Schweſter, (ſo nannte man die Chriſtinnen,) als Frau mit ſich zu führen; daß er aber auch hierinne, zumal bey der ihm eigenen Enthaltſamkeit, die ihn völlig im eheloſen Leben erhalten hatte, den Gemeinen nicht zur Laſt fallen wolle, welche vielleicht für den Unterhalt derſelben hätten ſorgen müſſen.

Geſchichte
des Apoſtels Petrus.

Doch in der ganzen Geſchichte der Apoſtel iſt nichts ſo ſtreitig und ſo zweifelhaft, oder nichts iſt vielmehr durch die Leichtgläubigkeit und Partheylichkeit ſpäterer Schriftſteller in ſo unnöthige Streitfragen verwickelt worden, als die Begebenheiten des Apoſtels Petrus: beſonders nach geendigten Händeln der Gemeine zu Antiochien. Die Apoſtelgeſchichte ſchweigt nummehro von ihm; aber aus dem erſten ſeiner Briefe, welcher an die Chriſten in Klein Aſien, Pontus, Galatien, Cappadocien und Bithynien gerichtet iſt, kann man ſchließen, daß er von Antiochien in dieſe Länder gereiſet ſey, um daſelbſt das Evangelium auszubreiten. Aus denſelben kam er nach Babylon: und in dieſer Stadt ſchrieb er eben den gedachten Brief. Es iſt ſehr ſchwer, mit Gewißheit zu ſagen, wo dieſes Babylon zu ſuchen ſey. Das alte aſſyriſche Babylon am Euphrates lag ſchon lange Zeit faſt gänzlich unbewohnt. Ein anderes Babylon, das in Aegypten ſtand, könnte ſich deswegen hieher ſchicken, weil Petrus zugleich des Marcus gedenkt, dem ſehr alte Nachrichten die Stiftung der Gemeine zu Alexandrien

in

in Aegypten zuſchreiben. Allein es finden ſich gar keine
Spuren von einer Reiſe des Apoſtels in ſo entfernte Gegenden; da ihn hingegen ein weit näherer Weg in das
erſtere Babylon führte. Keiner von dieſen Gründen iſt
entſcheidend; es iſt aber auch noch die dritte Erklärung
übrig, welche hier unter Babylon, nach einem damals gewöhnlichen Gebrauche des Worts, Rom verſteht. Dieſes war, nach dem Euſebius (Hiſt. Eccl. L. II. c. 15.)
und Hieronymus, (Catalog. Script. Eccleſiaſt. c. 8.)
die Meinung der erſten Chriſten, die ſich vermuthlich darauf ſtützte, weil die Juden von Alters her das Römiſche
Reich das babyloniſche, und Rom Babylon zu nennen
pflegten: es ſchien alſo natürlich zu ſeyn, daß Petrus in
einem Briefe, den meiſtentheils bekehrte Juden leſen ſollten, und der überhaupt viele Jüdiſchartige Ausdrücke enthält, auch auf dieſen Verſtand des Wortes geſehen habe.
Wollte man gleich dagegen einwenden, daß Euſebius
dieſe Erklärung nur als eine unter den Chriſten gewöhnliche anführe, ohne ihr Beyfall zu geben; ſo erhält ſie doch
durch ihr Alterthum ein großes Gewicht. Nur aus der
Folge der Reiſen des Apoſtels, und aus der Lage der Gemeinen, an welche er dieſen Brief geſchrieben hat, wird es
wahrſcheinlicher, daß er in demſelben das aſſyriſche Babylon gemeint habe. Die Zeitbeſtimmung dieſer ſeiner
Reiſen, die vermuthlich nach dem Jahre 50 angegangen
ſind, bleibt dennoch im übrigen ungewiß.

Aber ſeit dem vierten Jahrhunderte und vielleicht noch
etwas früher, wollten die abendländiſchen Chriſten mehr
von der Geſchichte des Petrus wiſſen, als ihre Vorfahren, und als ſeine Zeitgenoſſen ſelbſt. Sie erzählten,
daß er im zweyten Jahre des Kaiſers Claudius, welches in das 44ſte der chriſtlichen Zeitrechnung fällt, nach
Rom gekommen ſey, eine chriſtliche Gemeine daſelbſt an-
gelegt, und ſie fünf und zwanzig Jahre lang als Biſchof
regiert habe. Man ſetzte in ſpätern Zeiten hinzu, er ſey

K 3 zugleich,

zugleich, nach der Verordnung Jeſu, der allgemeine und oberſte Biſchof und Richter aller Chriſten geweſen, und habe dieſe Vorzüge ſeinen Nachfolgern im Bißthum zu Rom hinterlaſſen.

Nach allem, was bisher von Jeſu und den Apo=ſteln erzählt worden iſt, kann man eine ſolche Nachricht nicht ohne Erſtaunen leſen. In der Evangeliſchen und in der Apoſtelgeſchichte, in allen Briefen der Apoſtel, und in den eigenen des Petrus, trift man hievon nicht die ge=ringſten Spuren an. Gleichwohl wäre es für die Apo=ſtel und alle folgende Chriſten überaus wichtig geweſen, es zu wiſſen und überall auszubreiten, daß Ein Apoſtel und nach ihm Ein Biſchof über ſie alle gebieten, gleich gewiſſe Ausſprüche als der Stifter der Religion ſelbſt thun ſollte. Davon hätte eben ſo nothwendig und ſo früh als von der Religion ein Unterricht gegeben werden müſ=ſen. Nicht genug, daß davon ein gänzliches Stillſchwei=gen beobachtet wird; alle erſten Nachrichten, die man von Petrus und von den übrigen Apoſteln findet, wider=ſprechen auch dieſer Erzählung. Jeſus führte eine voll=kommene Gleichheit unter ihnen ein: er würdigte zwar den Johannes ſeiner vorzüglichen Liebe, und eben den=ſelben nebſt dem Petrus und Jacobus, eines beſon=dern Vertrauens; aber deſto ernſtlicher misbilligte er al=les Beſtreben nach einem hohen Range in ſeinem Reiche, das ſich zuweilen unter ihnen erhob. Wenn er wirklich durch die Verſicherung, die er dem Petrus gab, nach=dem derſelbe ſeinen Glauben an ihn bekannt hatte, ihn zum Oberhaupte ſeiner Gemeine hätte erklären wollen: ſo hätte unmöglich einige Zeit darnach ein Streit unter den Apoſteln entſtehen können, wer der größeſte im Rei=che Jeſu ſeyn ſollte; ſo würde Petrus gar bald einige Handlungen der Oberherrſchaft ausgeübt haben; er, die künftige Stütze der chriſtlichen Religion und Kirche, wür=de alsdenn ſchwerlich ſeinen Lehrer und Herrn, frecher als irgend

irgend einer von den Aposteln, verläugnet haben. Auch nach der Himmelfahrt Jesu sieht man nicht, daß er ein größeres Ansehen behauptet habe, als die andern Apostel. Er arbeitete mit ihnen gemeinschaftlich, wurde von ihnen zu Gemeinen außerhalb Jerusalem geschickt, und vom Paulus wegen einer irrigen Lehre bestraft. Die Apostelgeschichte läßt ihn nicht über die Gränzen des Jüdischen Landes reisen. Er selbst in seinen Briefen nennt sich bloß einen Knecht und Apostel Jesu Christi und einen Mitältesten anderer Lehrer; er gedenkt nur Asiatischer Gemeinen, die er gepflanzt hatte; und wo er alle Vorzüge der ihm zugeschriebnen Würde hätte bekannt machen sollen, wo er die beste Bequemlichkeit und dringendste Veranlassung dazu hatte, da eben sagte er nichts davon. Die übrigen Briefe der Apostel beweisen es gleichfals, und Paulus sagt es ausdrücklich, (2 Br. an die Corinth. C. XI. XII.) daß sie alle unter einander gleich gewesen sind. Paulus hat sogar in seinem Briefe an die Christen zu Rom, in welchem man vor allem andern eine Meldung des Bißthums und der hohen Würde Petri daselbst hätte erwarten sollen, seiner ganz und gar nicht gedacht.

Eben so wenig kann man einen andern Schriftsteller aus dem ersten Jahrhunderte nennen, der etwas von diesen Vorzügen Petri gewußt hätte. In den folgenden Zeiten bis zum vierten Jahrhunderte findet man zwar Lobsprüche und Ehrennahmen genug, die diesem Apostel von den christlichen Lehrern beygelegt werden; aber eben solche ertheilen sie auch dem Paulus und andern Aposteln: und sie melden vielmehr, wie insonderheit Irenäus, (advers. haeres. L. III. c. 3.) Petrus und Paulus hätten das Amt eines Bischofs zu Rom dem Linus aufgetragen. Durchgehends waren in der christlichen Kirche jene oft genannte Nachrichten vom Petrus unbekannt, und noch gegen das Ende des dritten Jahr-

hunderts

hunderts schrieb der Verfasser der Apostolischen Constitutionen: (Lib. VII. c. 46.) „Zum ersten Bischof „der Römischen Kirche ist Linus, der Sohn der Clau„dia, vom Paulus; und nach dessen Tode Clemens „von mir Petrus, zum zweyten Bischof daselbst einge„weihet worden." Eusebius, der in seiner Kirchengeschichte so wichtige Umstände vom Petrus nicht hätte verschweigen dürfen, sagt doch nur ohngefähr eben dieses. Zwar nennt er Petrum (Hist. Eccl. L. II. c. 14.) den tapfersten und größten der Apostel, der wegen seiner Tugend als ihr Anführer betrachtet werden müsse; er setzt auch hinzu, (L. III. c. 1.) daß Petrus den zerstreuten Juden in den oben gedachten Asiatischen Ländern das Evangelium gepredigt habe; allein von der Römischen Gemeine erzählt er nur dieses, (l. c. c. 2. 4. verglichen mit L. V. c. 6.) nach) Pauli und Petri Märtyrertode, die er als gemeinschaftliche Lehrer und Vorsteher derselben ansieht, sey Linus der erste Bischof dieser Gemeine geworden. Mit großem Befremden also lieset man in einem andern Werke des Eusebius, (Chronic. Libr. poster. ad A. C. 43. p. 150. ed. Lugd. Bat. 1606. fol.) zuerst die Nachricht, daß Petrus, nachdem er die Gemeine zu Antiochien gestiftet, im Jahr Christi 43. nach Rom geschickt worden sey, wo er fünf und zwanzig Jahre einen Bischof der dortigen Gemeine abgegeben habe. Allein man weiß auch, daß die Urschrift von diesem Werke des Eusebius größtentheils untergegangen sey, und daß man nicht in den Ueberbleibseln desselben, sondern bloß in der lateinischen Uebersetzung des Hieronymus, diese Nachricht von dem Bißthum Petri finde, welche dieser spätere Kirchenlehrer allem Ansehen nach eingerückt hat. Eusebius selbst konnte seinem ersten Werke nicht so offenbar widersprechen; Hieronymus aber scheinet eine Erzählung, welche damals in der abendländischen Kirche herrschend zu werden anfieng, aus Hochachtung gegen die Römische Ge-

Gemeine, bey der ihm eigenen Leichtgläubigkeit in der
Geſchichte, vielleicht auch um der gemeinen Meinung
nicht zu widerſprechen, eingerückt zu haben: ſo wie er ſie
auch in ſeiner eigenen Schrift (Catal. Script. Eccleſ.
c. 1.) angeführt hat. Und doch kann man nicht einmal
glauben, daß er den Apoſtel in eben demſelben Verſtande, der zu ſeiner Zeit galt, Biſchof genannt habe. Denn
er geſteht in einer andern Schrift (Comment. in Ep. ad
Titum, c. 1.) was ohne dieß durch die Apoſtelgeſchichte und durch die Briefe Pauli unläugbar wird, daß während des Lebens der Apoſtel, der Nahme Biſchof, der
einen Aufſeher bedeutet, und von den Heiden ſchon lange ſo war gebraucht worden, mehrern Lehrern in Einer
Gemeine eigen geweſen ſey. So wäre alſo auch Paulus, wie es die erſten Chriſten wirklich glaubten, zugleich mit Petro Biſchof der Römiſchen Gemeine geweſen. Noch im vierten Jahrhunderte nennt Epiphanius (Panar. Part. III. Haeres. 27. adverſ. Carpocr.)
Petrum und Paulum Biſchöfe dieſer Gemeine.

Aber in jenem engern Verſtande hindert es auch die
Zeitrechnung, daß Petrus fünf und zwanzig Jahre
lang der Römiſchen Gemeine als Biſchof ſollte vorge-
ſtanden haben. Ein Umſtand iſt hier an ſtatt aller andern entſcheidend. Nach der Erzählung der Apoſtelgeſchichte, blieb Petrus wenigſtens bis zu ſeiner Gefangen-
nehmung durch den Herodes Agrippa im Jüdiſchen
Lande. Dieſer Fürſt ſtarb gleich darauf, und, wie bekannt genug iſt, im vierten Jahre der Regierung des
Kaiſers Claudii. Es iſt alſo unmöglich, daß Petrus
bereits im zweyten Jahre dieſer Regierung nach Rom
gekommen ſeyn ſollte. Er verweilte ſich aber auch noch
länger in ſeinem Vaterlande, bis gegen das ſiebente oder
achte Jahr der erſt genannten Regierung, wie man bereits oben aus ſeiner Geſchichte hat ſchließen können. Es
iſt wahr, Euſebius (Hiſt. Eccl. L II. c. 14.) läſſe
ihn

ihn noch unter der Regierung des **Claudius** nach Rom reisen, um sich daselbst **Simon** dem Magus zu widersetzen; allein sein Bericht muß aus den Nachrichten der Apostelgeschichte genauer bestimmt werden. Man kann noch mehr bey diesem Berichte erinnern: **Petrus** scheint gar nicht unter der Regierung des **Claudius**, die sich mit dem 54sten Jahre der christlichen Zeitrechnung endigte, zu Rom angelangt zu seyn. Seine Reisen in Asien; der Umstand, daß er zur Zeit, da **Paulus** seinen Brief an die Christen zu Rom, ja da dieser aus Rom in spätern Jahren an andere Gemeinen schrieb, allem Ansehen nach, noch nicht in dieser Hauptstadt gewesen war; und der Widerspruch eines ältern Schriftstellers als **Eusebius** ist, sind mit allem andern, was man von **Petrus** weiß, der gedachten Zeitbestimmung zuwider. **Lactantius** (de Mortib. Persecut. c. 2.) setzt die Ankunft **Petri** zu Rom weit wahrscheinlicher unter die Regierung des **Nero**. Man hat zwar diesen Widerspruch dergestalt zu vergleichen gesucht, daß man eine doppelte Reise **Petri** nach Rom angenommen hat; die erstere unter dem **Claudius**, die zweyte zur Zeit des **Nero**; allein im ganzen christlichen Alterthum kennt diese verschiedenen Reisen niemand. Es läßt sich auch dieser Einfall und die Zeitbestimmung des **Eusebius** schon durch die Stelle eines weit ältern Lehrers, des **Origenes**, die er selbst anführt, (Hist. Eccles. L. III. c. 1.) widerlegen. Denn dieser schreibt sehr deutlich, **Petrus** sey, nachdem er in vielen Ländern Asiens das Christenthum geprediget habe, endlich nach Rom gekommen, wo er das Leben verloren habe. So viele Schwierigkeiten haben die Gelehrtesten unter den Römischkatholischen, den **Pagi** (Critic. Annal. Baron. ad a. c. 43.) den **Valesius** (Annotat. ad Euseb. H. E. L. II. c. 16.) den **Balüze**, (ad Lactant. l. c.) und andere mehr bewogen, die Erzählung von fünf und zwanzig Jahren, während welcher **Petrus** die bischöfliche Würde besessen haben soll, zu ver=

verwerfen. Sie ſuchen zwar dem ohngeachtet zu beweiſen, daß er eine geraume Zeit der oberſte Vorſteher der Römiſchen und aller andern Gemeinen geweſen ſey; aber nichts kann gezwungener ſeyn, als ihre Gründe: und zum Theil ſind ſie, um der entgegen ſtehenden Ausſage der Geſchichte wenigſtens etwas nachzugeben, genöthiget worden, zu geſtehen, daß Paulus einen gleichen Rang mit dem Petrus gehabt habe.

Ueberhaupt iſt die ganze Geſchichte Petri, ſobald man von den Nachrichten des Lucas und der Apoſtoliſchen Briefe abgeht, ſo dunkel und ungewiß, daß einige große Gelehrte unter den Proteſtanten, in der Hitze des Streits gegen die Römiſche Kirche behauptet haben, Petrus ſey niemals zu Rom geweſen. Keiner hat dieſes mühſamer und gelehrter zu beweiſen geſucht, als der jüngere Friedrich Spanheim, (Miſcell. Sacrae Antiquit. Libr. III. Diſſ. III. de ficta profectione Petri Apoſtoli in urbem Romam, deque non una traditionis origine, Opp. T. II. p. 331‒388.) Aber es iſt nicht leicht eine Begebenheit dieſer alten Geſchichte durch ein ſo einſtimmiges Zeugniß der erſten chriſtlichen Lehrer außer Streit geſetzt worden, als eben dieſe. Und ſie wird dadurch eben ſo wenig unglaublich, daß ſie durch eine falſche Zeitbeſtimmung oder durch fabelhafte Zuſätze verunſtaltet worden iſt, als andere Erzählungen, die eben ſo viel gelitten haben. Spanheim glaubte in der geheimnißvollen Erklärung des Worts Babylon im erſten der Briefe Petri, die man oben geleſen hat, einen Grund gefunden zu haben, warum man eine Reiſe Petri nach Rom erdichtet habe. Es iſt jedoch das Gegentheil viel wahrſcheinlicher: man hat vielleicht, da man den Aufenthalt des Apoſtels zu Rom nicht in Zweifel ziehen konnte, und gleichwohl weder in ſeinen noch in anderer Apoſtel Briefen ein Merkmal davon antraf, daſſelbe in dem Nahmen Babylon geſucht. Dem ſey wie ihm

ihm wolle, so scheinet es durch alles bisher angeführte beynahe ausgemacht zu seyn, daß Petrus erst in den letzten Jahren der Regierung des Nero nach Rom gekommen sey.

Es verdient gleichwohl die Frage eine kurze Untersuchung, woher die Nachricht von seinem fünf und zwanzigjährigen Bißthum zu Rom entstanden sey. Die Begierde der alten christlichen Gemeinen, ihren Ursprung von einem Apostel herzuleiten, einen derselben zu ihrem Lehrer und Vorsteher anzugeben; diese Begierde, die so viele Fabeln hervorgebracht hat, war vermuthlich der Römischen Gemeine, der ansehnlichsten des Reichs, vor allen andern eigen. Sie sah Petrum in dem Verzeichnisse der Apostel oben an stehen, hörte ihn oft den Fürsten derselben nennen, erinnerte sich des Antheils, den er an ihrer Aufrichtung gehabt, und des blutigen Todes, den er zu Rom selbst für das Bekenntniß der Religion ausgestanden hatte: Ursachen genug, ihn sich zum Bischofe zu wünschen, und, wozu nur noch ein Schritt übrig war, ihn auch mit einem ziemlichen Ansehen der Wahrheit davor auszugeben. Die Wahrscheinlichkeit dieser Entstehung wächst noch dadurch, daß man weiß, wie ehrgeizig manche Bischöfe dieser Hauptstadt schon seit dem zweyten Jahrhunderte geworden sind: es war natürlich, daß sie vor Nachfolger eines der größesten Apostel wollen gehalten werden. Allein warum man das vermeinte bischöfliche Amt Petri eben fünf und zwanzig Jahre habe dauern lassen, kann nicht leicht gesagt werden, und ist auch von geringer Erheblichkeit. Vielleicht waren von der Zeit an, da die Christen zu Rom eine Gemeine vorzustellen anfiengen, gerade so viele Jahre verflossen.

Eine andere Quelle von Erdichtungen in Petri Geschichte war die alte Erzählung von den Schicksalen Simons des Zauberers oder Magus zu Rom. Er
hatte

hatte die christliche Religion zu Samaria angenommen; aber da die Apostel seine niederträchtige Absicht entdeckten, verließ er diese Stadt, und kehrte zu den alten Künsten zurück, mit welchen er ehemals das Volk zu überreden gesucht hatte, daß er eine göttliche Ehrerbietung verdiene. In gleicher Absicht kam er endlich auch, wie Eusebius (Hist. Eccl. L. II. c. 14.) berichtet, unter der Regierung des Claudius nach Rom, und wurde wirklich daselbst wegen seiner wunderbaren Gauckeleyen als ein Gott verehret. Allein Petrus langte gar bald zu Rom an, und machte durch seine Lehren und Wunder dieser Bethörung ein Ende. Hier hat man verschiedene der unwahrscheinlichsten Umstände, die man an einem andern Orte finden wird, mit eingeflochten. Da sie zum Theil von Schriftstellern ohne Glaubwürdigkeit gemeldet werden, und man Petrum durchgehends vielen Antheil daran nehmen läßt: so fällt ein starker Verdacht der Verfälschung auch auf die Geschichte dieses Apostels. Ueberhaupt aber merkt man schon aus dem vorhergehenden, daß eben diese Geschichte auch durch die nach und nach veränderte erste Bedeutung des Worts Bischof müsse verunstaltet worden seyn.

Alles übrige, was man zu dieser ersten erdichteten Nachricht von dem Bißthum Petri zu Rom, erst nach dem vierten Jahrhunderte hinzu zu setzen angefangen hat; besonders, daß er zugleich mit demselben die Oberherrschaft über alle christliche Kirchen geführt, und diese seinen Nachfolgern im Bißthum auf immer unzertrennlich hinterlassen habe; dieses alles fällt nunmehro von selbst über den Haufen. Es ist weder einer Prüfung noch Bestreitung werth, weil es auf keine Zeugnisse und Beweise aus dem Alterthum gegründet ist; die folgende Geschichte wird es auch vollkommen widerlegen. Unterdessen hat doch das vergebliche Bestreben unzähliger Schriftsteller der Römischen Kirche, die Wahrheit

dieser

dieser Erzählungen, die so viele hundert Jahre nach Petro aufgekommen sind, zu vertheidigen, eine gleich große Menge von Protestanten genöthigt, diese historische Streitigkeit, auf welcher die ganze Uneinigkeit beyder Kirchen im Grunde beruhet, ausführlich zu erörtern. Man kann sagen, daß bereits Marcus Antonius de Dominis (in seinem Werke de Republica Ecclesiastica, Libr. X. Part. II. Heidelberg. 1618. fol.) fast alles erschöpft habe, was man aus der Kirchengeschichte anführen kann, um diesen Streit vollkommen zu entscheiden. Es ist aber eben so gewiß, daß die Römisch-Katholischen Schriftsteller selbst, bey einem solchen Mangel an historischen Beweisen, unter sich sehr uneins sind, wie sie die Vorzüge, welche die Römische Kirche und ihre Bischöfe vom Petro erhalten zu haben vorgeben, erklären und darthun sollen. Richer, de Marca und andere französische Gelehrte, gerathen dabey öfters in die größte Verlegenheit; und, wenn sie aus einer gewissen Ehrlichkeit Geschichte und Ansprüche wider dieselbe mit einander zu vereinigen suchen, in offenbare Widersprüche. Auch ohne die Geschichte und ohne die Schriften der ältesten christlichen Lehrer zu Rathe zu ziehen, ist es schon sehr unwahrscheinlich, daß nicht die Gemeine zu Jerusalem, in welcher Jesus selbst und alle Apostel gelehrt haben, sondern die Römische, zur ersten und regierenden unter allen christlichen sollte erhoben worden seyn; daß überhaupt Einem Menschen eine solche Gewalt und Aufsicht über alle Christen, die seine Kräfte weit übersteigt, wäre aufgetragen worden; und daß dieser Bischof, so wie seine Gemeine ein so erstaunliches Ansehen auch alsdenn beybehalten sollten, wenn ihre Lehre, ihre Sitten, ihre Regierungsart, alles weit von der ersten apostolischen Gestalt würden abgewichen seyn. Doch die Geschichte hört nach der Beurtheilung der historischen Spuren auf, zu sprechen, und überläßt das übrige den theologischen Streitigkeiten.

Ge=

Geschichte
des Apostels Paulus.

Weit mehr als vom **Petrus**, und in einem länger fortlaufenden Zusammenhange, hat **Lucas** von den Reisen und Arbeiten des Apostels **Paulus** gemeldet. Die Apostelgeschichte ist größtentheils nur seine Geschichte: und der ausnehmende Fleiß, mit welchem diese erzählt wird, scheint nichts geringers anzuzeigen, als daß seine Verrichtungen vor die wichtigsten unter allem was die Apostel gethan haben, angesehen worden sind. Diese Nachrichten, welche mit seinen Briefen verbunden, fast bis an den Tod desselben reichen, hat niemand glücklicher erläutert, als **Johann Pearson** (in den Annalibus Paulinis, welche in seinen Operibus posthumis, London, 1688. 4. stehen;) wenn gleich nicht alle Dunkelheiten der Zeitrechnung in dieser Geschichte vertrieben werden können.

Paulus war um das Jahr 50 nach Antiochien zurückgekommen, wo er durch den Ausspruch der Gemeine zu Jerusalem die Gemüther derer beruhigte, welche auch als Christen noch an die Beobachtung des jüdischen Cärimonialgesetzes gebunden zu seyn glaubten. Bald darauf unternahm er in Begleitung des **Silas**, eines Propheten aus der Gemeine zu Jerusalem, eine Reise durch Syrien und Cilicien, um die Christen dieser Länder im Glauben zu stärken. Da sie in gleicher Absicht nach Derbe und Lystra gekommen waren, nahm **Paulus** aus der letztern Stadt den **Timotheus**, einen

seiner

seiner Schüler, mit sich, den er, ob er gleich einen griechischen Vater hatte, dennoch beschnitt, damit die Juden,
unter welchen er lehren sollte, keinen Widerwillen gegen
ihn fassen möchten. Aber er sorgte zugleich dafür, daß
man deswegen in dieser Gegend die Beschneidung nicht
für Christen nothwendig hielte. Hierauf verfügte er sich
nach Phrygien und Galatien: weiter in Asien herum-
zuziehen, erlaubte ihm ein ausdrückliches Verbot Gottes
nicht. Er wurde vielmehr durch ein Gesicht erinnert,
nach Macedonien über zu gehen, wohin er noch einen Gefährten, den Lucas, mitnahm. Zu Philippi, einer
der Hauptstädte des Landes, lehrte er unter den Juden,
und bekehrte eine heidnische Purpurhändlerinn aus Thyatira, zum Christenthum. Eine leibeigene Weibsperson,
die von einem bösen Geiste besessen war, wurde gleichwohl genöthigt, Paulo und seinen Freunden öffentlich
nachzurufen, daß sie Diener des höchsten Gottes wären,
die den Weg zur Seeligkeit zeigten. Paulus, der eines solchen Zeugnisses nicht bedurfte, befreyte sie von
Mitleiden gerührt, im Nahmen Jesu aus der Gewalt
ihres feindlichen Beherrschers; erregte aber dadurch die
Erbitterung ihrer Herren gegen sich, die nunmehro weiter kein Geld von dem Wahrsagen ihrer Magd zogen.
Sie brachten es bey der Obrigkeit dahin, daß Paulus
und Silas gestäupt und ins Gefängniß geworfen wurden. Doch mitten in der Nacht wurden alle Thüren
des Gefängnisses durch ein Erdbeben aufgesprengt; den
Kerkermeister und die Seinigen brachte dieses Wunder
zum Glauben an Jesum; die Obrigkeit aber befahl, sie
sogleich frey zu lassen. Um zu zeigen, daß sie dieser Verfolgung leicht hätten entgehen können, wenn sie nicht so
bereitwillig wären, um Jesu willen zu leiden, beschwerte
sich jetzt Paulus, daß man die Rechte gebohrner Römer an ihnen verletzt habe, und verlangte, daß die Obrigkeit sie selbst auf eine Ehrenvolle Art loß lassen sollte.
Dieses geschah wirklich: darauf predigten sie das Evangelium

lium zu Theſſalonica, einer andern anſehnlichen Stadt
dieſes Landes. Hier fanden ſie bey einigen Juden, aber
bey noch mehrern gottesfürchtigen Griechen, keinen ſtarken Eingang; die Juden ſtifteten ſogar einen Aufſtand
wider ſie, unter dem Vorwande, daß ſie nicht den Kaiſer, ſondern Jeſum vor den Herrn des Reichs ausgä-
ben. Sie mußten alſo dieſe Stadt heimlich verlaſſen,
und reiſten nach Beröa, wo viele Juden und Griechen
ihren Unterricht willig aufnahmen, und die erſten inſonderheit durch Vergleichung ihrer heiligen Schriften einſahen, daß die Lehre von Jeſu mit denſelben übereinſtimme. Allein die Juden von Theſſalonica kamen auch
hieher, um Paulum und ſeine Gefährten durch einen
Aufruhr des Volks zu unterdrücken.

Da ihre Wuth hauptſächlich gegen Paulum gerichtet war, vermuth'ich weil ſie wußten, daß er ehemals einer der größten Eiferer für ihr Geſetz geweſen
war, ſo ſchiffte er allein nach Athen über. Dieſe Stadt
war in Griechenland noch immer ein Sitz der ungemein
blühenden Gelehrſamkeit, der vortreflichſten Geſetze und
Künſte, des Witzes und guten Geſchmacks, auch der
feinſten Sitten, die ſelbſt zum niedrigern Volke durchgedrungen waren: und Athen, einſt die Lehrerinn von
Rom in allen dieſen Vorzügen, blieb es noch gewiſſermaßen. Paulus fand alſo hier einen würdigen Ort,
wo die Stärke und Einfalt des Evangelii, das er lehrte,
über alle menſchliche Weisheit ſiegen konnte. Allein eben
dieſe Stadt war mehr als die meiſten andern der Abgötterey ergeben, und hatte gleichſam die Götter aller Völker in ſich verſammelt. Daher empfand der Apoſtel bey
dieſem Anblicke den äußerſten Unwillen; ſeine Klugheit
aber half ihm denſelben vortreflich mäßigen. Zuerſt,
wie er immer pflegte, fieng er die Juden an zu lehren,
die nebſt gottesfürchtigen Heiden in der Synagoge zuſammen kamen. Doch zugleich trug er auf den öffentli-

II. Theil. L chen

chen Plätzen die Lehren von Jesu und von der Auferstehung der Todten den Heiden vor. Dieses machte einige Philosophen von zwo der zahlreichsten aber einander
völlig entgegen gesetzten Sekten, der Epicureischen
und der Stoischen, rege. Sie stritten mit ihm über
diese Lehrsätze, die allen ihren Einsichten und Hofnungen so sehr zuwider waren. Andere unter den Zuhörern
spotteten seiner, oder sagten, es habe das Ansehen, daß
er ihnen neue Götter bekannt machen wollte. Dieses
genau zu wissen, waren sie desto begieriger, da überhaupt alle Einwohner von Athen unersättlich waren, von
Neuigkeiten zu sprechen und zu hören. Man führte ihn
also vor das höchste Gericht zu Athen, vor den Areopagus, der unter andern auch Untersuchungen in Religi-
onssachen anstellte: und er hatte ein Gesetz vor sich,
nach welchem diejenigen am Leben gestraft werden sollten, welche eigenmächtig neue Götter einführen würden.
Von diesem Gerichte war Socrates, der erste Heide,
der die Abgötter eine bessere Religion lehrte, wegen einer ähnlichen Beschuldigung zum Tode verurtheilt worden: und es ist nicht unwahrscheinlich, daß viele Athenienser Paulum in einer gleichen Erwartung mögen angeklagt haben.

Allein er vertheidigte sich vor diesem fürchterlichen
Gerichte mit einer bewundernswürdigen Gegenwart des
Geistes und Geschicklichkeit, den Aberglauben von Athen
selbst zum Dienste des Evangelii zu nützen. Er vermied eine Verfolgung, verstellte aber die Wahrheit
nicht, und machte sie nur einnehmender. „Ich sehe,
„sagte Paulus, ihr Athenienser, daß ihr in allen Stü-
„cken überaus andächtig und der Religion ergeben seyd.
„Bey meinem Herumgehen, da ich eure Religionsge-
„bräuche betrachtete, fand ich auch einen Altar mit der
„Aufschrift: Dem unbekannten Gotte. (Solcher
Altäre hatten die Athenienser mehrere aufgerichtet, entweder

weder überhaupt, um keiner Nachläßigkeit gegen Gott-
heiten, die sie nicht kannten, schuldig zu werden; oder
um ihre Ehrerbietung gegen den Gott der Juden zu bezeigen.) Diesen Gott nun, den ihr unwissend anbetet,
„verkündige ich euch. Es ist der Gott, der die Welt
„und alles, was darinne ist, gemacht hat. Aber als
„der Herr des Himmels und der Erden, wohnet er nicht
„in Tempeln, die mit Händen verfertigt werden; er
„wird auch nicht von menschlichen Händen bedienet,
„als wenn er jemandes bedürfte: er selbst hat vielmehr
„jedermann Leben und Athem und alles gegeben. Er
„hat von Einem Menschen das ganze menschliche Ge-
„schlecht entspringen, und auf der Welt wohnen lassen;
„so daß er die Zeiten und die Gegenden, in welchen die
„Menschen leben sollten, genau vorher bestimmt hat.
„Sein Wille ist, daß ihn die Menschen suchen, sich be-
„mühen sollen, ihn zu fühlen und zu finden. Und die-
„ses ist auch nicht schwer, da er von einem jeden unter
„uns nicht weit entfernt ist. In ihm leben wir, bewe-
„gen uns, und sind wir; wie denn auch selbst einige von
„euren Dichtern gesagt haben: Wir Menschen sind
„von göttlichem Geschlechte. (Dieses war eine
Stelle aus dem astronomischen Gedichte des Aratus;
aber auch Homerus, Hesiodus, und andere griechische Dichter hatten ohngefähr auf gleiche Art geredet: und
da zu Athen jedermann ihre vornehmsten Stellen aus-
wendig wußte, so war es nicht Gelehrsamkeit, die Paulus hier zeigte, sondern eine wohl angebrachte Erinnerung an bekannte Denksprüche.) Da wir also, fuhr er
„fort, von göttlichem Geschlechte sind: so dürfen wir
„nicht glauben, die Gottheit sey einem Bilde von Gold,
„Silber oder Stein, oder das sonst durch die Kunst der
„Menschen schön ausgearbeitet worden ist, ähnlich.
„Die Zeiten der Unwissenheit, da man dieses glaubte,
„hat Gott mit Nachsicht übersehen; aber jetzt läßt er
„es allen Menschen in allen Gegenden ankündigen, daß

„sie

„sie sich beffern sollen. Deswegen hat er auch einen Tag
„feft gesetzt, an welchem er ein gerechtes Gericht über
„die ganze Welt durch einen dazu bestimmten Mann hal-
„ten wird: und damit dieses jedermann glauben möge,
„hat er denselben vom Tode auferweckt. „

So weit war **Paulus** in seiner Rede gekommen:
er war, nachdem er diese Heiden so geschickt zum Glauben an den einzigen wahren Gott geleitet hatte, eben im
Begriff, auch die Lehre von Jesu vorzutragen, von dem
er schon aus seiner Auferstehung bewies, daß er der Richter aller Welt sey. Allein seine Zuhörer vernahmen kaum
etwas von der Auferstehung aus dem Tode, als sie theils
darüber zu lachen anfiengen; theils ihn auf eine andere
Zeit verwiesen, da sie ihn hören wollten. Das Gericht
sprach ihn wenigstens von der Beschuldigung loß, welche man wider ihn vorgebracht hatte, und einige Athenienser nahmen auch seine Lehre an, unter andern selbst
ein Beysitzer des Areopagus, Dionysius, von dem
man nachmals unter dem Nahmen Dionysius des
Areopagiten, so vielerley Erdichtungen ausgebreitet
hat. Es ist weiter nichts von ihm mit Gewißheit bekannt, als was **Eusebius**, (H. Eccl. L. III. c. 4.)
berichtet, daß er der erste Bischof oder ordentliche Lehrer
der christlichen Gemeine zu Athen gewesen sey. Wenn
es gleich übrigens nicht ausdrücklich gemeldet wird; so
ist es doch nicht unwahrscheinlich, daß Paulus, wie die
Apostel vermuthlich bey der Grundlegung aller Gemeinen thaten, diesen wenigen neuen Christen die Wunderkräfte des heiligen Geistes durch Gebet und Auflegung
der Hände ertheilet habe, damit das Christenthum in
dieser Stadt desto glücklicher nach diesem kleinen Anfange ausgebreitet würde. Wenn er aber auch selbst keine
Wunder daselbst verrichtet haben sollte, so würde dieses
nur eben diejenige Vorsichtigkeit gewesen seyn, welche Jesus selbst mehrmals beobachtet hat, vor Leuten,
welche

welche ihr Stolz oder ihre Hartnäckigkeit unfähig machte, seine Wunderwerke gehörig zu gebrauchen, keine aus-
zuüben. Es iſt ohnedem glaublich, daß die Apoſtel ſich
ihrer Gabe, Wunder zu thun, allemal erſt nach einem
beſondern Antriebe Gottes bedienet haben.

Von Athen reiſte **Paulus** nach Corinth, in eine
andere der anſehnlichſten Städte Griechenlands, die
Athen an Liebe zur Gelehrſamkeit und Philoſophie inſon-
terheit nicht viel nachgab; an ausgebreiteter Handlung
aber, Reichthum und üppiger Lebensart es weit übertraf. Immer ſieht man, daß die Apoſtel große und
volkreiche Städte vorzüglich gewählt haben, um in denſelben zu lehren, weil aus denſelben das Evangelium ſich
deſto leichter durch einen oder mehrere Welttheile fort-
pflanzte. **Paulus** fand zu Corinth den **Aquila**, einen
zum Chriſtenthum bekehrten Juden, der erſt vor kurzem
aus Italien geflüchtet war, weil der Kaiſer **Claudius**
allen Juden befohlen hatte, das Land zu verlaſſen, worunter vermuthlich auch die Chriſten, die zuerſt unter den
Juden entſtanden, begriffen waren. Mit dieſem trieb
der Apoſtel eine Handthierung, die er nach der Gewohnheit auch gelehrter Juden erlernet hatte, Zelte zu verfertigen: dadurch vermied er den Verdacht deſto gewiſſer,
den man auf ihn hätte werfen können, als wenn er nur
deswegen aus einem Lande in das andere reiſete, um von
der Freygebigkeit ſeiner Schüler zu leben. Er fand zu
Corinth unter Juden und Heiden Beyfall; aber viele
von den Juden begegneten ihm ſo hartnäckig und ſchmäh-
ſüchtig, daß er ihnen mit einer nachdrücklichen Warnung
erklärte, er werde ſie nunmehro allen traurigen Folgen ihres Unglaubens überlaſſen. Darauf wandte er ſich bloß
zu den Heiden, und zog auch in das Haus eines gottesfürchtigen Mannes unter ihnen. Zwar einer von den
Vorſtehern der Judenſchule nahm mit den Seinigen das
Evangelium an; aber noch mehr Corinther thaten eben

L 3

dieſes,

dieses, und Paulus wurde durch eine göttliche Erscheinung aufgemuntert, anderthalb Jahre in dieser Stadt zu lehren, wo er eine große Gemeine aufrichtete. Vergebens klagten ihn die Juden vor dem Proconsul von Achaja als einen Feind ihres Gesetzes an; dieser Römer wollte in einer Sache, die bloß die Jüdische Religion betraf, nicht Richter seyn. Noch in dieser Stadt schrieb Paulus auch zween Briefe an die Gemeine zu Thessalonica, und wie es scheint, auch einen andern an die Christen in Galatien, um beyden Unterricht und Ermahnungen von mancherley Art zu ertheilen.

Darauf schiffte er ohngefähr gegen den Anfang des Jahrs 54, in welchem der Kaiser Claudius starb, und Nero zur Regierung kam, wieder nach Asien über, lehrte eine kurze Zeit zu Ephesus, begieng das Osterfest zu Jerusalem, und kehrte, nachdem er viele Gemeinen besucht und gestärkt hatte, nach Ephesus zurück. Hier fand er, wie es auch an mehrern Orten gab, Christen, die von Johannes dem Täuffer nur auf den kommenden Meßias waren getauft worden, und daher eine sehr unvollkommene Kenntniß von der christlichen Religion hatten. Er taufte sie deswegen auf den Nahmen Jesu, und auch sie empfiengen die Wundergaben des heiligen Geistes. Zu Ephesus lehrte Paulus anfänglich in der Synagoge; allein da er eine schlimme Aufnahme daselbst erfuhr, wurde er auch hier genöthigt, eine abgesonderte Gemeine zu errichten. Dieses geschah zwey Jahre hindurch mit dem größten Fortgange unter Juden und Griechen, auch weit umher in der benachbarten Gegend. Dazu trugen die Wunder ungemein viel bey, welche Gott durch ihn verrichtete: sogar die Tücher, welche er um seinen Leib gebunden hatte, heilten die Kranken, oder trieben die bösen Geister aus den Menschen. Einige Juden, welche sich vor Beschwörer der Geister ausgaben, und dieses vor Würkungen der Zauberey ansahen,

ſahen, verſuchten es, ſich zu gleicher Abſicht des Nah=
mens Jeſu zu bedienen; wurden aber von dem böſen
Geiſte, den ſie nicht bezwingen konnten, gemißhandelt.
Dadurch wurden viele bewogen das Evangelium anzu=
nehmen, und diejenigen, welche Bücher von der ver=
meinten Zauberkunſt beſaßen, verbrannten ſie öffentlich
in großer Menge. Paulus war ſchon im Begriff, wie=
der nach Macedonien überzugehen, als er in eine augen=
ſcheinliche Lebensgefahr gerieth. Ein Goldſchmid zu
Epheſus verfertigte von dem prächtigen Tempel, den
die Göttinn Diana in dieſer Stadt hatte, kleine Mo=
delle von Silber, welche bisher von den eifrigen Götzen=
dienern ſtark gekauft worden waren. Er merkte aber,
daß er durch die Predigten Pauli wider den Götzen=
dienſt viele Käuffer verliere: dieſes ſtellte er den Künſt=
lern vor, die mit ihm daran arbeiteten, und zugleich
die Beſorgniß, daß die Verehrung der Göttinn ſelbſt
dadurch in Verfall gerathen möchte. Geſchwind liefen
ſie durch die Stadt: und indem ſie die Liebe zum Ge=
winnſte mit dem Eifer für die Religion bedeckten, for=
derten ſie durch ihr Geſchrey das Volk auf, die Ehre
der Diana zu retten. Es kam zu einem heftigen Auf=
ſtande; zween Gefährten des Apoſtels wurden auf den
Schauplatz gezogen, wo ſie der Wuth des zuſammenlau=
fenden Volks übergeben werden ſollten, und er ſelbſt
wollte ſchon eben dahin eilen, um ſich nicht allein von
dem gemeinſchaftlichen Leiden auszuſchließen; vermuth=
lich auch, um eine Rede zur Vertheidigung der Religion
zu halten. Aber weder die Chriſten, noch die heidniſche
Obrigkeit geſtatteten ihm ſolches, um ſeiner Sicherheit
willen. Die Juden, welche keine Gelegenheit den Chri=
ſten zu ſchaden vorbeyließen, wollten auch dieſe nützen:
ſie ſtellten daher einen aus ihrem Mittel auf, der dem
Scheine nach ein Chriſt geworden war; aber gleichwohl
das Volk gegen Paulum noch mehr aufbringen ſollte.
Doch da dieſes ſah, daß er ein Jude ſey, verwehrte

es

es ihm zu reden, weil es von ihm einen Angriff auf den
Gözendienſt befürchtete. Endlich ſtillte der Stadtſchrei-
ber die aufrühreriſche Menge: er erinnerte ſie unter andern, daß Paulus und ſeine Freunde ihre Göttinn
nicht geläſtert hätten. Man kann aus dieſer Verſicherung ſchließen, daß die Apoſtel bey allem ihrem Abſcheu
vor der Abgötterey, ſich doch ſchimpflicher Ausdrücke
wider die Götter der Heiden enthalten haben. Sie begnügten ſich daran, die Natur und die wahre Verehrung des einzigen wahren Gottes, auf eine ſo einleuch-
tende Art zu lehren, daß eben dadurch die Thorheit des
Gözendienſtes in die Augen fallen mußte; aber ſie beſtritten nicht eben völlig gerade zu ein ſo tief eingewur-
zeltes Vorurtheil, weil die Heiden, wenn ſie auf dieſer
Seite zu hart angegriffen wurden, leicht von der An-
hörung des Evangelii abwendig gemacht werden
konnten.

Ehe Paulus von Epheſus abreiſte, welches in
der Mitte des Jahrs 57 geſchehen zu ſeyn ſcheinet,
ſchrieb er den erſten unter den vorhandenen beyden Briefen an die Chriſten zu Corinth. Er beſuchte darauf
die Gemeinen in Macedonien, und um dieſe Zeit ſchickte er auch das zweyte von jenen Schreiben an die Corinther ab. Es hat das Anſehen, daß er bald darauf auch
den erſten Brief an den Timotheus aufgeſetzt habe. Gewiſſer iſt es, daß er, nachdem er aus Macedonien nach
Griechenland gekommen war, bey ſeinem abermaligen
Aufenthalte zu Corinth, ohngefähr gegen das Ende des
Jahrs 58, ſeinen Brief an die Chriſten zu Rom geſchrieben habe. Paulus war noch nie in dieſer Hauptſtadt geweſen, und die Gemeine zu Rom iſt ohne Zweifel auch von keinem Apoſtel geſtiftet worden. Beydes
läßt ſich ſchon aus dem eben gedachten Briefe beweiſen;
es iſt vielmehr wahrſcheinlich, daß einige zu Rom woh-
nende Juden und zur Jüdiſchen Religion bekehrte Hei-
ben,

den, welche zu Jerusalem gegenwärtig waren, als die
Gaben des heiligen Geistes den Aposteln mitgetheilt wurden, daß diese nach ihrer Zurückkunft das Evangelium
unter den Juden zu Rom ausgebreitet haben. Von
dieser Zeit an konnte es nicht fehlen, daß immer mehrere
Christen aus andern Gegenden der Welt in diese Hauptstadt kamen, und auch Heiden daselbst zum Christenthum führten. Das Verbot des Kaisers Claudius,
daß ferner keine Juden in Italien bleiben sollten, hatte
nach seinem Tode keine Kraft mehr; daher konnten die
Juden nebst den ihnen vor den Heiden ähnlichen Christen nach Rom zurückkehren. Die letztern wurden immer zahlreicher; sie hatten auch einige geschickte Lehrer;
aber da noch kein Apostel zu ihnen gekommen war, fehlte es in ihrer Gemeine an den Wundergaben des heiligen
Geistes. Desto mehr wünschte Paulus sie besuchen
zu können, und schrieb ihnen, bis dieses geschehen würde, offenbar als der erste unter den Aposteln, der an ihrem Zustande einen lebhaften Antheil nahm.

Paulus trat hierauf von Corinth wieder eine
Reise nach Jerusalem an, unter andern um den dürftigen Christen daselbst die freywillige Beysteuer zu über-
bringen, welche die Gemeinen in Macedonien und Achaja für sie gesammlet hatten. Zu Troas, an der Asiatischen Seeküste, lehrte er die Christen, welche am ersten Tage der Woche zusammengekommen waren, und
begieng mit ihnen das Gedächtnißmahl des Todes Jesu. Es scheinet allerdings, daß dieses (Apostelgesch.
C. XX.) die erste Meldung sey, die man von den Versammlungen der Christen zum Gottesdienste am Sonntage findet. Er gab eben daselbst einem todten Jünglinge das Leben wieder. Da er nach Miletus gekommen
war, berief er die Aeltesten der Gemeine von Ephesus, welche auch Bischöfe genannt wurden, dahin,
und nahm von ihnen unter der Versicherung, daß er
ℓ 5 sie

sie niemals wieder sehen würde, einen rührenden Abschied, hinterließ ihnen aber zugleich die nützlichsten Lehren. Er empfohl ihnen besonders gleiche Redlichkeit und Uneigennützigkeit, wie sie an ihm gesehen hatten, und einen standhaften Muth mit Wachsamkeit gegen falsche gewinnsüchtige Lehrer. Auf der Fortsetzung seiner Reise sagten ihm mehrere Propheten zum voraus, daß er zu Jerusalem viel leiden würde, und die Christen suchten ihn daher abzuhalten, daß er nicht dahin ziehen möchte; aber er gieng selbst dem Tode, der ihn vielleicht um des Bekenntnisses Jesu betreffen könnte, freudig entgegen.

In der Gemeine zu Jerusalem fand er von allen Aposteln nur noch den jüngern Jacobus, der sie mit vielen Aeltesten unterrichtete, und gewissermaßen, so weit sich das höhere Apostolische Amt mit dem Bischöflichen vertrug, ihr Bischof im engern und spätern Verstande war, wie er beym Eusebius (Hist. Eccl. L. II. c. 1. 23.) genannt wird. So sehr auch die Aeltesten Gott dafür dankten, daß er so viele Heiden durch Paulum zur wahren Religion hatte bringen lassen; so hielten sie es doch wegen der großen Menge bekehrter Juden zu Jerusalem, welche alle für die Beobachtung des Mosaischen Gesetzes eiferten, vor nützlich, daß er einige Nachsicht gegen sie bezeigte: zumal da diese erfahren haben wollten, er habe alle Juden in den heidnischen Ländern gelehrt, jenes Gesetz künftig zu vernachläßigen. Diese Beschuldigung war zwar ungegründet: denn Paulus, ob er gleich nicht gestattete, daß die bekehrten Heiden dem Cärimonialgesetze unterworfen seyn sollten, störte doch die Juden in ihrer Ehrerbietung gegen dasselbe nicht; er bequemte sich vielmehr hierinne öfters nach ihnen, und wartete geduldig die Zeit ab, da sie dieses Vorurtheil ablegen würden, wozu er sie immer mehr vorbereitete. Allein eben um diese Gesinnungen auch zu Jerusalem öffentlich zu zeigen, nahm er den
Vor=

Vorschlag Jacobi und der Aeltesten gerne an, daß er
sich mit vier bekehrten Juden daselbst, die das Gelübde
der Nasiräer gethan hatten, vereinigen, die gewöhnlichen Reinigungen mit ihnen anstellen, und im Tempel
aushalten, so wie sie, sein Haupt bescheren, und für sie
insgesammt Opfer bringen lassen möchte: alles für sie
gemeinschaftlich auf seine Kosten. Dieses weise und gütige Nachgeben, zu dem sich selbst ein Apostel herabließ, der doch frey und entscheidend lehren durfte, daß
die jüdischen Christen eben so wenig als die heidnischen
an das Mosaische Gesetz weiter gebunden wären, der
sich aber lieber seiner eigenen Freyheit begeben wollte,
als daß er schwache Gemüther geärgert, oder den Fortgang des Evangelii gehindert hätte: ein solches Betragen war nicht allein der sanften Art, mit welcher die
christliche Religion und ihre Lehrer den Eingang zu den
Menschen suchten, gemäß; sondern diente auch zu einem Muster, nach welchem künftige Lehrer gegen weniger schädliche Vorurtheile sich verhalten konnten.

So milderte Paulus den Unwillen der jüdischen
Christen gegen ihn; aber zu gleicher Zeit kamen einige
Juden aus dem eigentlichen Asien nach Jerusalem, die
ihn, als sie ihn im Tempel sahen, ergriffen, und das
Volk laut zur Rache gegen ihn antrieben, weil er überall ihre Religion zu Grunde zu richten gesucht, auch sogar, wie sie fälschlich vorgaben, den Tempel dadurch
entheiligt hätte, daß er einen Heiden in den Vorhof der
Israeliten geführt habe. Bald wurde der Aufstand
der Juden in der Stadt allgemein, und sie würden
Paulum umgebracht haben, wenn ihn nicht der Römische Tribunus oder Oberste der Besatzung aus ihren Händen gerissen hätte. Der Apostel fieng darauf an,
vor der zusammen gelaufenen Menge seine Verantwortung dadurch zu führen, daß er ihr erzählte, wie er als
ein verfolgender Eiferer für das Jüdische Gesetz von
Gott

Gott gerührt, und zum Lehrer des Evangelii unter den
Heiden bestellt worden sey. Kaum hatte das Volk die
Heiden nennen gehört, als es sich der Anklage wider ihn
erinnerte: es verlangte also von neuem seinen Tod, und
viele machten sich schon fertig, ihn zu steinigen. Der
Kriegsbefehlshaber, der ihn nun vor schuldig hielt, wollte ihn geisseln lassen, um ihn zum Geständnisse seines
Verbrechens zu nöthigen. Allein da Paulus sich erklärte, daß er ein Römischer Bürger sey, den also die
Gesetze, zumal unverhört, zu geisseln nicht erlaubten,
ließ ihn der Tribunus vor den hohen Rath der Juden
stellen, damit seine Sache gerichtlich untersucht würde.
Diese Erwartung schlug wegen des Hasses der Jüdischen Obrigkeit wider Paulum fehl: denn nachdem er
nur wenige Worte von seinem gewissenhaften Leben gesagt hatte, befohl der Hohepriester Ananias den Ge-
richtsdienern, ihn auf den Mund zu schlagen. Durch
diese ungerechte Begegnung aufgebracht, sagte der Apostel: „Gott wird dich schlagen, du Heuchler! du sitzest
„hier, um nach dem Gesetze zu richten, und lässest mich
„doch wider das Gesetz schlagen!„ Als er aber erinnert
wurde, daß es der Hohepriester sey, entschuldigte er sich
mit seiner Unwissenheit, und gestand, es sey durch das
göttliche Gesetz verboten, wider den Fürsten seines Volks
Schmachworte zu gebrauchen. Er sahe übrigens, daß
der ganze Rath wider ihn eingenommen sey; aber aus
Pharisäern und Sadducäern bestehe: dieses Umstandes bediente er sich, um sich die erstere Parthey günstig
zu machen. Er berief sich darauf, daß er ein Pharisäer sey, und hauptsächlich deswegen angeklagt werde,
weil er die Auferstehung der Todten lehre; wirklich war
es eine seiner vornehmsten Lehren, daß Jesus vom Tode
auferstanden sey. Darüber geriethen die Sadducäer,
welche die Auferstehung der Todten leugneten, mit den
Pharisäern in einen so hitzigen Streit, daß diese, wenigstens aus Partheylichkeit wider ihre Gegner, Paulum
ver

vor unſchuldig erklärten. Das Getümmel und die Erbitterung wurden ſo groß, daß der Tribunus Paulum
durch Soldaten aus dem Gerichtsſaale ziehen laſſen
mußte. Aber gleich den folgenden Tag wartete ſchon
eine andere Gefahr auf ihn: einige vierzig Juden ver-
ſchworen ſich mit einander, ihm das Leben zu nehmen.
Da dieſes entdeckt wurde, hielt es der Römiſche Befehlshaber vor das ſicherſte, ihn mit einer ſtarken Bedeckung
zu dem Procurator Felix nach Cäſarea zu ſchicken, damit ſeine Feinde ihre Klage daſelbſt geſetzmäßig führen
möchten.

Es erſchienen auch wenige Tage darauf vor dieſem
Statthalter oder Landpfleger, der Hoheprieſter, einige
Mitglieder des hohen Raths und der Römiſche Sach-
walter, den ſie angenommen hatten. Dieſer klagte
Paulum in ihrem Nahmen an, daß er als einer der
vornehmſten Anführer der Sekte der Nazarener, (ſo
wurden die Chriſten von den Juden ſchimpfweiſe genannt,) im ganzen Römiſchen Reiche unter den Juden
Unruhen geſtiftet, auch ihren Tempel entheiligt habe.
Paulus behauptete dagegen, daß ſie dieſe Anklage nicht
beweiſen könnten: und was inſonderheit, ſagte er, die
„Beſchuldigung betrifft, daß ich einer eigenen Sekte oder
„ketzeriſchen Parthey zugethan wäre, ſo verehre ich viel-
„mehr nach meiner Lehre einerley Gott mit ihnen, glau-
„be alles, was in ihren heiligen Schriften ſteht, und ha-
„be eben ſolche Hofnungen wie ſie; beſonders, daß der-
„einſt alle Todten auferſtehen werden. Eben wegen
„dieſer Erwartung bemühe ich mich durch mein Leben
„ein unverletztes Gewiſſen zu behalten; — — und
„ſelbſt, da ich vor ihrem hohen Rathe ſtand, haben ſie
„nichts tadelnswürdiges an mir gefunden, als daß ich
„wider die Meinung einiger von ihnen, die Auferſtehung
„der Todten behauptete.„ Felix verſchob die Entſchei-
dung dieſes Handels bis auf die Ankunft des Tribunus

zu

zu Jerusalem, und befohl unterdessen Paulum in einer freyern Verwahrung zu halten. Einmal ließen er und seine ehebrecherische Gemahlinn, die eine Jüdinn war, den Apostel vor sich kommen, um von ihm etwas von der christlichen Religion zu hören. Allein da Paulus unter andern von der Gerechtigkeit und Mäßigkeit, und von einem bevorstehenden allgemeinen Gerichte der Menschen zu reden anfieng, erschrack Felix, der sich getroffen fand, darüber so sehr, daß er ihn unterbrach, mit dem Zusatze, ihn zu einer gelegnern Zeit wieder rufen zu lassen. Dieses geschah auch mehrmals; aber nur in der Absicht, die ihm fehlschlug, für seine Loßlassung von dem Apostel Geld zu bekommen. Paulus blieb also zwey Jahre in dieser Gefangenschaft, bis Felix im Jahr 60, wie es scheinet, seine Stelle verlor; aber auch alsdenn ließ er den Apostel gefangen zurück, um den Juden, die mit seiner Statthalterschaft nicht zufrieden waren, eine Gefälligkeit zu erweisen.

Unter seinem Nachfolger Festus wurde die Anklage der Juden wider Paulum mit eben so schlechtem Erfolge als ehemals, zu Cäsarea wiederholt. Festus fragte ihn, um die Juden zu begünstigen, ob er, wie diese verlangten, zu Jerusalem über sich Gericht halten lassen wollte. Paulus aber, der wohl merkte, daß sie ihn nur bey dieser Gelegenheit umzubringen suchten, bediente sich endlich, um sich einer so langen unschuldigen Verfolgung zu entreißen, die ihn am Dienste der Religion hinderte, der Rechte eines Römischen Bürgers: er berief sich auf den Ausspruch des Kaisers selbst. Da ihm Gott bereits vorher gesagt hatte, daß er auch zu Rom, wie zu Jerusalem und an andern Orten, mitten unter großen Gefahren Jesum bekennen sollte, so konnte er diesen Schritt desto freudiger thun. Obgleich Festus nunmehro kein Urtheil über ihn fällen durfte; so wußte er

er doch auch nicht, was er dem Kaiser von diesem Gefangenen schreiben sollte, wenn er ihn nach Rom schickte.
Als daher der König von Chalcidene, einer syrischen Landschaft, Agrippa der jüngere, nach Cäsarea kam, unterredete sich Festus mit ihm darüber, und sie beschlossen,
daß Paulus vor ihnen und einer großen Versammlung
seine Sache nochmals führen sollte. Er hielt wirklich eine vortrefliche Schutzrede, deren Stärke Agrippa, als
ein Jude, der seine Religion kannte, wohl zu beurtheilen
wußte. Mit Wahrheit konnte Paulus sagen, daß er
wegen der allgemeinen Hoffnung der Juden auf den Messias, von ihnen angeklagt werde, und sich nur darinne
von ihnen unterscheide, daß er lehre, der Meßias habe bereits unter ihnen gelebt, und sey durch Gott vom Tode
auferweckt worden; nach ihren Begriffen aber von der
göttlichen Allmacht, könnten sie dieses letztere nicht vor
unglaublich halten. Er erzählte darauf, wie wunder-
bar Gott seine ehemalige Feindschaft gegen das Christenthum verändert, und ihn zum Lehrer der Juden und
Heiden verordnet habe, damit sie neben einer wahren
Erkenntniß Gottes auch lernen möchten, wie sie sich aufrichtig bessern, Vergebung der Sünden von Gott erlangen, und durch den Glauben an Jesum zum Genuß des ewigen Lebens kommen möchten. Dieses,
sagte Paulus, habe er auch wirklich gelehrt, und also im Grunde nichts anders, als was alle Propheten der
Juden vorher verkündigt hatten. Festus, der die
Quellen der jüdischen Religion nicht kannte, fiel dem Apostel hier in die Rede, und gab ihm schuld, daß er auf
unsinnige Meinungen verfalle. Allein Paulus berief
sich darauf, daß Agrippa eine genaue Nachricht von
den Gründen seiner Lehre habe, und drang in denselben so
stark, sie mit den Weissagungen der Propheten zu vergleichen, daß dieser König wenigstens die zweydeutige
Antwort geben mußte, es fehle wenig, so würde ihn
Paulus überreden ein Christ zu werden. Desto mehr
wurden

wurden alle Zuhörer von seiner Unschuld überzeugt: doch blieb es immer nothwendig, ihn nach Rom zu schicken.

Er wurde also einem Römischen Hauptmann übergeben, der ihn nebst andern Gefangenen zu Schiffe dahin bringen sollte. Ihre Seefahrt war lang, stürmisch, und gefährlich; aber selbst dieses schlug zur Ehre des gefangenen Pauli aus: denn da alle seine Schiffsgenossen die Hoffnung zum Leben schon aufgegeben hatten, und keine Speise mehr zu sich nahmen, brachte er sie, von Gott selbst getröstet, dahin, daß sie neuen Muth faßten. Sie litten endlich Schiffbruch bey der Insel Malta, oder wie sie damals hieß, Melite, auf welcher Paulus seine Wundergaben in Heilung der Krankheiten zeigte. Nachdem er im Jahr 61 zu Rom angelangt war, ward er an den Obersten der Kaiserlichen Leibwache, Burrhus, der nebst dem Seneca das meiste Ansehen bey Hofe behauptete, ausgeliefert; bekam aber gleich die Erlaubniß, mit einem Soldaten, der ihm zur Wache zugegeben war, in einem besondern Hause zu wohnen. Viele Christen waren ihm vor der Stadt entgegen gekommen, deren Anblick und Gesellschaft ihn ungemein aufrichteten; er vergaß aber auch die Juden zu Rom so wenig, daß er gleich in den ersten Tagen die Vornehmsten derselben zu sich berief, und ihnen meldete, daß er, ohne etwas wider das Jüdische Gesetz begangen zu haben, gleichwohl zu Jerusalem von seinem und ihrem Volke grausam verfolgt worden, und bloß wegen der Erwartung des Meßias, die er mit ihnen gemein hätte, in diese Gefangenschaft gerathen sey. Die Juden hatten seinetwegen aus Judäa keine Nachricht erhalten: daher waren sie willig, eine Erklärung seiner Religion von ihm zu hören. Diese gab er ihnen einen ganzen Tag lang, indem er ausführlich bewies, daß Jesus der von ihren Propheten verkündigte Meßias sey.

Einige

Einige unter ihnen nahmen das Evangelium an; andere aber blieben bey den Vorurtheilen ihres Volks. Dieſen warf Paulus beym Abſchiede ihren hartnäckigen unverzeihlichen Unglauben mit der Klage eines ihrer Propheten vor, die auch Jeſus ſchon gebraucht hatte, und bezeugte ihnen, daß die Heiden dieſer Stadt, denen er das Chriſtenthum vortragen werde, es weitbeſſer aufnehmen würden. Er blieb auch zwey Jahre daſelbſt in dieſer freyern Gefangenſchaft, während welcher Zeit er allen, die zu ihm kamen, die chriſtliche Religion ungehindert predigte.

Die Geſchichte dieſes Apoſtels verfällt hier in einen Stillſtand, da Lucas, der Gefährte deſſelben, man weiß nicht warum, ſeine Erzählung beſchließt. Und überhaupt wird die Geſchichte des Chriſtenthums von dem Ende der Apoſtelgeſchichte an, das ins Jahr 63 gehört, bis zum Anfange des zweyten Jahrhunderts etwas ungewiß, auch wegen Mangel des Zuſammenhangs, ohngeachtet mancher vorhandenen Nachrichten, dunkel. Einige Briefe, welche Paulus in dieſer Gefangenſchaft zu Rom geſchrieben hat, an die chriſtlichen Gemeinen zu Epheſus, Coloſſä und Philippi, ingleichen an den Philemon zu Coloſſä, dienen noch zur Erläuterung ſeines Aufenthalts zu Rom. Man ſiehet aus denſelben, daß er die chriſtliche Religion daſelbſt ſehr glücklich, ſogar unter den Hofbedienten des Kaiſers Nero, und unter der kaiſerlichen Leibwache ausgebreitet, und daß ihm bey dieſen Bemühungen viele ſeiner Schüler Beyſtand geleiſtet haben. Da man wußte, oder wenigſtens vermuthen konnte, daß der Apoſtel unter andern auch dem berühmten Philoſophen und Lehrer des Kaiſers, Seneca, bekannt geworden ſey: ſo erdichtete man in ſpätern Zeiten Briefe, die ſie an einander geſchrieben haben ſollten; die man aber nur anzuſehen braucht, um zu finden, daß ſie ihre Falſchheit ſelbſt verrathen. Sehr wahrſcheinlich iſt es

II. Theil.   M   hinge-

hingegen, daß Paulus, nachdem er zwey Jahre ein Gefangener gewesen, freywillig von dem Kaiser loßgelassen worden sey, weil er gar keines Verbrechens überführt werden konnte.

Bald nach dieser Befreyung scheinet er den Brief an die Hebräer oder bekehrten Juden in den Morgenländern, geschrieben zu haben. Er reise im Jahr 63. in diese Gegenden, stieg auf der Insel Creta aus Land, und ließ, nachdem er das Evangelium daselbst verkündigt hatte, den Titus zurück, um die Gemeinen mit Lehrern zu versehen. Hierauf gieng er in einige Asiatische Länder, und durch Griechenland wieder nach Rom zurück. Hält man es vor wahrscheinlich, daß er erst damals in Macedonien den ersten Brief an den Timotheus geschrieben habe, so kann man die Städte und Länder noch genauer bestimmen, durch welche er gereiset ist; aber es bleiben dagegen Schwierigkeiten in diesem Briefe und in der Apostelgeschichte stehen. Noch glaublicher ist es, daß er auf dieser Reise den Brief an den Titus abgelassen habe. Die besondere Ursache seiner Zurückkunft nach Rom, die im Jahr 66 oder 67. erfolgt seyn mag, ist zwar nicht bekannt; aber da er so viele von ihm gestiftete Gemeinen von neuem besucht und im Glauben befestigt hatte, war nichts natürlicher, als daß er die Christen in der Hauptstadt des Reichs, von denen eine so große Anzahl seine Schüler waren, wieder zu sehen wünschte; zumal da er nun die Religion noch ungebundner zu Rom vertragen durfte. Um diese Zeit kam auch Petrus nach Rom: man weiß nicht, wo er bis dahin sich aufgehalten habe, aber von seiner Gegenwart in dieser Stadt findet man wenigstens gar keine Spuren; noch mehr, die Begebenheiten und Briefe Pauli sind offenbare Zeugnisse dawider. Eine Stelle des Dionysius, Bischofs zu Corinth im zweyten Jahrhunderte, die Eusebius aus seinem Briefe an die Römische Gemeine aufbehalten hat, (H. E. L. II.

L. II. c. 25.) ſcheint daher deſto glaubwürdiger zu ſeyn: er verſichert darinne, daß Petrus zugleich mit Paulo nach Corinth gekommen, und daß ſie beyde drauf nach Rom gereiſet wären. Der zweyte unter den vorhandenen Briefen Petri gehöret, allem Anſehen nach, in eben dieſe Zeit. Paulus, der den Feinden des Evangelii zu Rom ſchon bekannt war, gerieth vermuthlich bald nach ſeiner Ankunft in eine neue Gefangenſchaft, in welcher er den letzten ſeiner Briefe ſchrieb, den zweyten an ſeinen Schüler Timotheus. Beyde Apoſtel aber wandten noch den kurzen Ueberreſt ihres Lebens dazu an, den Leh-ren Jeſu neue Freunde in dieſer Hauptſtadt zu verſchaf-fen, und die alten daſelbſt zu erhalten.

Aus dieſer Erzählung von den Arbeiten der Apoſtel, ſo weit dieſelben zuverläſig bekannt worden ſind, ſieht man wohl, daß ſie das Chriſtenthum ohngefähr eben ſo, wie ihr Lehrer Jeſus, ausgebreitet haben: zugleich aber auch, daß dieſe Religion auf eine ihr ganz eigene und rühmliche Art fortgepflanzt worden ſey. Eine Anzahl ungelehrter Juden vom niedrigſten Stande, durch kein Anſehen, Macht oder Reichthümer unterſtützt, entblößt von der Beredſamkeit, die ein Werk der Kunſt iſt, ver-haßt bey ihrem Volke, das ſie als Feinde ihrer Religion anſah, verachtet und verlacht von den Römern und Grie-chen, welche viel zu witzig und gelehrt zu ſeyn glaubten, als daß ſie von einer ſolchen Nation Weisheit hätten ler-nen ſollen; eben dieſe Juden richteten doch unter ihnen und unter allen andern Völkern des Römiſchen Reichs in wenigen Jahren ein großes Volk von ſehr vielen tauſen-den auf, das ſich von den übrigen nur durch einen neuen Glauben unterſchied. Sie ſuchten keinen Staat zu grün-den, der dem Reiche fürchterlich geweſen wäre; kein Heer zu ſammeln, das zu Eroberungen hätte gebraucht werden können; nicht die Oberhäupter einer zahlreichen Menge zu werden, die allen ihren Begierden oder Ausſchweifun-

gen

gen Vorschub gethan hätte; man merkt im geringsten
nicht, daß sie etwas anders zu Stande hätten bringen
wollen, als eine Gesellschaft von Menschen, die mit Bey=
behaltung ihrer Pflichten und Verbindungen, nur eine
richtigere Kenntniß Gottes und seiner Verehrung anneh=
men sollte, als die übrige Welt damals hatte. Daß die
Apostel diese Kenntniß wirklich vor die einzige wahre ge=
halten, und weder andere zu betrügen gesucht, noch sich
selbst durch eine schwärmerische Einbildung betrogen ha=
ben: dieses beweist die freye und offene Redlichkeit, mit
welcher sie dieselbe vortrugen; ihre ruhige Gemüthsart,
die nichts als Liebe zur Wahrheit verrieth, auch die un=
vermeidlichen Leiden beweisen es, welche sie dabey vor sich
sahen, die sie sogar alsdenn geduldig ertrugen, wenn sie
sich leicht von denselben hätten befreyen können. Sie be=
haupteten nichts, wovon die Beweise nicht hätten unter=
sucht werden können, und erzählten keine geheimen Be=
gebenheiten, auf welche ihre Religion gebauet wäre. Um
ihre große Absicht zu erreichen, brauchten sie ein sehr un=
gekünsteltes Mittel: sie stellten eine Vergleichung zwischen
der Religion ihrer Zuhörer und der ihrigen an; erklärten
es ihnen, wer Jesus gewesen sey, was er gelehrt, und
wie er seine Lehren bestätigt habe: alsdenn überließen sie
es ihnen, ob sie dieselben annehmen oder verschmähen
wollten. Es ist wahr, sie hatten noch ein übermensch=
liches Mittel in ihrer Gewalt, sich Ehrerbietung, Be=
wunderung und Beyfall zu verschaffen; die Wunder,
welche sie so häufig verrichteten; und es ist kein Zweifel,
daß der Fortgang des Evangelii dadurch ungemein be=
schleunigt worden sey. Aber dennoch findet man nicht,
daß dieses das einzige, nicht einmal, daß es immer das
vornehmste Mittel gewesen wäre, dessen sie sich bedient
hätten, um Anhänger zu gewinnen. Wunder allein wä=
ren freylich hinreißend und unwiderstehlich für sehr viele
Menschen gewesen; würden aber vermuthlich nicht so sehr
zur Ehre der Apostel ausgeschlagen seyn, als ein mit
Wundern

Wundern stets vereinigter Unterricht, oder ein sogar ohne
Unterstützung von Wundern fruchtbarer Unterricht es gewesen ist. Ihre Feinde hätten sagen können, daß sie
nur durch wunderbare Handlungen, deren Entstehungs-
art unbekannt wäre, die Sinnen ihrer Zuhörer betäubten,
weil sie durch die Stärke ihrer Lehren nichts ausrichten
könnten. Daher übten die Apostel ihre Wunderkräfte oft
mit einer eben so vorsichtigen Sparsamkeit aus, als Jesus
selbst: sie gebrauchten dieselben, um zu beweisen, daß
sie wirklich von Gott gesandt wären; um den halsstarrigen Unglauben zu demüthigen; ihren Lehren bahnten sie
dadurch bisweilen den Weg in gut geartete Gemüther,
und zeigten überhaupt, was sie thun könnten, wenn sie
bloß Erstaunen hervor zu bringen gesonnen wären. Der
Hauptweg, den sie betraten, waren sanfte, für jede Art
von Zuhörern faßliche und zur Gewißheit führende Lehren:
den glücklichen Ausgang ihrer Unternehmung erwarteten
sie vor allen Dingen von der Macht der verkündigten
Wahrheit, die sie auch durch ihre ganze Aufführung bestätigten. An Statt sich durch Wunder oder gar durch
niedrige Hülfsmittel aus drohenden Gefahren zu retten,
hielten sie es vielmehr vor einen Ruhm, für eine solche
Sache, als die ihrige war, verfolgt zu werden, und waren auch sonst ein Beyspiel jeder Tugend. Mit so gelin-
den, aber doch durchdringenden Anstalten, brachten sie in
einer ungemeinen Geschwindigkeit, Menschen von aller
Art, von sehr verschiedenen Ständen, Geschlechtern,
Himmelsstrichen, Religionen und Sitten, ohngeachtet
der heftigsten Widersetzung, mit welcher ihnen Obrigkeiten, Priester, Gelehrte, und der größte Theil des Volks
begegneten, zu einer Religion, welche durchaus nicht für
die Einbildungskraft, oder für die Leidenschaften der Menschen gemacht war, von der sie keine weltliche Vortheile
versprechen konnten, sondern die mit der abschröckenden
Gewißheit des Verlustes irdischer Glückseligkeit begleitet
war, die eine tugendhafte Strenge des Lebens forderte,

M 3   und

und deren einzige Reizungen aus ihrer innern Kraft und Stärke, und aus den Hoffnungen eines beſſern Lebens, zu welchen ſie berechtigte, entſtanden. Solchergeſtallt wurde dieſe Religion auf keine von den gewöhnlichen Arten, wie neue, die herrſchende Denkungsart beleidigende Meinungen oder Geſtalten des Gottesdienſtes in der Welt ausgebreitet worden ſind; vielmehr auf eine nur alsdenn begreifliche Weiſe den Menſchen annehmlich gemacht, wenn man zugiebt, daß ſie wahr und göttlich ſey. Man kann es daher ihren Freunden, ſelbſt nach den Grundſätzen und Erfahrungen der Geſchichte, nicht verargen, daß ſie eben dieſe Folgerung aus allen Umſtänden ihrer Fortpflanzung gezogen haben.

Urſprung
der
heiligen Schriften der Chriſten.

Auch die Schüler der Apoſtel haben das Chriſtenthum auf eine ähnliche Art, in eben derſelben Abſicht, unter faſt gleichen Hinderniſſen, und mit einem nicht viel geringern Glücke gepredigt. Sie fanden freylich eine große Erleichterung in dem weit umher von ihren Lehrern gelegten Grunde; aber ſie ahmten auch das uneigennützige, aufrichtige und ſtandhafte Betragen derſelben durchgehends nach. Wenn ſie gleich die Religion nicht aus dem Munde Jeſu ſchöpften; ſo hatten ſie doch ſolche Zeugen von ſeiner Geſchichte und Lehre an den Apoſteln, eine ſo erwünſchte Beſtätigung dieſes Zeugniſſes
durch)

durch die Wundergaben derſelben, die ſie auch ihnen ertheilten, vor ſich, daß ſie davon mit aller Zuverläßigkeit
reden konnten. Nicht allein für ſie, ſondern auch für
die neu geſtifteten Gemeinen, und für alle künftige Chriſten, erlangte dieſes Zeugniß dadurch mehr ſichere Gewißheit, daß die Apoſtel ihre Nachrichten und Lehren in
vielen beſondern Schriften vortrugen, die wir noch eben
ſowohl als ihre Zeitgenoſſen, beurtheilen und prüfen
können.

Dieſe Schriften, die ein ſo kräftiges und dauerhaf-
tes Beförderungsmittel der chriſtlichen Religion unter den
Menſchen abgegeben haben, ſind merklich genug deswegen ſo früh aufgeſetzt worden, damit der Nachwelt keine
Zweifel übrig bleiben möchten, wie die Religion Jeſu
beſchaffen geweſen ſey; auf welche Beweiſe ſie ſich gegründet habe; und wie ſie ihr Stifter habe fortgepflanzt
wiſſen wollen. Sie entſtanden zwar größtentheils aus
dem Bedürfniſſe der erſten Gemeinen: und außerdem
ſollten vielleicht auch Juden und Heiden, denen ſie zu Geſichte kamen, das Chriſtenthum daraus eben ſo richtig
als aus der mündlichen Predigt kennen lernen. Aber
dieſer letztere Nutzen iſt hauptſächlich allen folgenden Jahrhunderten zugedacht worden; zu einem großen Vorzuge
dieſer Religion, daß ſie niemals von den Einfällen der
Menſchen abhängen, immer unveränderlich, wie ſie in
dieſen Schriften abgebildet iſt, gelehrt werden ſollte.
Daher iſt auch in der chriſtlichen Kirchengeſchichte dieſes
immer beynahe die vornehmſte Frage, in was vor einer
Achtung dieſe Schriften bey den Chriſten geſtanden haben, und was man von denſelben vor einen Gebrauch
gemacht habe. Es ſind zwar Zeiten gekommen, da die
chriſtliche Religion durch eigenmächtige Erklärungen und
Zuſätze verfälſcht, auch groſſentheils verdunkelt worden
iſt; aber ſie konnte allemal, ſobald es den Menſchen nur
gefiel, mit vieler Leichtigkeit aus dieſen Schriften, dem

unentbehrlichsten Geschenke, das ihr Stifter der Welt hat machen lassen, wieder hergestellt werden.

Ihre Verfasser konnten nicht besser gewählt werden, um das Leben Jesu, seine Religion und ihre Ausbreitung zu beschreiben. Es waren verschiedene Apostel, und darunter besonders diejenigen, mit denen er am vertrautesten umgegangen war, oder die seine Lehre am glücklichsten verkündigt hatten; neben ihnen aber zween ihrer besten Schüler und ungetrennten Gefährten. Die Apostel hatten von Jesu die durch seine Wunder glaubwürdige Versicherung bekommen, daß sie der Geist Gottes an alles, was sie von ihm gehört, erinnern; sie beständig dasjenige lehren sollte, was sie zum Vortrage und zur Vertheidigung seiner Religion brauchen würden. Alle diese Schriftsteller konnten auch die Wundergaben als eine Vollmacht Gottes an die Menschen aufweisen, der ihren Unterricht dadurch offenbar billigte und empfohl. Sie haben zum Theil Weißagungen in ihren Büchern angeführt, deren Erfüllung man nicht läugnen kann. Dieses zusammen genommen, war für die Christen von der ersten Zeit an, da diese Schriften bekannt wurden, hinlänglich, um sie nicht nur vor heilig zu halten, vor jeder Veränderung sicher zu stellen; sondern um auch in denselben eine göttliche Eingebung zu erkennen. Nach einer sehr hohen Wahrscheinlichkeit hat sich diese Eingebung darinne gezeigt, daß den Verfassern dieser Schriften das Unbekannte von Gott geoffenbart, von dem ihnen Bekannten dasjenige, was zu ihren Absichten am nützlichsten seyn konnte, an die Hand gegeben, und die Gefahr zu irren von ihnen gänzlich entfernt worden ist. Aber einem jeden blieb die Freyheit seines eigenthümlichen Ausdrucks übrig; sie erklärten die dergestalt erlangten richtigen Begriffe in solchen Worten, als ihrer Gemüthsart, Gewohnheit im Schreiben, und andern besondern Umständen gemäß waren.

Alles

Alles andere bey dieſen Schriften befriedigte ebenfalls die Erwartung der erſten Chriſten. Sie wurden
von mehrern ihrer Lehrer, zu verſchiedener Zeit, in mehr
als einer Geſtalt aufgeſetzt, immer in der ungezwungen-
ſten und ſchicklichſten zu ihrem Gebrauche. Bey allem
äußerlichen Unterſcheide derſelben unter einander, giengen ſie doch auf einen Zweck, und ſtimmten in allen Lehren des Chriſtenthums mit einander überein, beſtätig-
ten den mündlichen Vortrag, und waren unverwerfliche
Beweiſe von der Wahrheitsliebe und von dem Eifer ihrer Verfaſſer. Sie verſahen die Gemeinen mit glaubwürdigen Nachrichten, auf welche ſie ſich berufen konnten, und waren ganz nach ihrem Zuſtande eingerichtet.
In allen trafen die Chriſten eine zulängliche Deutlichkeit
und einen vollſtändigen Unterricht an. Bey den hiſtoriſchen Schriften mußte es ihnen in die Augen fallen, daß
ihre Verfaſſer mit der redlichſten Einfalt Begebenheiten, die ſie am zuverläßigſten wußten, erzählt hatten:
daß ſie aber auch die Welt bey ſo neuen Begebenheiten
nicht einmal hätten hintergehen können, wenn gleich der
Vorſatz dazu bey ihnen entſtanden wäre. In den Schreiben der Apoſtel fanden ſie zwar Lehren oder Erklärungen,
die Jeſus, ſo weit man aus ſeiner Geſchichte urtheilen
kann, nicht ausdrücklich vorgetragen hatte; wie unter
andern die Belehrung von der Art, auf welche die Sünde und ihre Strafen zu allen Menſchen durchgedrungen
ſind; (Brief an die Röm. Chriſten, Cap. V.) die Auslegung des von Jeſu geſtifteten Abendmahls, und ſeines Gebrauchs; (1 Br. an die Corinth. C. X. XI.) die
Vereinigung der Vorzüge, welche das Jüdiſche Volk
von Gott empfangen hatte, mit der Berufung zur Seeligkeit, die er auch an die Heiden gelangen ließ; (Br.
an die Röm. Chr. C. IX. X. XI.) die gänzliche Ab-
ſchaffung des Jüdiſchen Cärimonialgeſetzes; (Ebendaſ.
und Br. an die Galat. C. III. folg.) und noch andere mehr: beſonders viele einzelne Vorſchriften des Le-

M 5 bens,

bens, Ermahnungen, Warnungen, und selbst Weissa=
gungen. Allein außerdem, daß die Christen überhaupt
verbunden waren, Lehrern, die Jesus so feyerlich be=
vollmächtigt, als so zuverläßige Ausleger seines Willens
aufgestellt hatte, in allem zu glauben: so konnten sie
auch von eben diesen eine genauere Entwickelung seiner
Religion; die Ergänzung dessen, was er dabey aus der
Jüdischen vorausgesetzt hatte; die Anwendung seiner Leh=
ren auf den Zustand einer jeden Gemeine, und auf die
Veränderungen der Zeiten; vorzüglich aber eine weise
Richtung derselben auf ihre Zweifel, Irrthümer, Feh=
ler, und sehr verschiedene Fähigkeiten oder Neigun=
gen, erwarten. Endlich wurden ihnen auch diese Schrif=
ten in einer Sprache übergeben, die nicht allein unter
die üblichsten im Römischen Reiche gehörte; sondern
auch in ihren meisten Gemeinen geredet wurde; noch
dazu in einer Mundart dieser Sprache, die ihnen, da
sie größtentheils bekehrte Juden waren, durch ihre
ganz Hebräische Ausbildung desto verständlicher seyn
mußte.

Aber auch die Nachwelt konnte sich bey diesen
Schriften beruhigen, sie als solche betrachten, die zu=
gleich für sie aufgesetzt wären. Wenn gleich in densel=
ben viele Lehren und Umstände vorkommen, die nur für
die ersten Gemeinen und ihre Lehrer gehören: so enthal=
ten sie dagegen auch den allgemeinen Unterricht vom
Christenthum in einer bündigen und faßlichen Kürze:
selbst jenes Besondere ist bey ihrem Gebrauche wichtig.
Die Gewißheit von ihrem hohen Ursprunge und Werthe
blieb bey den Nachkommen eben so stark als sie in der
ersten Kirche war: und wurde sogar noch durch das Zeug=
niß, welches diese von ihnen ablegte, verstärkt. Da
sie einzeln, zu verschiedenen Zeiten, in weit von einan=
der entlegenen Ländern, zum Vorschein kamen, und zu=
nächst auch für einzelne Gemeinen und Personen meisten=
theils

theils bestimmt waren: so wurden sie erst nach und nach unter den Christen allgemein bekannt, und auf gleiche Art vor zuverläßige Schriften ihrer Verfasser angenommen. Man verfuhr dabey sehr bedachtsam, und frey von aller Leichtgläubigkeit. Die allermeisten dieser Schriften erkannten zwar sogleich alle Christen vor das, wofür sie ausgegeben wurden; allein bey einigen derselben, sonderlich Briefen der Apostel, trafen sie nicht alle Merkmale an, welche sie suchten, und zweifelten daher lange Zeit, ob sie sich von ihnen herschrieben. Diese Zweifel haben bey vielen bis zum vierten Jahrhunderte fortgewähret: der größere Theil der Christen, der sie lange nicht mehr hegte, konnte doch die Vorsichtigkeit derselben nicht tadlen. Aber in diesem Jahrhunderte, da mit der nähern Verbindung aller Christen unter einander zuerst auch allgemeine Kirchengesetze von ihnen eingeführt wurden, kamen sie endlich alle überein, daß auch die vor zweifelhaft gehaltenen Bücher ein gleiches Ansehen mit den übrigen verdienten. So entstand nach und nach die Sammlung der heiligen Schriften der Christen, wie wir sie noch lesen. Sie waren auch schon damals zu ihrem Endzwecke hinreichend, als sie noch nicht in dieser vollständigen Sammlung beysammen gebraucht wurden. Denn eine einzige von den Lebensgeschichten Jesu, und etwan ein oder zwey Schreiben der Apostel, sagten den Christen, überhaupt genommen, bereits alles, was sie von der Religion zu wissen brauchten. Offenbar mußten sich auch die ersten Gemeinen an einer oder an wenigen dieser Schriften begnügen. Sobald man aber mehrere derselben kennen lernte, waren die Christen verbunden, sich ihrer aller mit einerley Ehrerbietung zu bedienen. Man hat sie bald die Schriften des Neuen Testaments genannt, und richtiger noch, mit ihren Verfassern selbst, des Neuen Bundes; weil sie die Bedingungen oder Vorschriften des neuen Bundes in sich begreifen, den Gott durch Jesum mit dem menschlichen

Ge=

Geſchlechte aufgerichtet hat, im Gegenſaße auf ſeinen alten Bund mit dem Jüdiſchen Volke; wohl verſtanden, daß im bibliſchen Ausdrucke der Bund Gottes mit den Menſchen überhaupt ſeine Befehle anzeigt, die mit gewiſſen Verheiſſungen verbunden ſind.

Eine genauere Unterſuchung und Beſtätigung aller Umſtände, die bisher von dieſen heiligen Büchern angeführet worden ſind, gehöret zwar für diejenigen, welche eine kritiſche Geſchichte derſelben geſchrieben haben, um ihr Leſen zu erleichtern, unter welchen Johann Mill und Johann Jacob Wetſtein (Prolegomen. in N. Teſt.) Herr Hofrath Michaelis (in der Einleitung in die göttlichen Schriften des Neuen Bundes,) und Herr D. Semler (in der Geſchichte der chriſtlichen Glaubenslehre, vor dem Erſten Theile von Baumgartens Unterſuchungen theologiſcher Streitigkeiten,) leicht die gelehrteſten und ſcharfſinnigſten ſeyn dürften: auch für ſolche Schriftſteller, welche das Anſehen dieſer Schriften wider die Feinde des Chriſtenthums vertheidigt haben, von denen Nathan. Lardner (in der Glaubwürdigkeit der Evangeliſchen Geſchichte,) und Herr D. Nöſſelt (in der Vertheidigung der Wahrheit und Göttlichkeit der chriſtlichen Religion,) vor vielen andern genannt zu werden verdienen. Allein in einer Geſchichte der chriſtlichen Religion und Kirche, dürfen auch kurze Nachrichten und Beſchreibungen von einer jeden dieſer Schriften nicht gänzlich fehlen.

Allem Anſehen nach iſt die Lebensgeſchichte Jeſu, vom Matthäus, oder ſein Evangelium, wie es die Kirche genannt hat, die älteſte, wenigſtens eine der älteſten dieſer Schriften. Man darf zwar aus der Wahrſcheinlichkeit allein nicht alles ſchließen; wenn es gleich glaublich iſt, daß dieſer Apoſtel ſeine Erzählung von dem Leben Jeſu deswegen nicht ſehr ſpät aufgeſetzt habe, um

nicht

nicht einer Menge von Erdichtungen in dieſer Geſchichte, die ſehr zeitig entſtehen mußten, viele Jahre hindurch) einen freyen Lauf zu laſſen, den ein mündlicher Vortrag lange ſo kräftig nicht hindern konnte, als eine überall ſich ausbreitende Schrift. Aber da eine vermuthlich) ſehr alte Sage, die in vielen Spuren übrig iſt, die Geſchichte des Matthäus im ein und vierzigſten Jahre der chriſtlichen Zeitrechnung geſchrieben werden läßt, und hingegen die Nachricht des Irenäus (adverſ. haereſ. L. III. c. 1.) die das gedachte Buch in diejenige Zeit ſetzt, zu welcher Petrus und Paulus zu Rom gelehrt haben, mithin mehr als zwanzig Jahre ſpäter, in ganz ungewiſſe Jahre; da dieſe Nachricht auch durch andere falſche oder verdächtige Erzählungen eben dieſes Schriftſtellers viel von ihrer Glaubwürdigkeit verliert: ſo kann wohl, wie es ſcheint, die Wahrſcheinlichkeit hier hinzutreten, um die erſtere Meinung zu befeſtigen. Darinne kommen hingegen faſt alle alte Schriftſteller überein, daß Matthäus ſein Evangelium zunächſt für die Juden in Paläſtina, unter denen er zuerſt das Chriſtenthum geprediget hatte, aufgeſetzt, und es ihnen bey ſeiner Abreiſe in andere Länder hinterlaſſen habe. Sie ſetzen noch einſtimmiger hinzu, vom Papias und Irenäus an, (beym Euſebius Hiſt. Eccl. L. III. c. 39. L. V. c. 8. verglichen mit L. III. c. 24.) er habe es in hebräiſcher Sprache geſchrieben, und jedermann habe es, wie Papias verſichert, ſo gut überſetzt, als es ihm möglich geweſen ſey. Ein ſo einhelliges Zeugniß, ſollte man glauben, leidet weiter keine Widerrede, und die Geſchichte des Matthäus, die wir jetzt haben, müßte alſo eine griechiſche Ueberſetzung von ungewiſſem Werthe ſeyn. An ſich betrachtet, wäre dieſe Meinung weder unwahrſcheinlich, noch von ſchädlichen Folgen für die Religion. Denn daß die Nachwelt ohne das Evangelium Matthäi keine ganz zulängliche Nachricht von der Geſchichte Jeſu würde gehabt haben; dieſes haben die

Stifter

Stifter des Christenthums, so viel wir wissen, niemals
gesagt; obgleich dieselbe zur Bestätigung und Ergänzung
der übrigen ähnlichen Geschichten immer vortrefliche Dienste thun würde. Sie hätte für besondere Gemeinen bestimmt seyn, und ohne Nachtheil der Christen in der Urschrift untergehen können. Allein man hat vermuthlich
die Folge zu geschwind als nothwendig angenommen,
daß ein Buch, welches hauptsächlich für die Juden im
gelobten Lande geschrieben worden ist, in hebräischer
Sprache abgefaßt seyn müßte; und dieser Gedanke
hat die ganze Meinung wo nicht aufgebracht, doch
sehr stark unterstützt. Dazu kommt besonders dieses,
daß die Nazarener oder Nazaräer, eine irrgläubige
Parthey unter den Christen nach dem Anfange des
zweyten Jahrhunderts, ein Evangelium Matthäi in
hebräischer Sprache gehabt haben, das sie für den
ursprünglichen Aufsatz des Apostels ausgaben; das man
aber vielmehr vor eine bald verfertigte, sehr verfälschte
Uebersetzung desselben anzusehen, berechtiget ist. Die
Kirchenlehrer, die fast alle das Hebräische nicht verstun-
den, konnten desto leichter beredet werden, eine so alte,
von den Jüdischgesinnten Christen in Palästina so eifrig
gepriesene Schrift vor die Urkunde selbst anzunehmen.
Sehr wenige unter ihnen scheinen sie nur gesehen zu haben; keiner hat sich derselben zu gleichen Absichten als
des griechischen Textes, den wir unter Matthäi Nahmen besitzen, bedient: man kann sogar Stellen von einigen dieser Lehrer im dritten und vierten Jahrhunderte
anführen, aus denen man schließen möchte, daß sie die
Urschrift Matthäi vor griechisch gehalten haben.
Da auch Papias der älteste ist, welcher der hebräischen Urkunde Matthäi gedenkt: so könnte er gar wohl,
nach seiner Gewohnheit, einer ungewissen Sage gefolgt
seyn, und die spätern Lehrer hätten also auf seine Nachricht zu viel gebauet. Alles dieses ist freylich nicht entscheidend bey dieser Frage; aber es zeigt wenigstens, daß
die

die älteſten chriſtlichen Lehrer nicht geglaubt haben, daß
alle heilige Bücher der Chriſten in der griechiſchen Sprache aufgeſetzt werden müßten; ſie haben nicht einmal befürchtet, daß eine bloße Ueberſetzung von einer Lebensbeſchreibung Jeſu der Glaubwürdigkeit der letztern nachtheilig werden dürfte.

Wenn auch die Geſchichte des Matthäus nicht
in ſo frühe Zeiten gehören ſollte; ſo iſt es deſto gewiſſer,
daß Paulus im Jahr 52 von Corinth aus das erſte
ſeiner Schreiben an die Gemeine zu Theſſalonica abgelaſſen hat. Sie war kurz vorher von ihm geſtiftet worden, und beſtand größtentheils aus Heiden. Er rühmt
ſie darinne wegen ihrer Standhaftigkeit bey Verfolgungen, und ermahnt ſie zu allen chriſtlichen Tugenden.
Inſonderheit aber ſucht er ſie von dem unter ihnen, wie
unter vielen andern Chriſten, eingeriſſenem Irthum zu
befreyen, als wenn das jüngſte Gericht nahe bevorſtün-
de: ein Gedanke, der vielleicht unter andern aus einer
Vermiſchung der angekündigten Zukunft Jeſu zur Strafe des jüdiſchen Volks, mit ſeiner letzten Erſcheinung zum
Gerichte des menſchlichen Geſchlechts, entſprungen ſeyn
mochte. Der Apoſtel widerlegt auch die damit verbundene Meinung der Theſſalonicenſer, daß die bereits
Verſtorbenen viel dadurch verlören, weil ſie die Zukunft Jeſu nicht erlebt hätten und daß hingegen die
bey derſelben noch lebenden große Vorzüge vor jenen
erlangen würden.

Gleich darauf ſchrieb er an eben dieſe Gemeine
den zweyten Brief, zu welchem er eine ähnliche Ver-
anlaſſung hatte. Außer den ſittlichen Vorſchriften, die
er ihr ertheilt, darunter beſonders die nachdrücklichſte
Warnung vor dem Müßiggange gehört, kommt er
wieder auf ihre Erwartung der Zukunft Jeſu, und
bittet ſie, dieſelbe keineswegs vor ſo nahe zu halten;

wenn

wenn gleich dieſes in Brieſen, die man in ſeinem Nahmen erdichtet hätte, gelehrt würde. Der Tag Chriſti,
ſagte er, werde nicht eher erſcheinen, bis ein ſehr ruchlo-
ſer Abfall von der Religion werde erfolgt ſeyn, und bis
die Menſchen ſich über Gott und ihre Fürſten auf die
frechſte Art würden erhoben haben: welche Gottloſigkeit
ſich ſchon jetzt zu regen anfange; ihr Ausbruch aber
werde ſich bald zeigen, und ihre Strafe ſey bey der
Zukunft des Herrn unvermeidlich. Es iſt ſehr wahrſcheinlich, daß Paulus hier das bevorſtehende große
Unglück des Jüdiſchen Volks verſtanden habe, vor
welchem ein ſo allgemeines Verderben der Sitten und
ſo ſchröckliche Empörungen unter demſelben hergegangen ſind. Er bedient ſich zwar allerhand Ausdrücke
und Merkmale, die für uns nicht mehr ſo deutlich
ſind, als für die damaligen Gemeinen; aber eben daraus ſieht man, daß dieſer Unterricht ihnen am noth-
wendigſten geweſen ſey. Sollte man aber auch mit
vielen Auslegern glauben, daß der Apoſtel den noch
ſchädlichern Abfall der Römiſchen Kirche, und beſonders ihrer Lehrer von der wahren chriſtlichen Religion
nach ſo vielen Jahrhunderten hier vorhergeſagt habe;
ſo würde es doch immer eine gewiß erfüllte Weiſſagung bleiben, die ſchon allein dieſem Briefe Pauli
ein großes Anſehen verſchafft.

Sein Brief an die Chriſten in Galatien iſt ohngefähr zu eben dieſer Zeit, wo nicht gar früher als die
erſtgedachten Briefe, aufgeſetzt worden. Sie waren
lauter bekehrte Heiden; hatten ſich aber von Jüdiſchgeſinnten Chriſten verleiten laſſen, zu glauben, daß die
Verbindlichkeit, das Moſaiſche Geſetz zu halten, niemals aufhöre. Dieſes beſtreitet Paulus deſto lebhafter, da ſie ſeines Unterrichtes ſehr bald vergeſſen hatten, und ihre Verführer ſeine Lehre und ſein Anſehen zugleich verdächtig zu machen ſuchten. Er beweiſet ihnen,

nen, daß er eben ſo viel Anſehen als die übrigen Apoſtel von Jeſu empfangen habe, mit denſelben und mit der Gemeine zu Jeruſalem in dieſer Lehre übereinſtimme, und ſelbſt Petrum beſtraft habe, da er in ſeiner Gefälligkeit gegen dieſes Jüdiſche Vorurtheil zu weit gegangen war. Inſonderheit aber beruft er ſich darauf, daß die chriſtliche Religion nicht die Erfüllung des jüdiſchen Geſetzes, ſondern den Glauben an Jeſum verlange, um den Menſchen die Gnade Gottes zu verſchaffen; daß Jeſus ſie von dem knechtiſchen Joche ihres väterlichen Geſetzes befreyet habe, und daß, ſich freywillig darunter begeben, nichts anders heiſſe, als Jeſu entſagen; daß Abraham ſogar ohne die Beſchneidung, bloß durch den Glauben an Gott, demſelben gefallen habe; daß endlich die ganze Einrichtung und Abſicht des Cärimonialgeſetzes, welches er ſchwache und dürftige Satzungen nennt, zeige, es habe durch Chriſtum ſeine Kraft verlieren müſſen. Paulus hatte ſonſt eine nicht geringe Nachſicht gegen den hartnäckigen Eifer der Juden für ihr Geſetz bewieſen; aber daß ſie auch die Chriſten aus dem Heidenthum in Verwirrung brachten, und ihnen die Beobachtung dieſes Geſetzes aufdrangen, dieſes ahndete er deſto ſchärfer. Seine vollſtändige Widerlegung ihres Vorurtheils begleitet er noch mit Ermahnungen an die Galater zur chriſtlichen Gottſeeligkeit, wie ſie aus dem Glauben an Jeſum flieſſe, und ſeinem edlern Geſetze gemäß ſey.

Einige Zeit darauf unterrichtete Paulus die Chriſten zu Corinth in einem Schreiben; das aber, wie vielleicht mehrere Schreiben der Apoſtel an einzelne Gemeinen, verloren gegangen iſt. Da ſie noch einige Belehrung von ihm verlangten, ſetzte er einen andern Brief, vermuthlich im Jahr 57, auf, der unter den jetzt vorhandenen an dieſe Gemeine, die erſte Stelle einnimmt. Er iſt ganz auf den beſondern Zuſtand derſelben gerich-

II. Theil.   N   tet,

tet, und begreift daher eine ziemlich vollständige Abschilderung von ihr, aus welcher man unter andern sehen kann, wie zeitig selbst in diese ersten Gemeinen, welche die Apostel zu Lehrern und Vorbildern hatten, Laster und Ausschweifungen jeder Art eingedrungen sind. Paulus ermahnet zuerst die Corinthier, alle Spaltungen unter sich aufzuheben, und nicht nach dem Nahmen besonderer Lehrer, welche sie gehabt hatten, Partheyen aufzurichten; indem Christus ihr allgemeiner Lehrer sey, nach dem sich alle nennen müßten. Er erinnert sie daran, daß er nicht gesucht habe, sich bloß Anhänger zu verschaffen; sondern vielmehr das Evangelium auszubreiten; daß er dabey, im Vertrauen auf die göttliche Kraft und Weisheit dieser Lehre, weder das Aergerniß, das die Juden an dem Kreutzestode Jesu nahmen, noch den Spott der Heiden darüber geachtet, und ohne alle Gelehrsamkeit, Beredsamkeit und Kunst gelehrt habe, damit man nicht diesen Hülfsmitteln den Fortgang des Evangelii zuschreiben, und es dadurch im Grunde nur verächtlich machen möchte. Er setzt hinzu, daß er ihnen anfänglich nur die Hauptlehre von Jesu auf eine faßliche Weise beygebracht habe, weil sie unfähig gewesen wären, alle Geheimnisse und Vorschriften des Christenthums anzunehmen; allein auf diesen Grund müßte wenigstens von jedem Lehrer weiter gebauet werden. Er bestraft hierauf die Christen zu Corinth, daß sie eine mit Blutschande verbundene Hurerey unter sich litten; verlangt, daß sie den Verbrecher von ihrer Gemeinschaft ausschließen, und drohet demselben im Nahmen und durch die Gewalt Jesu Christi, eine harte Krankheit aufzulegen, damit durch diese leibliche Züchtigung, die Besserung seines Geistes befördert werde. Daraus durften sie zwar nicht schließen, daß es ihnen nicht erlaubt sey mit den lasterhaften Heiden umzugehen; aber unter sich sollten sie wenigstens keine groben Sünder dulden. Diese strenge Kirchenzucht, die er empfohl, war der Heiligkeit des

Chri=

Chriſtenthums gemäß, und auch wegen eines würdigen
Beyſpiels vor den Juden und Heiden nothwendig.
Paulus tadelt die Corinthiſchen Chriſten ferner, daß
ſie einander vor heidniſchen Gerichten verklagten, und
nicht vielmehr unter ſich ſelbſt Schiedsrichter zur Bey-
legung ihrer Streitigkeiten wählten. Er widerſetzt ſich
ſehr nachdrücklich der unter ihnen einreißenden, aus
dem Heidenthum gekommenen Meinung, daß die Hurerey eine gleichgültige Sache ſey. Sie hatten ihm beſonders einige Fragen vom Eheſtande vorgelegt. Dieſe beantwortet er dadurch, daß er zeigt, es könne niemanden
ſchlechterdings angerathen werden, entweder in dieſen
Stand zu treten, oder ehelos zu bleiben: keiner von beyden Ständen ſey an ſich tadelhaft, und ein jeder habe
ſeine Vortheile; die Umſtände, in denen ſich die Menſchen befinden, müßten hiebey alles entſcheiden; obgleich
die meiſten durch die Stärke ihres natürlichen Triebes zur
Ehe verbunden wären. Darauf ertheilt er ihnen Lehren
in Anſehung des Gebrauchs erlaubter Dinge; die aber
ſchwachen Gemüthern anſtößig ſind: in welchem Falle
ſie ſich derſelben enthalten ſollten. Die Gelegenheit dazu gaben ihm die Götzenopfer, von welchen einige ohne
alle Behutſamkeit gegen andere Chriſten, welche dieſes
vor ſündlich hielten, aßen. Mit dieſer Vorſchrift vergleicht er ſein eigenes Verhalten, da er wohl berechtiget
wäre, ſeinen Unterhalt von den Chriſten zu verlangen;
aber, um dem Evangelio keine Nachrede zu zuziehen, ſo
wie manches andere Erlaubte, es unterlaſſen habe.
Paulus verordnet weiter einiges beym Gottesdienſte
dieſer Chriſten: die Frauensperſonen ſollten nach dem
damals üblichen Wohlſtande, mit verhülltem Geſichte
dabey erſcheinen, und das Abendmahl des Herrn, deſſen
Stiftung, Abſicht und würdigen Genuß er genau be-
ſchreibt, ſollte nicht durch unordentliches Eſſen und Trinken einzeler Chriſten, an Statt der gemeinſchaftlichen
Liebesmahle, entheiligt werden. Er hält ſich inſonder-

heit

heit lange bey dem Mißbrauche auf, der in dieser Ge=
meine bey den außerordentlichen Gaben des heiligen Gei=
stes vorgieng. Manche, welche dieselben besaßen, vor=
nemlich die Gabe fremde Sprachen zu reden, bedienten
sich ihrer nur, um sich ein Ansehen zu geben, und rede=
ten in der Versammlung der Christen, ohne verstanden
zu werden. Dagegen beweiset Paulus, daß diese Ga=
ben niemals ohne gemeinnützige Absichten gebraucht
werden dürfen, und daß die Liebe, der Inbegriff aller
christlichen Gottseeligkeit, weit unentbehrlicher und dauer=
hafter sey, als alle diese geistliche Fähigkeiten, die nur
für die ersten Zeiten und Bedürfnisse der Christen gege=
ben wären. Endlich widerlegt er auch diejenigen in der
Gemeine, welche die Auferstehung der Todten leugne=
ten, und führt einen sichern Beweiß, daß nicht nur Je=
sus auferstanden sey: sondern daß auch sie dereinst auf=
erstehen werden, weil sie sonst, wenn ihre Hoffnung auf
Jesum nur in dieses Leben eingeschlossen wäre, die elen=
desten unter allen Menschen seyn würden; es auch ganz
vergeblich wäre, sich nach so vielen verstorbenen Christen
auf eben den Glauben, den sie bekannt haben, taufen
zu lassen.

Dieser Brief war bey den Christen zu Corinth
nicht ohne Würkung. Aber gleichwohl blieben daselbst
einige falsche Lehrer übrig, die gerne wider die Absicht
Pauli, Oberhäupter von besondern Partheyen vorge=
stellt hätten, ihn daher verachteten, und bey der Gemei=
ne verdächtig zu machen suchten. Dadurch wurde der
Apostel genöthigt, kurz darauf den zweyten Brief an
diese Gemeine abzulassen. Zu seiner Vertheidigung er=
zählt er darinne von der einen Seite seine unzählichen
Arbeiten, Mühseeligkeiten, Gefahren und Verfolgun=
gen; von der andern aber die außerordentlichen Gaben,
Vorzüge, Offenbarungen und Erscheinungen, die ihm
von Gott zu Theil geworden wären: und er läßt die=

Chri-

Chriſten daraus ſelbſt den Schluß machen, ob er nicht,
auch bey ſeinem geringen äußerlichen Anſehen, und bey
ſeinem Mangel an Beredſamkeit, ein wahrer Apoſtel
Jeſu ſey. Er zeigt bey dieſer Gelegenheit auch, wie
weit das Evangelium dem Jüdiſchen Geſeße vorzuziehen
ſey, und mit welcher Freudigkeit Chriſten um ihrer Religion willen leiden könnten. Er vergiebt nunmehro dem
Blutſchänder in ihrer Gemeine, weil er Urſache hatte,
mit ſeiner Reue und Beſſerung zufrieden zu ſeyn.
Der ganze Brief iſt voll von dem lebhafteſten Vertrau-
en auf das rühmliche Zeugniß Gottes und ſeines Gewiſ-
ſens, das Paulus für ſich anführen konnte.

In eben dieſe Zeit ſcheint auch der erſte Brief des
Apoſtels an den Timotheus zu gehören. Dieſes war
der rechtſchaffenſte, geliebteſte und treueſte unter allen
Schülern und Gefährten Pauli, von dieſem ſchon vor
mehrern Jahren als ein griechiſcher Jüngling in Lycaonien zum Chriſtenthum bekehrt, und bald darauf durch
Gebet und Auflegung der Hände, worauf die außerordentlichen Gaben des heiligen Geiſtes folgeten, zum Lehramte eingeweiht worden. Da er von ſeiner Jüdiſchen
Mutter einen ſehr guten Unterricht in ihrer Religion erhalten hatte, beſtimmte ihn Paulus zum Lehrer unter
den Juden, und ließ ihn ſogar beſchneiden, weil er ſonſt
bey denſelben verhaßt geweſen wäre. So vieles Nachgeben ſchien ein Volk zu verdienen, von welchem die
Apoſtel hoffen konnten, daß es nach der trefflichen Vorbereitung, deren es genoſſen hatte, größtentheils das
Chriſtenthum annehmen würde. Timotheus erfüllte
dieſe Abſicht nach dem Wunſche ſeines Lehrers, der ihn
auch bey ſeiner Abreiſe von Epheſus daſelbſt zurück ließ,
um dieſe neu geſtiftete Gemeine einzurichten und zu regieren. Nach dem Euſebius (Hiſt. Eccl. L. III. c. 4.)
wurde er ſogar zum erſten Biſchof derſelben ernannt.
Allein zu geſchweigen, daß man nicht beweiſen kann, es

N 3 ſey

sey damals schon dieses Wort in dem engern Verstande der folgenden Zeiten, von dem obersten Vorsteher einer Gemeine gebraucht worden; so sieht man auch, daß Timotheus die seinige wieder eine geraume Zeit verlassen habe: welches er als ihr eigener Bischof nicht gethan haben würde. Man kann noch aus andern Merkmalen schließen, daß ihm nur auf eine gewisse Zeit eine außerordentliche Aufsicht über die Christen zu Ephesus aufgetragen worden sey. Wie er dieselbe führen müsse, belehrt ihn Paulus in diesem Briefe, der zugleich eine Vollmacht für ihn an die Gemeine abgeben konnte. Außer der Lehre des Evangelii, die er ihm ungemein deutlich einschärft, giebt er ihm viele besondere Vorschriften. Die Christen sollen öffentlich für die Kaiser und ihre übrige heidnische Obrigkeit beten, damit sie unter ihrer Regierung ruhig leben mögen. Zum Lehramte, (Paulus nennt es ein bischöfliches Amt,) sollen Personen von unsträflichen Sitten, die nur mit Einer Frau in der Ehe leben, (oder vielmehr nach einander gelebt haben: denn die zweyte Ehe wurde damals von vielen vor ein nicht rühmliches Zeichen einer geringen Enthaltsamkeit angesehen,) schon seit einiger Zeit Christen sind, und daher den Glauben wohl gefaßt haben, auch bey den Feinden des Christenthums in einem guten Rufe stehen, gesetzt werden. Die Diener der Gemeine oder Diaconi sollen gleichfals tugendhafte Männer seyn: und die Diaconissen oder Dienerinnen, die zu dem häuslichen Unterrichte der Frauenspersonen, bey ihrer Taufe, auch überhaupt zur Sorge für dieselben von den Christen gebraucht wurden; diese will Paulus nur aus frommen sechszigjährigen Wittwen gewählt wissen. Unter einer Menge Ermahnungen über das Verhalten des Timotheus gegen die Gemeine, findet man auch eine Weissagung des Apostels, es würden in spätern Zeiten unter den Christen Irrlehrer aufstehen, welche die Ehe und die Speise, die Gott zum Genuß der Menschen geschaffen

ſchaffen hat, verbieten würden. Da die Gemeine zu Epheſus vor dieſen Leuten gewarnet werden ſollte, und der Apoſtel ſie als Abfällige vom Chriſtenthum, auch mit keinen andern Lehrſätzen, als dieſen unterſcheidenden, bezeichnet: ſo iſt es wahrſcheinlich, daß er hier auf die Gnoſtiſchen Partheyen geſehen habe, welche die Chriſten im zweyten Jahrhunderte ſo ſehr beunruhigt haben.

Hierauf ſchrieb Paulus im Jahr 58 von Corinth einen Brief an die Chriſten zu Rom, die noch von keinem Apoſtel Unterricht empfangen hatten. Sie brauchten aber denſelben hauptſächlich wegen der Jüdiſchgeſinnten unter ihnen, von denen auch daſelbſt zu befürchten war, daß ſie die reine chriſtliche Lehre verfälſchen möchten. Daher giebt er ihnen einen ſehr vollſtändigen Unterricht über die Gründe, Abſichten und den Unterſcheid der chriſtlichen und jüdiſchen Religion. Seine wichtige Hauptlehre iſt dieſe: Nicht das Jüdiſche, auch nicht das natürliche Geſetze kann die Menſchen, welche es beobachten, in Gottes Augen gerecht und gut machen; ſondern bloß die Gnade Gottes, die ſich in der Erlöſung Jeſu Chriſti den Menſchen dargeboten hat, und von ihnen durch den Glauben angenommen werden muß. Juden und Heiden, ſagt er, werden von Gott auf gleiche Art vor Sünder angeſehen. Dieſe haben ſich des Lichts, das er ihnen durch die Vernunft leuchten ließ, meiſtentheils viel zu wenig bedienet, haben ſelbſt wider ihre natürliche Erkenntniß von Gott gehandelt, und werden auch nach dieſer gerichtet werden. Jene hingegen haben zwar die äußerlichen Vorſchriften ihres Geſetzes erfüllet; aber deſto mehr den innern Dienſt Gottes verſäumt, und ſind daher in noch unverzeihlichere Sünden gefallen. Beyde können unmöglich durch ihre Werke Gott gefällig werden: ſondern haben der Gerechtigkeit, die Gott den Menſchen durch den Glauben ſchenkt, nöthig.

Die

Dieſer erwarb ſchon dem Abraham, noch vor ſeiner Beſchneidung, Gnade bey Gott, und alle Vorzüge der Juden helfen ihnen wegen ihrer Sünde nichts. Sie und
die Heiden haben den Adam zu ihrem Stammvater,
durch welchen auf beyde die Sünde gekommen iſt; aber
mit beyden hat Gott durch Jeſum einen neuen Bund
der Gnade aufgerichtet. Die Gnade muß ſich alſo eben
ſo weit erſtrecken als bisher die Sünde. Und dieſe Lehre
des Evangelii von der Rechtfertigung der Menſchen vor
Gott, hebt die Verbindlichkeit heilig zu leben, ſo wenig
auf, daß ſie dieſelbe vielmehr ungemein verſtärkt. Die
Chriſten ſind zwar frey von dem Geſetze Moſis, das
nur zur Erkenntniß der Sünde führt, und das Urtheil
der Verdammung über die Sünder ausſpricht. Aber
ein ganz geiſtliches Geſetz, das ſich nicht auf äußere Be-
obachtungen einſchränkt, führt ſie dagegen durch Jeſum,
und nach ſeinem Unterrichte, zu einem heiligen Leben.
Von ſeinem Geiſt getrieben, erlangen ſie das Recht, Kinder Gottes und Erben der ewigen Seeligkeit zu heißen.
Die Leiden der Chriſten machen ihre Sehnſucht nach dieſer künftigen Glückſeeligkeit nur lebhafter: ſie dienen zu
ihrem Beſten, und verſchaffen ihnen eine rühmliche
Aehnlichkeit mit Jeſu ſelbſt. Diejenigen alſo werden
ohne Unterſchied gerecht und ſeelig, die an Jeſum
glauben. Allein ſtößt dieſes nicht, fährt Paulus fort,
die Vorzüge des auserwählten Volks Gottes, und die
Treue der göttlichen Verheißungen um, auf welchen
ſie beruhen? Auf dieſen Einwurf der Juden antwortet
er, daß ſich die dem Abraham ertheilten Vorrechte in
Abſicht auf ſeine Nachkommen, nicht bloß auf ſeine natürliche Anverwandte, ſondern auf alle erſtrecken, die
mit ihm im Glauben und in der Frömmigkeit überein-
kommen; daß Gottes Gnadenbezeigungen gegen ein
Volk überhaupt von ſeiner freyen Willkühr abhängen;
daß die Juden ſeiner Zeit ſich größtentheils durch die
Verwerfung des Meßias der göttlichen Gnade unwürdig
machten;

machten; daß sie aber eben daran, da bereits so viele
tausende zum Glauben an denselben gebracht worden wären, sehen könnten, wie wenig Gott seiner Verheissun-
gen und seines Volks vergesse; und daß diese dereinst
noch reichlicher erfüllt werden sollten. Mit diesen Lehren
verbindet Paulus viele Ermahnungen an die Römischen Christen, ihrer Religion würdig zu leben; besonders, sich unter einander und gegen jedermann lieb-
reich zu betragen; allen Anstoß, der zwischen ihnen als
bekehrten Juden und Heiden entstehen konnte, zu verhüten, oder doch durch Sanftmuth zu vermindern; und
selbst ihrer heidnischen Obrigkeit getreu und gehorsam zu
seyn. Ohngeachtet Paulum die Würde eines Apostels
berechtigte, allen Christen in der Welt eine Unterweisung zu ertheilen; entschuldigt er sich doch gegen diese,
daß er es bey ihrer guten Erkenntniß, und ohne ihr erster Lehrer gewesen zu seyn, gewagt habe. Wenn wir
auch keine andere Schrift der Apostel übrig hätten: so
würde diese allein hinlänglich seyn, den Zusammenhang
ihrer ganzen Lehre, ihre Denkungsart von der Religion
der Juden und Heiden, und ihre ungekünstelte, einnehmende Lehrart zu übersehen. Eine der wichtigsten Lehren in diesem Schreiben ist gleichwohl von den spätern
Christen ganz vergessen, sogar bestritten worden, nämlich diese, daß Gott die Heiden, denen seine Offenbarungen an die Menschen unbekannt blieben, schon durch die
Natur mit lehrenden und bessernden Wirkungen zur Seeligkeit geleitet habe.

Als Paulus hierauf seit dem Jahr 61 zu Rom
lebte, schrieb er verschiedene andere Briefe an Gemeinen, welche er gestiftet hatte. Dahin gehöret sein Brief
an die Christen zu Ephesus, die theils Juden theils
Heiden gewesen waren. Er führet sie darinne zur Bewunderung und Dankbarkeit gegen die ungemeine Gnade Gottes, welche alle Menschen, auch die bisher von den

Juden so sehr verachteten Heiden, durch Jesum zu seiner Erkenntniß und zur Seeligkeit berufe. Wegen dieser gemeinschaftlichen Wohlthat, die sie empfangen hätten, empfiehlt er ihnen Einigkeit und Verträglichkeit unter einander, und lehrt sie sowohl ihre allgemeinen als
die besondern Pflichten in allerhand Ständen des Lebens,
mit rührenden Vorstellungen.

Mit diesem Briefe hat ein anderer, den Paulus
an die Christen zu Colossä, oder Colassä, abgelassen
hat, eine große Aehnlichkeit des Inhalts und der Ausdrücke selbst: ein Merkmal, daß beyde ohngefähr zu einerley Zeit mögen aufgesetzt worden seyn. In diesem
aber beweiset er noch insonderheit, daß Jesus zugleich
wahrer Gott sey, und auch zur Erlösung der Menschen
ihre Natur angenommen habe. Er warnet diese Christen, sich durch die Philosophie, das ist, allem Anse-
sehen nach, durch die geheimen Deutungen, welche die
Juden in dem Gesetze suchten, nicht verführen zu lassen,
und überhaupt das Cärimonialgesetz als aufgehoben zu
betrachten. Man kann hieraus schließen, daß diese Gemeine nicht bloß aus Heiden gesammelt worden sey.
Ueber dieses giebt er ihr viele Vorschriften des Lebens,
und zum Theil des äussern Gottesdienstes; unter welche letztere die Ermahnung gehört, sich durch Psalmen
und geistliche Gesänge zur Andacht zu erwecken. Er
verlangt auch, daß sie diesen Brief die Gemeine zu Laodicea lesen lassen möchte: eine solche Mittheilung der
Apostolischen Briefe scheinet unter den christlichen Gemeinen immer gewöhnlicher geworden zu seyn. Da er
aber hinzusetzt, daß die Christen zu Colossä auch den
Brief von Laodicea lesen möchten: so hat dieses Gelegenheit gegeben, nicht nur ohne gnugsamen Grund dieses von einem Briefe Pauli an die Gemeine zu Laodicea zu verstehen; sondern auch einen solchen Brief in seinem Nahmen zu erdichten.

Einer

Einer von denen, welche den Brief Pauli nach
Colossä brachten, Onesimus, nahm noch ein Schreiben
des Apostels an den Philemon, einen angesehenen Chri=
sten in dieser Stadt, und einen ihrer Lehrer daselbst, oder
wenigstens einen Diener der Gemeine, mit. Onesi=
mus war diesem seinem Herrn entlaufen; Paulus aber,
der ihn zu Rom bekehrt hatte, schickte ihn an denselben
mit der Bitte zurück, ihn um des Apostels willen, und
auch nunmehro als einen christlichen Bruder, gütig wie=
der aufzunehmen. Mit diesen besondern Umständen be=
schäftigt sich der ganze Brief. Aber wenn er gleich kei=
nen Unterricht für eine Gemeine abgeben sollte, und nur
beyläufig einiges von dem Glauben der Christen enthält;
so hielten ihn doch diese vor würdig, in die Sammlung
ihrer heiligen Schriften eingerückt zu werden, weil sie zu=
verläßig wußten, daß Paulus der Verfasser desselben
sey. Für ihre Nachkommen hat dieser Brief doch im=
mer den erheblichen Nutzen gehabt, daß auch durch die
kleinen Nachrichten, welche er enthält, die historische
Richtigkeit und Glaubwürdigkeit der Apostolischen Brie=
fe bestätigt worden ist: und alles steht doch mit der Reli=
gion selbst in Verbindung.

Noch zu Rom schrieb auch Paulus einen Brief an
die Gemeine zu Philippi, welche ihm schon mehrmals,
und auch jetzt in seine Gefangenschaft, ein Geschenk zu
seinem Unterhalte gesandt hatte. Ausser vielen Ermah=
nungen, Wünschen und andern Empfindungen, die der
Apostel gegen die Gemeine zum Besten der Religion äus=
sert, erklärt er ihr besonders die menschliche Natur Jesu,
die er neben der göttlichen angenommen hatte, sehr deut=
lich. Er warnet sie auch vor den ungetreuen Lehrern des
Evangelii, insonderheit vor denen, welche die Beobach=
tung des Mosaischen Gesetzes von den Christen verlang=
ten; und zeigt, daß diese alle ihre Gesinnungen und
Handlungen auf die Ewigkeit zu richten verbunden sind.

Nach=

Nachdem Paulus wieder frey von Rom abgereiset war, um die christlichen Gemeinen in Griechenland und Asien zu besuchen, zum Theil auch neue zu stiften, schrieb er auf diesen Reisen, nach dem Jahr 63, zween noch vorhandene Briefe. Der eine ist an den Titus, einen seiner getreusten Schüler und Gehülfen, gerichtet. Dieser war von dem Heidenthum bekehrt worden; aber Paulus hatte nicht zugegeben, daß er beschnitten würde, so sehr auch die Jüdischgesinnten Christen darauf drangen: und wenn er in diesem Stücke beym Timotheus nachgegeben hatte, um seine freywillige Nachsicht zu zeigen, so weigerte er sich dessen billig, da man es als eine Nothwendigkeit forderte. Titus begleitete den Apostel oft, und bekam auch von ihm allerhand Aufträge an die Gemeinen. Jetzt da er sich auf der Insel Creta befand, schickte ihm Paulus eine schriftliche Anweisung. In derselben belehrt er ihn, ohngefähr wie den Timotheus, wie diejenigen beschaffen seyn müßten, die er zu Lehrern der dortigen Gemeinen setzen sollte. Will man daraus schließen, was auch Eusebius (Hist. Eccl. L. III. c. 4.) sagt, daß Titus der erste Bischof der christlichen Kirche in Creta gewesen sey: so kann man wenigstens abermals dieses Wort nicht in der spätern Bedeutung nehmen, da Titus selbst Bischöfe bestellen sollte, die gleich vorher Aelteste genannt worden waren. Paulus ermahnt ihn ausserdem, die Cretenser vor falschen Jüdischen Lehrern zu verwahren; ihre Laster, von welchen schon ein heidnischer Dichter (Epimenides) ein Zeugniß abgelegt habe, nachdrücklich zu bestrafen; sie und sich selbst vor jüdischen Fabeln, Fragen und Geschlechtsregistern in Acht zu nehmen, und die Heiligkeit des Lebens als eine Frucht der Erlösung zu empfehlen.

Der andere dieser Briefe Pauli, der ohngefähr um gleiche Zeit geschrieben wurde, ist an die Hebräer überschrieben.

ſchrieben. Die gewöhnliche Bedeutung dieſes Wortes läßt zwar an Juden in Paläſtina denken; allein da es eben ſo wohl von griechiſchredenden Juden in andern Ländern verſtanden werden kann, und die Aufſchrift des Briefs nicht von dem Apoſtel herrührt; ſo hindert eben nichts, zu glauben, daß er überhaupt an alle griechiſche Juden in den Morgenländern gerichtet ſey, die das Evangelium angenommen hatten. Bis ins vierte Jahrhundert blieben unter den Chriſten, inſonderheit zu Rom, (wie Euſebius H. Eccl. L. VI. c. 20. erzählt,) Zweifel über den Verfaſſer und die urſprüngliche Sprache des Briefs übrig. Sie konnten deſto leichter entſtehen, da derſelbe nicht an eine gewiſſe Gemeine, ſondern an die Chriſten vieler Gegenden zugleich war abgelaſſen worden: und dieſe Zweifel wurden einigen der gelehrteſten Chriſten eigen. Clemens von Alexandrien glaubte (nach dem Euſebius Hiſt. Eccl. L. VI. c. 14.), daß dieſer Brief vom Paulus hebräiſch geſchrieben, hingegen durch den Lucas ins Griechiſche überſetzt worden ſey: daher ſey die Schreibart deſſelben mit der in der Apoſtelgeſchichte gebrauchten einerley, und Paulus habe auch ſeinen Nahmen deswegen nicht vorgeſetzt, weil er bey den Juden verhaßt geweſen, und mehr zum Apoſtel der Heiden beſtimmt geweſen ſey. Allein Origenes, den eben der gedachte Schriftſteller (H. E. L. VI. c. 25.) anführt, fand die Schreibart des Briefs an die Hebräer viel zu zierlich, als daß man ſie gegen die übrigen Briefe Pauli gehalten, vor die ſeinige annehmen könnte: die Lehren dieſes Briefs, ſagte er, die ſo vortreflich wären, als in irgend einer apoſtoliſchen Schrift, rührten zwar von ihm her; aber den Vortrag derſelben hätte einer ſeiner Schüler abgefaßt. „Unterdeſſen, ſetzte er hinzu, ſind diejenigen Gemeinen zu loben, welche ihn vor einen Brief Pauli halten: denn davor haben ihn die Alten nicht ohne Urſache angeſehen.‟ In der That zweifelten auch die meiſten Gemeinen niemals daran, und die angeführten Bedenklich-

keiten

keiten ſcheinen daher nicht ſchwer zu heben geweſen zu ſeyn.
Der Nahme Pauli fehlt in dieſem Briefe: daraus floß
vermuthlich zuerſt der Verdacht, daß er nicht der eigentliche Verfaſſer deſſelben ſey. Die Ueberſchrift, an die
Hebräer, konnte leicht den Gedanken hervorbringen, daß
ihn der Apoſtel hebräiſch aufgeſetzt habe; wenigſtens hat
kein chriſtlicher Lehrer, der dieſes ſagt, die hebräiſche Urſchrift jemals geſehen oder gebraucht. Die größte Schwierigkeit war vielleicht der Unterſcheid der Schreibart, in
welcher man Pauli gewöhnliche nicht erkannte. Aber
auſſerdem, daß eine oder mehrere Schwierigkeiten nicht
zureichen, um eine ſonſt glaubwürdige Nachricht zu verwerfen; ſo könnte man auch vielleicht zeigen, warum der
Ausdruck Pauli in dieſem Briefe von ſeinem ordentlichen ſo ſehr abweiche, ohne doch alle Farben deſſelben ver-
lohren zu haben. Die Abſicht des Briefs und ſeine Art
des Vortrags haben mit den andern Briefen des Apoſtels
wenig gemein. Es wird darinne den bekehrten Juden,
die noch ſo viel Eifer für ihr väterliches Geſetz beybehalten hatten, der Vorzug der chriſtlichen Religion vor der
Jüdiſchen, aus den majeſtätiſchen Vorzügen Chriſti vor
den Engeln, vor Moſe und allen Propheten, bewieſen:
und damit wird eine Vergleichung des Prieſterthums Jeſu mit dem levitiſchen Gottesdienſte, und den Prieſtern
deſſelben verbunden, deren Folge gleichfals dieſe iſt, daß
Jeſus und ſein für die Sünden dargebrachtes Opfer
weit über alle jene ſinnbildliche Cärimonien erhaben ſey;
ingleichen, daß dieſe nur in ſo ferne noch einige Brauchbarkeit haben, als ſie im Verhältniß gegen die Lehren des
chriſtlichen Glaubens, deren Schattenbild ſie waren, betrachtet werden. Auf die Verſicherung aber, daß Jeſus
ſich einmal geopfert, und dadurch eine ewige Erlöſung, den
gewißeſten Zutritt zu Gott für die Menſchen erworben habe, gründet der Apoſtel ſeine Ermahnungen an die Chriſten zur Standhaftigkeit und Geduld unter den Verfolgungen, und zu einem beharrlichen Glauben an Jeſum,

welchen

welchen ihnen schon die Beyspiele so vieler großer Männer aus der Jüdischen Geschichte empfehlen könnten, die im Glauben an die Verheissung Gottes von dem Erlöser der Welt gelebt haben und gestorben sind; ob sie gleich die Erfüllung dieser Verheissung nie gesehen haben. Die ausführliche, bestimmte, mit Beweisen verstärkte Deutlichkeit, und der rührende Nachdruck, mit welchem Paulus in diesem Briefe von der Person, der Erlösung und Religion Jesu, besonders im Gegensatze auf die Jüdische Religion, spricht, übertreffen alles, was man sonst von ihm lesen kann. Daher ist der Brief an die Hebräer, wenn er gleich zuerst nur für eine gewisse Art Christen aufgesetzt worden, doch nebst dem Briefe an die Christen zu Rom, der wichtigste unter denen, die Paulus hinterlassen hat.

Er schrieb endlich während seiner zweyten Gefangenschaft zu Rom, noch den andern Brief an den Timotheus. Diesen seinen liebsten Schüler und Freund ermahnet er, die unverfälschte Lehre des Evangelii, mit muthiger Duldung aller Leiden, und unter beständiger Uebung in der Wahrheit und Gottseeligkeit, ferner vorzutragen. Er warnet ihn auch vor unnützen Fragen über die Religion, und vor Irrlehrern, unter welchen er den Hymenäus und Philetus nennt, die an Statt eine künftige Auferstehung der Todten zu glauben, behaupteten, dieselbe sey bereits, vermuthlich in einem geistlichen Verstande, geschehen. Aber auf die folgenden Zeiten kündigt er noch schlimmere Verführer unter den Christen an: und vielleicht nicht bloß falsche Lehrer; sondern lasterhafte Christen von jeder Art, die aber durch ihre Scheinheiligkeit desto mehr Schaden verursachen würden. Alles dieses schreibt Paulus, indem er seinen nahen Tod voraus sieht, und immer gleich standhaft bey seinem Leiden, auf Belohnungen eines andern Lebens hoffet.

Die

Die Briefe **Pauli**, welche bisher beſchrieben worden ſind, geben auſſer ihrem allgemeinen hiſtoriſchen und
lehrenden Nußen, noch mancherley Licht in der Geſchichte der Religion und der Chriſten. Sie enthalten viele,
wenigſtens für unſere Zeiten, dunkle und ſchwere Stellen,
in denen es Mühe koſtet, die Abſicht des Apoſtels zu
entdecken; häufige Einſchaltungen; harte Uebergänge,
ohne merklichen Zuſammenhang; auch beſonders oft
Ausſchweifungen auf verwandte Materien: nicht allein Wiß und Beredſamkeit fehlen darinne; ſondern
auch oft die gewöhnlichern Eigenſchaften einer angenehmen Schreibart. Schon dieſes macht die alte Meinung
ſehr verdächtig, welche **Paulum** vor einen großen Kenner der Gelehrſamkeit, Philoſophie und Beredſamkeit
der Griechen angeſehen hat: ein Vorurtheil, das vor
kurzem auf eine eben ſo einnehmende als gründliche
Art, (in des Herrn L. **Thalemann** Diſſ. de eruditione
Paulli Apoſt. Iudaica, non Graeca,) zerſtört worden
iſt. Indem aber **Paulus** den vertrauten und nachläſſi-
gen Ausdruck, den er einmal angenommen hatte, gebrauchte, wurde man deſto mehr gewahr, daß das Evangelium
aller Kunſt ſehr leicht entbehren könne: die ſchweren
Stellen waren es für diejenigen nicht, welche ſie damals
laſen; und für die Nachkommen iſt alles, was ſie von
ten Hauptlehren des Chriſtenthums daraus zu wiſſen
verlangen, völlig klar. Keiner von dieſen Briefen enthält einen vollſtändigen Inbegriff des chriſtlichen Glaubens, der in einer zuſammenhängenden Ordnung abgefaßt wäre: ſie ſind nach der Gelegenheit eingerichtet,
bey der ſie geſchrieben wurden, und ſetzen den mündlichen Unterricht voraus. Sie zeigen endlich faſt alle,
wie unaufhaltſam das Verderben der Sitten und falſche
Begriffe von der Religion ſelbſt vor den Augen der
Apoſtel in ihre Gemeinen gedrungen ſind: zu einer deſto
nachdrücklichern Warnung für die Nachkommen, ſich
durch einige Entfernung von dem erſten Muſter des
chriſt-

christlichen Glaubens und Lebens, das ihnen schriftlich
hinterlassen worden, nicht einer gleichen Gefahr auszu-
setzen. Um die Briefe dieses und der andern Apostel leichter zu verstehen, haben Leser aller Art vor einiger Zeit ein
treffliches Hülfsmittel an der erklärenden Umschrei-
bung der sämmtlichen Apostolischen Briefe erhalten, die einen durch Stand, Einsichten, Gesinnungen
und Verdienste gleich verehrungswürdigen Herrn zum
Verfasser hat.

Während daß **Paulus** seine Briefe nach und nach
aufsetzte, kamen auch die meisten übrigen Bücher zum
Vorschein, welche die Christen vor heilig und eines göttlichen Ursprungs halten. **Marcus**, oder vollständiger
mit seinem Jüdischen Nahmen, **Johannes Marcus**,
schrieb zu einer unbekannten Zeit eine andere Lebensgeschichte von Jesu. Er war ein Schüler des Apostels
Petri, und stand sowohl diesem, als besonders **Paulo**,
in der Ausbreitung des Evangelii bey. Eine Zeitlang entfernte er sich von ihnen, um eben dieses in Aegypten zu thun,
wo er die Gemeine zu Alexandrien stiftete. Man trift
ihn nachmals zu Rom an, als **Paulus** zum erstenmale
daselbst ein Gefangener war. Aber alles übrige, was von
seinem Leben erzählt wird, die Ueberführung seines Leichnams nach Venedig mit eingeschlossen, die im neunten
Jahrhunderte geschehen seyn soll, besteht aus ungewissen
oder gar erdichteten Nachrichten. Zwar haben auch diejenigen, welche die Zeitbestimmung seiner Schrift ange-
hen, ihre Schwierigkeit; doch wegen Uebereinstimmung
der Alten, die **Eusebius** (H. Eccl. L. II. c. 15. L. III.
c. 39.) anführt, und zu denen noch **Irenäus** (adv.
haeres. L. III. c. 1.) gesetzt werden muß, bleibt folgende Erzählung sehr wahrscheinlich. **Marcus** hatte die Le-
bensumstände **Jesu** zuerst aus **Petri** Munde gehört.
Auf Verlangen der Christen zu Rom sammelte er dieselben schriftlich; bediente sich aber zugleich dabey der Ge-

II. Theil.   D   schichte

Geſchichte des Matthäus: und Petrus billigte ſeine Arbeit mit ſo vielem Beyfall, daß ſie ſeitdem immer in den chriſtlichen Gemeinen, als eine auf göttlichen Antrieb, und mit aller Zuverläßigkeit verfaßte Schrift geleſen wurde. Sie iſt gewiſſermaßen ein Auszug aus der Lebensbeſchreibung des Matthäus; allein ſie hat beträchtliche Zuſätze, welche bey dieſem fehlen, und ſcheinet überhaupt mehr zum Gebrauche der Chriſten zu Rom und in Italien eingerichtet worden zu ſeyn. Ihr Verfaſſer ſchrieb griechiſch; es iſt aber unter allen Schriftſtellern des ſo genannten Neuen Teſtaments keiner auf die Zierlichkeit des Ausdrucks weniger bedacht geweſen.

Nach ihm, wie man glaubt, hat Lucas die dritte Lebensgeſchichte von Jeſu geſchrieben. Er ſcheinet ein vom Paulus bekehrter Heide oder ein griechiſcher Jude geweſen zu ſeyn; gewiſſer weiß man, daß er einen Arzt und einen faſt unzertrennlichen Gefährten dieſes Apoſtels abgegeben habe. Seine Erzählung richtete er an einen vornehmen Mann, Theophilus, von dem man nicht ſagen kann, ob er ein Jude oder ein Heide geweſen ſey; der aber ſolcher Nachrichten bedurfte, um eine gründliche Kenntniß von dem Urſprunge der chriſtlichen Religion zu erlangen. Lucas geſteht, daß ſchon viele vor ihm das Leben Jeſu beſchrieben hätten: und ſchwerlich meinet er damit bloß die beyden Schriften des Matthäus und Marcus, die wenigſtens eine rühmlichere Meldung verdient haben würden; ſondern eine Anzahl anderer Aufſätze über die Geſchichte Jeſu, die vermuthlich in dieſen erſten Zeiten fleißig verfertigt, und mit Neubegierde geſucht wurden. Man kann ſogar daraus nicht ohne Wahrſcheinlichkeit ſchließen, daß Lucas die beyden erſtgedachten Evangelia nicht geſehen, oder vielleicht noch eher geſchrieben habe, als ſie herausgekommen waren. Wenn er inſonderheit die Geſchichte des Matthäus geleſen hätte: ſo würde er manche Scheinwiderſprüche gegen denſelben,

selben, unter andern in dem Geschlechtsregister Jesu, allem Ansehen nach vermieden, und Umstände, welche dieser ausdrücklich bestimmt, nicht ganz unbestimmt gelassen haben. Doch, man mag davon urtheilen wie man will, so leidet die Zuverläßigkeit seiner Erzählung dadurch nicht. Er selbst versichert, von allem was er meldet, eine genaue Erkundigung eingezogen zu haben: die Gesellschaft Pauli und der Augenzeugen von Jesu Leben, setzten ihn in den Stand solches zu thun, und die christlichen Gemeinen haben nie gezweifelt, daß seine Schrift von gleichem Werthe mit Matthäi und Marci ihren sey. Sie dient auch sehr zur Ergänzung derselben; doch mehr in dem eigentlichen Historischen, als in Ansehung der Lehren Jesu. Sie war vielleicht dem angesehenen Manne, für welchen sie zuerst aufgesetzt wurde, desto angenehmer, da sie in einer schönern Schreibart als die beiden andern Geschichten aufgesetzt ist: und es kann seyn, daß sie wegen dieser Eigenschaft besonders zum Gebrauch der bekehrten Heiden in Griechenland und Macedonien bestimmt worden sey, unter welchen Lucas viel gereiset war.

Diese Geschichte setzte Lucas in einem andern Buche fort, das er eben diesem Theophilus überschrieb, und worinne er die Geschichte der Apostel von der Himmelfahrt Jesu an, bis auf die erste Gefangenschaft Pauli zu Rom, erzählte. Er hatte vieles von dieser ersten Ausbreitung der christlichen Religion durch die Apostel selbst gesehen: und dieses war nicht nur überhaupt werth beschrieben zu werden: sondern vornemlich, wie die Apostel durch außerordentliche Gaben des heiligen Geistes dazu vorbereitet, durch Wunder dabey unterstützt worden sind; wie ihre Lehrart und ganze Aufführung beschaffen gewesen sey; warum sie nicht bloß den Juden, sondern auch den Heiden das Evangelium geprediget haben. Hieraus und aus dem beständigen Umgange des Verfassers mit Paulo, läßt es sich erklären, warum er

D 2 nur

nur eben diese Begebenheiten der Apostel mit einer sol=
chen Einschränkung auf einige derselben, nicht vieles an=
dere, das ihm von ihnen bekannt war, beschrieben habe.

Um diese Zeit ohngefähr schrieb **Petrus** den ersten
seiner Briefe, die man noch als göttliche Schriften liest,
an die in Klein-Asien zerstreueten Christen, welche vorher
theils Juden theils Heiden gewesen waren. Sein Brief
ist fast ganz moralisch: er ermahnet die Christen auf ei=
ne überaus rührende Art zur Heiligkeit des Lebens, und
zur Beobachtung aller ihrer Pflichten; besonders zur Ge=
duld im Leiden wegen einer so rühmlichen Sache, bey der
sie das Beyspiel Jesu vor sich hätten; zur brüderlichen
Liebe unter einander; und ihre Lehrer noch insonderheit zu
einer redlichen Führung der Gemeinen, ohne allem An=
spruch auf Herrschaft über dieselben. Damit verbindet
er auch die Lehren des christlichen Glaubens, vorzüglich
die von der Erlösung Jesu, als dringende Bewegungs=
gründe.

Den zweyten seiner Briefe an eben diese Christen,
setzte **Petrus** nicht lange vor seinem Tode, vermuthlich
also gegen das Jahr 67, auf. Einige Ungewißheit der
Umstände hat vermuthlich Zweifel über den Verfasser,
und die Zweifel haben, wie **Eusebius** (Hist. Eccl. L.
III. c. 3. 25.) meldet, die Meinung hervorgebracht, die
sonderlich in den morgenländischen Kirchen herrschend war,
daß **Petrus** den Brief nicht geschrieben habe, den man
aber doch vor so nützlich hielt, daß man ihn neben den
andern heiligen Schriften fleißig las und gebrauchte.
Hieronymus (de Script. Eccl. c. 2.) nennet ausdrück=
lich die Verschiedenheit der Schreibart zwischen diesem
und dem ersten Briefe, als eine Ursache, warum man ihn
Paulo abgesprochen habe. Alles dieses beweiset nichts
mehr, als daß die ersten Christen gegen die über Aposto=
lische Schriften entstandene Zweifel sehr nachgebend ge=
wesen

wesen sind; und daß sie fast dreyhundert Jahre hindurch nicht geglaubt haben, daß alle diejenigen Bücher, welche wir jetzt zu der Sammlung der göttlichen Schriften des Neuen Testaments rechnen, in dieselbe gehörten; eine, wenn gleich irrige, doch für sie nicht schädliche, aus Behutsamkeit entsprungene Meinung. Aber selbst der Gebrauch, den sie von diesem Briefe machten, zeigt, daß er ihnen nicht so sehr verdächtig vorgekommen sey: denn der Verfasser desselben giebt sich offenbar vor Petrum aus, und sie müßten also, wenn sie geglaubt hätten, daß dieser gar keinen Antheil daran habe, sich der Arbeit eines Betrügers zu ihrem Unterrichte bedient haben. Man hat jedoch den Unterscheid der Schreibart dieses Briefs, gegen den erstern gehalten, keineswegs so merklich gefunden, daß er von dem Apostel nicht sollte herrühren können. Es ist sogar zwischen beyden manche Aehnlichkeit: und der eines Apostels würdige Inhalt, das Vertrauen, mit welchem der Verfasser des Briefs in Petri Nahmen spricht; das Geständniß des Origenes beym Eusebius, (H. E. L. VI. c. 25.) daß Petrus ihn gar wohl geschrieben haben könne, und mehrere Umstände setzen dieses ausser Zweifel. Nach den Ermahnungen, mit welchen der Apostel diesen Brief anfängt, beruft er sich auf die Gewißheit und Ueberzeugung, die er von der Lehre Jesu, als ein Zuschauer seines Lebens besitze, und welche die Christen bewegen müßten, ihm zu gehorchen. Er warnet sie darauf nachdrücklich vor lasterhaften Irrlehrern, die bereits unter ihnen aufgetreten wären, und noch in spätern Zeiten sich zeigen würden; gegen welche er auch die Gewißheit des Untergangs der Welt und des jüngsten Gerichts behauptet: theils, weil sie dieselben leugneten; theils auch, weil sie die göttlichen Strafen, die sie verdienten, gar nicht zu fürchten schienen.

Alle diese Schriften kamen zu einer Zeit zum Vorschein, da die heidnische Welt mit den sinnreichsten, ge-

D 3

lehrtesten

lehrteſten und beredteſten Werken aller Art ſo ſehr ange⸗
füllt war, daß für Erzählungen und Briefe, wie die bis⸗
her beſchriebenen, kein Platz übrig zu bleiben ſchien: we⸗
nigſtens wenn ſie große und ſcharfſinnige Gelehrte zu Le⸗
ſern ſuchten. Sie breiteten ſich in Gegenden und Städ⸗
ten aus, wo der Witz und die Empfindung des Schönen
nicht allein ſehr hoch geſtiegen waren; ſondern auch ei⸗
nen Eckel an der ungeſchmückten Wahrheit hervorge⸗
bracht hatten. Damals ſchrieb Seneca, ein mächtiger
und reicher Staatsmann, auf eine gleich einnehmende und
hinreißende Art über die Sittenlehre; nie waren weiſe
und tugendhafte Geſinnungen in einer ſo anmuthsvollen,
verſchönerten Geſtalt erſchienen, oder vielmehr zur Schau
geſtellt worden, als man ſie in ſeinen Schriften findet.
Zu gleicher Zeit beſang Lucanus, ein noch größerer Geiſt,
in einem Heldengedichte über den Untergang der Römi⸗
ſchen Freiheit, die ſtrenge Tugend des Cato, und die
längſt erſtorbene Liebe zum Vaterlande; ſeine glänzende
Bilder waren zum Theil höher geſtellt, als daß man ſie
hätte nachahmen können. Ein anderer Römiſcher Dich⸗
ter, Perſius, griff die herrſchenden Laſter ſeiner Zeit mit
einem philoſophiſchen Ernſte an, und ſchien mitten unter
ſeinen Spöttereyen die größte Redlichkeit zur Vertheidi⸗
gung der Tugend zu bringen. Dieſe und andere ihnen
ähnliche Schriften gefielen; allein ſie beſſerten faſt nie⸗
manden; oder, wenn es hoch kam, flößten ſie vortreffliche
Gedanken und Sittenſprüche ein, die eine vorübergehen⸗
de Bewegung ſtifteten. Manche ihrer Verfaſſer wurden
durch ihre eigenen Lehren beſchämt, wenn man ſie gegen
ihr Leben hielt: ſie lehrten zwar, gern, gelaſſen und ſtand⸗
haft ſterben; aber mit einiger Gewißheit des künftigen
Zuſtandes aus der Welt zu gehen, aus dieſer Hoffnung
Zufriedenheit und Troſt zu ſchöpfen, das lehrten weder ih⸗
re Schriften, noch ihre Beyſpiele.

Eine ganz andere Veränderung im Verſtande, im
Herzen, in den Sitten der Menſchen brachten die hiſtori⸗
ſchen

schen und lehrenden Schriften dieser ungelehrten Juden
hervor, die ohne an Kunst und höhere Schönheit zu
denken, bloß mit der Wahrheit beschäftigt, in einem
ungesuchten Ausdrucke, aber ehrlich, und voll von ihrer
Materie, so lebhaft gerührt, daß sie selbst ein Muster
ihrer Lehren abgaben, das Leben Jesu beschrieben, und
seine Religion erklärten. Wo ihr mündlicher Unterricht
aufhörte, da sollten diese Schriften zu würken anfangen: und sie haben es auch zu ihren und allen folgenden
Zeiten gethan. Ueberhaupt fiel es gleich seit diesen ersten Zeiten in die Augen, wie viel die christliche Religion
bey den Menschen auszurichten vermögend sey. Bey
einem Vortrage, der ganz Einfalt war, und ohne alle
Hülfsmittel außer sich selbst, veränderte sie doch an denen, welche sie mit Wahrheitsliebe aufnahmen, fast alles, und immer auf die wohlthätigste Art. Indem sie
ihre Einsichten vergrößerte, besserte sie auch ihr Herz,
milderte ihre Sitten, und machte sie geschickter, ihre und
die Glückseeligkeit anderer Menschen zu befördern. Man
sah schon an dem äußerlichen Betragen ihrer Bekenner,
daß dieses die allgemeinste Religion sey, welche die Menschen jemals zu ihrem Besten gelehrt worden waren: sie
zeigte sich an ihnen sanft, verträglich, gemeinnützig,
bey allen Verfällen und Stellungen des Lebens brauchbar, und besonders an Tugenden unerschöpflich. An
Statt gegründete Pflichten aufzuheben oder zu hindern,
wurden die Christen vielmehr durch sie weit tüchtiger,
diese und noch größere zu erfüllen. Sie waren gute
Unterthanen, Bürger, Eheleute, Väter und Herren:
alles nach den Grundsätzen und Empfindungen ihrer
Religion. So wenig diese durch Unruhen und Gewaltthätigkeiten ausgebreitet wurde; so weit waren ihre
Verehrer davon entfernt, ihrer heidnischen Obrigkeit,
unter dem Vorwande, daß sie ihrem Glauben nicht
günstig sey, oder ihnen sonst ungerecht und grausam
begegne, den Gehorsam zu versagen. Und doch war

O 4   eben

eben dieſe Zeit in einer ſolchen Betrachtung, und bey einem Volke, aus welchem die meiſten Chriſten herſtammten, ſehr verführeriſch.

Jüdiſche
Unruhen und Verfolgungen.

Die Juden ſtürzten ſich damals in die unglücklichſten Ausſchweifungen, die den nahen Untergang ihres Staats und ihrer Religionsverfaſſung vorher verkündigten. Ihr Vaterland war ſchon ſeit einiger Zeit durch die Uneinigkeit der Großen, und durch überhandnehmende Räubereyen in Verwirrung geſetzt worden. Da ſie aber nach dem Tode des Königs Agrippa im Jahr 44 von neuem unter die Regierung Römiſcher Procuratoren oder Landpfleger geriethen, ſtiegen die Unordnungen in Paläſtina bald zu einer Höhe, wo ſie unheilbar wurden. Der erſte unter dieſen, Cuſpius Fadus, reinigte das Land ziemlich von Räubern, beſtrafte einen Aufruhr der Juden in Peräa, und zerſtreuete einen groſſen Haufen, den ein gewiſſer Theudas mit dem Verſprechen an den Jordan gezogen hatte, ihn trocken durch dieſen Fluß, den er theilen wollte, zu führen. Sein Nachfolger Tiberius Alexander erhielt die öffentliche Ruhe, indem er diejenigen aus dem Wege räumte, die ſie ſtören konnten.

Allein unter dem Ventidius Cumanus, der im Jahr 48 über Judäa geſetzt wurde, brach die Erbitterung zwiſchen den Juden und Römern zuerſt völlig aus.
Ein

Ein Römischer Soldat, der während des Osterfestes die Wache beym Tempel hatte, entblößte sich, zur Beschimpfung der Juden, vor ihnen öffentlich. Da sie mit Ungestüm verlangten, daß diese Entheiligung ihres Gottesdienstes bestraft werden sollte, und zum Theil Schmähworte wider den **Cumanus** gebrauchten: zog er alles Römische Kriegsvolk zu Jerusalem zusammen; das Volk begab sich erschrocken auf die Flucht; aber es wurden viele tausend davon in diesem Getümmel zertreten oder zerdrückt. Bald darauf beraubten einige mißvergnügte Juden einen Sklaven des Kaisers; **Cumanus** ließ dagegen die Gegend, wo dieses geschehen war, plündern. Bey dieser Gelegenheit zerriß ein Römischer Soldat unter groben Schimpfwörtern eine Abschrift der Bücher Mosis; darüber erregten die Juden einen so heftigen Aufstand, daß **Cumanus** genöthiget wurde, den Soldaten enthaupten zu lassen. Hingegen weigerte er sich im Jahr 51, den Juden wider die Samariter Gerechtigkeit zu verschaffen: sie rächten sich daher selbst, und wurden dafür scharf von ihm gezüchtiget; schon waren sie von einer gänzlichen Empörung nicht mehr weit, ihre Feindseeligkeiten gegen die Samariter dauerten auch immer fort, bis **Cumanus** im Jahr 53 auf Befehl des Kaisers ins Elend verwiesen wurde, und den **Claudius Felix** zum Nachfolger bekam.

Der Kaiser **Claudius** starb im folgenden Jahre, und **Nero**, sein Stiefsohn, regierte nun über das Römische Reich. Dieser Fürst, der einen der weisesten Männer seiner Zeit, den **Seneca**, zum Aufseher und Rathgeber hatte, übertraf doch bald an Lastern und Thorheiten alle schändliche Regenten, deren nur in der Geschichte gedacht wird. Er ermordete seinen Stiefbruder aus Eifersucht über die Rechte desselben zur Regierung; seine Mutter, weil sie ihm zu herrschsüchtig vorkam; seine Gemahlinn, um einer wollüstigen Neigung desto freyer

O 5

nach-

nachhängen zu können; eine Menge der edelsten und tu-
gendhaftesten Römer, und darunter auch seinen großen,
aber etwas zu gefälligen Lehrer, theils um sich ihres Ver-
mögens zu bemächtigen; theils um sich Männer zu ent-
ledigen, die ihn mit Abscheu betrachteten, und eine Verschwörung wider ihn errichtet hatten. Seine Unkeusch-
heit, Verschwendung, und niederträchtige Bemühung,
als ein Schauspieler von seinen Unterthanen bewundert
zu werden, machten noch nicht alle seiner ausschweifenden Leidenschaften aus, unter denen das Reich, und Rom
insonderheit, über dreyzehn Jahre lang seufzete; ob er
gleich in den ersten Jahren seiner Regierung oft die beste
Hoffnung gegeben hatte.

Die Juden litten eben durch die grausamen und unsinnigen Einfälle des Nero nicht. Er schenkte dem
jüngern Agrippa, dem Sohne des gleichgenannten Königes, der bereits vom Claudius mit dem Königlichen
Ehrennahmen ein ansehnliches Gebiet, das an Palästina gränzte, und die Aufsicht über den Tempel erhalten
hatte, noch einen Theil von Galiläa und Peräa. Allein
unter der Landesverwaltung des Felix seit dem Jahr 53,
wurde doch der Zustand der Juden immer kläglicher.
Seine Grausamkeit und sein Geitz konnten bey Gelegenheit der öffentlichen Unruhen desto mehr befriedigt werden. Die Meuchelmörder, deren er sich selbst und auch
die Vornehmsten unter den Juden bedienten, wurden jetzt
zu Jerusalem unter dem Nahmen der Zeloten, weil
sie sich vor Eiferer für die Religion ausgaben, sehr zahlreich; sogar im Tempel verübten sie Mordthaten. Sie
breiteten sich auch im ganzen Lande aus, und reitzten die
Juden zur Empörung, nachdem ein Betrüger aus Aegypten, der sich vor den Erlöser des Volks ausgab, Wunder zu thun versprach, und bereits mit einer großen Menge den Oelberg eingenommen hatte, von Felix war geschlagen worden. Dazu kamen blutige Bewegungen
zwischen

zwischen den Juden und Griechen zu Cäsarea, indem
beyde auf eine gewaltsame Art den Besitz dieser Stadt
zu behaupten suchten. Andere Händel erhoben sich selbst
zwischen den Priestern zu Jerusalem: denn die bisher häufig abgesetzten Hohenpriester unterdrückten die gemeinen
Priester, beraubten sie ihres Unterhalts, und beyde Partheyen fielen einander öffentlich an. Daher war auch
Porcius Festus, der im Jahr 62 zum Nachfolger des
Felix ernannt wurde, hauptsächlich damit beschäftigt, die
Räuber, Meuchelmörder und Verführer des Volks auszurotten.

Aber ohngeachtet ihres eigenen Elendes, verfolgten
doch die Juden auch von Zeit zu Zeit die Christen. Nachdem Festus schon im Jahr 63. gestorben war, berief der
Hohepriester Ananus, noch ehe der Nachfolger desselben
Albinus angekommen war, den hohen Rath zusammen, forderte den jüngern Apostel Jacobus, der seit
geraumer Zeit Vorsteher der Gemeine zu Jerusalem war,
nebst andern Christen vor dieses Gericht, und ließ sie als
Uebertreter des Jüdischen Gesetzes zum Tode verurthei-
len und steinigen. Viele rechtschaffene Männer unter den
Juden mißbilligten gleichwohl dieses Verfahren, zu welchem der hohe Rath ohne Einwilligung des Landpflegers
nicht einmal berechtiget war. Albinus bezeigte ihm
seinen Unwillen darüber, und Agrippa entsetzte ihn seines Amtes. So wird diese Geschichte vom Josephus
(Antiq. Iud. L. XX. c. 9.) erzählt. Hegesippus setzt
zwar beym Eusebius (Hist. Eccl. L. II. c. 23.) viele
andere Umstände hinzu; allein die meisten darunter sind
einer Erdichtung so verdächtig, daß Josephus als ein
Zeitgenosse desto mehrern Glauben verdienet.

Man hat von diesem Apostel einen Brief, der unter
den heiligen Schriften der Christen steht. Aus dem
Eusebius (H. Eccl. L. II. c. 23. L. III. c. 25.) weiß
man,

man, daß derselbe zwar von einigen Chriften vor unächt
gehalten, aber doch in den meiften Gemeinen als eine
Arbeit des Jacobus gelesen worden sey. Die Zweifel
der erftern mögen theils daraus entftanden seyn, weil er
an keine besondere Gemeine, sondern überhaupt an die
bekehrten Juden ausserhalb Paläftina gerichtet war, und
daher keine so beftimmten Zeugen für sich hatte; theils
aus dem Widerspruch, welchen man darinne gegen Pauli lehren zu finden geglaubt hat. Dieser behauptet,
daß die Menschen ohne die Werke des Gesetzes, bloß
durch den Glauben vor Gott gerecht werden; und Jacobus schreibt ausdrücklich, daß nicht der Glaube allein,
sondern zugleich die guten Werke den Menschen gerecht
und seelig machen. Nimmt man diese Sätze im ftren-
gern Verftande, so hat nur Paulus nach den Grundlehren des Chriftenthums Recht. Allein die Verschiedenheit derer, für welche sie schrieben, machte, daß sie
widersprechende Worte gebrauchen konnten, ohne doch
von einander abzuweichen. Paulus widerlegt die Jüdischgesinnte Chriften, welche durch die Erfüllung ihres
Gesetzes die Gnade Gottes zu erlangen suchten; Jacobus hingegen beftreitet das Vorurtheil anderer Chriften,
die durch einen kalten und todten Glauben, ohne Heiligkeit des Lebens, Gott zu gefallen hofften: daher dringt
er mit dem gröften Eifer darauf, daß sie mit dem
Glauben auch gute Werke verbinden müßten, wie alle,
deren Glauben von Gott gnädig angesehen werden sey,
gethan hätten. Man sieht auch leicht, daß er die Worte, zur Gerechtigkeit anrechnen, gerecht werden, in einem weitläuftigern Verftande gebraucht als
Paulus. Aber es war sehr wichtig, sich dem Fortgange dieses Irrthums zu widersetzen, der sich defto leichter ausbreiten konnte, da die Apoftel den Glauben an
Jesum so sehr empfohlen, und die guten Werke ohne
denselben tief herunter setzten. Ein müßiger, unfrucht-
barer Glaube würde alle Abfichten des Chriftenthums

zer-

zerstört haben. Der übrige Inhalt dieses Briefs ist eine mannigfaltige, lebhaft ausgedrückte chriſtliche Sitten-lehre. Hätten ſich auch die Chriſten nicht ſeit dem vier-ten Jahrhunderts nach und nach vereinigt, ihn vor eine Schrift des Apoſtels Jacobus zu halten; ſo würde man wenigſtens in den Lehren, die er enthält, kein Be-denken finden, warum er ihm nicht zugehören ſollte.

Dem Bruder dieſes Apoſtels, dem Judas, der auch die Nahmen Thaddäus und Lebbäus führt, wird ebenfals ein Brief zugeſchrieben, den er an Chri-ſten einer unbeſtimmten Gegend geſchrieben hat. Auch dieſen hat man nicht gleich einſtimmig in den chriſtlichen Gemeinen vor die Arbeit deſſelben angenommen; allein die anſehnlichſten Lehrer zweifelten ſchon ſeit dem zwey-ten Jahrhunderte nicht daran. Was dieſen Brief verdächtig machen konnte, war außer der Ungewiß-heit der Gemeinen, an welche er abgelaſſen worden, beſonders die darinne vorkommende Stelle von dem Streite des Michael mit dem Teufel über den Leich-nam Moſis, (eine Erzählung, die das Anſehen einer Jüdiſchen Erdichtung hat,) und eine andere Stelle, die gleichfalls einen unzuverläßigen Urſprung zu haben ſcheint, worinne eine Weiſſagung des Henoch angeführt wird. Beydes erregt einen ziemlich erheblichen Zweifel; der aber vielleicht mehr auf einem Argwohn beruhet, als daß man jenen Stellen keine mildere Erklärung geben könnte. Es ſind meiſtentheils Warnungen vor verfüh-reriſchen Irrlehrern, mit denen dieſer Brief angefüllet iſt. Seine große Uebereinſtimmung in Gedanken und Ausdrücken mit dem zweyten Briefe Petri läßt ver-muthen, daß beyde Briefe gegen gleiche Irrlehrer, nur in verſchiedenen Ländern, gerichtet ſind. Sollte man aber gleichwohl urtheilen, daß die Chriſten dieſe Schrift den übrigen Briefen der Apoſtel zu voreilig beygefügt haben; ſo würde die Gewißheit und Vollſtändigkeit des

christ-

christlichen Lehrbegriffs dadurch nichts verlieren, weil er keine Lehre enthält, die nicht aus jenem bekannt wäre.

Nach der Hinrichtung des Apostels Jacobus, trat der neue Statthalter von Judäa, Albinus, mit dem Jahr 64 seine Regierung an. Er suchte zwar anfänglich die Meuchelmörder zu vertilgen; allein sie wurden vielmehr immer verwegener. Die Hohenpriester selbst hielten gegen einander eine Anzahl Bösewichter in ihrem Solde; von achtzehntausend Arbeitsleuten am Tempel, die man eben abgedankt hatte, schlug sich ein großer Theil zu den Räubern: und Albinus ließ nicht allein diejenigen aus dem Gefängnisse loß, für welche ihm Geld geboten wurde; sondern hatte sogar an den Räubereyen einen geheimen Antheil. Er hinterließ also im Jahr 65 seinem Nachfolger Geßius Florus ein sehr zerrüttetes Land. Dieser aber übertraf an Raubbegierde und Grausamkeit alle seine Vorgänger. Er begünstigte die Räuber öffentlich, um seinen Gewinn von ihnen zu ziehen: und die Gewaltthätigkeiten, welche unter seinem Schutze begangen wurden, nöthigten viele Juden aus ihrem Vaterlande zu flüchten. Um desto gewisser strafloß zu bleiben, brachte er die Juden so sehr aufs Aeußerste, daß sie im Jahr 66 sich an vielen Orten zu empören anfiengen. So brach der Jüdische Krieg aus, den Juden und Römer durch ihr schlimmes Betragen fast gleich stark befördert hatten.

Verfolgung der Christen

durch

den Kaiser Nero.

Die Christen, die an diesen und andern Unruhen oder Verbrechen gänzlich unschuldig waren, kein besonderes Volk ausmachten, das den Römern fürchterlich hätte werden können, und den Kaiser Nero niemals beleidigt hatten, wurden gleichwohl von demselben zu eben dieser Zeit mit außerordentlicher Grausamkeit verfolgt. Er ließ im Jahr 64 an vielen Gegenden Roms Feuer anlegen, damit er diese Hauptstadt mit mehrerer Pracht wieder aufbauen könnte: und indem sie größtentheils zu Grunde gerichtet wurde, schöpfte er aus diesem Anblicke das unmenschliche Vergnügen, sich das brennende Troja vorstellen zu können. Allein der Verdacht, daß er diese Feuersbrunst erregt habe, war sehr stark und allgemein: er suchte ihn also dadurch von sich abzuwenden, daß er die Christen zu Rom dieser Schandthat beschuldigte. Nachdem er einige derselben hatte ergreifen lassen, die es gestanden, daß sie Christen wären, entdeckte er durch ihre Anzeige eine große Menge anderer. Er ließ sie unter vielen Martern und Verspottungen hinrichten: einige wurden mit den Häuten wilder Thiere bedeckt, und von den Hunden zerrissen; andere schlug man ans Kreutz; noch andere wurden mit brennbarer Materie bestrichen, und so an Statt der Fackeln des Nachts angezündet. Nero gab dazu seine Gärten her, und stellte zugleich andere Schauspiele für das Volk an.

Er hatte listig genug diese Unglückliche an seine Stelle gesetzt, die das Volk ohnedieß verabscheuete. Man hielt es vor gewiß, sagt Tacitus, (Annal. L. XV. c. 44.) daß die Christen das ganze menschliche Geschlecht haßten: und man glaubte daher, daß sie die ärgsten Strafen verdienten. Dieser Vorwurf gegen eine Gesellschaft von Menschen, die mehr als alle andere zur allgemeinen Menschenliebe verpflichtet waren, und sie auch ausübten; die eben durch ihre sanfte und liebreiche Gesinnungen sich so viele Freunde erworben haben, kann nicht ohne Verwunderung gelesen werden. Allein er bedeutete vermuthlich dieses, daß die Christen alle Religionen der Welt verwarfen, sich durch ihren Gottesdienst und durch die Strenge ihrer Sitten weit von allen Völkern entfernten. Sie schienen diejenigen zu hassen und zu verachten, mit welchen sie fast gar nichts gemein hatten. Besonders sah man sie vor Feinde des Römischen Reichs an, dessen herrschender Religion sie öffentlich widersprachen. Unterdessen trug doch das Volk mit ihnen Mitleiden, weil es sah, daß sie nicht dem allgemeinen Widerwillen gegen sie, sondern bloß den Absichten des Kaisers aufgeopfert wurden.

Die christliche Religion konnte überhaupt den Verfolgungen der Römer so wenig entgehen, als der Feindschaft der Juden. Man duldete zwar alle Religionen im Römischen Reiche; und man hat kein Beyspiel, daß jemand in demselben bloß deswegen gelitten habe, weil er sich zu der Religion des Staats nicht bekannt hätte. Allein, sobald diese laut und dreist angegriffen wurde, glaubten die Römer zu strafen berechtiget zu seyn. Die Christen, welche dieses thaten, wurden auch wegen anderer Ursachen, als Uebelgesinnte gegen den Staat, angesehen. Ihr Vergeben von einem neuen Königreiche, das Jesus aufgerichtet habe; ihre geheimen Zusammenkünfte, und ihr Gottesdienst, von dem man gar keine äußerliche Zeichen, wie bey jeder andern Religion

Religion im Reiche, ſah; alles dieſes ſchien dem Staate gefährlich zu ſeyn. Auch die Juden verlachten zwar den Römiſchen Götzendienſt; aber insgeheim, und mit vieler Vorſichtigkeit. Sie waren ein fremdes Volk, das weniger in die Augen fiel, durch Sprache und Gebräuche von allen heidniſchen Völkern getrennt war, und von den Römern ſehr verachtet wurde. Die Chriſten hingegen ſtammten zum Theil von den Römern und Griechen ſelbſt her; fiengen an ſich ſogar in der Hauptſtadt des Reichs auszubreiten, und hatten nicht einmal, gleich den Juden, Tempel und Opfer, aus welchen die Heiden hätten ſchließen können, daß ihre Religion den gewöhnlichen ähnlich ſey. Dazu kam der Abbruch, den das Chriſtenthum unzählichen Kaufleuten, Künſtlern und Arbeitsleuten that, die aus dem Aufwande des Götzendienſtes große Vortheile zogen: und was noch mehr iſt, viele Heiden und Juden traten öffentlich zu demſelben. Allerley Verläumdungen, die zeitig gegen die chriſtliche Religion und ihre Bekenner aufkamen, ſtellten beyde den Heiden noch verabſcheuungswürdiger vor. Allein ſie kannten weder die Chriſten, noch ihre Religion, die ſie eine neue und ſchädliche Irrlehre nannten, (Tacit. l. c. Sueton. in Neron. c. 16.) ohne daß man begreift, was vor Nachtheil ihre Grundſätze der menſchlichen Geſellſchaft oder dem Römiſchen Staate gebracht hätten.

Daß dieſe Religion ſobald nach ihrem Eintritte in die Welt, und nachdem Gott ihre Ausbreitung ſehr merklich durch außerordentliche Mittel befördert hatte, in ihren Anhängern verfolgt worden iſt; geſchwind und häufig von den Juden, etwas ſpäter, aber mit mehrerer Macht und Grauſamkeit von den heidniſchen Kaiſern: dieſes iſt einer der merkwürdigſten Umſtände ihrer Geſchichte. Sie ſchien auf dieſe Art den göttlichen Schutz verloren zu haben; und doch haben wenige Begebenheiten ſoviel zu ihrer Ehre und ſchleunigen Fortpflanzung

II. Theil.　　　　　　　P　　　　　　　bey=

beygetragen, als eben dieſe Verfolgungen. Unter den=
ſelben ; zeigten ihre Bekenner eine ſo unüberwindliche
Standhaftigkeit, daß man dieſe gar nicht anders erklä=
ren konnte, als daß man ſie aus der höchſten übernatür=
lich verſtärkten Gewißheit von der Wahrheit ihres Glau=
bens, und Liebe zu demſelben herleitete. Jeder Verdacht
von Betrug, ausſchweifender Einbildungskraft, eigennützi=
gen und verſteckten Abſichten, oder andern Arten des
Leichtſinnes; ein ſolcher Verdacht konnte bey dem Chri=
ſtenthum unmöglich mehr Statt finden, da man viele
tauſend Menſchen, die am Volke, Alter, Geſchlecht,
Stande, Zeit und andern Umſtänden weit von einander
verſchieden waren, einmüthig für daſſelbe leiden und ſter=
ben, alles unerſchrocken verwerfen ſah, was ſie zur Ver=
läugnung dieſer Religion geführt haben würde. Die
Welt, die deſto aufmerkſamer auf dieſelbe wurde, je mehr
Mühe ſich ſelbſt Obrigkeiten gaben, ſie zu unterdrücken,
konnte dieſen Muth der Chriſten nicht ohne Bewunderung
und Beyfall betrachten. Sie erkannte noch unter an=
dern daran, daß dieſe ſo bald und ſo heftig beſtrittene Re=
ligion durch nichts weniger als menſchliche Hülfe in ih=
rem Fortgange unterſtützt werde. Die Chriſten ſelbſt wur=
den, indem ſie ſo viel für ihren Glauben ausſtanden, deſto
mehr zur Verherrlichung deſſelben aufgeweckt; ihr Eifer
ward geläutert, ihre Tugend feſter, und nie zeigte ſich die
Stärke ihrer Religion größer als in dieſen Verfolgungen.
Sie waren meiſtentheils von kurzer Dauer; aber häufig
und wütend. So wenig Sicherheit alſo die Chriſten für
ihr Leben und ihre Ruhe hatten; ſo ſehr wurden ſie ge=
nöthigt, ſich ganz den Hoffnungen ihrer Religion zu er=
geben; aber die Erholung, die ihnen zuweilen gegönnt
wurde, war ebenfalls in mancherley Betrachtung nützlich.
Nur die Jüdiſche Religion hatte ehemals unter ſolchen
Bedrängniſſen Wachsthum und Kräfte erlangt; allein
unter ungleich ſchwerern hat das Chriſtenthum weit glück=
licher und wunderbarer zugenommen.

Gerade

Gerade also der abscheulichste unter allen Fürsten war auch der erste Kaiser, der den Christen grausam begegnete: ein Ruhm für dieselben, wenn er gleich auch darauf gesehen haben sollte, wie Lactanz (de Mort. Persec. c. 2.) berichtet, daß täglich überall eine große Menge vom Götzendienste zu ihnen übergienge. Einen Vorwand konnte dieses zwar abgeben, für das Beste der herrschenden Religion zu sorgen; nur durfte ihn derjenige nicht gebrauchen, der alle Religion und Tugend mit Füßen trat: und die Christen stifteten auch keine Unruhen wider die Religion des Staats, sondern suchten nur freywillige Anhänger durch Unterricht zu gewinnen. Man hat lange Zeit seine Verfolgung die erste unter den zehn Hauptverfolgungen genannt, welche die Römischen Kaiser über die Christen erregt hätten. Wenn man aber solche darunter versteht, welche von den Kaisern anbefohlen worden, im ganzen Römischen Reiche, oder doch in einem großen Theil desselben einige Jahre fortgewährt, und sehr vielen Christen den Untergang gebracht hätten; so giebt es solcher großen Verfolgungen weit weniger. Diejenigen, welche man darunter rechnet, sind durch gewisse Umstände vor andern berühmt worden: auch die zehn Hörner oder Fürsten, von denen die Offenbarung Johannis sagt, daß sie mit dem Lamme Gottes streiten würden, haben Gelegenheit zu Festsetzung dieser Zahl gegeben. Ueber die Geschichte der sogenannten Hauptverfolgungen hat Christian Kortholt eine sehr fleißige, gelehrte und ziemlich vollständige Sammlung (de persecutionibus ecclesiae primaevae sub Imperatoribus ethnicis, liber, Kiel, 1689. 4.) herausgegeben; aber eine schärfere, lehrreiche Beurtheilung trifft man darinne nicht überall an. Man könnte mit noch größerem Nutzen eine zusammenhängende und bündige Geschichte aller Drangsale, welche die ersten Christen von Juden und Heiden gelitten haben, schreiben, worinne die Bewegungsgründe und Veranlassungen derselben genau entwickelt,

P 2

ihre

ihre Würkungen untersucht, und das Betragen der Christen bey denselben abgebildet; aber auch eben dieselben mit den spätern und neuern Verfolgungen, welche die Christen über einander selbst, im Nahmen der Religion haben ergehen lassen, verglichen würden. Alsdenn würde die Geschichte selbst beweisen, daß der christliche Verfolgungsgeist weit schlimmer und unverantwortlicher sey, als der jüdische und heidnische gewesen ist.

Nero hat allem Ansehen nach die Christen auch außerhalb Rom verfolget. Es ist nicht allein wahrscheinlich, daß Leute, denen man Schuld gab, daß sie die Hauptstadt des Reichs angezündet hätten, und die außerdem einer feindseligen Gesinnung gegen den Staat und gegen das menschliche Geschlecht überhaupt angeklagt wurden, daß diese zugleich in vielen Gegenden des Römischen Reichs gelitten haben; sondern man kann auch aus einer Stelle Tertullians (Apologet. c. 4.) schließen, daß der Kaiser Gesetze wider sie gegeben habe, deren sich ihre Feinde überall bedienten konnten. Daß aber diese Verfolgung wirklich die Gränzen von Italien überschritten habe, läßt sich nicht genug beweisen. Die Aufschrift, welche in Spanien soll gefunden worden seyn, und einer Ausrottung der Christen in diesem Lande durch den Nero gedenkt, kommt vielen Gelehrten sehr verdächtig vor; und auf die mehr rednerischen als historischen Nachrichten des Lactanz, am angeführten Orte, kann noch weniger gebauet werden.

In dieser Verfolgung, die bis an den Tod des Nero im Jahr 68 fortgewähret hat, verloren viele Christen ihr Leben, deren Anzahl und Nahmen man jedoch fast gar nicht zuverläßig angeben kann. Solchen Christen, welche wegen des Bekenntnisses ihrer Religion den Tod erlitten, wurde frühzeitig der griechische Nahme der Märtyrer oder Zeugen beygelegt, weil eben dieser ihr Tod
das

das rühmlichſte und gewiſſeſte Zeugniß war, das ſie von ihrem Glauben an Jeſum und von ihrer Hoffnung einer künftigen Seligkeit ablegen konnten; wiewohl jenes Wort nach dem bibliſchen Sprachgebrauch, der ſich aus dem Hebräiſchen herſchreibt, ordentlich vor einen Lehrer geſetzt wird. Da ſie nicht bloß von ſchwärmeriſcher Hitze und einer durch den Widerſtand angefeuerten Hartnäckigkeit getrieben wurden, ſondern die lebhafteſte Ueberzeugung und eine heiße Tugend offenbar alles thaten: ſo machte dieſe ſtandhafte Treue ihrer Religion und ihnen ungemeine Ehre. Sie waren ihr dieſe Pflicht zwar ſchuldig; aber nichts verbot ihnen gleichwohl, die Gefahr zu meiden, wenn es, ohne die Religion im geringſten zu verläugnen, geſchehen konnte. Der Muth, mit welchem dieſe Chriſten ihrem Ende entgegen giengen, war deſto bewundernswürdiger, da ſie meiſtentheils durch ausgeſuchte Martern zu demſelben gehen mußten. Es wurden neue Arten zu quälen und hinzurichten, die man ſonſt Verbrecher im Römiſchen Reiche nicht ausſtehen ließ, gegen ſie erſonnen: nicht allein, weil ſie als ungewöhnlich arge und verhaßte Miſſethäter angeſehen wurden; ſondern hauptſächlich, weil ſie dem Willkühr grauſamer Fürſten, der Wuth des Pöbels, und der Erbitterung anderer ihrer Feinde, gänzlich überlaſſen waren. Anton. Galloni und Caſp. Sagittarius haben dieſe Martern in beſondern Büchern (de cruciatibus martyrum,) beſchrieben, und jener hat ſie auch abbilden laſſen. Daher entſtand nun die ungemeine Ehrerbietung gegen die Märtyrer, die aus untadelhaften Geſinnungen dieſer Zeiten nach und nach in eine abergläubiſche Verehrung ausgeartet iſt. Um dieſer deſto mehr Nahrung zu verſchaffen, haben die Chriſten der folgenden Jahrhunderte die Zahl der Märtyrer um viele tauſend vermehrt, indem ſie Erdichtungen oder Vermuthungen an die Stelle glaubwürdiger Nachrichten ſetzten. Heinrich Dodwell, der die Vorurtheile von der unzähligen Menge Märtyrer mit vielem Scharfſinn

be=

bestritt, (Differt. Cyprianic. XI. de paucitate martyrum,) verfiel doch auf den gerade entgegen stehenden Irrthum, daß nur sehr wenige unter den ersten Christen wegen ihrer Religion umgekommen wären. Es bleibt derselben immer eine sehr große Anzahl übrig, wenn gleich die Verfolgungen größtentheils nur die Lehrer der Christen, ingleichen die vornehmsten und eifrigsten unter ihnen, getroffen haben. Aus der eben gedachten Quelle sind auch so viele Märtyrergeschichten und Sammlungen derselben, (Acta Martyrum, Martyrologia) geflossen, in welchen eine kleine Anzahl zuverläßiger Nachrichten mit unendlichen Fabeln, zweifelhaften und unwahrscheinlichen Sagen, besonders aber mit den merklichsten Vergrößerungen des Wunderbaren vermehrt worden ist. Der Benedictiner Theodor. Ruinart hat nach einer strengern Wahl nur die glaubwürdigsten von diesen Märtyrergeschichten (in seinen Actis sinceris martyrum) gesammlet; aber auch bey diesen findet eine genaue Prüfung hin und wieder viel zu erinnern.

Unter allen Christen, welche Nero zum Tode verurtheilt hat, sind die Apostel Petrus und Paulus die vornehmsten, oder vielmehr die einzigen, von denen man es mit Gewißheit weiß. Zwar ist selbst in Ansehung ihrer noch mancher Zweifel übrig. Das Jahr, die nähere Veranlassung und die Umstände ihres Todes, können zum Theil nicht unleugbar ausgemacht werden; zum Theil sind die davon vorhandenen Nachrichten sehr unwahrscheinlich. Zu diesen letztern gehört vermuthlich die Erzählung, daß Petrus der Gefahr des Todes, auf Bitten der Christen, durch die Flucht habe entweichen wollen; daß ihn aber eine Erscheinung und Anrede Jesu bewogen habe, seinen Entschluß zu ändern. Auch der Umstand, daß er begehrt haben sollte, man möchte ihn mit dem Kopfe gegen die Erde geneigt kreuzigen, damit er nicht die Ehre einer völlig gleichen Todesart mit seinem Lehrer

und

und Erlöſer genießen möchte; dieſer Umſtand ſcheint beynahe eine zu gekünſtelte Demuth zu verrathen. Wenn
man jedoch bey den oben genannten Schriftſtellern und
beym Euſebius (Hiſt. Eccl. L. II. c. 25. L. III. c. 1.)
ſtehen bleibt: ſo darf man wenigſtens daran nicht zweifeln, daß ohngefähr im Jahr 67 oder 68 Petrus gekreuziget, Paulus aber enthauptet worden ſey). Sie
ſtarben in einem ziemlich hohen Alter, von welchem jeder
dreyßig und mehrere Jahre ganz zum Dienſte des Evangelii, und ſehr glücklich, angewandt hatte. Jetzt aber hin-
terließen ſie ſo viele Gemeinen, die von ihnen geſtiftet oder
eingerichtet und befeſtigt worden waren, in einem ſo blühenden Zuſtande, daß dieſelben, auch ihrer Aufſicht beraubt, doch die wahre Lehre beybehalten, und gegen den
Angriff aller Arten von Feinden verwahrt ſeyn konnten.

Erſte Biſchöfe
der
Römiſchen Gemeine.

Die Römiſche Gemeine, vor deren Augen Petrus
und Paulus den Todt litten, hatte ihnen inſonderheit viel zu danken. Sie waren beyde ihre Stifter und
Vorſteher; allein zu einem Beweiſe, daß Paulus früher und ungleich mehr zum Beſten dieſer Gemeine gearbeitet hatte, daß ſie ihn Petro nicht allein gleichgeſchätzt,
ſondern ihm ſogar vor dieſem einen gewiſſen Vorzug ein-
geräumt habe, ſetzten ſchon die alten Römiſchen Biſchöfe
in ihren Siegeln die Bildniſſe dieſer Apoſtel dergeſtalt
neben einander, daß Paulus die Stelle zur Rechten

hatte:

hatte: ein unauflöslicher Einwurf für diejenigen, welche Petrum vor das Haupt der Römischen und zugleich aller andern Gemeinen gehalten wissen wollen. Auch alles andere, was man von dem Zustande der Römischen Gemeine zu dieser Zeit meldet, zeigt, daß beyde Apostel sie gemeinschaftlich regiert und unterrichtet haben. Unter und neben ihnen arbeiteten noch einige Lehrer bey derselben, die den Nahmen ihrer ersten Bischöfe führen.

Die Geschichte dieser Bischöfe ist ziemlich dunkel und ungewiß; aber mehr deswegen, weil man dieselbe in spätern Zeiten mit den damals entstehenden Ansprüchen zu vereinigen gesucht hat, zum Theil auch wegen der Zweydeutigkeit des Worts Bischof selbst; als daß uns zuverläßige Nachrichten dabey ganz verließen. Ob es gleich eben so unglaublich als unerweislich ist, wie man bereits oben (S. 150·153) gesehen hat, daß Petrus der einzige höchste Vorsteher dieser Gemeine, und auch der allgemeine Bischof aller Christen gewesen sey; so hat man doch vorgegeben, daß er diese Würde einem Nachfolger hinterlassen, und daß die Römischen Bischöfe seit ihm dieselbe verwaltet, auch alle dazu gehörige Gewalt ausgeübt hätten: lauter Erzählungen, von denen die christlichen Schriftsteller viele hundert Jahre nach diesem Apostel schweigen. Man hat nachsidem alle Lehrer der Römischen Kirche zu seinen Zeiten und den gleich folgenden vor die obersten Häupter derselben angesehen, wenn man fand, daß sie Bischöfe genannt wurden; obgleich dieses Wort damals immer noch gleichbedeutend mit dem Nahmen eines Aeltesten war, und erst nach dem Tode der meisten Apostel, nach und nach in größern Gemeinen, die Aufsicht über dieselben einer aus den Aeltesten, der allein Bischof hieß, geführt zu haben scheint. Die Gemeine zu Jerusalem ist allem Ansehen nach die erste gewesen, welche Vorsteher dieser Art gehabt hat: es wird solches aus dem Verzeichnisse von funfzehn ihrer Bischöfe

ſchöfe wahrſcheinlich, das von dem jüngern Apoſtel Jacobus an bis unter Adrians Regierung geht, und vom Euſebius (Hiſt. Eccl. L. IV. c. 5.) aufbehalten worden iſt; wenn gleich Jacobus nicht im ſtrengern Verſtande darunter gehören ſollte. Eben dieſer Schriftſteller nennt auch die erſten Biſchöfe der Gemeinen zu Antiochien und Alexandrien, (l. c. L. II. c. 24. L. III. c. 21. 22.) und fängt dieſelben ebenfalls gleich nach ihrer Stiftung durch den Petrus und Marcus an. Man findet bey ihm noch mehrere, welche die erſten Biſchöfe der Gemeinen heiſſen; doch kann man ſich dabey immer des Zweifels nicht entſchlagen, ob ſie es nur im weitläuftigern Verſtande geweſen ſeyn möchten.

Bey den erſten Biſchöfen zu Rom, die Euſebius (L. III. c. 2. 14. 15.) anführt, und worinne er hauptſächlich dem Irenäus (adv. haer. L. III. c. 3.) gefolgt iſt, deſſen Stelle er auch (L. V. c. 6.) beygebracht hat, gilt eben dieſe Vermuthung. Dieſe Schriftſteller erzählen, daß Petrus und Paulus, nachdem ſie die Gemeine zu Rom gegründet hätten, einen gewiſſen Linus, deſſen Paulus in ſeinem zweyten Schreiben an den Timotheum gedenke, zu ihrem erſten Biſchof geſetzt haben; daß auf ihn Anacletus oder Anencletus, und auf dieſen Clemens gefolget ſey. Aber ob ſie nur ordentliche Lehrer der Gemeine, oder ihre und ihrer Lehrer oberſte Aufſeher geweſen ſind, iſt beſonders in Anſehung der beyden erſten nicht ausgemacht. Die Römiſche Gemeine ſcheinet zwar zahlreich geweſen zu ſeyn; allein ſie litt auch viel durch die Verfolgung des Nero, und man kann nicht beweiſen, daß ſie ſogleich mehr als Einen ordentlichen Lehrer gebraucht habe. Unterdeſſen da dieſes nur Muthmaßungen ſind, könnte man auch wohl zugeben, daß dieſe drey Perſonen eben ſolche Biſchöfe geweſen ſind, wie ihre nächſten Nachfolger, das heißt, Vorſteher der Gemeine, denen die Erhaltung der Lehre, des Gottes-

dienſtes,

dienstes, der Ordnung und der guten Sitten in derselben
anvertrauet war. Es sind noch andere Verzeichnisse der er=
sten Römischen Bischöfe vorhanden, die von dem ange=
führten, in Absicht auf die Zeitfolge, theils auch in den
Nahmen und andern Umständen abgehen. Allein man
sieht nicht, warum sie den Nachrichten des Irenäus und
Eusebius, denen auch Hieronymus (de vir. illustr.
c. 15.) beytritt, vorzuziehen wären. Nach diesen letztern
hat Linus die Römische Kirche von dem Tode der beyden
Apostel an, zwölf Jahre, ohngefähr bis zum Jahre 79
oder 80 regiert: ihm ist Anencletus zwölf andere Jah=
re in dieser Stelle gefolgt, und erst also mit dem Jahre
91 oder 92 ist Clemens Bischof von Rom geworden;
ob ihn gleich die erste lateinische Kirche größtentheils gleich
nach Petro setzt, vermuthlich, weil er weit berühmter
geworden ist, als seine beyden Vorgänger. Doch die Ge=
schichte der ersten Bischöfe von Rom giebt überhaupt zu
Muthmaßungen und Streitigkeiten unerschöpfliche Gele=
genheit. Sehr viel Gelehrsamkeit und Scharfsinn, aber
auch manche gewagte Einfälle, haben Johann Pearson
und Heinrich Dodwell, (de successione primorum
Romae Episcoporum,) Johann Philipp Baratier,
(de success. antiquiss. Episc. Roman.) und andere Pro=
testanten; die Römischcatholischen Schriftsteller aber, die
beyden Pagi, Natalis Alexander, und andere mehr,
haben dabey noch überdies viele parthevische Voraussetz=
ungen angebracht. Es ist genug, wenn alles andere strei=
tig bleibt, mit Gewißheit sagen zu können, daß die Römi=
sche Gemeine erst seit dem Tode der Apostel, ihrer Stif=
ter, eigentliche Bischöfe bekommen habe; daß die Vorzüge
derselben vor den übrigen Lehrern in der ersten Stelle und in
einigem Ansehen, das Wachsamkeit, Klugheit, Treue und
andere Tugenden gaben, aber durchaus in keiner Herrschaft,
bestanden haben; und daß zu dieser Zeit nicht bloß die Rö=
mische, sondern auch alle andere Gemeinen der Christen,
frey und unabhängig von einander gewesen sind.

Irr=

Irrlehren

des

Simon Magus, Dositheus und Menander.

Wenige derselben genoſſen noch des Unterrichts eines
Apoſtels; aber keiner fehlte es nunmehro an
hinlänglichen Einſichten, um ſich vor jeder Verfälſchung
der Religion zu hüten. Man hätte glauben ſollen, daß
dieſe ſehr ſpät würde verſucht werden, weil die Religion
in mehrern überall bekannten Schriften ungemein deut=
lich ausgedrückt war, und die Apoſtel, ihre beſten Aus=
leger, erſt gegen das hundertſte Jahr nach Chriſti Ge=
burt insgeſammt die Welt verließen. Gleichwohl ſahen
ſie außer den Jüdiſchgeſinnten Lehrern, die den Chriſten
das Moſaiſche Geſetz aufzudringen ſuchten, noch Leute
genug, die ihre eigene Meinungen in die chriſtliche Re=
ligion mengten, und ſogar hin und wieder Beyfall fan=
ten. Nach ihrem Tode aber wurden die Chriſten deſto
unaufhaltſamer von einem ganzen Schwarm falſcher
Lehrer überfallen, durch welche das Chriſtenthum Ge=
fahr lief, nicht allein völlig verunſtaltet, ſondern gar
aufgehoben zu werden. Von dieſen Feinden der Religion
unterſchieden ſich andere, welche die Vorſtellungen der
Chriſten über dieſelbe nur zu verbeſſern glaubten; aber,
indem ſie ſich von den Schriften der Apoſtel entfernten,
oder ſie zu ſpitzfindig erklärten, vielmehr ſelbſt auf
Irrthümer verfielen. Es kamen bald Zeiten, da die
Chriſten es wirklich nöthig hatten, erinnert zu werden,

daß

daß sie von der Reinigkeit ihrer Religion abzuweichen anfiengen; allein auch diejenigen, welche eine solche Erinnerung gaben, wurden vor Verächter der Religion und
Gottseligkeit angesehen. Und endlich gewöhnte man sich
daran, nicht bloß offenbare Widersprüche gegen die heilige Schrift, sondern alle Meinungen, die dem herrschenden Lehrbegriffe und den Aussprüchen der Lehrer
nicht gemäß waren, vor irrig auszugeben. Alle diese von
dem gewöhnlichen Glauben abweichende Lehrsätze, hat
man seit den ersten Zeiten der Christen mit einem
Nahmen belegt, (haeresis) der bey den Griechen und
Römern nur eine besondere philosophische Meinung, und
eine Parthey, die ihr zugethan war, bezeichnete; unter
ihnen aber zu einem schimpflichen Merkmal solcher Christen dienen sollte, die nicht allein in wichtigen Lehren der
Religion irrten, sondern auch hartnäckig auf ihren Ab-
wegen blieben, wenn man ihnen gleich den Weg zur
Wahrheit zeigte. Viele Jahrhunderte darauf ist dieser
Nahme, bey Gelegenheit einer besondern Art irrender
Christen, durch Ketzer übersetzt worden. Es konnten allerdings und können noch unter den Christen verschiedene Partheyen entstehen, die doch eine wie die andere den Nahmen von rechtgläubigen Christen verdienen,
wenn die ihnen eigene Meinungen den Grund der Religion nicht erschüttern. Aber wenn Paulus verlangte,
daß man ketzerische Menschen meiden sollte: so waren es
gewiß Leute, welche das Christenthum selbsten zerstörten.

Es scheinet beym ersten Anblick, daß die Ketzergeschichte nur sehr unangenehme, für den menschlichen
Verstand demüthigende Nachrichten enthalten müsse,
weil man in derselben die Beschreibung derjenigen erwartet, die aus Thorheit oder Bosheit den christlichen
Glauben, der doch so leicht zu erkennen und zu gebrauchen ist, verfälscht haben. Allein das bey Seite gesetzt,
was man in dieser Geschichte so oft antrifft, die Wahrheit,

heit, welche der große Haufen verloren hatte, mit dem
Scheine des Irrthums bedeckt und unterdrückt; so hat
selbst die Untersuchung, wie es zugegangen sey, daß falsche Lehren an die Stelle der Religion gesetzt worden sind,
ungemein viel lehrreiches: man mag diejenigen beurtheilen wollen, die es gethan haben, oder überhaupt zu
sehen verlangen, auf wie mancherley Seiten man die
Wahrheit verfehlen, und sich selbst aus ihrem Besitze
bringen könne. Diese Quellen des Irrthums sind nicht
immer trübe und giftig gewesen. Wenn Unwissenheit
und Nachläßigkeit bey der Kenntniß der Religion, alte
Vorurtheile, eine zu mächtige Phantasie, verkehrte Deutungen der heiligen Schrift, eingebildete Scharfsichtigkeit und Weisheit, Liebe zum Neuen und Sonderbaren,
auch wohl lasterhafte Neigungen, sehr viel dazu beygetragen haben, daß die christliche Religion gemißhandelt
worden ist: so hat hingegen die gutgemeinte Absicht, dieselbe deutlicher und begreiflicher zu machen, ein aufrich-
tiger Entschluß, sie von menschlichen Zusätzen zu befreyen,
und der Eifer für die Gottseligkeit; alles dieses hat oft
aus dem besten Herzen, dem aber kein aufgeklärter Verstand zu Hülfe kam, grobe Irrlehren hervorgebracht.
Die rechtgläubigern Christen, welche dieselben bemerkten,
geriethen zuweilen auf nicht geringere; nur daß sie einen
andern Ursprung hatten, und meistentheils nicht vor
Irrlehren gehalten wurden. Wiederum ist es auch sehr
merkwürdig, zu wissen, auf welche Art die Irrthümer
vertheidigt und ausgebreitet worden sind; was sie vor
einen Einfluß in die Sitten ihrer Urheber gehabt, und
wie man sie bestritten oder vertilgt habe. Man lernt
nicht selten in der Geschichte des Irrthums mehr Wahrheit, als da, wo die höchste Richtigkeit der Lehre wohnen
soll: nicht allein die kühnere Wahrheit, an die der Irrthum oft sehr nahe gränzt; sondern hauptsächlich so vielen praktischen Unterricht über das Verhalten und die
Ausschweifungen der Christen, daß es wohl die Mühe
belohnt,

belohnt, ihn aufzusuchen, wenn er auch darinne tief versteckt liegen sollte.

Allein die alte Ketzergeschichte ist beynahe der dunkelste und verworrenste Theil der Kirchengeschichte. Es fehlt ihr zwar nicht an Nachrichten, darunter die vom **Irenäus** im zweyten Jahrhunderte hinterlassenen die ersten und vornehmsten sind; aber außerdem, daß sein Werk sich größtentheils nur in einer schlechten Uebersetzung erhalten hat: so ist es auch mehr eine Widerlegungsschrift, als eine zusammenhängende Erzählung. Fast alle, die nach ihm in den ersten Jahrhunderten ähnliche Nachrichten ertheilen, haben sie auch in solchen Schriften verfaßt, wo die bestrittene Parthey dazu bestimmt ist, durchaus Unrecht zu haben. Dieser Mangel wird dadurch unersetzlich, daß man von den ältesten Ketzern keine Schriften übrig hat, aus denen ihre wahre Meynung gezogen werden könnte. Man muß daher bloß ihren Gegnern glauben: und wenn man gleich diese nicht beschuldigen darf, daß sie immer aus Haß oder Unwissenheit die Ketzer schlimmer vorgestellet hätten, als sie würklich waren; so waren sie doch gewiß wider dieselben eingenommen, und begiengen wenigstens die bey solchen Streitigkeiten gewöhnlichen Schwachheiten sehr häufig. Sie nahmen zu leichtgläubig alles an, was von den Ketzern erzählt wurde; häuften ihre Irrthümer über einander, ohne zu zeigen, wie sie von ihnen selbst vorgetragen worden, wie einer aus dem andern entsprungen sey, oder was zu ihrer Milderung gesagt werden könne: und überhaupt verschwiegen sie zu geflissentlich das Gute, welches manchen dieser Irrlehrer eigen war. Auch wurden sie immer freygebiger mit dem Ketzernahmen gegen geringere Streitfragen; stellten die verschiedenen Nahmen der Secten als besondere Secten vor, und widersprachen sich auch unter einander. Alle diese Fehler sind keineswegs so allgemein, daß sie jeden Schritt

in

in der Ketzergeschichte hindern sollten; doch leidet sie genug durch dieselben. Zugleich muß man gestehen, daß die Beschaffenheit der Zeiten, die düstern und verwickelten Lehrgebäude mancher Ketzer, nebst andern Umständen, eben so viele Schwierigkeiten gewesen sind, welche diese Geschichte nicht ganz brauchbar für die Nachkommen werden ließen.

Die ältesten christlichen Lehrer nennen den Simon Magus den ersten Ketzer, und den Anführer aller folgenden, insonderheit der gnostischen Partheyen. Er war allerdings der erste Irrlehrer, der unter den Christen Unruhen gestiftet hat; allein er verdient mehr den Nahmen eines Feindes der christlichen Religion, der er seine Lehren entgegen setzte, als eines Ketzers. Und wenn er gleich vieles mit den gnostischen Secten, die nachmals aufkamen, gemein hatte; so ist doch dieses nicht hinlänglich, um ihn zu ihrem Stifter zu machen. Man hat dasjenige bereits (S. 89 = 91) gelesen, was Lucas in der Apostelgeschichte vom Simon erzählt. Sein übriges Leben haben Irenäus (adv. haer. L. I. c. 23.) Tertullian (de anima c. 34.) der Verfasser einiger untergeschobenen, aber alten Schriften, (Constit. Apost. L. VI. c. 8. 9. Recognit. Clement. Rom. L. I. c. 19. sq. 74. L. II. III. Clementin. Homil. II. III.) Eusebius, (Hist. Eccl. L. II. c. 13. 14.) und anders mehr beschrieben. Keiner aber unter ihnen ist vollständig, und viele ihrer Nachrichten sind so zweifelhaft oder unglaublich, daß seine ganze Geschichte dadurch zweydeutig geworden ist.

Simon, sagen diese Schriftsteller, kehrte bald zu seiner alten Unart zurück, von welcher ihn die Apostel abzuziehen gesucht hatten. Er verließ Samarien, reiste in Begleitung einer bisher unzüchtigen Weibsperson, Helena, in den Morgenländern herum, und kam ohngefähr

im

im Jahr 42 nach Rom. Hier wurden seine zauberi-
schen Künste so sehr bewundert, daß ihn die Römer unter die Götter versetzten, und ihm eine Ehrensäule mit
der Aufschrift: Dem heiligen Gott Simon, errichteten. Diesen letztern Umstand erzählt nur Justin der
Märtyrer, (Apol. I. c. 34.) es ist aber sehr wahrscheinlich, daß ihn die Aufschrift einer dem Gotte der
Sabiner, Semo Sancus, gewiedmeten Säule, von
der man auch in den neuern Zeiten einen Theil zu Rom
entdeckt hat, betrogen habe. Gleich darauf, setzt man
hinzu, reiste Petrus nach Rom, um die Blendwerke
dieses Betrügers zu zerstreuen, der den Fortgang der
christlichen Religion hinderte. Er hatte ihn schon vorher durch mündlichen Widerstand zum Stillschweigen
gebracht; allein da Simon zu Rom mit Hülfe der bösen Geister hoch in die Luft flog, erlangte es der Apostel
durch sein Gebet, daß er herabstürzte, und sich tödlich
verwundete. Ein so fabelhafter Bericht wäre auch alsdenn keines Beyfalls werth, wenn man nicht schon in
der Geschichte des Petrus gesehen hätte, daß er damals
nicht zu Rom habe seyn können.

Von den Lehrsätzen des Simon scheinen die Nachrichten glaubwürdiger zu seyn. Er behauptete, daß ein
guter und ewiger Gott sey, der eine gewisse Anzahl von
Aeonen oder ihm ähnlichen Geistern hervorgebracht habe, und in einem lichtvollen Raume wohne; daß es aber
auch eine gleich ewige böse Materie gebe, die viele böse
Geister gezeugt habe. Ein weiblicher Aeon habe mit
Hülfe derselben, ohne Vorwissen Gottes, die Welt geschaffen, und eine große Menge gutgearteter Seelen zum
Vorschein gebracht, diese aber mit Körpern vereinigt,
die aus der bösen Materie zusammengesetzt wären. Daher wären die Menschen zum Theil eines himmlischen
und guten Ursprungs, zum Theil eines irdischen und bösen, lebten unter der Herrschaft der Weltschöpfer, und

kennten

kennten den höchsten Gott nicht. Dieser suche die Seelen, voll Mitleiden gegen ihren Zustand, wieder in seinen Lichtraum, befreyt von ihren Körpern, zu einer ewigen Glückseeligkeit zu bringen: und dazu gelangten sie, wenn sie mit Verachtung der Weltschöpfer, sich zu dem höchsten Gott allein wendeten; diejenigen Seelen aber, welche dieses versäumten, müßten so lange durch andere Körper wandern, bis sie ihn erkannt hätten. Eben darum, fuhr Simon fort, hätten die Weltschöpfer diejenigen Gesetze, denen alle Völker, unter andern auch die Juden, gehorchten, aufgebracht, damit sie die Seelen dadurch in der Gefangenschaft erhielten: und daher könnte man diese Gesetze ohne Scheu übertreten. Wenn aber Gott dereinst alle Seelen wieder zu sich gezogen haben würde, so werde er das unvollkommene Weltgebäude zerstören. Sich selbst gab Simon, so weit man ihn verstehen kann, vor den größten unter allen Aeonen aus, den Gott in die Welt gesandt habe, um die Menschen zu seiner Erkenntniß zu führen, und die Herrschaft der Weltschöpfer zu zerstören. Seine Begleiterinn Helena aber wollte er vor einen weiblichen Aeon und vor die Mutter der Weltschöpfer gehalten wissen, von denen sie auf alle Art gemißhandelt, und immer in andere Körper eingeschlossen worden sey, damit sie nicht zu Gott, ihrem Vater, zurückkehren möchte; bis er in die Welt gekommen sey, um sie besonders zu befreyen. Man sagt sogar, daß Simon gelehrt habe, er sey unter den Juden als der Sohn Gottes, zu Samarien als der höchste Vater, und unter den übrigen Völkern als der heilige Geist erschienen.

Wenn man die Lehrsätze des Simon bey dem Irenäus und andern Kirchenlehrern betrachtet, so sind sie fast nur ein Hauffen Ausbrüche einer unsinnigen und wilden Einbildungskraft. Aber in einer unächten Schrift des Clemens von Rom (Recognit. Clement.) haben

II. Theil.   Q   ben

ben fie ein mehr philofophifches und zufammenhängendes
Anfehen. Simon wird dafelbft mit dem Apoftel Pe=
trus redend eingeführt: diefes ift ohne Zweifel eine Er=
dichtung; allein er erklärt und vertheidigt in diefer Unter=
redung feine Meinungen dergeftalt, er macht folche Ein=
würfe wider das Chriftenthum, daß es fcheint, man kön=
ne ihn nach diefer wenigftens fehr alten Vorftellung ficher
beurtheilen. Allem Anfehen nach war es eine feiner vor=
nehmften Abfichten, durch die Grundfätze, welche er von
den morgenländifchen Weltweifen entlehnte, zu zeigen,
wie das Böfe in der Welt entftanden fey, ohne daß der
höchfte Gott einen Antheil daran habe. Ihre Lehren,
und einige aus der griechifchen Philofophie, vermehrte er
durch feine ausfchweifende Phantafie bis zu einem hohen
Grade des Wunderbaren. Er unterftützte diefes alles
durch betrügerifche Künfte, von deren Hülfsmitteln man
nichts gewiffes, und alfo auch nicht fagen kann, daß er
fie in der Gemeinfchaft von böfen Geiftern verrichtet ha=
be. Dazu kam feine Erbitterung gegen die chriftliche
Religion. Ihre Lehrer hatten feine fchändlichen Abfich=
ten beftraft: er fuchte fie daher nicht fowohl zu ver=
fälfchen, als ganz zu untergraben, und fich gewiffer=
maaßen an die Stelle Jefu zu fetzen, indem er dasjeni=
ge, was die Chriften von diefen glaubten, in feinem
Lehrgebäude von fich felbft gebrauchen konnte. Es ift
alfo zwar ausgemacht, daß er die Welt habe hintergehen
wollen; aber es kann wohl feyn, daß ihn feine feurige
Schwärmerey überredet habe, viele feiner Einfälle wa=
ren wirklich wahr.

Er bekam eine beträchtliche Menge Anhänger, die
man Simonianer genannt hat. Schwerlich waren
es im Anfange Chriften, fondern Juden und Heiden,
welche zum Theil auf dem Wege zum Chriftenthum über=
zutreten, durch die Blendwerke diefes Mannes, und fei=
ne finnlich gefälligen Lehren eingenommen wurden. Man
weiß

weiß nicht, wie lange er seine Parthey fortgepflanzt ha=
be; aber sie drang bald unter die Christen selbst, und
erhielt sich unter ihnen, obgleich nur auf eine versteckte
Art, bis ins vierte Jahrhundert. Die Simonianer
sollen ihren Stifter und seine Helena göttlich verehrt, die
Abgötterey überhaupt vor erlaubt gehalten, Zauberey ge=
trieben, und sich allen Lastern Preis gegeben haben. Von
allen diesen Beschuldigungen sucht man den Grund in
den Lehren des Simon selbst: und zum Theil mag die=
ses richtig seyn. Nur dieses ist nicht klar, daß er den
sittlichen Unterschied der menschlichen Handlungen völlig
sollte aufgehoben haben. Er bestritt zwar alle Religio=
nen; aber wohl nicht das Gesetz der Natur: und da er
die Seelen aus der Gefangenschaft des sündlichen Leibes
in den heiligen Sitz des höchsten Gottes zu führen vor=
gab, so ist es kaum begreiflich, wie er dabey die Erlaub=
niß eines ruchlosen Lebens eingeführt haben könnte. Doch
dieses Beyspiel würde nicht das erste seyn, daß man von
dem Urheber einer Parthey alle Ausschweifungen dersel=
ben hergeleitet hat; und die Dunkelheit der ganzen Ge=
schichte Simons und seiner Anhänger verbietet mehr
davon zu sagen.

Noch ungewisser ist dasjenige, was die Alten von
einem andern Samariter Dositheus, den sie vor den
Lehrer des Simon halten, erzählen. Dieser scheint zu
den Zeiten Jesu gelebt, und sich unter den Samaritern
vor den Messias ausgegeben zu haben. Er fand einige
Anhänger; allein da ihn der Hohepriester dieses Volks
zur Strafe ziehen wollte, rettete er sich mit der Flucht,
und starb in einer Höle. Auch dieser ist vor keinen christ=
lichen Irrlehrer anzusehen. Unterdessen hat man seine
Schüler doch oft mit diesen vermischt, und im sechsten
Jahrhunderte sieht man noch eine Anzahl derselben übrig.
Die zerstreuten Nachrichten von den Dositheanern
und dem Dositheus selbst, darunter eine Stelle des

Q 3   Epi=

Epiphanius (Panar. Haer. 13.) beſonders merkwürdig iſt, hat Mosheim (Inſtit. Hiſt. Chriſt. Maior. Sec. I. p. 376 - 389.) am beſten genützt und erläutert.

Der berühmteſte unter Simons Schülern war
Menander, gleichfals ein Samariter. Er lebte gegen
das Ende des erſten Jahrhunderts zu Antiochien in Syrien, wo er eine Sekte ſtiftete. In den Grundſätzen
von Gott, von den Aeonen, von der Erſchaffung der
Welt und ihren Beherrſchern, auch in der Ausübung der
Zauberkunſt, war er mit ſeinem Lehrer einig; aber er
gab ſich ſelbſt vor denjenigen aus, der dieſer zu ſeyn ſich
rühmte, nämlich vor einen der höchſten Aeonen, den Gott
in die Welt geſandt habe, um die Seelen von den Welt-
ſchöpfern frey zu machen. Er unterſchied ſich auch vom
Simon darinne, daß er ſeinen Anhängern eine Taufe in
ſeinem Nahmen ertheilte, durch welche ſie ein Recht an
das ewige Leben erlangen ſollten. Eine kleine Anzahl ſeiner Anhänger blieb bis gegen das vierte Jahrhundert
übrig. Man lernt ihn aus Juſtin dem Märtyrer
(Apol. I. c. 34. 73.) dem Irenäus (adv. haer. L. I.
c. 23.) Euſebius (H. E. L. III. c. 26.) und Epiphanius (l. c. Haer. 22.) in der Kürze hinlänglich
kennen.

Daß eben unter den Samaritern zu dieſer Zeit ſo
viele Leute nicht ohne Beyfall ſich aufgeworfen haben, die
ſich Erlöſer des menſchlichen Geſchlechts nannten, dazu
mag nicht allein die Erwartung des Meſſias unter dieſem Volke etwas beygetragen haben; ſondern auch die
Feindſchaft deſſelben gegen die Juden, bey denen damals
Jeſus in dieſer Würde von ſo vielen erkannt wurde.
Die chriſtliche Religion konnte durch dieſe Irrlehrer, bey
einer mäßigen Vorſichtigkeit ihrer Verehrer, wenig leiden: ſie thaten ihr nur bey dem Pöbel durch magiſche
Künſte

Künste und abendtheuerliche Erzählungen oder Verspre=
chungen einigen Eintrag. Sie würden daher auch in der
christlichen Geschichte kaum einen Platz verdienen, wenn
sie sich nicht Jesu und seiner Lehre gerade entgegen ge=
stellet hätten; ohne doch ihre Ansprüche auf so erhabene
Rechte im geringsten zu beweisen.

Untergang
des
jüdischen Staats und Volks.

Aber nicht nur diese schwachen Widersprüche, sondern
vor allem andern eine der schröcklichsten und be=
wundernswürdigsten Begebenheiten dieser Zeit, das Un=
glück des jüdischen Volks, stärkte die Christen in ihrem
Glauben an Jesum. Schon fünfhundert Jahre vor=
her hatte der Prophet Daniel vorher verkündigt, daß
nach der Ankunft des Meßias unter seinem Volke, wenn
er alles, was zum Besten desselben dienen sollte, würde
ausgerichtet haben, und von demselben umgebracht wor=
den seyn, daß alsdenn die Stadt und das darinne be=
findliche Heiligthum der Juden werde zerstört werden, und
wüste liegen bleiben. Diese den Juden und Christen gleich
wichtige Weißagung hatten die Juden selbst in ihren heili=
gen Büchern aufbehalten, und sahen daran täglich eine
warnende, zugleich auch überaus dringende, Erinnerung,
die Verbesserung ihrer Religion durch Jesum anzunehmen.

Um sie bey ihnen noch lebhafter zu erneuern, und
dem Christenthum dadurch eine unumstößliche Stütze zu

Q 3   geben,

geben, wiederholte sie Jesus, da noch ein Menschenalter bis zu ihrer Erfüllung übrig war, mit einer Deutlichkeit, die kaum bey bereits gegenwärtigen Dingen grösser seyn konnte. Da Jesus unter den Juden lebte, hatte es eben nicht das Ansehen, daß sie sobald in einen Krieg mit den Römern gerathen würden; noch weniger aber, daß sich dieser Krieg mit dem Untergange von Jerusalem, von dem Tempel und einem großen Theil des Volks endigen würde. Und gleichwohl sagte er alles dieses so genau vorher, daß er auch die Belagerung der Hauptstadt durch ein römisches Heer nicht vergaß. Er versicherte, daß diese Strafen die Juden wegen ihrer langen und muthwilligen Verachtung der außerordentlichen Gnade Gottes, die sie mehr als ein Volk auf der Welt, durch unzählige Mittel und Personen zu bessern gesucht hätte, besonders aber wegen ihrer Verfolgung aller göttlichen Boten bis auf die Apostel, treffen würden. Das Christenthum siegte auch nicht bloß, indem diese Verkündigungen eintrafen; es gewinnt noch täglich einen merklichern Sieg über den Unglauben der Juden, durch die immer fortdaurende Erfüllung derselben, die alle Merkmale der untrüglichsten Ueberzeugung aus der christlichen in die jüdische Religion, übergetragen hat.

Der Anfang zu dem Unglücke der Juden war zugleich von den römischen Statthaltern über ihr Land, und von ihnen selbst gemacht worden. Nach unzähligen Gewaltthätigkeiten und Mishandlungen, die sie vom Geßius Florus ausgestanden hatten, ergriffen sie im Jahr 66, ohnedieß schon lange zu Empörungen geneigt, und durch eine Entscheidung des Kaisers zum Vortheil der heidnischen Einwohner von Cäsarea wider sie, noch mehr aufgebracht, an verschiedenen Orten die Waffen wider die Römer. Die Einwohner von Jerusalem blieben ruhig: auch diese reizte Florus durch unmenschliche Grausamkeit zum Aufstande. Ein ansehnlicher Theil derselben wollte,

wollte, ohngeachtet seiner Bedrückungen, die Treue gegen den Kaiser nicht verletzen; allein es schlugen sich zu den übrigen so viele Räuber und Meuchelmörder, daß sie die römische Besatzung daselbst angriffen und umbrachten. Zu gleicher Zeit wurden alle Juden zu Cäsarea von den Heiden ermordet: und seitdem rotteten beyde einander besonders in den syrischen Städten aus, je nachdem die Juden oder die Heiden an Anzahl überlegen waren. Der Statthalter von Syrien, Cestius Gallus, zog endlich mit einem Heere vor Jerusalem, besetzte die Stadt, konnte aber die Gegend um den Tempel nicht einnehmen, und erlitt vielmehr auf seinem Rückzuge einen beträchtlichen Verlust von den Juden. Dieses erhob ihren Muth so sehr, daß sie noch im Jahr 66 verschiedene Befehlshaber zu Jerusalem, in Judäa und Galiläa ernannten, um den Krieg wider die Römer desto ordentlicher zu führen.

Damals sahen die Christen zu Jerusalem diejenigen Merkmale vor sich, die Jesus zur Flucht aus dieser Gegend angegeben hatte. Einige aber unter ihnen wurden, wie Eusebius (H. E. L. III. c. 5.) berichtet, noch durch eine besondere göttliche Offenbarung gewarnet, sich zu retten. Sie begaben sich daher insgesammt in das Städtchen Pella, jenseits des Jordans, wo sie vor allen Gefahren des einbrechenden Kriegs gesichert waren. Es giengen auch vor demselben, wie Jesus verkündigt hatte, verschiedene Wunderzeichen und Andeutungen am Himmel und zu Jerusalem selbst her, die von Augenzeugen, besonders von einem sehr verständigen jüdischen Schriftsteller, Josephus, berichtet, keinen Zweifel leiden, wenigstens doch nicht alle vor abergläubische Einbildungen angesehen werden können.

Unterdessen zog Vespasianus, der größte Feldherr dieser Zeit, auf Befehl des Nero, ein Heer wider die

Juden

Juden zusammen, mit welchem er im Jahr 67 in Ga=
liläa einrückte, und diese Landschaft nach einem ziemlich
starken Widerstande der Juden, bezwang. Diese fien=
gen nunmehro an, sich selbst unter einander aufzureiben.
Ohne diese Uneinigkeit würden sie vielleicht bei den bald
darauf erfolgten innerlichen Unruhen des Römischen
Reichs sich in Freyheit haben setzen, oder doch die vor=
theilhaftesten Bedingungen für ihre Verfassung erhal=
ten können. Es war noch immer eine bessere Parthey
unter ihnen übrig, die zum Frieden und zur Ergebung
an die Römer rieth; allein sie war zu schwach, um durch=
zudringen. Alle Räuber aus dem Lande sammleten sich
zu Jerusalem, wo sie sich durch die Aufrührer verstärk=
ten, und unter dem Nahmen der Zeloten oder Eiferer,
(weil sie vor Vertheidiger der Religion angesehen seyn
wollten,) ihre friedliebenden Mitbürger auf eine wüten=
de Art verfolgten. Der Hohepriester Ananus hatte
schon das Volk so weit gebracht, daß es die Waffen er=
griff, und sie in das Innere des Tempels trieb, als die
Zeloten ein Heer von Idumäern zu ihrer Hülfe in Je=
rusalem einließen, und darauf so lange mordeten, bis die
Gegenparthey, welche aus den edelsten des Volks be=
stand, fast gänzlich vertilgt war.

Der Kaiser Nero, den das Reich schon lange ver=
abscheuete, wurde endlich im Jahr 68 durch einen fast all=
gemeinen Aufstand genöthigt, sich selbst das Leben zu neh=
men. Ihm folgte Galba, der aber die große Hoffnung,
die man von ihm gefaßt hatte, so wenig erfüllte, daß er
sogleich verhaßt, und im Anfange des Jahrs 69 umge=
bracht wurde. Die Leibwache hatte zwar den Otho an
seine Stelle gesetzt; allein das deutsche Kriegsheer rief
dagegen den Vitellius zum Kaiser aus: Otho verlohr
eine Hauptschlacht gegen denselben, und entleibte sich groß=
müthig genug lieber selbst, als daß er einen für den Staat,
auch wenn er siegte, immer traurigen Krieg fortgesetzt hätte.
Alle

Alle diese Staatsveränderungen brachten einen kleinen Stillstand in dem jüdischen Kriege des Vespasianus hervor, nachdem er noch im Jahr 68 Jdumäa besetzt, und die Gegend um Jerusalem herum in seine Gewalt gebracht hatte. Die Juden hingegen vergrößerten ihr Elend immer mehr, indem sich die Zeloten in zwo Partheyen trennten, die einander mit der grausamsten Erbitterung begegneten: und bald darauf entstand die dritte; alle hatten einen Theil von Jerusalem inne, verdarben einander zum Schaden einen ungemein großen Vorrath von Lebensmitteln, und handelten nur gemeinschaftlich gegen den Angriff der Römer.

Schon war Vespasianus im Begriff diesen vorzunehmen, als ihn im Jahr 69 sein Heer und alle andere Legionen in den Morgenländern zum Kaiser wählten: das ganze Reich erkannte ihn auch davor, nachdem Vitellius, ein lasterhafter Fürst ohne alle Fähigkeit, überwunden und hingerichtet worden war. Vespasianus wurde der Wiederhersteller des römischen Reichs, das über funfzig Jahre von lauter unwürdigen Fürsten beherrscht und entkräftet worden war, wo die Liebe zum Vaterland sich fast verloren hatte, das Verderben der Sitten überaus gestiegen, und selbst die Abnahme der Gelehrsamkeit merklich geworden war; dessen Regierung und Schicksal auch nunmehro anfiengen, bloß von Soldaten entschieden zu werden. Er besaß beynahe alle Tugenden eines weisen und guten Regenten, und es scheinet, daß ohne ihn der Staat ganz verloren gewesen seyn würde. Jetzt überließ er die Fortsetzung des Kriegs wider die Juden seinem Sohne Titus. Dieser schloß Jerusalem im April des Jahrs 70 mit einem mächtigen Heere ein. Die Stadt war durch Natur und Kunst fester, als irgend eine andere auf dem Erdboden; auch durch die unüberwindliche Standhaftigkeit ihrer Vertheidiger, die zugleich für Leben, Freyheit und Religion,

Q 5

mit

mit einer Begeisterung, von der in der Geschichte kein Beyspiel vorkömmt, und die auch nur bey dem Vertrauen auf eine so außerordentlich unterstützte Religion Statt finden konnte, stritten. Aber eben diese Stadt war damals, zur Zeit des Osterfestes, mit einer ungeheuren Menge Menschen überladen; die Feindseeligkeiten, welche ihre Oberhäupter wider einander ausübten, vernichteten einen großen Theil ihrer Stärke: und da sie ohne alle Hoffnung eines Entsatzes, von einem Fürsten, der zugleich Feldherr und Soldat war, von einem sehr tapfern und erfahrnen Heere belagert wurde, so war ihre Eroberung unvermeidlich.

Titus bediente sich aller dieser Vortheile, überstieg alle Hindernisse, und drang nach und nach in das Innere der Stadt ein. Er ermahnte die Juden mehr als einmal, und immer rührender, sich ihm zu ergeben. Ihr Zustand wurde so kläglich, daß nur dieser Rath sie retten konnte; der überhandnehmende Hunger nahm vielen hundert tausend derselben das Leben; die übrig bleibenden waren der Grausamkeit der Befehlshaber und der Soldaten ausgesetzt, und fanden sogar viele Gefahr dabey, zum Titus zu flüchten. Dennoch glaubten die meisten unter ihnen noch stets, daß Gott sie und seinen Tempel nicht verlassen werde: obgleich alles, was Jesus gelehrt und gethan hatte, und so manches, was nach seiner Himmelfahrt vor ihren Augen erfolgt war, verglichen mit den Weißagungen ihrer eigenen Propheten, zeigte, daß eben jetzt die Zeit dieser Verlassung gekommen sey. Einen gleich großen Antheil an dieser unnützen, nur durch Verzweiflung mehr gestärkten Gegenwehr, hatte die Furcht der boshaften Anführer in der Stadt, welche für so viele Verbrechen keine Gnade bey den Römern erwarteten. Sie fochten noch mit der äußersten Wuth, als Titus seine Angriffe bereits auf den Tempel richtete.

Er

Er war für die Erhaltung dieses heiligen und prächtigen Gebäudes eifriger, als die Juden selbst besorgt, die es zu ihrer Festung gemacht hatten, indem er einen ihrer Befehlshaber warnen ließ, den Tempel nicht länger mit ihrem und mit römischem Blute zu verunreinigen, nicht mit der Stadt ins Verderben zu ziehen; er erlaubte ihm großmüthig, den darinne unterbrochenen Gottesdienst nach seiner Wahl begehen zu lassen, und nahm die Götter, welche er verehrte, zu Zeugen, daß er die Juden nicht nöthige, den Tempel zu entheiligen; ja er versprach, ihn wider ihren Willen zu retten. Allein der hartnäckige Widerstand der Juden verachtete alles Anerbieten: und so entschlossen auch Titus noch bey dem Sturme auf den Tempel war, ihn zu erhalten, konnte er doch nicht verhindern, daß seine Soldaten Feuer hineinwarfen, von welchem er am zehnten August des Jahrs 70 verbrannt wurde. Offenbar zündete denselben eine höhere Hand an, stürzte selbst den von ihr gegründeten Sitz der Religion um, und gab der Welt dadurch ein allgemeines Merkzeichen, daß eine vollkommenere die Stelle derselben einnehmen sollte. Auf den Untergang des Tempels folgte bald die Eroberung und Zerstörung der übrigen Stadt, am achten September des gedachten Jahres. Titus selbst rief öffentlich aus, daß Gott den Römern beygestanden, und die Juden aus ihren unbezwinglichen Festungen herausgerissen habe.

Von diesem unglücklichen Volke kamen während der Belagerung von Jerusalem eilfmal hundert tausend Menschen auf mancherley Art um: sieben und neunzig tausend wurden gefangen fortgeführt, von denen wiederum eine große Menge in Gefechten mit wilden Thieren das Leben verlor, zu denen sie aufgestellt wurden; und noch sind so viele tausende nicht dazu gerechnet, die während dieses ganzen Krieges, welcher erst im Jahr 74 völlig geendigt ward, außerhalb der Hauptstadt und dem

jüdi-

jüdischen Lande getödtet wurden. Wenn alle diese Ar=
ten des Elendes, dergleichen nie ein Volk auf der Welt
betroffen haben, nicht ohne Entsetzen gelesen werden kön=
nen, so war auch dieses Volk das einzige, das so unver=
antwortliche Sünden begehen konnte, sich so muthwillig
in dasselbe gestürzt hat. Daß dieses Elend eine göttliche
Strafe gewesen sey, ist, wie man gesehen hat, historisch
gewiß: und gleichwohl war zur Vollziehung derselben der
gütigste und leutseeligste Fürst gewählt worden, den
die Heiden gehabt haben, der auch den Juden unzäh=
lichemal die Hände zu ihrer Rettung bot. Man mel=
det nicht, ob dieses große Unglück die übriggebliebenen
Juden zum nützlichsten Gebrauch desselben, zur Erkennt=
niß von der Wahrheit des Christenthums, geleitet habe;
allein es ist sehr wahrscheinlich, wenn anders die daraus
entsprungene Betäubung bey vielen nicht alles Nachden=
ken unterdrückt hat.

Alle Umstände dieser merkwürdigen Begebenheit
sind in den Sieben Büchern des Flavius Jose=
phus vom jüdischen Kriege sehr zuverläßig be=
schrieben worden, und die Nachrichten des Eusebius
(Hist. Eccl. L. III. c. 5. seq.) von eben diesem Kriege
enthalten größtentheils nur Auszüge aus demselben. Jo=
sephus war ein Jude aus priesterlichem Geschlechte, den
sein Volk, als es sich zu dem Kriege wider die Römer
rüstete, zum Befehlshaber von Galiläa ernannte. Er
vertheidigte diese Landschaft ungemein tapfer, fiel aber
in die Gefangenschaft des Vespasianus, in welcher
er auch blieb, ohngeachtet er diesem Feldherrn und seinem
Sohne die nahe Kaiserwürde vorhersagte. Da diese
Weissagung bald darauf erfüllt wurde; sie mag nun bloß
politisch gewesen, oder dem Josephus wirklich von
Gott eingegeben worden seyn: kam er auf eine ehrenvolle
Art in Freyheit, begleitete den Titus bey diesem Feld=
zuge beständig, und wurde von ihm besonders oft gebraucht,

seine

seine halsstarrigen Landsleute zu Jerusalem zur Ueber=
gabe der Stadt aufzumuntern. Von diesem Fürsten
und seinem Vater genoß er so viele Wohlthaten, daß er
ihren Geschlechtsnamen Flavius dem seinigen beyfügte.
In der Ruhe, die er ihnen zu danken hatte, schrieb er
seine den Christen noch so schätzbare Werke; zu deren
Verfertigung er auch eine ausnehmende Kenntniß der
jüdischen und heidnischen Gelehrsamkeit, besonders eine
für Juden seltene Stärke in der griechischen Beredsam=
keit besaß, von welcher er sich die feinste attische Mund=
art glücklich eigen gemacht hatte.

Sein bereits gedachtes Werk vom jüdischen
Kriege erhielt vom Titus selbst ein Zeugniß der Wahr=
haftigkeit. Es ist so unpartheyisch geschrieben, daß er bey
der aufrichtigsten Liebe gegen sein Volk, doch nichts von
den Fehlern und Ausschweifungen desselben darinne ver=
schweigt; aber auch keiner Schmeicheley gegen die Rö=
mer sich schuldig macht. Er hatte es zuerst in hebräischer
Sprache aufgesetzt, damit es den Juden und andern
morgenländischen Völkern dienen möchte. Nachmals über=
setzte er es auf eine freyere Art ins Griechische: vermuth=
lich um den Römern und Griechen nicht bloß Nachrich=
ten von einem Kriege zu ertheilen, an welchem sie so vie=
len Antheil gehabt, den schon einige partheyisch beschrie=
ben hatten, und der vor den meisten bis dahin geführ=
ten Kriegen eine vorzügliche Aufmerksamkeit verdiente;
sondern auch, um sie zum Mitleiden gegen sein unglück=
liches Volk zu bewegen, das zwar lasterhaft, aber doch
seinem äußerlichen Gottesdienste bis zu seinem Verder=
ben getreu gewesen war. Dieses Werk kann den besten
Geschichtschreibern der Alten an die Seite gesetzt werden.
Es scheinet außerdem, so entfernet auch Josephus von
aller Neigung gegen die christliche Religion war, doch
gleichsam in der Absicht verfertigt worden zu seyn, um
einen wichtigen Beweisgrund derselben zu stärken. Denn
es

es iſt die vornehmſte Quelle, aus der man die Gewißheit der Weiſſagungen Jeſu von dem Unglücke des jüdiſchen Volks nach einer Menge beſonderer Umſtände darthun kann. Es iſt nicht unwahrſcheinlich, daß er ſich bey der Ruchloſigkeit der Juden hauptſächlich deswegen ſo lang aufgehalten habe, damit es begreiflich würde, warum Gott ſein Volk ſo unbeſchreiblich viel habe leiden laſſen. Allein er leiſtete dadurch den Chriſten wider ſeinen Willen einen Dienſt, indem dieſe die göttlichen Strafen über die Juden weit hinreichender und gewiſſer aus ihrem Verhalten gegen Jeſum und ſeine Lehre erklären konnten. Da die hebräiſche Ausgabe dieſer Geſchichte des Joſephus verloren gegangen iſt: ſo iſt dagegen an deren Stelle, allem Anſehen nach, im neunten Jahrhunderte, unter dem Nahmen des Joſeph Ben Gorion, eines Zeitgenoſſen des Flavius Joſephus, eine hebräiſche Geſchichte dieſer Art, mit deutlichen Merkmalen eines betrügeriſchen und fabelhaften Schriftſtellers, aufgeſetzt worden. Auch die lateiniſche Geſchichte der Zerſtörung Jeruſalem, die ſich von einem gewiſſen Hegeſippus herſchreiben ſoll, iſt nur aus einer freyern Ueberſetzung und willkührlichen Vermehrung von dem Werke des Joſephus entſtanden, deſſen Nahme ſelbſt wohl verfälſcht in den Nahmen Hegeſippus übergegangen ſeyn mag.

In einem andern Werke von zwanzig Büchern, das die Aufſchrift jüdiſche Alterthümer führt, hat Joſephus die Geſchichte des jüdiſchen Volks vom Anfange der Welt bis zum zwölften Jahre des Kaiſers Nero, oder bis zum Ausbruche des jüdiſchen Kriegs, ebenfals in griechiſcher Sprache beſchrieben. Dieſe Geſchichte, welche die lehrreichſte unter allen iſt, wenn man das Verhalten Gottes gegen die Menſchen, und ſeine Abſichten mit ihnen hiſtoriſch kennen will, war es wohl werth, für die Heiden und darunter für die Römer

mer besonders, aufgezeichnet zu werden, die sie theils nicht
kannten, theils sehr verunstaltet hatten. Zwar durch die
griechische Uebersetzung der Alexandrinischen Juden von
den Büchern des Alten Testaments, war sie schon be=
kannt genug unter den heidnischen Völkern geworden;
aber lange nicht in einem so vollständigen Umfange, nicht
so zusammenhängend, und am wenigsten in einer so un=
gemeinen Schönheit des Ausdrucks, als Josephus er=
zählt hat. Hiezu kommt noch dieses, daß er seine Ge=
schichte mehr nach den Begriffen der Heiden einzurich=
ten gesucht, was ihnen darinne anstößig seyn konnte, ver=
mieden, und überhaupt durch allerhand geschickte Mittel
eine ehrwürdige Abbildung von der Religion, den Gese=
tzen, Sitten und Schicksalen seines Volks, das sie zu
sehr verachteten, gemacht hat. Er hat unter andern
aus derselben Wunder weggelassen, von denen er dachte,
daß sie den Heiden unglaublich vorkommen möchten; oder
er hat sie aus der ordentlichen Naturgeschichte erläutert.
Ob er gleich die heiligen Schriften der Jüdischen Kirche
zur ersten Quelle seiner Nachrichten angenommen hat;
so hat er doch die Umstände, welche sie angeben, oft
verändert und vermehrt, ist von ihrer Zeitrechnung ab=
gewichen, und hat sie durch Erklärungen oder Betrach=
tungen ausgeschmückt. Vieles von diesem allem läßt
sich rechtfertigen oder entschuldigen. Es gehört zu der
Hauptabsicht des Werks; oder ist aus andern Jü=
dischen Erzählungen genommen; zum Theil ist es auch
ein Recht des Geschichtschreibers. Man darf überdieß
nicht zweifeln, daß diese Geschichte des Josephus,
mehr als irgend ein Werk der Alten, von den christli=
chen Abschreibern durch Einschaltungen und Verände=
rungen nach ihrer Denkungsart umgebildet worden sey.
Außer der berühmten Stelle, wo er Jesu gedenkt, und
welche bereits oben (S. 71. 72.) untersucht worden ist,
giebt die sehr große Verschiedenheit der Abschriften des=
selben mit andern Merkmalen einen Beweis davon ab.
Allein

Allein er bleibt deswegen nicht von dem Tadel frey, daß er bisweilen den Nachrichten ſeiner Landsleute zu viel getrauet, und die Erzählung der heiligen Schriftſteller zu weit auf die Seite gelegt habe. Noch härter würde man den Joſephus beurtheilen müſſen, wenn man ihn nicht als einen Wahrheitliebenden und redlichen Mann kennete, der bey ſeinen Abweichungen von den Bibliſchen Schriftſtellern uns unbekannte Urſachen gehabt haben kann. Aber deſto größer würde die Uebereilung ſeyn, die auch in den neuern Zeiten begangen worden iſt, die eben gedachten Schriftſteller aus ſeinem Werke ohne alle Einſchränkung und große Vorſichtigkeit zu ergänzen oder zu verbeſſern. Vergleicht man es hingegen, unter einer ſcharfen Prüfung, nach den Geſetzen der Wahrſcheinlichkeit, und nach allem, was Joſephus von der Geſchichte und dem Zuſtande ſeines Volks wiſſen konnte, mit den Nachrichten des Alten und Neuen Teſtaments: ſo wird man zur Aufklärung und Beſtätigung von dieſen nicht wenig daraus ziehen können. Selbſt ſeine Zuſätze, ſein Stillſchweigen, den Unterſcheid ſeiner Erzählung, wird man brauchbar finden: bald, um die Begebenheiten zu beurtheilen, bald, um mit ſeiner Denkungsart bekannter zu werden. Der gemäßigte, behutſame, unwartheyiſche Schriftſteller zeigt ſich auch in der erſten Geſchichte des Chriſtenthums. Wenn er wirklich etwas von Jeſu und ſeinen Schülern geſchrieben hat, ſo merkt man daran den Haß eines Juden nicht, der ſie nur als Feinde ſeiner Religion betrachtete: er läſt ihnen vielmehr, ſo weit es ſeiner Einſicht möglich war, Gerechtigkeit wiederfahren. Haben ihm aber dasjenige, was man jetzt von dieſer Art bey ihm lieſet, andere geliehen: ſo hat er an einem Orte, wo es für ihn ſehr ſchwer war, entſcheidend oder ohne Beleidigung zu ſprechen, zu ſchweigen gewußt.

Seine zwey Bücher von dem Alterthum der Juden, wider den Apion, einen heidniſchen Gelehrten,

ten, sind ebenfals ein nützliches Werk. Er vertheidigt
darinne die Juden gegen die Beschuldigung mancher Hei=
den, daß sie ein neues Volk wären, weil die griechischen
Geschichtschreiber ihrer nicht gedacht hätten. Dagegen
führt er Zeugnisse aus Aegyptischen, Phönicischen und
Chaldäischen, selbst aus Griechischen Schriftstellern an,
welche das hohe Alterthum des Jüdischen Volks auch mit=
ten unter den Unwahrheiten, die sie von demselben berich=
ten, bestätigt haben. Die Sammlung dieser Stellen
ist desto angenehmer, da sie meistentheils aus Büchern
genommen sind, die wir längst verloren haben: und der
ganze Beweis macht eine Stütze der jüdischen Geschichte
und Religion aus, die der Christlichen nicht gleichgültig
ist. Josephus sagt in eben diesem Werke, (L. I. p.
1036. ed. Col.) daß die Juden zwey und zwanzig
Bücher haben, denen sie einen göttlichen Ursprung bey=
legen, und die stets unverändert geblieben sind. Man
sieht wohl, daß dieses eben diejenigen Bücher sind, wel=
che die Christen, nach einer etwas geänderten Berech=
nung, unter dem Nahmen der vier und zwanzig hei=
ligen Bücher, von der jüdischen Kirche empfangen,
und die Schriften des Alten Testaments genannt
haben. Daß sie hierinne dem Zeugnisse der Juden ge=
glaubt, oder vielmehr, da sie meistentheils gebohrne Ju=
den waren, auch als Christen ihre Meinung von diesen
Schriften nicht verändert haben; dieses ist desto weni=
ger unerwartet, je sichtbarer in dem größten Theil die=
ser Schriften die Merkmale eingedrückt sind, daß sie
Gott selbst habe aufzeichnen lassen. Aber dennoch hät=
ten vielleicht die Begriffe der Juden von dem göttlichen
oder heiligen Ansehen dieser Bücher, und die Gründe,
auf welchen sie beruheten, noch genauer untersucht wer=
den sollen; insonderheit bey einigen historischen und poe=
tischen unter denselben, in denen jene Merkmale nicht
so deutlich in die Augen fallen. Dieses würde dazu ge=
dient haben, den neuern Zweifeln zuvor zu kommen, ob

II. Theil.   R   man

man auch alle die gedachten Schriften durchaus in Eine Classe zu setzen berechtiget gewesen sey? — Noch hat Josephus auch seine eigene Lebensbeschreibung, und ein Buch von den Maccabäern, oder von der Herrschaft der Vernunft, hinterlassen.

Ueberhaupt sind die Werke dieses Schriftstellers ein reicher Schatz für die Geschichte, die Alterthümer und die Erklärung der heiligen Schrift, der aber noch lange nicht genug gebraucht worden ist. Den Weg dazu, auf welchem schon mehrere Gelehrten der vorigen Zeiten gegangen waren, hat Herr D. Ernesti vor kurzem von neuem eröfnet, und mit einer nicht sehr gewöhnlichen Scharfsinnigkeit zu bahnen angefangen; sein würdiger Schüler aber, Hr. Krebs, hat bereits einigemal auf demselben glückliche Versuche angestellt. Die Cöllner oder vielmehr Leipziger Ausgabe des Josephus vom Jahr 1691, vor welcher Thom. Ittigs Einleitung steht, behält noch immer einigen Werth. Allein die Ausgabe des Johann Hudson, (zu Oxfort 1720. in zwey Foliobänden,) und die noch vollständigere des Siegbert Haverkamp, (Amsterdam 1726. ebenfals in zween Bänden,) haben jene weit zurück gelassen. Man hat auch im Jahr 1736. zugleich zwo deutsche Uebersetzungen von den Schriften des Josephus erhalten: die eine von Joh. Baptist Otten zu Zürch, die andere von dem Hrn. D. Cotta zu Tübingen, an welcher er aber nur einen geringen Antheil gehabt hat; und mit einer von denselben behilft man sich unterdessen, bis etwan eine vollkommnere zum Vorschein kommt. Eben jetzt ist man zu Tübingen auf eine neue Ausgabe der Werke dieses Schriftstellers bedacht.

Schick=

Schicksale und Lehrer
der Christen
unter dem Vespasianus
und seinen Söhnen.

Mittlerweile, daß die Juden in und außerhalb Palästina unglücklich waren, ob sie gleich auch bey
dem Verluste ihrer vorzüglichsten Rechte und Freyheiten,
noch ein sehr zahlreiches, nicht eben gedrücktes Volk im
Römischen Reiche blieben, war dieses unter der Regierung des Vespasianus ruhig und blühend. Die Christen konnten mit diesem weisen und gerechten Fürsten völlig zufrieden seyn. Sie breiteten sich ungehindert aus,
und genossen noch der Führung, wo nicht mehrerer Apostel, doch des Johannes und Philippus, die nach
dem Berichte des Eusebius (Hist. Eccl. L. III. c. 31.)
unter allen am längsten bey den Christen in Asien gelebt
haben. Man hat übrigens keine besondere Nachrichten
von dem Zustande der Christen zu dieser Zeiten.

Als Vespasianus im Jahr 79 gestorben war, bekamen Heiden, Juden und Christen am Titus einen
der gütigsten und liebreichsten Fürsten, die jemals regiert haben. Er setzte die vortrefflichen Anstalten seines
Vaters fort, erweiterte sie mit ungemeiner Gutthätigkeit, und nahm an allem, was seinen Unterthanen begegnete, gleich als wenn es Schicksale seiner Kinder
wären, einen rührenden Antheil. Seine unvergeßli-
chen Worte, der Tag sey verloren, an dem er niemanden etwas Gutes erwiesen habe, — waren

R 2   nicht

nicht bloß ein Ausſpruch, den er zur Bewunderung vor=
legte; er übte mehr aus, als deſſen er ſich rühmte. Auch
war ſeine Tugend eine Frucht von philoſophiſcher An=
ſtrengung, nicht bloß von einer ſanften Gemüthsart: denn
er hatte in den nächſten Jahren vor ſeiner Regierung
ſich einen ſehr ſchlimmen Ruf zugezogen, und erlangte
den beſten, da er ſie kaum angetreten hatte.

Aber ſchon im Jahr 81. folgte dem Titus ſein völ=
lig unähnlicher Bruder Domitianus, der nach einem
kurzen Anfange einer rühmlichen Staatsverwaltung ſich
deſto ausgelaſſener in alle Laſter geſtürzt hat. In ihm
ſchienen die Laſter des Nero völlig wieder aufzuleben.
Alle rechtſchaffene, angeſehene und reiche Männer wur=
den von ihm verfolgt, größtentheils auch hingerichtet,
weil er Tugend nicht ohne Haß und Argwohn betrachten
konnte, und unerſättlich war, ſich fremder Güter zu
bemächtigen. Es war ſogar in ſeinen Augen ein Ver=
brechen, über den Tod eines andern, den er anbefohlen
hatte, Seufzer auszuſtoßen. Das Reich wurde un=
ter ſeiner Regierung von verſchiedenen barbariſchen Völ=
kern angegriffen, die ſeine Heere und ihn ſelbſt ſchlu=
gen. Die Dacier inſonderheit, welche die heutige Mol=
dau, Wallachey und Siebenbürgen bewohnten, nöthigten
ihn zu der ſchimpflichen Bedingung des Friedens, ih=
nen jährlich eine gewiſſe Summe Geldes zu zahlen. So
verächtlich und abſcheulich auch Domitianus bey Un=
terthanen und Barbaren war, bediente er ſich doch des
Titels, Unſer Herr und Gott, und ließ ſich göttliche
Verehrung erweiſen: er brachte ſogar ſelbſt ſeiner vermein=
ten Gottheit Opfer. Da die Weltweiſen eine edlere und frey=
ere Denkungsart lehrten, als es einem ſolchen Wüterich
gefallen konnte, ſo verbannte er ſie aus ganz Italien; und
Schriften, welche theils von den vortreflichſten Römern
herrührten, theils zu ihrem Lobe aufgeſetzt waren, ließ er
aus einer ähnlichen Urſache öffentlich verbrennen.

Rom

Rom war ohngeachtet dieſer Unterdrückung noch immer an verdienten, gelehrten und ſcharfſinnigen Männern fruchtbar. Zwar wurden die höchſten Gaben zum Dienſte des Staats oder der Wiſſenſchaften unter der Regierung dieſes Fürſten erſtickt. Man ſahe auch jene großen und erhabenen Geiſter ſehr ſelten mehr, die um die Zeiten des Auguſtus den Ruhm der Römer zur Vollkommenheit gebracht hatten. Eine faſt allgemeine Entkräftung und niedergeſchlagene Denkungsart erlaubten ihnen nicht mehr, ſich ſo hoch zu ſchwingen. Der Witz war großentheils in einen weichlichen Putz ausgeartet; die Philoſophie fieng an, ſich mehr auf eine einnehmende Beredſamkeit, als auf Gründlichkeit zu ſtützen; und die Dichter wurden nach und nach ſchwülſtige oder mittelmäßige Nachahmer ihrer größern Vorgänger. Aber dieſer Verfall der Wiſſenſchaften, vor welchem der Fall der Sitten und des Staats ſelbſt weit früher hergegangen war, hatte ſich noch nicht ſo weit ausgebreitet, daß man nicht immer außer vielen leſenswürdigen, auch treffliche Schriftſteller gehabt hätte. Noch unter der Regierung des Veſpaſianus ſchrieb der ältere Plinius, ein Staatsmann und Kriegsbedienter, ſeine Naturgeſchichte: ein Werk, in welchem Fleiß, Wiſſenſchaft und Beurtheilung gleich bewundernswürdig ſind; ſo mannichfaltig und unerſchöpflich als die Natur ſelbſt: und das uns als ein Handbuch der alten Litteratur, ſonderlich über die Kenntniſſe der Natur und Kunſt, ſtatt vieler andern Bücher dienen kann. Damals und bis gegen den Anfang des zweyten Jahrhunderts, lebte auch Quinctilianus, einer der erſten Lehrer der Redekunſt, welche die vom Veſpaſianus eingeführte Beſoldung erhielten, der aber zuletzt bis zur Würde eines Conſuls ſtieg. Die Anweiſung zur Beredſamkeit, welche er hinterlaſſen hat, zeigt, daß er ein unvergleichlicher Kunſtrichter, nicht nur in Anſehung fremder Schriften, ſondern überhaupt über alles Wahre

und

und Schöne, ein Kenner der besten Erziehungsart und der feinsten Bearbeitung des menschlichen Verstandes gewesen sey: er hat insonderheit die Beredsamkeit von dem falschen Schimmer zu befreyen gesucht, durch welchen sie zu seiner Zeit verunstaltet wurde. Tacitus, einer der größten Geschichtschreiber des Alterthums, gehöret ebenfals in die Regierung des Domitianus; ob er gleich erst in glücklichern Zeiten, da die Freyheit zu denken und zu schreiben wieder hergestellt war, die Römische Geschichte vom Tode des Augustus an, bis zum Tode des Domitianus beschrieb. In dem kernvollen, gedrängten und bis zum Dunkeln abgemessenen und kurzen Ausdrucke eines überaus geübten Staatsmannes, der mitten unter seinen Geschäften spricht, deckt er die geheimsten Triebfedern der Handlungen auf, übertrifft fast jeden andern Geschichtschreiber an der schärfsten Beobachtung des menschlichen Herzens, und stellt so häufige, so ungezwungen lehrreiche und treffende Betrachtungen an, daß man ein wahrer und gerührter Zuschauer der Geschichte wird, die er erzählt. Seine Werke verschaffen dem Geiste eine sehr reizende Nahrung: ihr Inhalt und die darein gewebten Urtheile haben zwar meistentheils das Gepräge der unglücklichen Zeiten, die er abschildert, und sie können leicht eine Stärkung menschenfeindlicher, oder doch mit der Welt übel zufriedner Gesinnungen abgeben; aber er zieht die Beyspiele der Tugend mit eben dem aufmerksamen Eifer ans Licht, mit welchem er das damals fast immer siegende Laster in seiner entsetzlichen Größe darstellt. Wenn man ihm bey diesem allem noch Fehler vorwerfen kann: so sind es nur zu süße und für ein fühlbares Gemüth sehr einnehmende Fehler. Und wenn er Juden und Christen nicht alle Gerechtigkeit erwiesen zu haben scheint: so ist es glaublich, daß er sie ohne seine Schuld nicht genugsam gekannt habe.

Solchen

Solchen Schriftſtellern konnten die Chriſten keine ähnliche entgegen ſetzen; allein ſie hatten auch keine Urſache, ſich einen Vorzug dieſer Art zu wünſchen, weil ihre unterſcheidende Eigenſchaft, eine Religion und Sitten waren, welche die größten Männer der Heiden nicht erreichten. Dieſe waren daher auch offenbar unglücklich, wenn ſie ſich in dieſer Betrachtung mit den Chriſten vergleichen wollten. Unter dem Veſpaſianus und ſeinen beyden Söhnen, wurde ein griechiſcher Philoſoph, Apollonius von Tyana, ſehr berühmt, der von ſeinen ſpätern Verehrern zum Nachtheil des Chriſtenthums als ein göttlicher und wunderthätiger Lehrer vorgeſtellt wurde. Zwar ſeine Zeitgenoſſen und nächſten Nachkommen unter den Heiden, gedenken in ihren Schriften entweder ſeiner gar nicht; oder laſſen es deutlich genug merken, daß er ein Betrüger geweſen ſey. Allein im dritten Jahrhunderte beſchrieb der ältere Philoſtratus, ein beredter Weltweiſe, das Leben des Apollonius in einem griechiſchen Werke von acht Büchern, das Gottfried Olearius nebſt andern Schriften deſſelben, und des jüngern Philoſtratus, mit gelehrten Erläuterungen (zu Leipzig 1709. in Fol.) ans Licht geſtellt hat. Er bediente ſich dabey der Nachrichten des Damis, eines Gefährten des Apollonius, der eigenen Schriften des letztern, und anderer Bücher mehr. Im Anfange des vierten Jahrhunderts ſuchte ein Statthalter zu Alexandrien, Hierocles, in einem wider die Chriſten geſchriebenen Werke, zu beweiſen, daß Apollonius eben ſo große Wunder als Jeſus, wo nicht noch größere, verrichtet habe. Die Heiden bewunderten ihn noch um dieſe Zeit, und ſein Bild war in den Tempeln zur Verehrung aufgeſtellt; ja es waren ihm ſelbſt Tempel erbauet worden.

Apollo=

Apollonius hatte die Lehrsätze des Pythagoras, eines der ältesten heidnischen Weltweisen, angenommen, der besonders durch die Meinung von der Seelenwanderung, und durch die strenge Zucht, welche er seine Schüler beobachten ließ, berühmt geworden war. Diesem wollte Apollonius vorzüglich gleich kommen; that wie er viele Reisen in der Welt, und gab überall einen Lehrer der Weisheit und Tugend ab; setzte sich in den Ruf, daß er wundervolle Kräfte besitze, und wollte überhaupt vor den vollkommensten Menschen seiner Zeit, vor mehr als einen bloßen Menschen, angesehen seyn. Vespasianus und Titus ehrten ihn ungemein; der letztere bediente sich auch seines Unterrichts in der Kunst zu regieren, und Domitianus sprach ihn von den Anklagen frey, wegen welcher er ihn hatte gefangen setzen lassen. Schon seine Geburt wurde, nach dem Philostratus, von den Göttern durch Erscheinungen und Wunderzeichen beehret; aber bald war auch alles andere an ihm ausserordentlich. Er bewohnte in seiner Jugend einen Tempel, zog mit einigen Schülern unaufhörlich herum, belehrte und besserte viele tausend Menschen; war immer wohlthätig, großmüthig und uneigennützig; setzte sich den größten Gefahren aus, und entgieng ihnen wider alles Vermuthen; weckte Todte auf, heilte Krankheiten, und machte der Pest ein Ende; sagte künftige Begebenheiten, oder solche, die sich in andern Ländern zu der Zeit, da er davon sprach, zutrugen, voraus; redete fremde Sprachen, und kannte sogar die Sprache der Thiere; verschwand plötzlich in einer Gegend, und erschien den Augenblick darauf in einer andern; und wurde endlich der Erde, auf eine niemanden bekannte Art, entrissen; ließ sich aber auch, nachdem er schon in den Himmel aufgenommen war, den Menschen sehen.

Wenn

Wenn diese Geschichte wahr seyn sollte, nach welcher Apollonius nicht weniger bewundernswürdig als Jesus gewesen wäre; so würde man doch gar nicht begreifen können, warum er nicht eine eben so große Bewegung als der Stifter des Christenthums, in der Welt hervorgebracht habe; und warum die Schriftsteller seiner Zeiten von ihm schweigen. Allein zur Glaubwürdigkeit so großer Dinge sind die Beweise viel zu gering. Es ist nicht, wie bey Jesu, das Zeugniß von einem ganzen Volke, von Freunden und Feinden, von Obrigkeiten, Gelehrten, Priestern und allen Ständen, von einer Menge unverdächtiger Schüler und Gefährten, die ihre Nachrichten sogleich, ohne einen Widerspruch dagegen zu erfahren, bekannt gemacht hätten: alles dieses, was uns allein nöthigen kann, Wunder vor gewiß zu erkennen, kommt dem Apollonius nicht zu Statten. Anderthalb hundert Jahre erst nach seinem Tode, wird sein Leben aus Erzählungen von ungewissem Werthe, und die nicht einmal mit einander übereinstimmen, von einem Schriftsteller beschrieben, der dem Apollonius merklich genug seine Sprache leiht, eigene Ausschmückungen in seine Geschichte bringt, sich einer unverantwortlichen Leichtgläubigkeit schuldig macht, und seine Absicht, dem Christenthum zu schaden, gar zu partheyisch verräth. Gleichwohl, so sehr er auch seinen Helden nach Jesu gebildet hat, hört doch die Vergleichung zwischen beyden in Ansehung der Demuth, Unterwürfigkeit gegen die Obrigkeit, Standhaftigkeit im Leiden und Sterben, und außer andern Stücken, auch in Absicht auf die Größe ihres beyderseitigen Entwurfs, gänzlich auf. Man sieht gar nicht, wozu Gott den Apollonius auf eine so ausnehmende Art an die Menschen sollte bevollmächtigt haben, wenn er nichts mehr als die Sittenlehre vorzutragen hatte, die auch den andern Philosophen bekannt war: und überhaupt wären so große göttliche Anstalten durch diesen Mann ohne Wirkung geblieben. Die Wun-

R 5

der

der selbst, welche ihm zugeschrieben werden, nebst andern außerordentlichen Gaben und Handlungen seines Lebens, sind außerdem, daß sie nicht Zuverläßigkeit genug haben, zum Theil auch so seltsam und abgeschmackt, mit so widersinnigen Fabeln vermischt; oder sie können auch so leicht aus natürlichen Ursachen erklärt werden, daß dadurch das Urtheil über den Apollonius sehr bald bestimmt wird. Zugleich aber bekräftigt sein Beyspiel die wichtige Lehre der übrigen Religionsgeschichte, daß ungemein viel dazu erfordert werde, wenn jemand gewiß und von der ganzen Nachwelt vor einen Wunderthäter und göttlichen Gesandten an die Menschen gehalten werden sollen. Scharfsinnigkeit, große Bekanntschaft mit der Philosophie, weise moralische Vorschriften, und ein äußerlich strenges Leben, alles dieses kann man dem Apollonius schwerlich absprechen; allein es ist eben so gewiß, daß er stolz und eitel gewesen sey, und die Welt zu betrügen gesucht habe, um sein Ansehen über alles zu erheben, seinen Nahmen unsterblich zu machen. Unterdessen ist vermuthlich von den Nachkommen mehr zu seinem Leben hinzugedichtet worden, als er selbst von sich vorgegeben hat. Der heidnische Pöbel war seit vielen Jahrhunderten gewohnt, Wunder und Wunderzeichen zu glauben, durch welche die Götter sehr oft ihren Willen oder ihre Neigung gegen jemanden offenbaren sollten. Allein verständigere Männer sahen sie vor dasjenige an, was sie wirklich waren, vor Betrügereyen der Priester, oder natürliche Begebenheiten. Selbst dem Vespasianus legte man (Sueton. in Vespas. c. 7.) wunderthätige Heilungen von Blinden und Lahmen bey: wiederum nicht ohne Spuren, daß man dadurch die Wunder Jesu habe verdunkeln wollen, dessen Religion uns sehr verdächtig vorkommen müßte, wenn sie sich auf so zweifelhafte Wunder stützte.

Die Chriſten, welche weder damals noch in den folgenden Zeiten, Einwürfen von dieſer Art ausgeſetzt waren, bemerkten den Apollonius kaum, den die Heiden nachmals wider ſie aufſtellten; und viele Jahre hindurch, da Domitianus regierte, befeſtigten ſie ſich ungeſtört in ihrem Glauben. Da die Apoſtel meiſtentheils todt waren, lehrte eine lange Reihe ihrer Schüler, Freunde und Nachfolger in den Gemeinen, die man die Apoſtoliſchen Väter genannt hat, und die ſich weit in das zweyte Jahrhundert hinein erſtrecken. Die allererſten derſelben hießen Evangeliſten oder Lehrer des Evangelii; nachher aber ſind nur die Geſchichtſchreiber des Lebens Jeſu ſo genannt worden. Aus den Schriften der Apoſtel kennet man viele ſolcher Apoſtoliſchen Lehrer, die auch meiſtentheils ſchon angeführt worden ſind: einige derſelben ſind als Schriftſteller merkwürdig, wie Marcus und Lucas, und noch andere, denen nicht mit gleicher Gewißheit, wie dieſen, Werke zugeſchrieben werden.

Unter dieſen letztern iſt Clemens von Rom, oder der Römiſche Clemens, einer der berühmteſten. Ob er es ſey, deſſen Paulus in dem Briefe an die Chriſten zu Philippi gedenkt, iſt ungewiß; er erlangte aber als Biſchof zu Rom durch die Heiligkeit ſeines Lebens ein großes Anſehen, zumal da ihn Petrus ſelbſt dieſer Gemeine zum Lehrer gegeben haben ſoll: und er ſcheint mit dem Anfange des zweyten Jahrhunderts geſtorben zu ſeyn. Epiphanius (Haer. XXVII. c. 6.) erzählt, daß er ſein Amt nicht eher als nach dem Tode des Linus und Anencletus, oder Cletus, wie ihn andere nennen, habe antreten wollen: dieſes beſtätigt, wenn es anders wahr iſt, die ſchon oben (S. 234.) beygebrachte Zeitbeſtimmung, daß Clemens nach dem Jahre 91. der Lehrer und Vorſteher der Römiſchen Kirche geworden ſey. Einige Jahre darauf entſtand in der Gemeine zu Corinth

rinth eine heftige Uneinigkeit, da sich verschiedene unru-
hige Christen den Aeltesten oder Lehrern derselben widersetzten. Um diese zu stillen, schrieb Clemens ohngefähr
im Jahr 96 oder etwas später, einen weitläuftigen griechischen Brief, den man sein erstes Schreiben an die
Corinthischen Christen nennt.

Dieser Brief ist überhaupt genommen, eines Schü-
lers der Apostel würdig: und die ersten Christen schätz-
ten ihn nach dem Eusebius (H. E. L. III. c. 16.) so
hoch, daß er in den meisten Gemeinen bey den Versammlungen zum Gottesdienste öffentlich vorgelesen wurde. Er
ist im Nahmen der Römischen Gemeine an die Co-
rinthische gerichtet: Clemens nennt sich darinne gar
nicht; und eben so wenig läßt er sich oder seine Gemeine einige Oberherrschaft und Gewalt über die andern Christen merken. Es sind lauter brüderliche, sanfte und rührende Ermahnungen, mit der Einfalt der Apostel, und
ziemlich in ihrer Schreibart ausgedrückt. Er empfiehlt
den Corinthischen Christen besonders die Eintracht, Verträglichkeit und Demuth; aber auch viele andere christliche Tugenden: alles mit Gründen und Beyspielen, die
aus der heiligen Schrift gezogen sind. Die Stellen derselben führt er an, ohne die Bücher selbst zu nennen, und
oft mehr nach ihrem Verstande, als daß er auch die
Worte gebrauchte. Dieses findet auch bey den Schriften des Neuen Testaments Statt, die damals noch in
keine Sammlung gebracht, aber doch größtentheils unter den Christen bekannt genug waren. Clemens gedenkt nur des ersten Briefs Pauli an die Corinthier ausdrücklich: aus andern Briefen desselben aber, besonders
aus dem Briefe an die Hebräer, ingleichen aus den Briefen Jacobi und Petri, nimmt er häufige Stellen; ob
man gleich hinzusetzen muß, daß, da die Römische Gemeine bis ins vierte Jahrhundert den Brief an die Hebräer vor keine Schrift Pauli gehalten hat, auch dasjenige,

jenige, was Clemens aus demſelben genommen hat,
nicht beweiſe, daß er ihn davor angeſehen habe. Er
ſtimmt übrigens, ſo weit man aus dieſem Schreiben ur=
theilen kann, mit der Lehre Jeſu und der Apoſtel völlig
überein. Zwar urtheilt ein großer Kenner, Photius,
(Biblioth. Cod. 261.) Clemens habe nicht erhaben
genug von Jeſu geſprochen, wenn er ihn gleich nicht
wirklich geläſtert hätte. Allein dieſes kann ſchwerlich
mehr ſagen, als daß Clemens die göttliche Würde Je=
ſu nicht mit eben ſo vielen Worten beygeleget hat: denn
ſonſt ſpricht er (c. 2.) von dem Leiden Gottes, nennt
Jeſum den Scepter und Glanz der göttlichen Majeſtät,
(c. 16. 36.) und erhebt ihn ſo ſehr durch ſeine Werke,
als es die Apoſtel irgend gethan haben.

Unterdeßen fällt auch der Unterſcheid zwiſchen ihm
und einem Apoſtel in die Augen. Er ſchreibt viel weit=
ſchweifiger als es nöthig iſt, und dähnt ſeine Beweiſe
für einen ſolchen Brief zu ſtark, wiewohl er faſt durch=
gehends erbaulich bleibt, und richtig denkt. Nicht im=
mer macht er von den bibliſchen Stellen die richtigſte
Anwendung: vielleicht gehört auch ſeine Erklärung der
Stelle des Hiobs (Cap. XIX. v. 25. folg.) dahin, wel=
che er zuerſt (c. 26.) von der Auferſtehung der Todten
verſtanden hat. Man würde noch mehr an ihm zu ta=
deln finden, wenn es nicht ungemein merklich wäre, daß
ſein Brief in ſpätern Zeiten verfälſcht worden ſey. Hier
darf man zwar keineswegs den Grundſatz annehmen, daß
alles, was bey den Apoſtoliſchen Lehrern Schwäche im
Urtheilen, Leichtgläubigkeit und andere verwandte Fehler
in ſich faßt, von betrügeriſchen Abſchreibern in ihre
Schriften eingerückt worden ſey. Sie waren von dieſen
Fehlern nicht mehr frey als die erſten Chriſten überhaupt:
und den Chriſten iſt dieſes auch ſehr gleichgültig, da ſie
nicht von dieſen oder andern Schriftſtellern, ſondern aus
den Schriften der Apoſtel die Lehre Jeſu lernen ſollen.

Cle=

Clemens kann also gar wohl die Fabel von dem Vogel Phoenix, der nach einem Leben von fünfhundert Jahren aus seiner Asche wieder auferstehen soll, dazu gebraucht haben, (c. 25. 26.) die Möglichkeit der Auferstehung der Todten zu erläutern, weil damals jedermann diese Fabel glaubte. Aber wenn man ferner in seinem Briefe liest, (c. 6.) daß er die heidnische Erdichtung von den Danaiden und der Dirce als ein Beyspiel der Standhaftigkeit des Glaubens anführt: so ist es unmöglich zu glauben, daß er etwas so Ungereimtes könne geschrieben haben. Man hat auch entdeckt, daß diese und andere Stellen aus dem Clemens von Alexandrien in den Brief des Römischen Clemens übergetragen worden sind. Noch wird eine Stelle in dem letztern (c. 40.) dadurch verdächtig, daß sie spätere Anstalten wenigstens Redensarten zu enthalten scheint, als zu den Zeiten des Clemens üblich waren. Die Christen werden darinne erinnert, zu gewissen Zeiten und Stunden, nicht unordentlich, ihren freywilligen Beytrag zum Besten der Armen zu geben: es wird von einem Hohenpriester, von Priestern und Leviten unter den Christen geredet, und die übrigen Christen werden mit dem Nahmen der Layen, (oder Christen aus dem Volke,) von ihnen unterschieden. Schwerlich ist dieses dem Apostolischen Zeitalter gemäß: und die ganze Stelle sieht vielmehr einer andern in den untergeschobener Kirchengesetzen der Apostel, ähnlich. An Statt, daß Clemens einen Christlichen Bischof mit dem Jüdischen Hohenpriester, die Aeltesten aber mit den Priestern der Juden vergleichen sollte, weiß er nicht einmal etwas von Bischöfen im strengern Verstande, und verwechselt diesen und den Nahmen der Aeltesten (c. 42. 44.) mit einander.

Außer diesem Briefe des Clemens von Rom hat man noch ein abgebrochenes Stück eines andern, den er eben-

ebenfals an die Chriſten zu Corinth geſchrieben haben
ſoll. Dieſer zweyte Brief an die Corinthier könn=
te der Schreibart und dem Inhalte nach ihn ebenfals
zum Verfaſſer haben: es iſt vielleicht ein Stück einer
Predigt von der göttlichen Verehrung, welche die Chri=
ſten Jeſu ſchuldig ſind, und von der chriſtlichen Gott=
ſeeligkeit überhaupt. Allein die älteſten Lehrer der Kir=
che zweifelten ſchon nach dem **Euſebius,** (H. E. L. III.
c. 38.) ob ihn **Clemens** geſchrieben habe, und bedien=
ten ſich deſſelben niemals zu einem Zeugniſſe. Man hat
noch mehr Schriften unter dem ehrwürdigen Nahmen
des **Clemens** in der Welt ausgeſtreuet: deſto leichter,
da er von den Morgenländern, wo dieſes geſchah, weit
entfernet war. Nächſt fünf offenbar unächten Briefen
oder Decretalen, hat man ihm auch die Sammlung
der Apoſtoliſchen Kirchenverordnungen und Ge=
ſetze, die bereits oben (S. 128. folg.) beſchrieben wor=
den ſind, beygelegt. Dazu kommen noch zwey andere
Bücher, die im Grunde Eines ſind, und beym erſten
Anblicke verrathen, wie wenig ihnen der Nahme des Cle=
mens gebühre. Das eine, welches am gewöhnlichſten
die Wiedererkennung des Clemens (Recognitio-
nes Clementis) heißt, (weil darinne erzählt wird, (L. IX.
c. 34. folg. wie er ſeine Aeltern und Brüder erkannt ha=
be,) beſteht aus zehn Büchern, und iſt nur in der latei=
niſchen Ueberſetzung des **Rufinus** vorhanden. Es ent=
hält eine Beſchreibung von Reiſen des Apoſtels **Petrus**
in Paläſtina und Syrien, von ſeinen mündlichen Strei=
tigkeiten mit **Simon dem Magus,** von den Wun=
dern, die er daſelbſt verrichtet hat, und viele von ihm ge=
haltene Reden. In dem andern Werke, das den Nah=
men **Clementina** führt, und davon man noch die grie=
chiſche Urſchrift lieſt, herrſcht mit geringen Veränderun=
gen, in der Geſtalt von neunzehn Homilien oder Predig=
ten, eben derſelbe Inhalt. Beyde Bücher ſind alſo nur
verſchiedene Ausgaben; es iſt auch noch ein griechiſcher

Aus=

Auszug aus denselben übrig. Der Verfasser oder vielmehr der Erfinder der Materie, aus welcher beyde aufgebauet worden, hat allem Ansehen nach gegen das Ende des zweyten Jahrhunderts, oder nach dem Anfange des dritten, gelebt: kein schlechter Kopf unter den Christen, der vermuthlich ein gebohrner Jude war, die morgenländische und neuere Platonische Philosophie kannte, und dessen Erdichtung nicht allein ihre Annehmlichkeiten hat; sondern auch den Zustand des Christenthums zu seiner Zeit aufklären hilft. Aber eben dieser Schriftsteller hat in der Absicht, alle Feinde der christlichen Religion desto glücklicher zu bestreiten, diese selbst durch seine Einfälle und ungereimte Erklärungen verunstaltet: er suchte sie philosophisch zu vertheidigen, und setzte an die Stelle ihrer Lehren seine eigenen. Die Philosophie und Deutungsart der Christen im dritten Jahrhunderte wird ihn noch genauer kennen lehren.

Einem noch frühern Schüler und Gefährten der Apostel, dem Barnabas, der selbst in der Apostelgeschichte wegen seiner treuen und glücklichen Arbeiten für das Evangelium ein Apostel heißt, und wie es scheint, sogar einer von den siebzig Jüngern Jesu gewesen ist, wird ebenfals ein griechischer Brief zugeschrieben. Was er mit und ohne Paulum verrichtet hat, erzählt die eben gedachte Geschichte; aber daß er das Christenthum zu Meyland sollte eingeführt haben, und andere ähnliche Nachrichten von ihm, verdienen keinen Glauben. Der Brief, welchem sein Nahme vorgesetzt ist, beweiset zuerst die Wahrheit der christlichen Religion aus den Weissagungen und Vorbildern des Alten Testaments; sodann trägt er Ermahnungen zur Gottseeligkeit vor. Er ist jedoch mit so frostigen und abgeschmackten Deutungen biblischer Schriftstellen, mit so fabelhaften Erzählungen und unrichtigen Gedanken angefüllt, daß ein Mann, der so nahe an der Quelle des Christenthums gewesen war,

war, als Barnabas, nicht Verfaſſer deſſelben ſeyn kann. Es würde beynahe gezwungen ſeyn, dieſes alles vor Verfälſchungen des Briefs auszugeben; oder aus demjenigen Theile deſſelben, der reinere Lehren, (obgleich auch dieſe meiſtentheils in einen überflüßigen Schwall von Worten vergraben,) in ſich begreift, zu ſchließen, daß er dennoch vom Barnabas herrühren könne. Bey einem ſolchen Urtheil bleibt man immer ungewiß, was derſelbe wirklich darinne geſchrieben habe. Dieſer Brief iſt wenigſtens im zweyten Jahrhunderte bald zum Vorſchein gebracht worden: denn Clemens von Alexandrien führt ihn ſchon häufig als eine ächte Schrift an. Allein Euſebius (Hiſt. Eccl. L. III. c. 25. L. VI. c. 13. 14.) und Hieronymus (Catal. Scriptt. Eccl. c. 6.) haben ihn bald eine untergeſchobene, bald eine zweifelhafte Schrift genannt: und man könnte ihn auf ihr Anſehen allein verwerfen, wenn es nicht ſchon ſein Inhalt verlangte.

Eben ſo deutlich iſt es, daß eine griechiſche Schrift, welche der Hirte des Hermas heißt, und bis auf wenige Stellen nur in einer lateiniſchen Ueberſetzung zu uns gekommen iſt, nicht von dem Schüler der Apoſtel Hermas, deſſen Paulus in dem Briefe an die Chriſten zu Rom gedenkt, aufgeſetzt worden ſey. Sie iſt zwar ſchon um die Mitte des zweyten Jahrhunderts unter den Chriſten bekannt geweſen; von dieſer Zeit an haben einige anſehnliche Lehrer ſie als eine Schrift des Hermas angeführt, und in den chriſtlichen Gemeinen der Morgenländer iſt ſie gar beym Gottesdienſte vorgeleſen worden. Aber andere chriſtliche Lehrer, mehrere und auch ſcharfſichtigere als jene, wie Origenes, Euſebius und Hieronymus, haben ſich theils zweifelhaft über dieſelbe ausgedrückt, theils ſie wirklich vor unächt erkläret. Euſebius (H. E. L. III. c. 3. 25.) iſt darunter der vornehmſte; man bemerkt jedoch bey ihm, daß nicht bloß davon die Rede ſey, ob Hermas dieſes Buch geſchrie-

II. Theil.   S   ben

ben habe; sondern vielmehr, ob daſſelbe, wie ſo viele der erſten Chriſten glaubten, den Büchern des Neuen Teſtaments an die Seite zu ſetzen ſey? Sie hielten alſo nicht davor, daß unter dieſen keine andere ſtehen durften, als ſolche, die auf einen ausdrücklichen Befehl, und mit einer beſondern Eingebung Gottes verfertigt worden wären: ſondern alle Schriften, von denen ſie verſichert ſeyn konnten, daß ſie, wo nicht von den Apoſteln, doch von ihren vertrauten Schülern und Freunden aufgeſetzt worden, ſchienen ihnen einen zuverläßigen Unterricht von der Religion zu enthalten, heilig, und in öffentlicher Verſammlung lesenswürdig zu ſeyn. Beynahe gleich hoch achteten ſie auch diejenigen, deren Verfaſſer zwar nicht völlig bekannt waren; die aber mit einem großen Anſehen der Wahrheit, Lehren und Handlungen der Apoſtel erzählten. Dieſe große Verehrung gegen alles, was von den Stiftern ihrer Religion herzukommen ſchien; die Schwierigkeiten, welche ſie anfänglich bey der geringen Verbindung der Gemeinen unter einander, darinne antrafen, die Verfaſſer aller auffommender erbaulicher Schriften mit Gewißheit zu kennen; auch Mangel an ausnehmender Gelehrſamkeit und Scharfſinnigkeit bey ihren Lehrern, die größtentheils keine eigentliche Gelehrte, ſondern nur geübte Kenner des Chriſtenthums waren: dieſes und noch andere Urſachen, die ſich ſpäter entwickeln werden, entſchuldigen die erſten Chriſten, wenn ſie in Anſehung der Verfaſſer und des Werths mancher Schriften geirrt haben. Allein dieſe irrigen Urtheile verloren ſich nach und nach, da ſich jene Umſtände zu ändern anfiengen. So erkannte man auch bald, daß der Hirte des Hermas nicht von dieſem Freunde der Apoſtel herſtamme; jetzt iſt es faſt ausgemacht, daß Hermas, der Bruder des Römiſchen Biſchofs Pius des Erſten, um das Jahr 140, der Verfaſſer dieſes Werks geweſen ſey. Es iſt eine vielleicht gutgemeinte moraliſche Erdichtung, die aber einen ziemlich ſchwachen Verſtand anzeigt.

Außer

Außer andern himmliſchen Erſcheinungen, tritt inſonder=
heit ein Engel in der Geſtalt eines Hirten darinne auf,
der dem Verfaſſer Vorſchriften der chriſtlichen Sitten=
lehre ertheilt, und ihn durch eine Menge Geſichter und
Gleichniſſe belehrt. Sehr vieles davon iſt eine mittel=
mäßige Nachahmung und Anwendung der Offenbarung
Johannis: manche der gebrauchten Sinnbilder wür=
den noch wohl gefallen, wenn ſie nicht überhaupt bis zum
Spielenden gehäuft und gedählnt wären. Man lieſt da=
ſelbſt unter andern ſonderbaren Einfällen, auch die dem
Chriſtenthum fremde Lehre, daß jeder Menſch einen gu=
ten und einen böſen Engel habe, von denen ihn jener zur
Tugend, dieſer zum Laſter reize; und den eben ſo irrigen
Gedanken, der gleichwohl unter den chriſtlichen Lehrern
nachmals Beyfall gefunden hat, daß die Ehe durch Ehe=
bruch und Eheſcheidung nicht gänzlich aufgehoben werde;
daß vielmehr ein Ehemann, der nach der Scheidung von
ſeiner ehebrecheriſchen Frau eine andre heyrathet, ſich ei=
nes Ehebruchs ſchuldig mache. Es kann ſeyn, daß die=
ſer Schriftſteller wirklich durch die vorgegebenen göttli=
chen Offenbarungen die Welt habe betrügen wollen: denn
er trägt doch manches vor, das ſie erſt von ihm lernen ſoll;
wenigſtens aber iſt es gewiß, daß ihn eine ſchwärmeri=
ſche Einbildungskraft verführt habe.

Zu dieſen Apoſtoliſchen Lehrern, die als Schriftſtel=
ler angeſehen worden ſind, hat man noch den **Ignatius**
und **Polycarpus** gerechnet, deren Geſchichte doch mehr
ins zweyte Jahrhundert gehöret. Alle Schriften aber,
die ihnen ſämmtlich beygelegt werden, hat **Johann Bap=
tiſta Cotelier** mit ſeinen und anderer Gelehrten An=
merkungen, Erläuterungen und Abhandlungen, grie=
chiſch und lateiniſch, am brauchbarſten zu Paris im Jahr
1672 herausgegeben. Dieſe Ausgabe, welche zween
Foliobände ausmacht, hat **Johann le Clerc** oder **Cle=
ricus** zweymal mit einigen Vermehrungen in Holland

nach=

nachdrucken lassen. Nur diejenigen von diesen Schriften, welche von den meisten vor ächt gehalten werden, haben Thomas Ittig zu Leipzig, und Johann Ludwig Frey zu Basel, in kleinern Handausgaben gesammlet: der erstere hat der seinigen (Bibliotheca Patrum Apostolicorum) eine lesenswürdige Abhandlung (de P. P. Apostol.) vorgesetzt, die er aber in einem andern Werke (Selecta Hist. Eccl.) übertroffen hat. Vor einiger Zeit versuchte Johann Jacob Wetstein, die Anzahl dieser Schriften durch zween Briefe des Clemens von Rom zu vergrößern, die er zuerst (zu Leyden 1752 in Fol.) in syrischer Sprache ans Licht gestellt hat. Allein zu geschweigen, daß das ganze Alterthum dieselben nicht kennet, so wird auch darinne der ehelose Stand so ausschweifend angepriesen, als es wohl dem Zeitalter der Mönche, aber nicht des Clemens, gemäß ist: und sie enthalten noch andere Spuren von spätern Zeiten. Dieses hat Hr. Venema (Epist. ad Wesselingium, Harlingen, 1752. 8.) und Lardner (A Dissertation upon the two Epistles ascribed to Clement of Rom, London, 1753. 8.) deutlich bewiesen. Ueberhaupt beschäftigen unter allen Schriften der christlichen Kirchenlehrer fast keine die schärfere Critik so sehr, als diese, welche man den Apostolischen Vätern zuschreibt; sie belohnen aber auch eine solche Mühe, bald durch den Anblick der ersten Einfalt des Christenthums, bald durch die lehrreiche Entdeckung, wie geschwind man an die Stelle derselben willführliche Anstalten und Ausschmückungen, schlechte Einfälle und sogar Träume zu setzen gesucht habe; wie leicht auch diese Vermischung gelungen sey, und warum sie so lang habe dauren können. In dieser Absicht hat auch die deutsche Uebersetzung, welche Gottfried Arnold und andere von den oftgedachten Schriften herausgegeben haben, ihren Nutzen.

Ver=

Verfolgung der Christen

durch

den Kaiser Domitianus.

Indem die Christen unter der Anweisung des Clemens von Rom, und vieler andern Schüler
der Apostel, auch selbst noch des Apostels Johannes,
jede Pflicht ihrer Religion zu erfüllen suchten, und sich immer weiter ausbreiteten: wurden sie plötzlich im Jahr 95
vom Domitianus verfolgt. Dieser Kaiser hatte sich
schon lange als einen grausamen Feind aller Rechtschaffenen bezeigt; seine Blutgierde war unersättlich, und mußte also endlich auch die Christen treffen. Aus der Erzählung des Eusebius (Hist. Eccl. L. III. c. 17. 20.)
läßt sich auf eine wahrscheinliche Art schließen, daß der
fortdauernde große Anwachs der Christen zu Rom selbst,
und bis unter die Anverwandten des Kaisers, ihn gegen
sie aufgebracht habe. Dazu scheint noch eine Veranlassung gekommen zu seyn. Vespasianus hatte bereits, nach eben diesem Schriftsteller, (l. c. cap. 12.)
eine scharfe Untersuchung gegen alle Nachkommen des
Königs David angestellt: er suchte sie auszurotten, damit sie nicht ihren zerstörten Thron wieder aufrichten
möchten. Auf eine gleiche Besorgniß gerieth auch Domitianus, und ließ die noch übrigen Nachkommen Davids umbringen. Einige Ketzer, sagt man, (vielleicht
aber waren es überhaupt Feinde der Christen,) klagten
bey dieser Gelegenheit die Anverwandten Jesu an, daß
sie ebenfals aus dem Geschlechte Davids wären. Der
Kaiser, der auch von der Zukunft Jesu gehört hatte,

S 3   welche

welche die Christen erwarteten, ließ dieselben vor sich kom=
men. Als er aber ihr geringes Vermögen erfahren, ih=
re vom Ackerbau abgehärtete Hände gesehen, und zu=
gleich auf die Frage von Christo und seinem Reiche, von
ihnen zur Antwort bekommen hatte, daß dieses kein welt=
liches, sondern ein himmlisches Reich sey, welches sich
am Ende der Welt offenbaren sollte, wenn Christus
als ein herrlicher Richter der Lebendigen und Todten er=
scheinen würde: ließ er sie mit Verachtung ihres arm=
seeligen Zustandes frey zurückkehren. Seine Furcht war
nicht geringer gewesen, als des Herodes seine, da er
von der Geburt eines Jüdischen Königs hörte; es zeig=
te sich aber wiederum zur Ehre des Christenthums, daß
die Sicherheit der Fürsten, sogar der schlimmsten unter
ihnen, von demselben nichts zu befürchten habe. Do=
mitianus hob hierauf die Verfolgung der Christen auf,
zu welcher doch sein gedachter Argwohn schwerlich den er=
sten Grund abgegeben hatte.

Diese Verfolgung war desto kürzer, da Domitia=
nus schon im Jahr 96 ermordet wurde: man kann sie
daher kaum eine von den Hauptverfolgungen der Chri=
sten nennen. Aber einige ansehrliche Christen, welche
in derselben litten, haben sie berühmt gemacht. Der Kai=
ser ließ selbst seinen Vetter, Flavius Clemens, welcher
Consul von Rom war, nebst andern hinrichten, und die
Gemahlinn oder Enkelinn desselben, Flavia Domitilla,
mit vielen andern Christen, auf die Insel Pandataria
oder Pontia, an der Küste von Italien, verweisen. Nach
dem Dio Caßius (Hist. Rom. L. 67.) wurde ihnen
Gottesverleugnung, oder Mangel an Religion über=
haupt, Schuld gegeben: ein gewöhnlicher Vorwurf ge=
gen die Christen, die, weil sie die Götter und die Religion
der Heiden verwarfen, vor Atheisten ausgegeben wur=
den. Viele dieser Unglücklichen wurden auch unter dem
Vorwande verfolgt, sie hätten die Jüdischen Gebräuche
ange=

angenommen. Denn die Römer vermengten oft die Chri=
ſten mit den Juden, aus deren Mitte ſie hervorgekom=
men waren, und die ſie jetzt mehr als jemals haßten.
Man glaubt ſogar, daß auch die verächtlichſte Trägheit,
welche Suetonius (in Domit. c. 15.) dem Flavius
Clemens zuſchreibt, ſich auf die chriſtliche Religion be=
ziehe, welche er bekannte. In den Augen der Heiden
war es Trägheit, daß die Chriſten von öffentlichen Aem=
tern und von der großen Welt überhaupt ſich merklich
entfernten: nicht als wenn ſie geglaubt hätten, daß ihre
Religion ſie bloß zu müßigen Betrachtungen ohne ge=
meinnützige Geſchäftigkeit berechtige; ſondern, weil der
Götzendienſt und das Verderben der Sitten, die alles
durchdrungen hatten, auch überall faſt unvermeidliche
Reizungen der Sünde ausſtreueten. Doch die Frage
bey Seite geſetzt, ob der erſtgedachte Vorwurf ſchon in
dieſe Zeiten gehöre, iſt es wenigſtens augenſcheinlich, daß
die Chriſten die Verfolgung des Domitianus keines=
wegs verdient haben.

Geſchichte

des

Apoſtels Johannes.

Unter allen, welche ſie traf, deren Nahmen aber mei=
ſtentheils nicht zuverläßig bekannt ſind, war der
Apoſtel Johannes der vornehmſte. Er, der jüngſte
der Apoſtel, und der länger als ſie alle gelebt hat, wur=
de auch wegen ſeiner ſanften und gelaſſenen Gemüthsart
mehr als die übrigen von Jeſu geliebt. Verſchiedene

der

der andern Apoſtel waren mehr zur Hitze und Heftigkeit geneigt, wie Petrus und Paulus inſonderheit: jener hat mehr in ſeinen Handlungen, dieſer mehr in ſeinen Schriften, die Beweiſe davon hinterlaſſen. Aber die menſchenfreundliche Seele des Johannes war ganz Liebe und Demuth; obgleich das Beyſpiel der andern ihn anfänglich verleitet zu haben ſcheint, Feuer vom Himmel wider die Verächter Jeſu zu wünſchen, und ſich einen vorzüglichen Rang in dem Reiche deſſelben auszubitten. Nachdem ihn Jeſus oft nebſt dem Petrus und ältern Jacobus an ſeinen geheimſten und wichtigſten Handlungen einen Antheil hatte nehmen laſſen, empfohl er ihm noch ſterbend, da Johannes allein von allen Apoſteln unter ſeinem Kreuze ſtand, ſeine Mutter zur Fürſorge: ſie lebte auch noch viele Jahre unter ſeinem Schutze. Er arbeitete nach der Himmelfahrt Jeſu mit den übrigen Apoſteln an der Ausbreitung des Evangelii zu Jeruſalem und Samaria; allein es iſt ungewiß, wenn er die erſtere dieſer Städte völlig verlaſſen habe: vermuthlich geſchah es einige Zeit vor dem Anfange des jüdiſchen Krieges. Daß er nach dem Jahre 62, da der jüngere Jacobus geſteiniget worden war, nebſt den andern Apoſteln nach Jeruſalem gekommen ſey, um demſelben den Simeon, Sohn des Cleophas, deſſen in der evangeliſchen Geſchichte gedacht wird, zum Nachfolger in dem biſchöflichen Amte zu geben, nennet Euſebius ſelbſt (Hiſt. Eccl. L. III. c. 11.) nur ein Gerüchte; und man kann hinzuſetzen, ein ſehr unwahrſcheinliches. Auch die Nachricht, daß Johannes die chriſtliche Religion unter den Parthern geprediget haben ſollte, gründet ſich nur auf den geringen Umſtand, daß einige alte Kirchenlehrer ſeinen erſten Brief, den Brief an die Parther genannt haben. Dagegen weiß man, daß dieſer Apoſtel den größten Theil ſeines ſpätern Lebens in Klein Aſien zugebracht hat. Er wohnte und lehrte zu Epheſus; er ſcheinet aber auch zugleich über andere Gemeinen dieſes Landes, über die zu

Smyr-

Smyrna, Pergamus, Thyatira, Sardis, Philadelphia und Laodicea, und noch mehrere, eine Aufsicht geführt zu haben, die viel größer und weiter ausgebreitet war, als das Amt eines Bischofs. So wenig dieses damals zu Ephesus von dem Timotheus mag verwaltet worden seyn, wie bereits oben (S. 197. 198.) gezeiget worden ist; so wahrscheinlich bleibt hingegen der Bericht des Tertullianus, (advers. Marcion. L. IV. p. 415. ed. Rigalt. Paris. 1675. Fol.) daß Johannes die ersten eigentlichen Bischöfe in Klein Asien den Gemeinen vorgesetzt habe. Alles was von ihrem frühern Ursprunge erzählt wird, verliert schon sehr viel durch den apostolischen Gebrauch des Worts Bischof, und steigt wenigstens nicht bis zur Gewißheit.

Johannes lebte noch zu Ephesus, als er auf Befehl des Domitianus nach Rom gebracht, und in siedend Oel geworfen wurde; allein man zog ihn unbeschädigt aus demselben heraus. Diese Begebenheit meldet Tertullianus allein (de Praescript. advers. haeret. c. 36.): und da seine rednerische, oft schwülstige Ausdrücke die gewöhnliche Meinung von seiner Leichtgläubigkeit in der Geschichte verstärken, so hat man in den neuern Zeiten geurtheilt, daß das Zeugniß dieses einzigen Schriftstellers nichts beweiße. Denn was lange darauf Hieronymus davon sagt, (L. I. advers. Iovinian. c. 14. Comment. in Matth. c. XX, 23.) hat er allem Ansehen nach nur aus dem Tertullianus genommen. Dazu kommt noch dieses, daß die Strafe, mit welcher Johannes belegt worden seyn soll, bey den Römern ganz ungewöhnlich war: desto unglaublicher ist sie auch in der Verfolgung des Domitianus, die weniger grausam und anhaltend gewesen ist, als andere. Diese Gründe reichen allerdings zu, die Erzählung verdächtig zu machen; aber zu einer Erdichtung wird sie dadurch noch nicht. Man würde viele Nachrichten verwerfen müssen, wenn das Stillschweigen aller Schriftsteller bis auf Einen sie stürzen könnte. Auch stellt man die Leichtgläubig-

S 5

keit

keit des Tertullian, der ſonſt ein Mann von ſo großem
Verſtande war, oft ſchlimmer vor, als er es verdienet: zu=
mal bey Begebenheiten, welche nicht lang vor ſeinen Zei=
ten vorgefallen waren, und auf die er ſich getroſt gegen
Ungläubige oder Ketzer beruft. Heumann und Mos=
heim haben in ihren Streitſchriften über dieſe Erzählung
(Moshemii Diſſert. ad Hiſt. Eccl. pertinent. Vol. I.
p. 497·546. Heumann. in Biblioth. Brem. T. III. p.
316. T. IV. p. 935.) faſt alles erſchöpft, was darüber ge=
ſagt werden kann; der letztere hat doch endlich angefangen
zu glauben, daß ſie falſch ſeyn möchte. Ungewiß und et=
was unwahrſcheinlich kann man ſie immer nennen; aber
wenn man ſie gleich in dieſem Zuſtande laſſen muß, ſo iſt
doch ihre Unterſuchung wegen der Perſon, welche ſie be=
trift, wegen des Wunderbaren, das ſie enthält, und ſchon
wegen der Uebung in der hiſtoriſchen Critik, nicht vergeblich.

Nachdem Johannes dieſe Marter, wie man gemei=
niglich glaubt, überſtanden hatte, wurde er auf die In=
ſel Patmos, die jetzt Palmoßa heißt, und nicht weit von
der Aſiatiſchen Küſte liegt, verwieſen. Hier hatte er im
Jahr 96 eine Reihe göttlicher Erſcheinungen und Geſich=
ter, durch welche ihm der künftige Zuſtand der Welt und
Kirche geoffenbaret wurde; zugleich aber erhielt er von
Gott Befehl, dieſelben in einem Buche zuſammen gefaßt,
den oben gedachten ſieben Gemeinen in Klein Aſien, un=
ter welchen er bisher gewohnt hatte, zu übergeben. Er
that dieſes bald darauf, und ſein Buch iſt unter dem Nah=
men der Offenbarung Johannis bekannt. Andere
ſetzen die Verfertigung deſſelben unter die Regierung des
Kaiſers Claudius oder des Nero; allein die nach dem
Irenäus (advers. haer. L. V. c. 30.) angegebene Zeit=
beſtimmung kommt mit der Geſchichte und mit der Mei=
nung der alten Kirchen beſſer überein.

Gleich der Anfang dieſes Buchs, wo der Apoſtel Jo=
hannes mehrmals redet, kündigt Begebenheiten an, die
in

in kurzem vorfallen ſollen. Jeſus erſcheint in einer geheimnißvollen Geſtalt, und meldet ihm, was er dem Engel einer jeden der ſieben erſt genannten Gemeinen ſchrei-
ben ſoll. Man kann unter den Engeln dieſer chriſtlichen Gemeinen ſchwerlich etwas anders verſtehen, als
ihre Biſchöfe. Der jüdiſche Nahme aus der Synagoge,
wovon dieſe Worte eine Ueberſetzung ſind, (Schliach
Zibbor, welches den Abgeſandten oder Bothen der
Gemeine bedeutet,) führt ſchon auf eine Kirchenbedie-
nung: und daß dieſer Engel der vornehmſte Lehrer der
Gemeine ſey, ſieht man nicht allein daraus, weil das
Schreiben des Apoſtels an ihn gerichtet iſt; ſondern auch
aus der Art, mit welcher ihm alles Gute und Böße in
der Gemeine zugeſchrieben wird. So iſt dieſes die erſte
Spur von Biſchöfen unter den Chriſten, wenn dieſes
Wort Vorſteher der Gemeinen und ihrer Lehrer anzeigt:
man begreift auch leicht, warum ihr erſter Nahme jüdiſch
geweſen ſey, da die erſten Chriſten meiſtentheils Juden
waren. Freylich aber muß dabey vorausgeſetzt werden, daß
jede dieſer aſiatiſchen Gemeinen mehr als Einen Lehrer gehabt habe: und dieſes iſt noch nicht erwieſen. Dieſen
Vorſtehern der Gemeinen alſo ertheilt Johannes Lehren,
Verweiſe und Warnungen von mancherley Art, welche
überhaupt zeigen, daß ſie und die Chriſten ihrer Gegend
manchem Fehler und zum Theil ſogar groben Ausſchweifungen unterworfen geweſen ſind. Hierauf erzählt er überaus umſtändlich, was ihm Gott zum Unterrichte dieſer
Chriſten gezeigt habe. Er ſah in mannigfaltigen ſinnlichen Auftritten, die Verehrung Gottes in ſeiner Herrlichkeit durch alle Geſchöpfe; die Eröffnung ſeiner geheimen Rathſchlüſſe durch Jeſum; Kriege und viele andere göttlichen Strafen über die Menſchen geſchickt; aber
von eben dieſen eine große Anzahl Juden und Heiden befreyet, welche ſich durch Jeſum zum Dienſte Gottes haben
weihen laſſen. Sodann ſah er göttliche Propheten zu Jeruſalem erſcheinen, mit wunderthätigen Gaben zum Leh-

ren

ren und Strafen ausgerüſtet, die zwar von den Feinden
Gottes hingerichtet, aber von ihm wieder auferweckt, und
jene beſtraft wurden: er hörte die Ausbreitung der Religion Jeſu in der ganzen Welt verkündigen; ſah den äuſ-
ſerſten Widerſtand des Teufels und ſeiner Anhänger gegen dieſelbe; aber auch den Sieg dieſer Religion, und ihre göttliche Beſchützung. Nunmehro ward
ihm ein ſehr großes, fürchterliches, gegen Gott feindſeelig
geſinntes Reich, das die Verehrer deſſelben verfolgte, und
ſelbſt unzählichen Anhang hatte, gezeigt: ihm, und allen
die demſelben angehören, werden die göttlichen Strafen
gedroht, die auch nach einander folgen, bis dieſes Reich
gänzlich zu Grunde gerichtet wird. Johannes hörte darauf das Siegeslied der Auserwählten Jeſu über dieſe
Unterdrückung ſeiner Feinde, ſah ihn ſelbſt als den Richter der Welt, erblickte die Verurtheilung des Teufels, die
Regierung der Gläubigen mit Jeſu, und ſeine blühende,
glänzende Gemeine in vollkommener Ruhe und ewiger
Seeligkeit.

Dieſe hiſtoriſche und allgemeine Vorſtellung des Inhalts der Offenbarung Johannis, die ſich eine ganz freye
Aufmerkſamkeit ohne Mühe bilden kann, erregt ſchon einen großen Begriff von dieſem Buche. Er wird aber immer außerordentlicher, je genauer man die Ausführung
des Inhalts unterſucht. Es unterſcheidet ſich von allen
übrigen heiligen Büchern der Juden und Chriſten. Der
erzählende, der lehrende, der weißagende, der mahleriſche
und poetiſche Ausdruck in demſelben, alle haben faſt ein
gleiches Feuer, und rühren mehr als man es beſchreiben
kann. Man wird inſonderheit in die Zukunft fortgeführt,
und glaubt alles ſelbſt zu ſehen. Die Geſichter, welche
darinnen vorkommen, ſind aus den erhabenſten und kühn-
ſten Bildern zuſammen geſetzt, welche die ganze Einbildungskraft einnehmen, oft aber auch durch ihr Sonder-
bares in Erſtaunen ſetzen. Dieſe Bilder ſind nicht nur aus
den

den jüdischen Propheten genommen, worunter die glückliche Nachahmung des Ezechiel und Daniel am meisten in die Augen fällt; sie gehören außerdem auch der morgenländischen, und besonders der jüdischen Denkungsart, Dichtkunst und Theologie gemeinschaftlich zu. Bey einem Theile der Weißagungen dieses Buchs, findet der flüchtigste Leser in den Schicksalen des Christenthums und seiner Feinde eine so treffende Erfüllung, daß er dadurch auch von dem übrigen eine vortheilhafte Meinung bekommt. Auch erscheint, gleich beym ersten Anblicke, in diesem Buche die christliche Religion in ihrer völligen Würde. Ungemein majestätisch sind die Begriffe, welche es von Gott erweckt; von der Erlösung des menschlichen Geschlechts durch Jesum spricht es mit einer Hitze, welche jeden Lesenden erwärmt, und macht von ihm die liebenswürdigsten Abbildungen; es trägt alles, was die Religion angeht, reizend und sogar hinreißend, nicht bloß für die Einbildungskraft, sondern hauptsächlich für das Herz vor: und der prächtige Reichthum an Bildern, die darinne mit einander abwechseln, ermüdet niemals. Die Lehren, Ermahnungen, Versprechungen und andere ähnliche Stellen, sind meistentheils so bündig und abgemessen ausgedrückt, daß man sie nicht vergessen kann. Nach dem ersten Lesen also des Buchs möchte man sogleich zu sich selbst sagen: Wenn der Verfasser desselben nicht von Gott begeistert war, so verdiente er es doch zu seyn.

Aber eben dieses Buch hat auch eine andere sehr verschiedene Seite. Es wird dem Apostel Johannes zugeschrieben; und sieht doch der Schreibart seiner übrigen Bücher gar nicht ähnlich. In diesem fließt die Sprache sanft und überaus deutlich fort; hier aber rauscht sie im höchsten Fluge dunkler Geheimnisse. Es ist wahr, der Inhalt und die Absicht der Offenbarung brachten diesen Unterscheid nothwendig hervor; vielleicht denkt man jedoch, daß das Eigenthümliche seines Ausdrucks nicht ganz hätte ver-

verſchwinden ſollen. Einige kleine Aehnlichkeiten mit demſelben, dürfte man wohl in dieſem Buche antreffen; ja,
welches noch wichtiger iſt, auch den Charakter des Apoſtels wird man nicht ganz darinne vermiſſen. Die an-
muthigſten ſeiner Bilder braucht er immer von Jeſu,
und von der Seeligkeit, welche den Menſchen von ihm zugedacht iſt: man glaubt hierinne das Herz des liebreich-
ſten und geliebteſten Apoſtels Jeſu zu entdecken, der voll
ſüßer Empfindung iſt, wenn er von ſeinem Lehrer ſpricht.
Deſto weniger hingegen erkennt man ihn an den harten
Sprachfehlern des griechiſchen Ausdrucks in dieſem Buche, von welchen nicht nur die übrigen Schriften des Johannes frey ſind; ſondern die man auch bey ihm keinesweges erwartet. Es entſtehen weiter Zweifel, ob der
Glaube, welcher darinne vorgetragen wird, wirklich eben
derſelbe ſey, den man in den Schriften der übrigen Apoſtel, und ſelbſt des Johannes findet. Hier wird zwar
Jeſus immer in einer ungemeinen Hoheit vorgeſtellt;
aber niemals heißt er ausdrücklich Gott: und ſo pflegt ihn
doch ſonſt Johannes vorzüglich gern zu nennen. In der
Offenbarung hingegen wird er höchſtens nur das Wort
Gottes, und ſogar der Anfang der Geſchöpfe Gottes, genannt. In eben dieſem Buche wird den Chriſten
zuerſt von dem ewigen Gott, ſodann von den ſieben Geiſtern, die vor ſeinem Stuhle ſtehen, endlich auch
von Jeſu Chriſto, Heil und Seegen gewünſcht. Man
kann unter dieſen ſieben Geiſtern kaum etwas anders als
Engel verſtehen, welche Gott dienen: wie können aber
dieſe Gott an die Seite geſtellt, und Chriſto noch vorgeſetzt
werden? Da zumal in dieſem Buche die Anbetung der
Engel ſo nachdrücklich verworfen wird. Oder unterſcheidet etwan der Verfaſſer die ſieben höchſten Engel von den
übrigen? Seine Sittenlehre hat den Verdacht wider ſich,
daß ſie die erſt mit dem zweyten Jahrhunderte unter den
Chriſten aufgekommene Meinung von den Vorzügen des
eheloſen Standes vor der Ehe, zu empfehlen ſuche. Beſonders

sonders aber kommt es Christen, welche die geistliche Beschaffenheit des Reichs Jesu kennen, überaus fremd vor,
in diesem Buche die Weissagung zu lesen, daß die Christen dereinst mit ihm tausend Jahre in der Welt regieren sollten. Man kann noch andere Bedenklichkeiten
aus den Lehren und Vorhersagungen der Offenbarung
hinzusetzen; aber sie sind nicht so erheblich: und auch für
die angeführten läßt sich einiges sagen. Es ist, um Beyspiele von dem letztern zu geben, sehr billig, wenn die
Hauptlehren des Christenthums in einem Buche größtentheils richtig vorgestellt werden, auch den wenigen anstößigen Stellen, die darinne vorkommen, einen erträglichen Verstand zuzutrauen: vornehmlich bey einem Verfasser, der den Zusammenhang der Religion gekannt zu
haben scheint, und den lebhaftesten Eifer für die Gottseeligkeit bezeigt. Man ist eben so sehr verbunden, die
Bilder einer poetischen und prophetischen Schrift nicht
einzeln zu beurtheilen, und auszulegen; sondern so, wie
viele derselben ein Ganzes ausmachen; und wenn die
herrschenden Begriffe des Verfassers geistlich sind, sie
auch da anzunehmen, wo alles eine irdische Gestalt hat,
die aber der Religion nicht gemäß ist.

Doch eine der größten Schwierigkeiten bey diesem
Buche ist noch übrig. Es verspricht Begebenheiten anzuzeigen, die sich in kurzem zutragen sollen; und gleichwohl kann man, so weit man es versteht, keine darunter
nennen, welche die Christen, an die das Buch gerichtet
war, oder ihre nächsten Nachkommen gesehen hätten.
Eine solche könnte die Zerstörung von Jerusalem seyn,
und wirklich ließen sich wahrscheinliche Spuren derselben
bald nach dem Anfange der Offenbarung zeigen, wenn
es nur nicht gewiß wäre, daß sie lange nach dieser Begebenheit aufgesetzt worden sey. Noch deutlichere Merkmale enthält sie davon, daß jene nahen Begebenheiten
die göttliche Bestrafung des heidnischen, die Christen
ver-

verfolgenden Roms, der Ruhestand der Christen, und
der Untergang dieses großen Reichs in den Abendländern
seyn sollen. Zwar ist auch dieses alles noch weit genug
von der Zeit entfernet, in welcher dieses Buch zum Vorschein kam. Allein man könnte darauf antworten, daß
es dennoch auch dadurch zur Erreichung einer gewissen
Absicht diente. Noch waren keine sehr langen und häufigen Verfolgungen von einer besondern Härte über die
Christen ergangen; aber die grausamsten standen noch
bevor, und ganz frey von Bedrückungen blieben sie niemals. Vermuthlich fieng bey manchen unter ihnen der
Muth darüber an zu sinken, und die Standhaftigkeit ihrer Nachkommen war in einer noch größern Gefahr.
Um dieselbe aufzurichten, Geduld und Vertrauen auf
Gott bey ihnen zu stärken, wird ihnen hier verkündigt,
daß nach einigen Menschenaltern diese Religion, die jetzt
so viele Feinde habe, und die noch schlimmere Drangsalen zu erwarten hätte, zu einer völlig freyen Ausübung
gelangen, und bald darauf Rom, die alte Stütze des Hei-
denthums, von den Völkern werde verwüstet, und in
mehrere Reiche getheilt werden. Ob diese Deutung völlig befriedigend sey? und ob sich in der That alles andere, was die Offenbarung abbildet, neben dieses Haupt-
gemälde, zur Aufklärung und Erweiterung desselben stellen lasse, ist eben so klar nicht. Genug, die ersten christlichen Lehrer hielten, vom Irenäus an, der funfzig Jahre nach der Erscheinung dieses Buchs gelebt hat, (adv.
haer. L. V. c. 26. 30.) fast alle dieses vor die Hauptabsicht des Buchs: und dieser Schriftsteller bemüht sich
insonderheit die Zahl 666, welche nach der Offenbarung
in dem Nahmen des mächtigsten Feindes Christi unter
den Menschen enthalten seyn soll, entweder in dem Worte Latinos, das ohngefähr eben so viel, als das Römische Reich anzeigt, oder in dem Worte Titan zu finden, welches in der griechischen und römischen Götterlehre bekannt genug ist. Ein jedes derselben faßt nach der

Zahl-

Zahlbedeutung der griechiſchen Buchſtaben die erſtgedachte Zahl in ſich; aber Irenäus iſt geneigter, das
letztere vorzuziehen: vermuthlich aus Vorſichtigkeit, um
nicht den Untergang des Römiſchen Reichs ausdrücklich
zu behaupten, ſondern es nur durch den Götzendienſt zu
bezeichnen. In dem Buche ſelbſt, das er erklärt, iſt aus
gleicher Urſache eben eine ſolche Behutſamkeit gebraucht
worden. Im übrigen aber will Irenäus ſeine Auslegung nicht mit Gewißheit behaupten: eine merkwürdige Beſcheidenheit bey einem Manne, von dem man glauben ſollte, daß er darüber entſcheidend hätte reden können.

Aber dieſe erſte Erklärungsart der Offenbarung, welche alles Anſehen der Richtigkeit, eines guten Zuſammen-
hanges, und einer von dem Verfaſſer ſelbſt herrührenden
Anleitung hat, wurde nach und nach von vielen abendländiſchen Chriſten verlaſſen, da an die Stelle des heidniſchen Roms, in eben dieſer Hauptſtadt eine chriſtliche,
den Chriſten ſelbſt fürchterliche und zum Theil verhaßte,
Macht gekommen war. Die römiſchen Biſchöfe hatten
nach langen Bemühungen ihre Oberherrſchaft über ganz
Europa feſtgegründet, warfen Fürſten, Chriſten aller Art,
ganze Geſellſchaften und Haufen derſelben, die ſich ihnen
widerſetzten, zu Boden; man fand an ihnen Lehren und
Sitten, die man nicht vor chriſtlich, am wenigſten vor
Eigenſchaften chriſtlicher Biſchöfe, halten konnte. Nichts
war daher natürlicher, als daß man ſie vor den ſchröck-
lichſten Feind des Chriſtenthums anſah, der in der Offenbarung abgeſchildert wird. Die Verfolgungen der heidniſchen Römer waren vergeſſen; aber man fühlte diejenigen, welche das chriſtliche Rom anſtellte: und obgleich
in dieſem Buche ſehr merklich die erſtern beſchrieben waren, glaubte man doch auch mit dem letztern manche Aehnlichkeit darinne anzutreffen. Joachim, ein Abt in Ca-
labrien im dreyzehnten Jahrhunderte, iſt nach der Meinung einiger Gelehrten, der erſte geweſen, der die Päbſte

II. Theil.	T	in

in der Offenbarung gesucht, und aus derselben von ihnen geweißagt hat. Gewißer ist es, daß ihm die von den Päbsten gedrückten Franciscaner gleich darauf hierinne nachgefolgt sind: und andere von eben denselben verfolgte Partheyen thaten ein gleiches. Die Protestanten, welche das Pabstthum in einem weit größern Umfange, als alle bisherige Feinde desselben, der wahren christlichen Religion und Kirchenverfassung entgegen gesetzt und widersprechend fanden, trugen desto weniger Bedenken, sich dieser vorhandenen Erklärung zu bedienen. Es fehlte ihr nicht an Wahrscheinlichkeit: denn es ist doch immer Rom, dessen Wuth gegen die Christen in der Offenbarung beschrieben wird; und die Protestanten, welche sich und die Religion selbst der Herrschaft desselben entzogen, konnten leicht auch darauf Anspielungen in diesem Buche finden. Allein, da sie sich genöthigt sahen, um diese Auslegung zu unterstützen, fast allen großen Begebenheiten und Personen der christlichen Kirchengeschichte bis auf die neuern Zeiten einen Platz in der Offenbarung zu geben, zeigte es sich immer mehr, daß dieselbe weit gezwungener sey, als die alte Erklärungsart. Die ihrige leistete ihnen zu viele Vortheile wider die römische Kirche, als daß sie solches bald und überzeugend hätten merken sollen. Doch wenn sie gleich in Ansehung der Hauptgegend, auf welche sie ihre Deutungen richteten, mit einander übereinkamen: so wurde dagegen die Uneinigkeit ihrer Ausleger dieses Buchs, bennahe an jedem besondern Bilde desselben, immer größer und sichtbarer. Wenn diese Uneinigkeit über den Verstand eines prophetischen Buchs nur in den ersten Zeiten desselben geherrscht hätte, da die Begebenheiten noch zukünftig waren, so würde sie keine Verwunderung erregen; aber daß sie mit dem Alter des Buchs zugenommen hat, daß man in den durchgängig angenommenen Auslegungsregeln guter Bücher kein Mittel findet, sie zu heben, dieses ist der spätern Erfüllung der oftgedachten Weissagungen, welche die Protestanten be=

behaupten, keinesweges günstig. Die Römischcatholischen Schriftsteller, welche die heidnischen Verfolger des Christenthums, den Muhammed, auch selbst, um sich zu rächen, die Stifter der protestantischen Gemeinen in den Feinden der christlichen Religion, welche die Offenbarung beschreibt, entdeckt haben wollen, gehen in ihren Erklärungen noch weiter von einander ab, und sorgen größtentheils noch weniger für die Wahrscheinlichkeit derselben.

Auf der andern Seite hat die bereits in der ersten Kirche entstandene Uneinigkeit über den Verfasser und den göttlichen Ursprung dieses Buchs, länger fortgewähret, ist durch beträchtlichere Zweifel und Einwürfe unterstützt, auch von mehrern ansehnlichen Lehrern der Christen unterhalten worden, als bey irgend einem andern Buche, das die Christen unter ihre heiligen Schriften zählen. Papias, der noch an die letzten Jahre des Apostels Johannes reichte, und sogar nahe an den Gegenden lebte, wo derselbe gelehrt und geschrieben hat, scheint gleichwohl dieses Buch entweder gar nicht gekannt, oder doch bey einer Gelegenheit, da er es kaum vermeiden konnte, sich auf dasselbe zu berufen, nicht angeführt zu haben: dieses oder jenes muß man aus dem Eusebius (Hist. Eccl. L. III. c. 39.) schließen. Noch gewisser ist es aus den Nachrichten eben dieses Geschichtschreibers (l. c. L. III. c. 28. L. VII. c. 25.) daß Cajus, ein rechtgläubiger Lehrer der römischen Gemeine im Anfange des dritten Jahrhunderts, und mehrere christliche Lehrer um eben dieselbe Zeit, die Offenbarung nicht allein vor kein Werk des Apostels Johannes erkannt; sondern sie vielmehr dem zu dessen Zeit lebenden Ketzer Cerinthus zugeschrieben haben, der es, nach ihrem Vorgeben, unter einem fremden Nahmen in der Absicht sollte aufgesetzt haben, damit er seiner Irrlehre von einem irdischen Reiche, das Jesus zur Befriedi-

gung

gung der Wollüste aufrichten würde; mehr Gewicht geben möchte: sie widerlegten daher dieses Buch nach seinem ganzen Inhalte ausführlich. Dionysius, Bischof von Alexandrien gegen die Mitte des dritten Jahrhunderts, der dieses beym Eusebius (l. c. L. VII. c.
25.) erzählt, und eben so sehr wegen seiner Einsicht, als
wegen einer ausnehmenden Sanftmuth, Bescheidenheit
und Friedensliebe berühmt ist, gesteht in der angeführten
Stelle, daß er die Offenbarung wegen ihrer von den übrigen Schriften des Apostels Johannes so sehr verschiedenen Schreibart und Einrichtung, durchaus vor kein Werk
desselben halten könne; ob er sie gleich allerdings einem
heiligen und von Gott getriebenen Manne zuschreibe. So
wenig er auch dieses Buch verstehen könne, sagt er noch
vorher, so getraue er sich doch nicht, es zu verwerfen,
weil es viele seiner Brüder sehr hochschätzten: er glaubte vielmehr, daß es durchaus einen geheimen Verstand
habe, und bewundere es desto mehr, je unverständlicher
es ihm sey. Die gefällige Gemüthsart des Dionysius
gegen die übrigen Christen scheint in diesem Urtheil einen
großen Einfluß gehabt zu haben; aber seine Wahrheitsliebe wußte doch auch keine ganz unwiderleglichen Gründe wider die gewöhnlichere Meinung von dem Urheber
des oft gedachten Buchs vorzubringen. Und der Beweis, den seine Vorgänger gaben, daß es den Cerinthus zum Verfasser habe, war allem Ansehen nach
hauptsächlich von dem Mißbrauche hergenommen, dem
dasselbe unterworfen ist, wenn man ein irdisches tausend-
jähriges Reich Christi mit den Gläubigen behaupten
will. Unterdessen kann man weder über die Gründe
aller dieser Lehrer ein vollständiges Urtheil fällen; noch
im Gegentheil sagen, warum so viele andere zu gleicher
Zeit nicht daran gezweifelt haben, daß die Offenbarung
von dem Apostel Johannes herrühre: allein vermuthlich beriefen sie sich auf das Zeugniß der ältern Gemeinen. Eusebius hatte im vierten Jahrhunderte beyde

Mei-

Meinungen nach ihren Gründen vor sich: gleichwohl blieb er zweifelhaft, und dieser Schriftsteller, dessen Nachrichten von den heiligen Büchern der Christen sonst so wichtig sind, verläßt uns hier fast gänzlich: er weiß nicht, (Hist. Eccl. L. III. c. 25. 39.) ob er die Offenbarung unter die ächten oder unächten Schriften des Neuen Testaments setzen solle; ob der Apostel Johannes, oder ein anderer Lehrer gleiches Nahmens, der mit demselben zu Ephesus gelebt hat, der Verfasser derselben sey. Eben dieses Zweifeln, in Ansehung der Offenbarung, erhielt sich nicht nur seitdem in der morgenländischen Kirche, wo man doch den Ursprung derselben am zuverläßigsten wissen konnte; es verstärkte sich auch bey ihren Lehrern so weit, daß sie dieses Buch oft aus den Verzeichnissen der Schriften des Neuen Testaments wegließen. Sogar die Kirchenversammlung zu Laodicea nach dem Jahr 360, von der sich das erste vollständige Verzeichniß jener Art herschreibt, und die in einer von den Städten gehalten wurde, an welche die Offenbarung gerichtet war, setzte sie nicht darunter. Aber in den abendländischen Gemeinen, in denen man doch mit weniger Bequemlichkeit Untersuchungen über dieses Buch hatte anstellen können, kam man immer mehr überein, daß es eine göttliche Schrift des Apostels Johannes sey; ohne daß man recht genau weiß, wodurch eine so feste Ueberzeugung hervorgebracht worden ist. Nur in den neuern Zeiten haben einige Lehrer der Protestanten die alten Zweifel gegen dieses Buch geschärft, und neue hinzugesetzt: darunter würde auch seine Aehnlichkeit mit dem unächten vierten Buche des Esdras fast entscheidend seyn, wenn man erst zeigen könnte, daß dieses älter sey, als die Offenbarung.

So kennt die Geschichte der Christen dieses Buch: und wenn man nach andern als solchen historischen Spuren den Ursprung desselben beurtheilen will, so werden es

wenig-

wenigstens keine Gründe von einer allgemeinen Gültigkeit seyn. Man sieht, daß dem heiligen Ansehen dieses
Buchs zwar keine ganz unauflösliche Bedenklichkeiten
entgegen gesetzt worden sind; daß aber doch die großen
Dunkelheiten desselben, und wie es scheint, auch der
Mangel an Nachrichten von demselben aus seinen ersten
Zeiten, vor hinlängliche Ursachen zu zweifeln sind angesehen worden. Die christlichen Lehrer, welche dieses
Buch ganz oder nur in einer gewissen Betrachtung, verwarfen, beschuldigten es, so viel wir wissen, keiner offenbaren Irrthümer gegen die Religion: denn daß man die
Meinungen des Cerinthus darinne zu finden geglaubt
hat, denen doch zum Theil dieses Buch augenscheinlich
widerspricht, davon ist die erste Quelle des Verdachts
bereits angezeigt worden; und man wird sich nicht wundern, daß die ersten Christen gegen alles äußerst mis-
trauisch gewesen sind, wodurch unwürdige Begriffe von
dem Reiche Jesu befördert zu werden schienen. Auch
entdeckt man hier bey ihnen den fruchtbaren Grundsatz,
daß ein göttliches Buch einen gemeinnützigen, lehrreichen, und größtentheils leichten Verstand haben müsse.
Man muß es ihnen sogar gewissermaaßen Dank wissen,
daß sie bey diesem und andern Büchern, welche den Christen heilig sind, so viel und so lang gezweifelt haben: ohne diese strenge Behutsamkeit bey dem geringsten Verdachte, würde die Welt mit einer Menge untergeschobener Schriften im Nahmen der Apostel hintergangen worden seyn. Doch wenn ihre Einwürfe gegen das göttliche
Ansehen der Offenbarung, und diejenigen, welche noch
dagegen gemacht werden können, für manche ein desto
stärkeres Hinderniß bleiben sollten, dasselbe zu glauben,
je weiter sie von den Zeiten entfernt sind, wo eine solche
Ueberzeugung ungleich weniger schwer war, und dennoch
bey vielen nicht erreicht wurde; so ist man ihnen wenigstens eben dieselbe Freyheit und Nachsicht schuldig, welche
gleichgesinnte Lehrer in der ältern Kirche genossen haben.

Allein

Allein die herrſchende Meinung, daß die Offenbarung ein von Gott gezeigtes und befohlnes Werk des Apoſtels Johannes ſey, behält doch immer an dem Zeugniſſe der gelehrteſten und berühmteſten Lehrer des zweyten Jahrhunderts, wenn man nicht mehr ſagen will, doch eine ſehr hohe Wahrſcheinlichkeit für ſich. Nur muß man auch, um dieſe nicht zu entkräften, zugeben, daß dieſes Buch eigentlich zum Gebrauch der erſten Kirche, und vorzüglich der ſieben aſiatiſchen Gemeinen, aufgeſetzt worden ſey; daß alſo die Erfüllung ſeiner Weißagungen in den erſten Jahrhunderten des Chriſtenthums zu ſuchen ſey. Daraus folgt auch dieſes, daß es den jetzigen Chriſten gleichgültig ſeyn könne, ob ſie einen großen Theil dieſes Buchs zu erklären im Stande ſind oder nicht; da die erſten Gemeinen, welche eine nähere Anleitung zum Verſtande deſſelben hatten, doch über dieſen nicht völlig mit einander überein kamen, und da auch ihre Religion durch dieſes Geſtändniß ſo wenig verlieret, als durch manche dunkel bleibende Stellen in denjenigen Briefen, welche **Paulus** an einzele Gemeinen geſchrieben hat.

Weit wichtiger iſt ihnen die evangeliſche Geſchichte des Johannes, die ihm auch ſtets von allen Chriſten zugeſchrieben worden iſt. Man kann die Zeit, zu welcher er ſie aufgeſetzt hat, nicht genau beſtimmen; ſie ſcheint aber doch älter als ſeine Verfolgung zu ſeyn. Er hatte ebenfals beſondere Abſichten, wegen welcher er die bereits vorhandenen drey Lebensbeſchreibungen Jeſu mit der ſeinigen vermehrte. Außerdem, daß er überhaupt, wie die Verfaſſer derſelben, durch ſeine Nachrichten zu beweiſen ſuchte, daß Jeſus der Meßias ſey, der den Juden und der ganzen Welt verſprochen worden war, wollte er auch die Erzählung der drey Evangelien ergänzen. Er billigte und bekräftigte zwar nach dem **Euſebius** (Hiſt. Eccl. L. III. c. 24.) dasjenige ausdrücklich, was in demſelben aufgezeichnet war; aber da

T 4   ſie

sie das Leben Jesu hauptsächlich nur von der Gefangen=
schaft des Täufers Johannes an, vollständig beschrei=
ben: so setzt er, auf das Bitten seiner Freunde, inson=
derheit noch diejenigen Begebenheiten hinzu, welche gleich
seit dem Anfange des Lehramtes Jesu vorgefallen waren.
Besonders machte er viele Reden Jesu zuerst bekannt,
und theilte auch andere beträchtliche Zusätze zu dem gan=
zen Leben Jesu mit. Man hat angemerkt, daß er vor
andern die rührendesten Handlungen und Reden desselben
gewählt hat: darunter stehen die letzten Reden Jesu an
die Apostel oben an, in denen sich gleichsam sein gan=
zes Herz ergossen hat, bis es in ein sehr erhabenes und
bewegliches Gebet übergeflossen ist. Solche Umstände
waren werth, von seinem vertrautesten und geliebtesten
Freunde erzählt zu werden, dessen sanfte Empfindungen
vermuthlich auf eine außerordentliche Art davon einge=
nommen waren. Es ist auch wahrscheinlich, daß die
Christen sich aus der Hand dieses Apostels vorzüglich
Nachrichten von Jesu gewünscht haben. Allein er war
bey seiner Geschichte auch darauf bedacht, die falschen
Lehren des Cerinthus und der Nicolaiten von Gott
und Jesu zu widerlegen: eine Absicht, welche ihm Jre=
näus (advers. haeres. L. III. c. 11.) beylegt, und
die, mit der Geschichte dieser Irrlehrer verglichen, bald
deutlicher in die Augen fallen wird. Es ist übrigens mit
der ungekünstelten und leicht fließenden Schreibart des
Johannes, eine wahre Hoheit der Gedanken und der
ganzen Erzählung, vorzüglicher als bey den übrigen Evan=
gelisten, vereinigt.

Man eignet diesem Apostel auch drey Briefe zu,
darunter der erste stets von allen Christen vor den seini=
gen gehalten worden ist. Er ist in der ihm eigenthüm=
lichen Schreibart abgefaßt, kann als ein Abdruck seiner
liebreichen Gemüthsart angesehen werden, und kommt
auch in Ansehung seines Inhalts der evangelischen Ge=
schichte

schichte desselben nahe.   Johannes lehrt darinne mit
dem lebhaftesten Eifer, und in einer anmuthigen Deut=
lichkeit, daß man nur durch Jesum die Gnade Gottes
erlangen könne; daß es ohne Heiligkeit des Lebens kei=
nen wahren Christen gebe; insonderheit aber, daß es
eine der größten christlichen Pflichten sey, einander brü=
derlich zu lieben.   Hingegen warnet er auch die Christen
nachdrücklich vor den Feinden Christi oder den Anti=
christen, die bereits aufgestanden wären, und die er
dergestalt beschreibt, daß man den Cerinthus und an=
dere Irrlehrer seines gleichen nicht daran verkennen kann.
Dieser Brief, den man einen allgemeinen nennt, weil
er an keine besondere Gemeine der Christen gerichtet ist,
war vermuthlich an die Christen eines gewissen Landes,
vielleicht von Klein Asien, zu einer damals sehr nothwen=
digen Belehrung und Warnung, man weiß nicht zu wel=
cher Zeit, aufgesetzt worden.   In der alten lateinischen
Uebersetzung dieses Briefs hatte man lange gegen das
Ende desselben eine Stelle gelesen, und vor Johannis
Worte gehalten, die doch in keiner bisher bekannten al=
ten Handschrift des griechischen Textes zu finden ist, und
erst in den neuern Zeiten in diesen eingerückt worden ist.
Sie war aus einer allegorischen Erklärung entstanden,
welche einige Lehrer der lateinischen Kirche von den Wor=
ten des Apostels machten: Es sind drey, die ein über=
einstimmendes Zeugniß ablegen, der Geist, das
Wasser und das Blut.   Unter diesen drey Zeugen
verstanden sie, wie man es vom Cyprian insonderheit
beweisen kann, Gott den Vater, den heiligen
Geist, und den Sohn Gottes.   Ihre Deutung,
die sehr erbaulich zu seyn schien, und eine Bestätigung
von einer Hauptlehre des Christenthums enthielt, kam
nach und nach in die lateinische Uebersetzung des Briefs.
Allein da keine von den alten griechischen Abschriften dessel=
ben die aus der Deutung entsprungene Stelle: Drey sind,
die da zeugen im Himmel; der Vater, das

Wort,

Wort, und der heilige Geist, und diese Drey sind Eines, aufwies: so erklärten sie Erasmus und Luther, bey ihren Ausgaben und Uebersetzungen des Neuen Testaments, vor unächt. Der erstere rückte sie zwar endlich aus einer einzigen neuen Handschrift in seine Ausgabe ein; aber Luther blieb stets bey seinem ersten Urtheil: und in allen Abdrücken also seiner Uebersetzung, die er erlebt hat, fehlt diese Stelle; bis man sie zuerst in die Frankfurter Ausgabe vom Jahr 1574. gesetzt hat: so bekam und behielt sie auf eine unmerkliche Art einen Platz, der ihr nicht gebührte. Die Lehrer der evangelischen Kirche gaben dieses aus Eifer für die in dieser Stelle enthaltene Lehre, aus gefälliger Achtung gegen die alte lateinische Uebersetzung, und gegen die lateinischen Kirchenväter, auch, wie es glaublich ist, deswegen besonders zu, weil sie von der römischen Kirche den Vorwurf einer Verstümmelung der heiligen Schrift befürchteten. Alle diese Gründe reichen nicht weit, und überdieß ist auch der Verlust dieser vermeinten biblischen Stelle ohne alle Folgen. Die Lehre, welche darinne vorgetragen wird, hat so viele andere noch deutlichere Beweise in den göttlichen Schriften der Christen für sich: selbst in diesem Briefe Johannis heißt Jesus Christus ausdrücklich der wahrhaftige Gott und das ewige Leben. Und wenn diese Stelle so viele Jahrhunderte hindurch dem eben gedachten Apostel mit Unrecht beygelegt worden ist; so ist solches nicht durch die Schuld der ersten Christen, sondern durch die Nachläßigkeit ihrer unwissenden Nachkommen in den mittlern Zeiten geschehen.

Der zweyte und der dritte Brief dieses Apostels wurden noch im vierten Jahrhunderte, wie Eusebius (Hist. Ecclef. L. III. c. 25.) berichtet, nicht von allen Christen vor seine Arbeiten erkannt. Dazu trug wohl dieses am meisten bey, daß sie beyde an einzele Personen geschrieben waren, und daher unter den christlichen Gemeinen

meinen später bekannt wurden, auch den Christen vielleicht wegen ihres ins Persönliche gehenden Inhalts nicht
wichtig genug vorkamen, um unter die heiligen Bücher
gezählt zu werden. Da sich ferner der Apostel im Anfange dieser Briefe nur mit dem Nahmen des Aeltesten, oder des ältesten christlichen Lehrers, bezeichnet: so zweifelte man desto mehr, ob es Johannes sey, und manche Christen verstanden lieber darunter den Aeltesten Johannes, der zu gleicher Zeit mit
dem Apostel zu Ephesus gelebt hat. Die Merkmale seiner Schreibart, und der ihm eignen Ermahnungen, haben endlich diese Ungewißheit gehoben; man hat auch eingesehen, daß er entweder aus Bescheidenheit, die sonst
überall bey ihm so kenntlich ist, oder weil ihn diejenigen,
an welche er schrieb, genugsam kannten, seinen Nahmen
weggelassen habe.

Der zweite Brief ist an eine christliche Frauensperson Kyria oder Cyria, und an ihre Kinder gerichtet. Johannes ermahnet sie, die brüderliche Liebe
fleißig zu üben, und bey der Lehre Jesu standhaft zu
bleiben. Er findet diese letztere Erinnerung desto nöthi-
ger, weil viele Verführer und Feinde Jesu aufgetreten
wären, die er völlig so wie im ersten Briefe beschreibt.
Aber er verlangt, daß sie dieselben nicht in ihre Häuser
aufnehmen, noch einen freundschaftlichen Umgang mit
ihnen pflegen sollen. Ohngefähr eben so begehrte Paulus von den Christen zu Thessalonich, ingleichen von seinen Schülern, dem Timotheus und Titus, daß sie
Christen, welche die Lehre des Evangelii verließen, unnütze Zänkereyen und Spaltungen stifteten, auch wohl
zugleich ein lasterhaftes Leben führten, meiden möchten.
In der That waren auch diejenigen, vor welchen Johannes warnet, sehr schlimme, und, wie es scheint,
auch boshafte Irrlehrer, indem sie läugneten, daß Jesus Mensch geworden sey. Die Christen hätten sehr
gleich-

gleichgültig gegen die Hauptlehre ihrer Religion seyn
müssen; sie würden auch alle Ausschweifungen dieser
Leute stillschweigend gebilligt haben, wenn sie mit ihnen ver-
traulich umgegangen wären: denn die Gesinnungen der
allgemeinen Menschenliebe gegen dieselben werden ihnen
keinesweges untersagt. Es sind also nicht überhaupt irrende Christen, mit denen die übrigen alle Gemeinschaft aufheben sollen, wenn gleich ihr Fehler nur aus Schwäche
des Verstandes oder Uebereilung entstanden wäre, und
weder unverzeihliche Unruhen noch Laster in seiner Gesellschaft hätte. Gegen solche fallende Christen empfehlen
die Apostel Sanftmuth und brüderliche Verweise. Allein wer offenbar die wichtigsten Lehren des Christenthums
verwarf oder verfälschte, und dasselbe auch durch sein Leben verläugnete; ein solcher Christ schien selbst das Recht
auf die Freundschaft seiner Mitbrüder aufzugeben. Man
sieht leicht, wie wenig die Apostel durch diese Vorschriften ein unmenschliches Betragen gegen alle, die den Christen als Irrende in der Religion vorkommen, gut geheis-
sen haben. Gleichwohl haben die spätern Christen die
Erinnerungen dieser leutseeligen Lehrer oft genug zur Rechtfertigung derjenigen Wuth gebraucht, mit welcher sie die
sogenannten Ketzer verfolgt haben.

Im dritten Briefe empfiehlt Johannes einem
gewissen Gajus oder Cajus einige Lehrer, die den Heiden das Evangelium ohne alle Vergeltung predigten, zu
eben der liebreichen Gastfreyheit, die dieser sonst gegen
reisende Christen zu beobachten gewohnt war. Er be-
klagt sich dagegen über ein anderes Mitglied der Gemeine, zu welcher Gajus gehörte, über den Diotrephes,
der vermuthlich ein herrschsüchtiger Lehrer derselben war,
und nicht nur den fremden Christen keine solche gütige
Aufnahme gönnte, sondern auch diejenigen verfolgte, die
sie ihnen erwiesen, ja sich selbst dem Apostel hierinne widersetzt hatte. Die Umstände, unter welchen dieser Brief

ge=

geſchrieben wurde, ſind jetzt etwas dunkel; aber er dient wenigſtens zur Beſtätigung der ſanften Lehren und des unſchuldigen Bezeigens der Apoſtel.

Obgleich die Zeit, zu welcher Johannes dieſe Brieſe aufgeſetzt hat, nicht weiter angegeben werden kann, als daß ſie in ſein höheres Alter falle; ſo iſt es doch überhaupt gewiß, daß ſeine Schriften die letzten geweſen ſind, welche zu der Sammlung der heiligen Bücher der Chriſten hinzugekommen ſind. Sie haben nachmals dieſe Sammlung den Canon (oder die zur Richtſchnur, zur Vorſchrift dienenden Bücher) des Neuen Teſtaments genannt; wiewohl eben dieſes Wort auch ein Verzeichniß bedeutet, und frühzeitig unter den Chriſten in dieſem Verſtande zuerſt gebraucht worden iſt. Johannes legte, wie man bereits geſehen hat, den Grund zu dieſer Sammlung, indem er den Chriſten die vier Lebensgeſchichten Jeſu, deren ſie ſich noch bedienen, als Erzählungen von gleicher Glaubwürdigkeit, übergab. Es waren auch die wichtigſten und unentbehrlichſten unter allen jenen Büchern, weil bey der chriſtlichen Religion alles auf die Handlungen und Lehren Jeſu ankam. Ein großer Theil der Briefe Pauli, die an berühmte Gemeinen gerichtet waren, wurden ebenfals ſehr zeitig unter den Chriſten bekannt, und als göttliche Schriften angenommen. Den übrigen dieſer Bücher, die bisher beſchrieben worden ſind, ſtanden gewiſſe Hinderniſſe in ihren äußerlichen Umſtänden, keines aber in ihrem Inhalte, entgegen, daß ſie nicht eben ſo bald zu dieſem Anſehen gelangen konnten. Sie erhielten es jedoch ſeit dem zweyten Jahrhunderte bey den meiſten chriſtlichen Gemeinen, und ſeit dem vierten, bis auf die Offenbarung Johannis, bey allen; nachdem ſchärfere Unterſuchungen über dieſelben vorhergegangen waren, die man zwar nicht durchgehends beweiſen, aber als höchſt wahrſcheinlich anſehen kann. Schon hieraus begreift man, daß

das

das alte Vorgeben, als wenn der ganze Canon des
Neuen Testaments von den Aposteln, oder wenigstens vom Johannes, ausgefertigt worden wäre, nur
eine sehr unglaubliche Muthmaaßung sey. Er kam nach
und nach zu Stande, so wie sich die Einsichten der Christen in Ansehung der oftgedachten Bücher erweiterten.
Weder die Apostel noch die ältesten Christen haben irgend-
wo behauptet, daß alle diejenigen Schriften, welche wir
jetzt zum Neuen Testamente rechnen, von allen Christen
sogleich schlechterdings als göttliche Bücher müßten angenommen werden, wenn sie sich nicht Gefahr und Irrthum aussetzen wollten; auch eben so wenig, daß es ausser denselben keine andere gebe, welche die Apostel als
göttliche Lehrer an einzele Gemeinen oder Personen geschrieben hätten. Es ist vielmehr wahrscheinlich, daß
sie mehrere solcher Schriften aufgesetzt haben, die nicht
erhalten worden sind, weil sie nur innerhalb enger Gränzen bekannt wurden, und nichts anders lehrten, als was
die Christen schon aus andern solchen Schriften wußten.
Diese verehrten unterdessen alle diejenigen Aufsätze, welche sie vor eine Arbeit der Apostel erkannten. Auch wenn
der Inhalt derselben, vergleichungsweise mit andern,
weniger wichtig war, und offenbar nur zum Gebrauche
einer oder etlicher Personen eingerichtet zu seyn schien,
räumten sie ihnen doch eine Stelle unter den heiligen
Schriften ein. Der Brief Pauli an den Philemon,
die zween letztern Briefe Johannis, sind Beyspiele davon. Hingegen entbehrten manche Gemeinen lange Zeit
einiger ziemlich erheblichen Bücher aus dieser Sammlung, ohne in Absicht auf die Religion einigen Nachtheil dadurch zu empfinden. Es ist endlich auch nicht
schwer zu beweisen, daß die ersten Christen geglaubt haben, diese Bücher seyen unter einem außerordentlichen
göttlichen Antriebe, Befehl und Beystande verfertigt
worden; die ungemeinen Gaben ihrer Verfasser führten
sie schon zu diesem Urtheil. Aber wie viel sie besonders

unter

unter dieſem göttlichen Antheil begriffen haben, und ob bey ihnen die Eingebung Gottes eben daſſelbe angezeigt habe, was die Chriſten der neuern Zeiten darunter verſtehen, kann nicht völlig ausgemacht werden: wenigſtens ſcheinen ſie die Worte der heiligen Schriftſteller ihnen allein zugeſchrieben zu haben. Dieſe Geſchichte der geſammleten Bücher des Neuen Teſtaments, von welcher die Nachrichten ſo mangelhaft und zerſtreuet in dem Alterthum faſt verborgen liegen, iſt in vielen Schriften neuerer Gelehrten bearbeitet worden; aber meiſtentheils zu merklich mit der Abſicht, alles zum Gebrauche des einmal feſtgeſetzten Glaubens von den Büchern des Neuen Teſtaments zu wenden, mit zu dreiſten Vermuthungen, ohne Geſchichte, oder gar wider dieſelbe. Unterdeſſen verdienen Johann Frick (de cura Ecclesiae veteris circa Canonem S. Script. in ſeinen Meletemat. Variis.) Richardſon (Canon of the N. T. vindicated.) Nathan. Lardner. (in der Glaubwürdigkeit der evangeliſchen Geſchichte.) und Herr D. Stoſch (in Comment. hiſt. crit. de Canone Librorum N. Teſt.) als einige der gelehrteſten Schriftſteller dieſer Art genannt zu werden.

Irrlehren

des

Cerinthus und der Nicolaiten.

So sehr man auch in der eben gedachten Geschichte gestehen muß, daß man nichts gewisses und zusammenhängendes von der ersten Sammlung der heiligen Bücher der Christen sagen könne; so wissen doch die Nachkommen von denselben unstreitig so viel, als sie zur Beurtheilung und zum Gebrauche derselben nöthig haben. Die meisten Schriften der Apostel entstanden aus besondern Veranlassungen, deren Kenntniß ein großes Licht darüber verbreitet. Man kann insonderheit von einigen Schriften des Apostels Johannes sagen, daß sie eben zu der Zeit, da sie herauskamen, den Christen am nöthigsten und nützlichsten gewesen sind. Er widersetzte sich darinne dem Cerinthus und andern Irrlehrern, welche damals die Christen in dem ruhigen Besitze ihres Glaubens zu stören anfiengen.

Cerinthus ist allem Ansehen nach der erste Irrlehrer, dem man den Nahmen eines Ketzers beylegen kann. Diejenigen, welche vor ihm die christliche Religion zu verfälschen suchten, Simon Magus, und andere, die bereits beschrieben worden sind, haben sich mehr als Feinde des Christenthums bezeigt, die dasselbe durch eine neue Religion verdrängen, und sich selbst an die Stelle Jesu setzen wollten. Allein Cerinthus legte die christliche Religion zum Grunde, erklärte sie nach

seinen

seinen Einfällen, und mischte auch die Meinungen anderer darunter. Daraus entstand ein Lehrgebäude, das ihm ganz eigen war, weder christlich, noch jüdisch, noch eine bloße Philosophie über diese Religionen genannt werden kann; aber von diesem allem etwas bey sich führte.

Er war vermuthlich ein Jude, der aber in Aegypten viele sonderbare Grundsätze von Gott, der Welt und den Menschen angenommen zu haben scheint. Darauf kam er nach Klein Asien, wo er viele Anhänger fand, welche **Cerinthianer,** auch mit einiger Veränderung seines Nahmens, **Merinthianer** genannt wurden, und sich noch im zweyten Jahrhunderte erhalten haben. **Cerinthus** lehrte frey, daß es einen höchsten Gott gebe, der von Ewigkeit her in einem unermeßlichen Lichtraum (er nannte denselben πλήρωμα, oder die Fülle,) seine Wohnung habe: daß derselbe viele Aeonen oder unsterbliche Geister hervorgebracht habe, von welchen die Engel abstammten; und unter diesen habe einer die Welt und die Menschen geschaffen. Dieser Weltschöpfer, der den höchsten Gott nicht gekannt habe, sey der Gott der Juden. Weil also, fuhr **Cerinthus** fort, der höchste Gott allen Menschen unbekannt gewesen sey, habe derselbe, um sie zur Glückseeligkeit zu führen, einen der vornehmsten Aeonen, **Christus,** in der Gestalt einer Taube, auf den Juden Jesus, den Sohn des Josephs und der Maria, fallen lassen, der dadurch nicht allein die Kenntniß des höchsten Gottes, sondern auch das Vermögen Wunder zu thun, erhalten habe. Solchergestalt vereinigt, habe Jesus Christus den Menschen den ihnen bis dahin unbekannten Vater verkündigt; da ihn aber die Juden, von ihrem Gott gereizt, verfolgt hätten, habe sich **Christus** von Jesu abgesondert, und der letztere, als ein bloßer Mensch, sey allein gekreuziget worden, und von dem Tode auferstanden. Er setzte hinzu, daß sich dereinst nach der Auferstehung der Todten Christus mit

II. Theil.   U   Jesu

Jeſu wieder verbinden, und für diejenigen, welche nach
ſeiner Anweiſung den höchſten Gott erkannt und verehrt,
auch den edlern Theil des Geſetzes Moſis beobachtet
hätten, ein tauſendjähriges Reich zu Jeruſalem, voll
Vergnügungen, anlegen werde. Um endlich ſeine neue
Einkleidung der chriſtlichen Religion deſto ſicherer behaupten zu können, verwarf Cerinthus alle Bücher des
Neuen Teſtaments, ausgenommen die evangeliſche Geſchichte Matthäi, die er aber auch nach ſeinem Gefallen abkürzte. So haben Irenäus (adv. haer. L. I.
c. 26. L. III. c. 11.) Epiphanius (haeres. 28.) und
Theodoretus (haeret. fabul. L. II. c. 3.) die Lehren
des Cerinthus beſchrieben; aber ſein ganzes Lehrgebäude ſcheinen ſie nicht abgebildet zu haben.

Indem man ſieht, daß Cerinthus mit dem Simon Magus und Menander, auch mit ſo vielen
gnoſtiſchen Partheyen des zweyten Jahrhunderts, über
den höchſten Gott; den Schöpfer der Menſchen und der
Welt, der von ihm unterſchieden ſeyn ſollte; die Aeonen; den Urſprung und die Beſtimmung des Erlöſers
der Menſchen, faſt einſtimmig gedacht hat, kann man
ſich kaum enthalten zu glauben, daß ſie alle aus einer gemeinſchaftlichen Quelle, aus Grundſätzen, die ſeit lan-
ger Zeit in einer gewiſſen Verbindung ſtanden, geſchöpft
haben. Man hat den Inbegriff derſelben, beſonders in
den neueſten Zeiten, die morgenländiſche Philoſophie genannt, und es iſt bereits an einem andern Orte,
(Th. I. S. 373=375.) angezeigt worden, wie man
ohngefähr ſich dieſelbe vorzuſtellen pflege. Es iſt wahr,
man hat das Lehrgebäude derſelben hauptſächlich und faſt
allein aus den Lehrſätzen der gnoſtiſchen Partheyen gebildet: und da man beynahe kein deutliches Zeugniß anführen kann, daß dieſe Art zu philoſophiren lange bereits
vor Chriſti Geburt in den Morgenländern geherrſcht habe, hat man es daraus geſchloſſen, weil jene Partheyen ſo

viele

viele gemeinschaftliche Meinungen gehabt haben, ohne
auf eine merkliche Art von einander abzustammen, ja oh=
ne in der Erweiterung, der Anwendung und den Folgen
derselben mit einander einig zu seyn. Eben diese Parthey=
en, die aus den Morgenländern kamen, beriefen sich auch
darauf, daß sie ihre Lehren persischen, chaldäischen und an=
dern Philosophen dieser Gegenden zu danken hätten. Al=
les dieses macht freylich nur schwache historische Spuren
aus; es ist aber doch wahrscheinlich genug, daß man
schon seit geraumer Zeit bey den erstgedachten Völkern
ohngefähr auf diese Weise philosophirt habe, weil sie doch
ihre eigene, von der griechischen verschiedene Weisheit hat=
ten. Wiederum aber kann nicht erwiesen werden, daß
diese Grundsätze, die aus der morgenländischen Philoso=
phie hergeleitet werden, lange vorher, ehe sie unter den
Christen Unruhen stifteten, in ein solches Lehrgebäude ge=
bracht worden sind, dessen vornehmster Endzweck darauf
geht, den Ursprung des Bösen in der Welt begreiflich zu
machen. Vielleicht also dürften manche nicht ungeneigt
seyn, dem Simon Magus, oder einem seiner nächsten
Schüler und Nachahmer, die Errichtung desselben bey=
zulegen. Was Gelehrsamkeit, Witz und Scharfsinn da=
zu beytragen kann, ein höheres Alter der sogenannten mor=
genländischen Philosophie zu behaupten, sie auszu=
schmücken, in einen systematischen Zusammenhang zu brin=
gen, und selbst bey einem dunkeln Lichte zu entdecken, das
ist vom Mosheim (Instit. Hist. Eccl. maior. Sec. I.
p. 136. 148. 339. sq. Diss. de caussis suppositorum librorum inter Christianos Sec. I. et II. p. 223. sq. in den
Dissertt. ad Hist. Eccl. pertinentibus Vol. I.) zuerst und
reichlich angewandt worden. Seine sinnreichen Vermuthun=
gen gefielen nicht ohne Ursache: insonderheit hat Hr. Senior
Brucker (Hist. Crit. Philosophiae, Tom. II. p. 639. sq.
Tom. VI. p. 400. sq.) und Hr. D. Walch (im Entwurf
einer vollständigen Historie der Ketzereyen, erster Theil, S.
224. sg.) dieselben noch mehr zu bestätigen gesucht.

Diese

Diese morgenländische Philosophie also wird vor die Hauptquelle der Irrthümer so vieler gnostischer Sekten gehalten, die entweder ein besonderes Religionsgebäude aufgeführt, oder als Ketzer zugleich die christliche Religion verunstaltet haben. Mit dem allgemeinen Nahmen der Gnostiker, der seit dem zweyten Jahrhunderte aufkam, und von den christlichen Schriftstellern auch dem Simon Magus, dem Cerinthus, und den Nicolaiten gegeben wird, begriff man sonderlich eine Reihe von Irrlehrern, die zunächst auf diese gefolgt sind. Sie führten diesen Nahmen von der ausserordentlichen und vorzüglich großen Erkenntniß oder Wissenschaft, (γνῶσις) deren sie sich von Gott, von den aus ihm herstammenden Geistern, und von dem Ursprunge der Welt und der Menschen, rühmten. Es waren Heiden, zuweilen aber auch Juden, welche diese vermeinte philosophische Einsichten mit dem Christenthum vereinigen wollten, dessen Stärke sie vermuthlich gerührt hatte; von dem sie aber nur so viel annahmen, als sich zu ihren Meinungen bequemen ließ. Viele Ausleger des Neuen Testaments glauben, daß die Gnostiker gleich in den ersten christlichen Gemeinen sich ausgebreitet haben; und sie führen Stellen aus den Briefen Pauli an, welche auf diese Irrlehrer zielen sollen, darunter diejenige in dem ersten Briefe an den Timotheus vor die deutlichste angesehen wird, in welcher eine Warnung vor der fälschlich genannten Erkenntniß vorkommt. Diese Erklärungen würden noch wahrscheinlicher seyn, wenn man Nachrichten aufstellen könnte, daß diese Irrlehrer wirklich so frühzeitig unter die Christen, selbst in Europa, gedrungen sind; und wenn die gedachten Stellen nicht eben so ungezwungen von den jüdischen geheimnißvollen Lehren, von ihren Deutungen des Gesetzes, und andern ihrer verführerischen Meinungen verstanden werden könnten. Die Schrift des Hr. M. Tittmann (de vestigiis Gnosticorum in N. Test.

frustra

frustra quaesitis, Leipzig, 1773. 8.) ist bey dieser Untersuchung vorzüglich zu empfehlen. Da jedoch die Christen bald genug gnostische Lehrsätze am Simon Magus, obgleich außerhalb ihrer Gemeinen; und noch im ersten Jahrhunderte mitten unter sich Irrlehren von gleichem Ursprunge am Cerinthus gekannt haben: so ist es nicht zu verwundern, daß man von denselben auch Spuren in den Schriften der Apostel zu finden geglaubt hat.

Schwerlich aber haben dieser und andere Gnostiker ihre Irrthümer bloß aus Grundsätzen der morgenländischen Weltweisheit gezogen. Sie lebten in Ländern, wo die griechische Philosophie fast allein blühte, und machten sich dieselbe allem Ansehen nach bekannt. Denn die beyden christlichen Lehrer im zweyten Jahrhunderte, die am meisten wider sie geschrieben, ihre Lehren am fleißigsten untersucht haben, Irenäus (advers. haeres. L II. c. 14.) und Tertullianus (de Praescript. haeretic. c. 7.) versichern, daß die Gnostiker den griechischen Philosophen, besonders dem Plato, sehr viel schuldig sind. Die Beyspiele, welche sie davon anführen, scheinen es zu bestätigen: und wenn auch ihre Vergleichung zwischen beyden etwas gewaltsam ausgedähnt seyn sollte, so würde es doch viel zu hart seyn, zu sagen, sie hätten bloß aus Unwissenheit der morgenländischen Philosophie, die gnostischen Ketzereyen aus der griechischen Weltweißheit hergeleitet. Es ist auch nicht unwahrscheinlich, daß die eben gedachten Irrthümer, wenn man sie bey gebohrnen Juden findet, zum Theil aus den geheimen Lehren der jüdischen Kabbala, welche damit manche Aehnlichkeit hat, wo nicht entsprungen sind, doch wenigstens viele Nahrung genommen haben: und es gab noch andere diesem Volke eigne Meinungen, die mit dem Christenthum vermischt wurden.

U 3   Auf

Auf diese letztere Quelle weisen besonders einige Lehren des Cerinthus zurück. Eine solche war nicht nur die Empfehlung des mosaischen Gesetzes, wenigstens nach seinen vornehmsten Theilen; sondern auch, wie es sehr glaublich ist, seine Ankündigung eines irdischen Reichs Christi. Die Juden hofften, daß der Messias ein solches herrliches Reich zu ihrem Besten auf der Welt errichten werde. Es ist noch ungewiß, ob Cerinthus in dasselbe wirklich sinnliche Ergötzlichkeiten, unter andern Mahlzeiten und Heyrathen gesetzt habe. Denn ob ihn gleich Cajus beym Eusebius H. E. Libr. III. c. 28. L. VII. c. 25.) dessen beschuldigt; so scheint ihn doch sein Eifer gegen denselben zu weit geführt zu haben. Dieser christliche Lehrer war der Meinung von einem künftigen tausendjährigen Reiche Christi, auf der Erde, die zu seiner Zeit unter den Christen sehr viele Freunde gefunden hatte, so abgeneigt, daß er hauptsächlich deswegen, weil man diese Meinung auf die Offenbarung Johannis bauete, den Cerinthus zum Verfasser dieses Werks mag angegeben haben. Man könnte diese Vermuthung gegen einen so alten Lehrer und andere Christen, die ihm beyflichteten, verwegen, bloß zur Rettung dieses Buchs ersonnen, nennen, wenn man in demselben die Irrthümer des Cerinthus in der That erblickte. Allein man mag die Stellen dieses Buchs, welche von dem christlichen Lehrbegriff abzuweichen scheinen, auch strenger beurtheilen, als es ein beynahe ganz sinnbildliches und poetisches Buch vielleicht vertragen kann; so enthalten sie doch nichts weniger als das Lehrgebäude des Cerinthus. Ein Hauptzug von diesem, (um nur ein augenscheinliches Beyspiel anzuführen,) ist die Schöpfung der Welt durch einen Engel; der Verfasser der Offenbarung hingegen läßt alles von dem höchsten Gotte geschaffen werden. Cerinthus ist also der erste Ketzer, der das tausendjährige Reich Christi, oder den sogenannten Chiliasmus gelehrt hat: aber man kann unmöglich glauben, daß diese

se Meinung von ihm unter die rechtgläubigen Christen
gekommen sey, welche sie so häufig angenommen haben.
Die bekehrten Juden waren schon vorbereitet, ein solches
Reich zu hoffen: und andere Christen, welche in der Offenbarung Johannis lasen, daß sie Könige auf Erden seyn, und einst mit Christo tausend Jahre leben und regieren sollten, diese brauchten nichts mehr,
als eine ganz buchstäbliche Erklärung dieser Stellen, um
sich eben ein solches weltliches Reich zu versprechen.

Wenn man diese jüdische Lehren ausnimmt, so hatten
alle übrige, die Cerinthus vortrug, nicht einen Schein
der Wahrheit für die Christen. Er gab keine Gründe an,
warum er die christliche Religion so eigenmächtig verfäl-
sche, und fast alle heilige Bücher der Christen, die seinen
Meinungen widersprachen, verachte: er bewieß auch durch
nichts, daß ihm Gott eine Vollmacht ertheilt habe, den
Christen richtigere Begriffe von der Religion beyzubrin-
gen. Man kann eben dieses von allen folgenden gnostischen Ketzern sagen, welche die christlichen Lehren ver-
drehten, bloß weil sie ihnen mißfielen. Dennoch traten
viele Christen auf die Seite des Cerinthus: vielleicht
nicht sowohl deswegen, weil ihnen seine Vorstellungen
neu zu seyn schienen, und einen Theil ihrer Religion begreiflicher oder doch sinnlicher machten, auch gewisse angeneh-
me Erwartungen in Ansehung des Reichs Christi er-
weckten; als weil Juden und Heiden, die das Christenthum angenommen hatten, in seinen Lehren ein Mittel fanden, bey ihren alten Vorurtheilen zu bleiben, und nach
denselben die christliche Religion umzubilden.

Da sich die Irrthümer des Cerinthus gleichsam
vor den Augen des Apostels Johannes ausbreiteten,
und selbst den Grund des Christenthums angriffen: so
war eine der Absichten, in welchen er seine evangelische
Geschichte aufsetzte, auch diese, daß sie zu einer Wider-

U 4 legung

legung und zum Verwahrungsmittel gegen dieselben dienen sollte. Die Stelle, in welcher Irenäus dieses meldet, ist bereits oben (S. 296) angeführt worden, und
man hat wenig Ursache daran zu zweifeln. Denn man
kann bey der Armuth der christlichen Geschichte in diesen
Zeiten nicht mehrere Zeugnisse als dieses von einem so
alten Schriftsteller verlangen. Es wird auch durch das
Evangelium Johannis noch wahrscheinlicher. Kein
anderer Verfasser der evangelischen Geschichte giebt sich
so viele Mühe zu beweisen, daß Jesus wahrer Gott sey.
Johannes eröfnet sogar seine Geschichte mit einem langen lehrenden Eingange dieses Inhalts, der bey einem
ganz historischen Buche vielleicht nicht am rechten Orte
stehen würde, wenn er nicht zu diesem besondern Endzwecke bestimmt wäre. Selbst die Stelle, in welcher er
sagt, er habe die angeführten Wunder Jesu deswegen
aufgezeichnet, damit seine Leser glauben möchten, Jesus sey Christus, der Sohn Gottes; auch diese
Stelle scheint vorzüglich dem Cerinthus entgegen gesetzt zu seyn, welcher behauptete, Jesus sey eine von
Christo verschiedene Person, ein bloßer Mensch gewesen. Nimmt man noch die beyden ersten Briefe Johannis dazu, wo er die göttliche Würde Jesu so nachdrücklich behauptet, so oft vor den falschen Lehrern warnet, welche es läugneten, daß Jesus der Christ und der
Sohn Gottes sey, und daß dieser Sohn Gottes auch
vor einen wahren Menschen gehalten werden müsse: so
ist wiederum Cerinthus mit seinen Anhängern der erste,
an den man dabey denken kann.

Die Geschichte einer andern irrgläubigen Parthey,
der Nicolaiten, die gleichfals in die letzten Zeiten des
Apostels Johannes gehören, ist sehr dunkel und ungewiß; obgleich ihrer selbst in der Offenbarung Johannis gedacht wird. In diesem Buche wird der Vorsteher der Gemeine zu Ephesus im Nahmen Jesu gelobt,

daß

daß er die Werke der Nicolaiten hasse; hingegen wird dem Vorsteher der Gemeine zu Pergamus vorgeworfen, daß einige Mitglieder derselben der Lehre der Nicolaiten zugethan wären: einer Lehre, die so viel man aus der nächst vorhergehenden Stelle urtheilen kann, in der Billigung des Genusses vom Gözenopfer und der Hurerey bestanden hat. Die folgenden Schriftsteller sind darinne einig, daß Nicolaus von Antiochien, einer der ersten Diener der Gemeine zu Jerusalem, den die Apostelgeschichte als einen sehr ehrwürdigen Mann beschreibt, vor den Stifter dieser Parthey zu halten sey; aber fast bey allen andern Umständen gehen sie von einander ab. Irenäus (advers. haeres. L. II. c. 27. L. III. c. 11.) scheint zu verstehen zu geben, daß das ausschweifende Leben, welches er den Anhängern des Nicolaus beylegt, aus seinem Beyspiel entstanden sey: er setzt hinzu, daß sie noch vor dem Cerinthus behauptet hätten, der Schöpfer der Welt sey von dem höchsten Gott, und Jesus sey von Christo verschieden; auch gegen ihre Irrthümer habe Johannes sein Evangelium gerichtet. Allein Clemens von Alexandrien erzählt, (Stromat. I. II. p. 490. sq. L. III. p. 522. sq. ed. Potter.) Nicolaus habe durch eine gutgemeinte Handlung Gelegenheit zum Ursprunge dieser lasterhaften Parthey gegeben. Da ihm die Apostel wegen der Eifersucht, die er um seine schöne Frau bezeigte, einen Verweis gegeben hätten, habe er sich öffentlich von derselben geschieden, und alle Vorstellungen, die man ihm wegen dieser übermäßigen Strenge gethan hätte, habe er nur mit den Worten beantwortet, man müsse das Fleisch misbrauchen, oder wie er es verstand, seine heftigsten und wollüstigsten Triebe zu überwinden wissen. Daraus hätten gewisse Leute den Schluß gezogen, daß Unzucht und andere Laster erlaubt wären: und man habe sie Nicolaiten genannt, obgleich Nicolaus sehr tugendhaft gelebt hätte. Dieser Erzählung des Clemens ist Eusebius (H. E.

U 5   L. III.

L. III. c. 29.) Augustinus (de haeres. c. 5.) und Theodoretus (haeret. fabul. L. III. c. 1.) gefolgt. Andere aber haben dem Irenäus mehr geglaubt; und unter diesen hat Epiphanius (haeres. 25.) Zusätze zu dem Berichte desselben gemacht, die aber durch sein Zeugniß allein nicht glaubwürdig werden.

Bey dieser Uneinigkeit von zween Schriftstellern, welche die zuverläßigsten Nachrichten von den Nicolaiten haben könnten, ist es fast unmöglich, von diesen etwas sicheres zu sagen. Wenn das Alter des Irenäus und andere seiner Vorzüge für ihn sprechen; so ist hingegen die Erzählung des Clemens wahrscheinlicher: auch sagt Irenäus nicht ausdrücklich, daß Nicolaus durch strafbare Sitten andere zur Nachahmung gereizt habe. Vielleicht also darf man zu demjenigen, was in der Offenbarung Johannis und beym Clemens von diesem ketzerischen Haufen steht, noch hinzu fügen, daß derselbe sehr bald auch die gnostischen Irrthümer angenommen habe. Aber es ist unnütze, sich in Muthmaaßungen über eine Parthey zu erschöpfen, die weder ansehnlich, noch von einer langen Dauer gewesen ist; die nur einen sehr geringen Einfluß in den Zustand der christlichen Religion und Kirche gehabt hat; die von keinen gelehrten und scharfsinnigen Männern unterstützt worden ist, welche machen können, daß man sich auch bey der Untersuchung falscher Sätze mit Nutzen verweile; deren Ursprung und Fortgang endlich nicht einmal außer Streit gesetzt sind.

Geschich-

Geschichte

der

Nazaräer und Ebioniten.

Um gleiche Zeit ohngefähr, entweder gegen das Ende des ersten Jahrhunderts, oder gleich nach dem Anfange des zweyten, kamen in Palästina zwo andere Partheyen auf, die von einem weniger gefährlichen Anfange, als die bisher beschriebenen, waren; aber nachtheilig genug für die Christen wurden. Man hat den Grund derselben bereits in der Geschichte der ersten christlichen Gemeinen gesehen: (S. 113. fg. 192. fg. 202. 203.) es war das alte, tief eingewurzelte Vorurtheil der Juden, daß niemand ohne Beobachtung des Cärimonialgesetzes Mosis seelig werden könne. Die Apostel bestritten dasselbe desto nachdrücklicher, da es nicht bloß Eifer für das väterliche Gesetz war, der einige Nachsicht verdiente, und sie anfänglich auch erhielt: sondern da die christliche Religion selbst bald dadurch angegriffen wurde. Die Christen aus dem jüdischen Volke, welche dieses Gesetz nicht verlassen wollten, erniedrigten, so viel an ihnen war, die Vollkommenheit derselben; suchten die Freyheit aufzuheben, die Jesus eingeführt hatte; und setzten der Erfüllung des göttlichen Gesetzes, die Jesus für die Menschen geleistet hatte, und allen seinen großen Thaten für dieselben, eine Verbindlichkeit an die Seite, die er von ihnen weder verlangt hatte, noch verlangen konnte. Wenn ihre Absicht auch rein war, eine Probe von unveränderlichem Gehorsam gegen die göttli-

chen

chen Gesetze abzulegen; so widersprach sie doch offenbar
dem Endzwecke des Christenthums, und sie kann auch von
einer stolzen Einbildung auf die Vorzüge ihres Volks
schwerlich freygesprochen werden. Die bekehrten Heiden
wurden durch diese Forderung in Verwirrung gesetzt;
überhaupt aber war diese Uneinigkeit über eine so leicht
zu entscheidende Frage, sehr anstößig. Mit der größten
Deutlichkeit, und endlich mit wiederholter Schärfe, widerlegten die Apostel, und vor allen Paulus, diesen jüdischen Irrthum; allein ihre Bestrafungen führten weder
Gewalt noch Zwang, sondern nur Gründe, Verweise und
Warnungen bey sich: daher blieben viele jüdischgesinnte
Christen bey ihrem so alten Vorurtheile. Nur offenbare
Trennungen zwischen ihnen und den Christen aus dem
Heidenthum, auch selbst zwischen den hartnäckigen und ge-
mäßigtern unter den bekehrten Juden, wurden noch, so
lange die Apostel lebten, durch ihr Ansehen verhindert;
eine Menge dieser Irrenden nahm, wie es scheint, beßere
Gesinnungen an, und die Apostel ließen auch die bekehrten
Heiden gegen die jüdischen Christen so viele Vorsichtigkeit
beobachten, daß diese ihnen wenigstens den Vorwurf nicht
machen konnten, sie würden durch die Vernachläßigung
des mosaischen Gesetzes zur Abgötterey verleitet.

Die Zerstörung Jerusalems und des Tempels, die
ein so deutliches Merkmal war, daß die mosaischen
Cärimonien Gott weiter nicht gefielen, brachte doch die
Eiferer für dieselben unter den Christen zu keiner Aen-
derung ihrer Denkungsart. Man war ihnen stets mit
vielem Glimpfe begegnet: sie hatten einen großen Theil
jener Gebräuche und Vorschriften ungehindert beobachtet; man sah sie als Brüder von einer schwachen Beurtheilung, und einem zarten Gewissen an, und richtete
sich sogar, ohne sich dazu verbunden zu erkennen, nach
manchen ihrer Cärimonien: woraus unter andern, die
lange Beobachtung des Sabbaths neben dem Sonntage
her-

herzuleiten iſt. Aber ſelbſt dieſes gefällige Nachgeben
ihrer Mitbrüder ſcheinet ſie halsſtarriger gemacht zu haben. Diejenigen inſonderheit, welche in Paläſtina lebten, ſahen das Geſetz Moſis vor ein ſo unauflösliches
Band an, daß ſie ſich zuletzt von den übrigen Chriſten
dieſes Landes, ſowohl jüdiſchen als heidniſchen, abſon-
derten. In den neuern Zeiten hat man mit nicht geringer Wahrſcheinlichkeit zu behaupten angefangen, daß
dieſes erſt nach dem Jahre 136 geſchehen ſey, weil damals nach dem Berichte des **Sulpicius Severus**,
(Hiſt. Sacr. L. II. c. 31.) die meiſten Chriſten in Paläſtina ſich des moſaiſchen Geſetzes entſchlagen hätten.
Allein es ſcheint nicht ſo viel aus der dunkeln Stelle dieſes Geſchichtſchreibers zu folgen, als man ihn ſagen läßt:
und man kann aus den gleich anzuführenden Schriftſtellern ſchließen, daß die eben gedachte Trennung ſchon
mit dem Ende des erſten Jahrhunderts vorgegangen ſey.

In Peräa alſo, derjenigen Gegend von Paläſtina,
in welche ſich die Chriſten zu Jeruſalem beym Ausbruch
des jüdiſchen Kriegs geflüchtet hatten, und nachmals
auch in den angränzenden Ländern, vereinigten ſich dieſe
jüdiſchen Chriſten, welche die fortdauernde Verbindlichkeit des moſaiſchen Geſetzes glaubten, in beſondere Gemeinen. Sie theilten ſich wiederum in zwo Partheyen,
in die Nazaräer oder Nazarener, und in die Ebioniten. Anfänglich hießen die Chriſten in Paläſtina
überhaupt Nazaräer, weil ſie Jeſum von Nazareth,
wie ihn die Juden nannten, als ihren Lehrer verehrten.
Aber ſeit dem zweyten Jahrhunderte wurde dieſer Nahme den chriſtlichen Eiferern für das Geſetz Moſis eigen,
die gleichwohl nur den Chriſten aus ihrem Volke, nicht
den bekehrten Heiden, die Schuldigkeit auflegten, daſſelbe nach einigen ſeiner vornehmſten Gebote, ſonderlich von
der Beſchneidung und vom Sabbath, zu erfüllen. Dieſe Nazaräer waren vermuthlich in allen andern Lehren
des

des Glaubens mit den übrigen Chriſten einig. Denn die Beſchuldigung, daß ſie Jeſum nicht vor den Sohn Gottes erkannt hätten, wird ſo widerſprechend und ungewiß, ſelbſt vom **Epiphanius** (haeres. 29.) der von ihnen eine ausführliche Nachricht giebt, vorgetragen, daß man nichts darauf bauen darf. Man kann noch mehr ſagen: **Hieronymus**, der ſie unter allen Lehrern der alten Kirche am beſten gekannt hat, geſteht, daß ſie an **Chriſtum**, den Sohn Gottes, glauben. Dadurch aber unterſchieden ſie ſich noch beſonders von andern Chriſten, daß ſie unter allen heiligen Büchern derſelben nur die evangeliſche Geſchichte des **Matthäus**, aber in hebräiſcher Sprache, (oder eigentlich in der chaldäiſchen Mundart,) aufgeſetzt, und mit vielen Zuſätzen, die ſich in dem griechiſchen Texte deſſelben nicht finden, annahmen. Von dieſem hebräiſchen Evangelio des **Matthäus** iſt bereits bey einer andern Gelegenheit (S. 190. 191.) Nachricht gegeben worden: und was hier noch davon hinzu zu ſetzen iſt, dient zur Beſtätigung jener Stelle. **Hieronymus** bekam daſſelbe von den **Nazaräern** zu Beroea in Syrien ſelbſt, gebrauchte und überſetzte es in die lateiniſche Sprache: er zweifelte auch nicht daran, daß es die Urſchrift des **Matthäus** ſey. Aber weder er, noch **Epiphanius**, der gleicher Meinung iſt, giebt uns von demſelben eine ganz zuverläßige Beſchreibung; man könnte auch nach den Urſachen fragen, warum ſie es vor den Grundtext des **Matthäus** hielten, wenn ſie nicht das Zeugniß der ältern Lehrer vor ſich gehabt hätten, daß dieſer Apoſtel ſein Evangelium hebräiſch geſchrieben habe. Freylich haben außer den beyden angeführten, nur ſehr wenige Lehrer der erſten Jahrhunderte etwas von dem Evangelio der **Nazaräer** geſagt, oder aus eigener Kenntniß ſagen können: **Euſebius** unter andern, der es das **Evangelium** der **Hebräer** nennt, (Hiſt. Eccl. L. III. c. 25.) ſpricht davon auf eine ſehr zweydeutige Art. Und **Hieronymus** ſelbſt,

ſelbſt, (deſſen vornehmſte Stellen von den Nazaráern
und ihrem Evangelio, in Catal. Script. Eccl. c. 3. Comment.
in Jeſaiam, C. VIII, 9. XXIX, 20. in Matthaeum,
C. XII, 13. vorkommen,) mußte die Zuſáße verwerfen, durch welche die Urkunde Matthái darinne ver-
fálſcht war. Es bleibt auch ſonſt zu viele Dunkelheit
und Ungewißheit dabey úbrig, als daß man den griechiſchen Text Matthái vor eine bloße Ueberſeßung eines
urſprúnglich hebráiſchen Buchs zu halten vollkommen berechtiget wáre. Nach dieſem allem iſt es nicht zu verwundern, daß die erſten Chriſten bis auf den Epiphanius die Nazaráer zwar als Irrende, aber nicht als Ke-
ßer betrachtet haben.

Allein weit ſchlimmer waren die Ebioniten in ihren Augen. Man iſt darúber uneins, ob dieſe Parthey
ihren Namen von einem gewiſſen Ebion, der ihr Stifter war; oder von dem hebráiſchen Worte Ebjon, welches eben ſo viel als arm, dúrftig iſt, erhalten haben:
und wiederum in Anſehung der leßtern Frage, ob die
Ebioniten davon Ebjonim genannt worden ſind, weil
ſie ſich von Chriſto eine zu armſeelige Vorſtellung gemacht haben; oder weil, nach ihrem eigenen Vorgeben,
ihre Vorfahren unter den erſten Chriſten zu Jeruſalem
arm geweſen ſind. Alle dieſe Ableitungen haben Zeugniſſe der Alten fúr ſich: die erſtere wird vom Tertullian
(de Praeſcript. adv. haeret. c. 33. de carne Chriſti cap.
14.) die beyden andern aber werden vom Euſebius
(Hiſt. Eccl. L. III. c. 27.) und Epiphanius (haer.
30.) vorgebracht. Jene iſt vielleicht die wahrſcheinlichſte, oder doch am wenigſten gezwungene: und man muß
es auch in ſolchen Kleinigkeiten vor lehrreich erkennen, bis
auf den Urſprung und die Urſachen der Dinge, ſelbſt der
Nahmen, zu dringen. Weniger hingegen laſſen uns dieſe Schriftſteller, und gewiſſermaßen auch Irenáus
(adv. haeres. L. I. c. 26.) daran zweifeln, daß die Ebio-

niten

niten die Gottheit Jesu geläugnet haben; wenn sie gleich
darinne nicht mit einander übereinkamen, ob sie ihm eine
gewöhnliche oder übernatürliche Geburt zuschreiben sollten. Ihr Eifer für das Gesetz Mosis scheint noch weiter als bey den Nazaräern gegangen zu seyn, und dasselbe auch den bekehrten Heiden aufgedrungen zu haben.
Sie verwarfen insonderheit die Briefe Pauli, gegen
den sie einen persönlichen Haß hegten, weil er jenen Eifer so nachdrücklich bestritten hatte. Auch sie hatten ihr
eigenes Evangelium Matthäi in hebräischer Sprache,
das sie vor die Urschrift des Apostels ausgaben. Man
rechnet noch mehr zu ihren Irrthümern; aber auserdem,
daß nur wenig Gewißheit dabey ist, kann man sich auch
an jenen ihren unterscheidenden Lehren begnügen. Diese
Parthey, die in Palästina bis ins vierte Jahrhundert fort-
gewähr hat, bekam auch einige gelehrte Anhänger.
Ob sich der Apostel Johannes in seinen Briefen ihr
entgegen gesetzt habe, wie einige alte Lehrer vom Tertullianus an behaupten, können nur diejenigen vor unglaublich erklären, welche den Ursprung der Ebioniten
erst ins zweyte Jahrhundert setzen. Daß übrigens ein
so zahlreicher Haufen jüdischer Christen seinem väterlichen
Gesetze auch wider die Lehren des Christenthums lange
Zeit getreu geblieben ist, verdient weniger Bewunderung, als daß das ganze übrige jüdische Volk so viele
Jahrhunderte mit immer gleicher Treue diesem Gesetze
hat zugethan bleiben können, nachdem es längst alle wahrscheinliche Hoffnung verloren hat, die göttlichen Ver-
heissungen zu einer andern Zeit erfüllt zu sehen, als zu
der sie nach der Ueberzeugung der Christen eingetroffen
sind.

Schick-

Schicksale der Christen

unter dem

Nerva und Trajanus.

Während, daß die Christen ihren Glauben gegen alle
diese Partheyen verwahren mußten, wurde ihr
Verfolger und fast der allgemeine Feind seiner Unterthanen, der Kaiser **Domitianus**, im Jahr 96 von einigen Verschwornen ermordet. Nerva kam an seine Stelle zur Regierung, und führte dieselbe mit einem desto
größern Ruhme. Er verband, wie **Tacitus** (in vit.
Agric. c. 3.) anmerkt, zwey Dinge, von welchen man
bisher geglaubt hatte, daß sie sich nicht mit einander vertrügen: die höchste Gewalt mit der Freyheit der Römer;
war ungemein gütig, gerecht und großmüthig. Es war
eine seiner ersten Handlungen, daß er alle diejenigen in
Freyheit setzte, welche sein Vorgänger als Verräther ins
Gefängniß geworfen hatte; er rief auch alle aus gleicher
Ursache ins Elend Verwiesene zurück. Daneben verordnete er, daß künftig niemand des Verbrechens der beleidigten Majestät beschuldigt werden, und gegen niemanden die Anklage gelten sollte, daß er auf jüdische Art
lebte: ein Ausdruck, unter welchem man damals bey den
Heiden oft die christliche Religion verstand.

Allein das hohe Alter des Nerva und seine ungemeine Sanftmuth stärkten die Frechheit der Soldaten
so merklich, daß er bald erkannte, wie nöthig ihm eine
Stütze seines Ansehens sey. Er wählte daher im Jahr
97 den **Trajanus** zum Reichsgehülfen: und da er be-

II. Theil.   X   reits

reits im folgenden Jahre ſtarb, beſaß dieſer nunmehro die
kaiſerliche Würde allein. Trajanus war der größte
Feldherr ſeiner Zeit: er breitete die Gränzen des Reichs
zu dem weiteſten Umfange aus, den es jemals gehabt
hatte, indem er Dacien, Armenien, Aſſyrien, den größten Theil von Arabien, Meſopotamien, und andere Länder bis an den Tigris und das Weltmeer eroberte; obgleich kurz vor ſeinem Tode, da er im Jahr 117 nach
Italien zurückgieng, die morgenländiſchen kaum bezwun-
genen Provinzen ſich empörten, und von der römiſchen
Herrſchaft befreyeten. Er hatte ohngefähr die Tugenden
des Nerva; wurde noch mehr durch die gefälligſte Her-
ablaſſung gegen die Römer, und durch ſeine ehrerbietige
Achtung gegen die Geſetze, auch durch ſeine Wohlthätigkeit, beliebt: daher kam der Beynahme des Beſten, der
ihm ſo einmüthig zugeſprochen wurde. Kaum giebt es einen römiſchen Kaiſer vor ihm, der den Feinden des Reichs
ſo fürchterlich, und gegen ſeine Unterthanen, nur eine Gattung derſelben ausgenommen, ſo ausnehmend gnädig geweſen wäre. Selbſt einige Fehler oder Ausbrüche von
Laſtern, die man ihm vorwerfen kann, vermindern ſeinen
großen und gerechten Ruhm nur wenig.

Der Schutz und die Gewogenheit, welche die Gelehrten von ihm genoſſen, haben nicht wenig dazu beygetragen, daß ſich unter ſeiner Regierung mehrere vortrefliche Schriftſteller hervorthaten. Plutarchus, der die
Ehre der Griechen zu dieſer Zeit am glücklichſten behauptete, verdient darunter zuerſt genannt zu werden. Seine überaus weitläuftige Gelehrſamkeit war faſt in allen
ihren Theilen eben ſo gründlich: und ſeine Urtheile empfehlen ſich durch Richtigkeit und Scharfſinn, oder durch
Beſcheidenheit. Ohne einer von den philoſophiſchen Partheyen zugethan zu ſeyn, wußte er die bey ihnen zerſtreuete
Wahrheit deſto freyer aufzuſuchen; aber wenn er es ſchwer
fand, dieſelbe zu entdecken, geſtand er auch ſeine Ungewißheit.

wißheit. Er war ein deſto gröſſerer Philoſoph, je gemeinnütziger er ſeine Weisheit und Kenntniß des menſchlichen Herzens durch einen reizenden Vortrag der Sittenlehre machte. Auch als ein Heide betrachtet, hatte er in der geſunden, vom Aberglauben ziemlich entfernten Denkungsart viele Vorzüge. Daher kommt es allem Anſehen nach, daß er in ſo vielen Schriften, und bey ſo häufigen Gelegenheiten, dennoch der Chriſten, von denen er viele tauſend in Griechenland vor ſich ſah, niemals gedenkt. Nichts wäre der Einſicht und Beurtheilung eines ſolchen Mannes würdiger geweſen, als ſeine Meinung von der chriſtlichen Religion zu ſagen, gegen welche alle philoſophiſche Lehrgebäude der Griechen gehalten, ſo armſelig erſchienen. Allein Plutarchus ſcheint ſie zu wenig gekannt zu haben: und er war offenbar von einer Mäßigung, die ſich weder im Lobe noch im Tadel übereilte. Man kann auch die Muthmaßung derer nur ſinnreich, aber zugleich unwahrſcheinlich nennen, welche die Elpiſtiker, von denen er (Quaeſt. Convival. L. IV.) ſpricht, vor einen Nahmen der Chriſten halten, der ihnen wegen ihrer Hoffnung eines Lebens nach dem Tode, von den Heiden ſollte beygelegt worden ſeyn. Die Schriften dieſes ehrwürdigen Mannes, die alle ſo lehrreich und lesenswürdig ſind, werden zwar in die hiſtoriſchen und moraliſchen abgetheilt; allein ſie umſpannen faſt die ganze Gelehrſamkeit der Alten, und können die Stelle einer kleinen Bücherſammlung vertreten. Plutarchus hat eine Anzahl von Lebensbeſchreibungen hinterlaſſen, welche zu den ſchönſten Werken gehören, die über die alte Geſchichte geſchrieben worden ſind. Aus dieſer nahm er viele große und berühmte Männer, um ſie entweder einzeln zu ſtellen, und an ihrem Beyſpiele zu zeigen, wie viel ein einziger Menſch zu thun im Stande ſey, und wie viele Wege ihm offen ſtehen, ſich Ruhm und Verdienſte zu erwerben; oder um durch ihre Vergleichung mit andern, die eine ähnliche

Bahn

Bahn betreten haben, die Verſchiedenheit der Gaben, Abſichten und Hülfsmittel, die Größe des Geiſtes und die Tugenden, aber auch die Verbrechen und Fehler von beyden Theilen, der Prüfung deſto kenntlicher darzuſtellen. Eben dieſer Schriftſteller hat in beſondern Abhandlungen die bündigſten Unterſuchungen über die Sittenlehre und das Leben der Menſchen, über die Alterthüme, über die Geſchichte der Philoſophie, und viele andere mehr, angeſtellt. Und die Frage, welche er in einem ſeiner Bücher aufgeworfen hat: warum die Orakel oder Götterausſprüche zu ſeiner Zeit in Verfall geriethen? beantwortet er dergeſtalt, daß man wohl ſieht, er habe dieſes nicht bloß dem Wachsthume der Philoſophie, ſondern auch den Betrügereyen zugeſchrieben, unter welchen jene Ausſprüche in die Welt geſchickt worden ſind.

Ihm kam Epictetus am nächſten; oder übertraf vielmehr ihn und alle heidniſche Gelehrten dieſer Zeit an der wirkſamen Weisheit und tugendhaften Strenge des Lebens. Die ſtoiſche Parthey hat keinen größern Lehrer gehabt; keinen, der mit einer mächtigern Beredſamkeit, und einem doch für jedermann faßlichen und einnehmenden Vortrage die Menſchen zu beſſern geſucht hätte. Seine Philoſophie war überaus praktiſch: er gab nicht nur ein ſeltnes Beyſpiel von Mäßigkeit, Geduld, und einer über die niedern Vergnügungen erhabenen, bloß der Wahrheit und Rechtſchaffenheit ergebnen Seele; ſondern wandte auch einen großen Theil ſeiner Zeit zum Unterrichte ſeiner Mitbürger glücklich an. Er war kein Schriftſteller; aber ein eben ſo berühmter und nützlicher Lehrer, als wenn er es geweſen wäre: und das moraliſche Handbuch, nebſt vielen ſeiner Grundſätze und Vorſchriften, welches alles ſeine Schüler und Zuhörer aus ſeinem Munde geſammlet haben, ſind noch der Betrachtung chriſtlicher Philoſophen würdig. Man hat darunter einige Spuren einer geheimen Neigung zum Chriſtenthum

stenthum zu finden geglaubt; aber sie sind nicht die deutlichsten, und man muß sich auch erinnern, daß Epictetus von Gott nicht richtiger als andre Stoiker gedacht habe. Noch hatte Trajans Regierung an dem jüngern Plinius und an dem Suetonius eine ausnehmende Zierde. Jener hinterließ eine Reihe unschätzbarer Briefe, die den scharfsinnigen Gelehrten und den liebenswürdigen Mann in der Gesellschaft so lebhaft abschildern; außerdem aber die trefliche Lobrede auf den erstgedachten Kaiser, die nichts an ihm preiset, was er nicht gethan hätte, und alle Eigenschaften eines guten Fürsten mit ungemeiner Stärke zusammen faßt. Dieser hat in seinen Lebensbeschreibungen der ersten römischen Kaiser mit eben so vieler Wahrheitsliebe und Freymüthigkeit, als feiner Wahl und Beurtheilung geschrieben: man lernt von ihm die Fürsten am richtigsten kennen, unter welchen sich das Christenthum zuerst im römischen Reiche ausgebreitet hat.

Die Regierungen des Nerva und Trajanus schienen den Christen sehr günstig zu werden. Beym Anfange derselben waren keine Gesetze mehr gegen sie vorhanden. Der Apostel Johannes kehrte gleich andern aus seiner Verbannung nach Ephesus zurück, wo er über diese und die herumliegenden Gemeinen abermals die Aufsicht führte, und besonders ihre Lehrer bestellte. Er lebte noch bis gegen das Jahr 100, und auch seine letzten Jahre zeichneten sich vornehmlich durch einen sanften Eifer um das Wohl der Christen aus, denen er über alles und unaufhörlich empfohl, sich unter einander zu lieben: eine Pflicht, deren Ausübung den ersten schwachen Gemeinen der Christen eine innere Festigkeit gab, sie fern von allen Streitigkeiten, desto näher an der Quelle des Glaubens und der Gottseeligkeit erhielt, und selbst die Bewunderung der Heiden erregte, auf welche sich die Liebe der Christen ebenfals ergoß. Als Johannes zuletzt

letzt unter allen Aposteln, wie Jesus vorhergesagt hatte, starb, hinterließ er die christliche Religion in einem
Zustande, der für ihre Verehrer erwünscht war, und
für diejenigen, welche sie kennen lernen wollten, alle Bequemlichkeit darbot, die sie verlangen konnten. Er, einer der zuverläßigsten Zeugen von Jesu und seinen Lehren, war zwey Menschenalter noch seit der Himmelfahrt
desselben auf der Welt geblieben; dadurch hatte der historische Grund des Christenthums eine sehr große Stärke
erhalten. Die Nachrichten, welche denselben ausmachten, hatte Johannes nicht allein mündlich, sondern auch
in einer Schrift vorgetragen, die er mit drey andern glaubwürdigen Berichten dieser Art verbunden wissen wollte.
Das Christenthum war noch in andern Schriften einiger
Apostel erklärt und vertheidigt worden, die immer bekannter unter den Christen wurden. Diese Religion hatte sich in allen drey Welttheilen durch sehr rühmliche
Mittel ausgebreitet, und viele tausend Bekenner derselben waren nicht allein öffentlich, wider Willen der Heiden und Juden, und von diesen verfolgt, mitten unter
ihnen aufgekommen, sondern vermehrten sich auch täglich. Zwar die ersten Lehrer der Christen waren nicht
mehr; aber es kam jetzt nur darauf an, daß ihre Schüler dasjenige treu und redlich fortführten, was sie von
denselben gehört und gelesen hatten: und eine so gewisse,
auf so ungekünstelte Vorschriften und Hülfsmittel gebaute
Hoffnung des Beyfalls und der Fortdauer, kannte nie
eine andere Religion, als die christliche. Es war offenbar für diese Religion gleichgültig, ob sie zuweilen von
ihren Feinden verfolgt wurde, oder sich in einer uneingeschränkten Freyheit fortpflanzen durfte.

In diesem abwechselnden Zustande lebten die Christen auch unter dem Trajanus. Er gab keine Gesetze
wider sie: Tertullianus leugnet es, (Apologet. c. 6.)
daß er ihr Feind gewesen sey; und dennoch haben sie unter

ter seiner Regierung viel gelitten. Allein selbst gerechte und gütige Kaiser konnten es nicht durchgehends verhindern, daß innerhalb ihres so weitläuftigen Reichs an manchen Orten die Unterthanen gemißhandelt wurden, ohne daß sie es wußten. Dieses fand insonderheit bey den Christen Statt, die einem fast allgemeinen Hasse ausgesetzt waren. Oft begehrte das Volk, zum Theil von seinen Götzenpriestern aufgebracht, mit Ungestüm ihren Todt: und die Obrigkeit mußte ihm willfahren, wenn sie nicht Gewaltthätigkeiten und eine Empörung erwarten wollte. Die Feinde der Christen verklagten sie auch häufig genug vor den Richtern; aber dieses mehr gesetzmäßige Betragen war nur eine feyerliche Art, mit welcher ihr Untergang gewiß befördert wurde. Sehr vieles trugen auch die Gesinnungen der Statthalter und anderer obrigkeitlicher Personen dazu bey, daß die Christen, ohne Gesetze wider sich zu haben, und sogar den vorhandenen zuwider, verfolgt wurden. Denn gegen die Christen eingenommen, bezeigten sie oft eine ungerechte Nachsicht und Gefälligkeit zu ihrem Unglücke; oder griffen sie selbst mit grausamer Härte an. Zur Zeit des Trajanus also standen die Christen, nach dem Berichte des Eusebius, (Hist. Eccl. L. III. c. 32.) in vielen Gegenden und Städten, durch einen Aufstand des Volks wider sie, große Bedrückungen aus, die dem Kaiser selbst nicht wohl zugeschrieben werden können. Auch verlor unter andern Simeon, der Sohn des Cleopas, Bischof zu Jerusalem, in einem Alter von hundert und zwanzig Jahren, das Leben. Einige Ketzer verklagten ihn, daß er aus Davids Geschlechte herstamme, und ein Christ sey: der erstere Umstand insonderheit sollte ihn bey den Römern verdächtig machen, daß er die königliche Würde der Juden wieder herzustellen gedenke. Dieser Anverwandte Jesu, einer der ehrwürdigsten Lehrer, den die Christen damals hatten, wurde unter vielen Martern hingerichtet: und selbst seine Feinde, besonders der Statt-

halter

halter von Syrien, Atticus, auf dessen Befehl er ans
Kreuz geschlagen wurde, bewunderten die ungemeine
Standhaftigkeit, die ihn bis in den Tod begleitete.

In Bithynien, einer beträchtlichen Landschaft von
Kleinasien, wurde ebenfals der bloße Nahme eines Christen, ohne daß man ein Verbrechen gegen ihn anführen
konnte, vor hinlänglich gehalten, ihn zum Tode zu ver-
urtheilen. Der jüngere Plinius, welcher Statthalter
dieses Landes war, erkannte zwar, wie ungerecht dieses
Verfahren sey; aber er blieb ungewiß, wie er den Christen begegnen sollte, ob er gleich genauere Untersuchungen über ihre Religion angestellt, und sie von dieser Seite nicht strafwürdig gefunden hatte. Daher bat er den
Kaiser, ihm hierüber eine Vorschrift seines Verhaltens
zu geben. Der Brief, welchen er in dieser Absicht im
Jahr 104, oder nach anderer Meinung im Jahr 111,
an den Trajanus schrieb, (Libr. X. Ep. 97.) ist ein
so merkwürdiges Zeugniß eines gelehrten Heiden, und einer nach Billigkeit strebenden obrigkeitlichen Person von
dem Zustande und Glauben der Christen, daß er hier
seine Stelle ganz verdienet.

„Ich bin unveränderlich gewohnt, schreibt Plinius,
„alle Fälle, bey welchen ich zweifelhaft bin, Dir, gnä-
„diger Herr, vorzutragen. Denn wer könte mich, wenn
„ich es nicht wage, zu entscheiden, besser leiten, oder bes-
„ser unterrichten, wenn es mir an Kenntniß fehlt? Ich
„bin niemals bey gerichtlichen Untersuchungen über die
„Christen zugegen gewesen: daher weiß ich nicht, was
„man an ihnen, und wie weit man sie zu bestrafen pfle-
„ge; oder wornach man bey ihnen frage. Ich war auch
„sehr ungewiß, ob man bey ihnen einen Unterscheid des
„Alters beobachten müsse; oder ob die Christen von ei-
„nem zarten Alter von den Erwachsenen nicht verschieden
„wären? ob denen, welche Reue bezeigten, vergeben
„werden

„werden könne? oder ob es demjenigen, der wirklich ein
„Christ gewesen, nichts helfe, wenn er aufhöret, es zu
„seyn? ob dieser Nahme allein, wenn sich auch keine
„Verbrechen dabey finden, oder nur die mit dem Nah-
„men verbundene Verbrechen bestraft werden müssen?
„Unterdessen habe ich mich gegen diejenigen, welche bey
„mir als Christen verklagt wurden, folgendergestalt ver-
„halten.   Ich habe sie gefragt, ob sie Christen wären?
„Wenn sie es bekannten, fragte ich sie zum zweyten und
„drittenmale, und drohte ihnen mit der Todesstrafe.
„Blieben sie immer noch bey ihrem Bekenntnisse, so ließ
„ich sie hinrichten.   Denn ich glaubte, es möchte mit
„dem, was sie gestünden, beschaffen seyn, wie es wollte,
„daß wenigstens ihr Eigensinn und ihre unbeugsame
„Hartnäckigkeit gestraft werden müsse.   Es gab noch an-
„dere eben so unsinnige, die ich aber, weil es römische
„Bürger waren, aufgeschrieben habe, damit sie nach
„Rom gebracht werden.   Bald aber, da sich während
„dieser Vorfälle, wie es zu geschehen pflegt, das
„Verbrechen weiter ausbreitete, kamen manche be-
„sondere Umstände vor.   Ich erhielt eine Klag-
„schrift, deren Verfasser sich nicht genannt hatte,
„und worinnen viele Nahmen von Personen an-
„gegeben waren; die es aber läugneten, daß sie Christen
„wären, oder gewesen wären.   In der That riefen sie
„die Götter, wie ich es ihnen vorsagte, an, und opfer-
„ten deinem Bilde, welches ich zu dieser Absicht nebst
„den Bildern der Götter herbeybringen ließ, Wein und
„Weyrauch; sie lästerten auch Christum: und zu die-
„sem allem sollen sich doch diejenigen nicht zwingen las-
„sen, welche würklich Christen sind.   Ich glaubte da-
„her, daß ich sie loßlassen müsse.   Andere, die von ei-
„nem Angeber waren angezeigt worden, sagten zwar an-
„fänglich, daß sie Christen wären, läugneten es aber
„bald wieder: sie versicherten, daß sie es zwar gewesen
„wären, aber wieder aufgehört hätten zu seyn, einige

„vor

„ver drey, andere vor mehreren Jahren; einer ſo=
„gar bereits vor zwanzig Jahren; Dieſe alle be=
„teten Dein Bild und die Bilder der Götter an:
„ſie läſterten auch Chriſtum. Sie geſtanden aber,
„ihr Verbrechen oder ihr Verſehen habe haupt=
„ſächlich darinne beſtanden, daß ſie an einem be=
„ſtimmten Tage, vor Aufgang der Sonne, zuſam=
„men gekommen wären, Chriſto als einem Gott zu Eh=
„ren ein Lied unter einander abgeſungen, und ſich mit
„einem Eyde nicht zu Uebelthaten, ſondern dazu verbun=
„den hätten, daß ſie keinen Diebſtahl, Straßenraub oder
„Ehebruch begehen, ihre Zuſagen nicht brechen, und
„was ihnen anvertrauet worden, nicht verläugnen woll=
„ten, wenn es wieder begehrt würde. Nachdem ſie die=
„ſes verrichtet hätten, wären ſie aus einander gegangen,
„aber bald wieder zuſammen gekommen, um gemeine
„und unſchuldige Speiſen zu genießen. Aber auch die=
„ſes hätten ſie unterlaſſen, nachdem ich Deinem Be=
„fehle gemäß, durch eine Verordnung die verbundenen
„Geſellſchaften verboten hätte. Deſto nothwendiger hielt
„ich es, die Wahrheit dieſer Ausſage aus zwo Diene=
„rinnen, welche Diaconißinnen hießen, (ancillis,
„quae *miniſtrae* dicebantur,) ſelbſt durch die Folter
„herauszubringen. Ich habe aber nichts weiter gefun=
„den, als daß es ein ſchlimmer und übertriebner Aber=
„glaube ſey. Daher habe ich die Unterſuchung verſcho=
„ben, um mich erſt bey Dir Raths zu erholen. Die
„Sache ſchien mir allerdings einer Berathſchlagung
„werth zu ſeyn: beſonders wegen der Menge derer, die
„dabey in Gefahr kommen. Denn Perſonen von jedem
„Alter und Stande, auch von beyderley Geſchlechte trifft
„dieſe Gefahr, und wird ſie noch treffen. Es iſt auch
„die Seuche dieſes Aberglaubens nicht bloß in die Städ=
„te, ſondern ſelbſt in die Flecken und Dörfer durchge=
„drungen; doch ſcheint es, daß man ihr Einhalt thun,
„und ſie aufheben könne. Wenigſtens iſt es gewiß, daß
„die

„die Tempel, welche schon beynahe leer stunden, wieder
„besucht zu werden anfangen; daß man die feyerlichen
„Cärimonien wieder anstellt, die lange unterlaßen wor-
„den waren, und daß von neuem Opferthiere verkauft
„werden, welche bisher sehr selten einen Käufer fanden.
„Hieraus kann man leicht urtheilen, was vor eine Men-
„ge Menschen gebeßert werden könne, wenn ihrer Reue
„Platz gelaßen wird.„

Dieses Schreiben des **Plinius**, mit welchem die
Nachrichten von eben dieser Begebenheit, die **Tertullianus** (Apologet. c. 2.) und **Eusebius**, (Hist. Eccl.
L. III. c. 33.) hinterlaßen haben, verbunden werden
müßen, und über welches viele gelehrte Erläuterungen,
besonders vom **Just Henning Böhmer,** (in XII.
Dißertt. Juris Ecclesiast. Antiqui) geschrieben worden
sind, macht zwar den Gesinnungen seines Verfaßers überhaupt Ehre; aber es ist zugleich ein sicherer Beweis, daß
die Christen dieser Zeit von ihren Fürsten und andern grof-
sen oder weisen Männern des römischen Reichs nicht alle
Aufmerksamkeit oder Billigkeit genoßen haben, welche
sie erwarten konnten. Man erstaunet mit Rechte darüber, daß das Verhalten der römischen Obrigkeiten in
Ansehung einer Parthey, die schon länger als funfzig Jahre sich im Reiche hervorgethan, und viele tausend Anhänger bekommen hatte, die von zween Kaisern verfolgt worden war, stets ruhig blieb, und sich doch der Wuth des
Pöbels und anderer ihrer Feinde ausgesetzt sah, noch
durch keine Gesetze war bestimmt worden. Vielleicht
urtheilte man, daß diese Parthey, die der herrschenden
Religion gerade entgegen gesetzt war, von der man auch
sonst die schlimmste Meinung hatte, zufrieden seyn müße,
wenn sie nur geduldet würde. Aber dennoch scheint es
hart gewesen zu seyn, daß die Christen willkührlichen Verfolgungen ihrer Mitbürger überlaßen wurden; ohne daß
ihre Abweichung von der Religion des Staats mit ihrem
übrigen

übrigen Betragen aufs schärffte verglichen wurde: eine Untersuchung, die sie, ohngefähr wie die Juden, wenigstens unter gewissen Einschränkungen ihres Eifers, einer ungekränkten Sicherheit hätte würdig machen können. Es befremdet ebenfals zu sehen, daß Plinius ungewiß ist, ob bey der Bestrafung der Christen auf das Alter gesehen werden müsse: nie hat man, die grausamsten der Menschen ausgenommen, Kinder und unerwachsene Personen ohne Unterscheid in die Strafen der Größern verwickelt. Er fragt, ob die Reue den Christen Verzeihung erwerben könne; und gleichwohl, wenn mit ihm vorausgesetzt wird, daß sie einen Irrthum geheget haben, sieht man nicht, was von ihnen mehr gefordert werden könne, als daß sie denselben bereuen und ablegen. Dieser Mann von einer sonst so richtigen Denkungsart, weiß dennoch nicht, ob die Christen, bloß weil sie Christen sind, oder nur alsdenn, wenn man sie eines Verbrechens überzeugen kann, den Todt verdienet haben? Nicht genug, daß er daran zweifelte, er ließ sie wirklich bloß wegen ihres Nahmens hinrichten, wenn sie standhaft dabey verblieben. Man findet nichts zu seiner Entschuldigung zu sagen, als dieses, daß er das Christenthum vor eine dem römischen Reiche höchst gefährliche Religion angesehen habe, weil sie, wie er selbst gesteht, der Religion der Römer den gänzlichen Untergang drohete. So fürchterlich war ihnen die jüdische, und jede andere Religion, welche sie duldeten, nicht geworden. Und eben dieses zeigt auch vermuthlich die Benennung eines schlimmen und übertriebenen Aberglaubens an, die er der christlichen Religion giebt. Allein man muß doch immer hinzusetzen, daß man an dieser ganzen Stelle nicht den Philosophen erkenne, der die christliche Religion geprüft, oder die Fehler der seinigen eingesehen hätte: es ist nur ein römischer Proconsul, der sich verbunden zu seyn glaubt, die Religion des Staats an ihren Feinden zu rächen; der doch auch gegen diese gerecht seyn, und ihnen das Leben

retten

retten will, wenn das Mittel, welches er vorschlägt, seinem Fürsten gefällt.

Desto rühmlicher für das Christenthum ist die Nachricht, die dieser schon wider dasselbe eingenommene Richter, nach einer scharfen Untersuchung, dem Kaiser von demselben giebt. Abtrünnige von dieser Religion und christliche Kirchendienerinnen, die er martern ließ, um ihnen das Geständniß der Wahrheit auszupressen, sagten doch gegen seine Erwartung nichts aus, was den Christen als ein Verbrechen hätte angerechnet werden können. Er erfuhr, daß sie an jedem Sonntage, vor Anbruch des Tages, (ohne Zweifel, um von ihren Feinden nicht entdeckt zu werden,) ihre Zusammenkünfte zum Gottesdienste hielten: daß sie in denselben Christo, als ihrem Gotte, zu Ehren Lieder abgesungen, und sich darauf mit einem Eide verbindlich machten, ein untadelhaftes Leben zu führen. Man braucht nicht einmal das Wort, dessen sich **Plinius** hier bedient, (Sacramentum) von einem Eide zu verstehen: nicht sowohl deswegen, weil die ersten Christen sehr abgeneigt waren, Eidschwüre zu leisten; als weil sie niemals etwas dergleichen unter den Handlungen ihres Gottesdienstes erzählen. Ein solcher Eid wäre sogar überflüßig gewesen. Denn das feyerliche Versprechen der Christen bey der Taufe, und die wiederholten Bestätigungen desselben bey jeder Versammlung, die besonders in ihrem Gebete an Gott begriffen waren, konnten dem kräftigsten Eide gleich geachtet werden. Daher sahe sie **Plinius** nach der Beschreibung, die ihm davon gemacht wurde, auch davor an: man müßte denn noch besondere Verbindlichkeiten dieser Art, welche die Christen unter Anrufung des göttlichen Nahmens mit einander eingegangen wären, hinzusetzen. Vermuthlich haben ihm die abgefallenen Christen noch mehr von ihrem Gottesdienste erzählt; allein der Staatsmann fand schon dieses hinlänglich, um den Kaiser einen Begriff von

demsel-

demselben zu machen. Auch die peinlichen Fragen, wel=
che er darüber anstellte, belehrten ihn weiter nichts, als
daß die christliche Religion eine schlimme und sehr weit ge=
triebene Irrlehre sey. Er sagt nicht, was er weiter in
derselben angetroffen habe, um diese Meinung von ihr
anzunehmen; aber aus demjenigen, was er von dem un=
gemeinen Abbruch sagt, den sie dem Heidenthum gethan
habe, und aus der Beschuldigung, daß die Christen äuf=
serst hartnäckig wären, ist es deutlich, daß er jene Aus=
drücke nur nach der gewohnten Denkungsart eines Hei=
den verstanden habe. Im Grunde also haben die Chri=
sten der ersten Zeiten kein Zeugniß erlangt, das ihnen
mehr zur Ehre gereichte, als eben dieses von einem ih=
rer Feinde.

Trajanus gab auf die Anfrage des Plinius fol=
gende Antwort: „Du hast Dich, mein lieber Plinius,
„bey der Untersuchung der Sache derer, die als Christen
„bey Dir verklagt worden sind, vollkommen recht betra=
„gen. Denn es läßt sich hierüber keine allgemeine und
„bestimmte Vorschrift geben. Aufsuchen muß man sie
„nicht; wenn sie aber angegeben und überwiesen worden
„sind, müssen sie bestraft werden. Wer jedoch unter ih=
„nen es läugnet, daß er ein Christ sey, und solches au=
„genscheinlich beweiset, das heißt dadurch, daß er un=
„sern Göttern opfert, der soll wegen seiner Reue Ver=
„gebung erlangen, wenn er gleich in Ansehung der ver=
„gangenen Zeit verdächtig wäre. Allein Klagschriften,
„deren Verfasser sich nicht genannt haben, sollen bey
„keinem Verbrechen etwas gelten. Denn dieses Ver=
„fahren giebt ein sehr schlimmes Beyspiel, und schickt
„sich nicht für unsere Regierung.„

Die Christen konnten diese Entscheidung weder vor
gerecht noch vor zusammenhängend halten. Daher ruft
Tertullianus aus: „O ein Urtheil, das nothwendig
„ver=

„verworren werden mußte! Er will nicht, daß sie als
„Unschuldige aufgesucht werden; und befiehlt, sie gleich-
„wohl zu strafen, als wenn sie schuldig wären: er schont
„und wütet zugleich; er will sie nicht kennen, und bestraft
„sie doch. Warum widersprichst du dir selbst mit deinem
„Urtheil? Wenn du sie verurtheilst, warum suchst du
„sie nicht auf? Wenn du sie nicht aufsuchst, warum
„sprichst du sie nicht los?„ Dieses sind in der That die
ersten Gedanken, die bey dem Urtheil des Trajanus
entstehen: denn es scheint, daß die Christen, wenn sie
bloß als Christen des Todes würdige Uebelthäter waren,
auch von der Obrigkeit hätten aufgesucht werden müssen.
Aber wenn man sich an die Stelle des Kaisers setzt, der
verbunden zu seyn glaubte, die Religion seines Reichs
gegen so gefährliche Feinde als die Christen waren, zu
beschützen, und den die vermeinte Hartnäckigkeit ver-
droß, mit welcher sie dieselbe zu zerstören suchten; so sieht
man, daß er, als ein heidnischer Fürst, kaum anders
habe handeln können. Er verfuhr sogar, nach seinen
Begriffen, mit einer gnädigen Nachsicht gegen sie, indem er verbot, sie gerichtlich aufsuchen zu lassen, und
die Aufsätze ungenannter Kläger wider sie anzunehmen.
Vielen Christen rettete diese Anstalt das Leben; obgleich
durch dieselbe lange nicht alle Gelegenheiten zu ihrer Verfolgung getilgt wurden, über deren Ungerechtigkeit sie
sich allemal beklagen konnten, weil die Waffen, durch
welche sie das Heidenthum zu Grunde richteten, Lehren
und Beweise waren, die eine Prüfung und Beantwortung verlangten, gegen die aber Todesstrafen nur ein
unvernünftiges und unedles Verwahrungsmittel abgaben.

Leben

Leben und Schriften

des

Ignatius,

Biſchofs von Antiochien.

Allem Anſehen nach ſind viele Chriſten unter der Regierung des Trajanus umgekommen; allein ihre
Nahmen und die Umſtände ihres Todes werden von ſo
ſpäten Schriftſtellern, zum Theil auf eine ſo unwahr-
ſcheinliche Art erzählet, daß es unnöthig iſt, dabey ſtehen zu bleiben. Dagegen iſt die Hinrichtung des Ignatius deſto berühmter, von welchem außer dem Euſebius (Hiſt. Eccl. L. III. c. 22. 36.) und Hieronymus, (de viris illuſtr. c. 16.) beſonders auch die Geſchichte ſeines Märtyrertodes, die von Augenzeugen deſſelben aufgeſetzt zu ſeyn ſcheinet, (in Coteler. Pa-
trib. Apoſtt. Vol. II. p. 157. ſq. Amſtel. 1724.) die
älteſte Nachricht giebt. Ignatius war einer der beſten
und angeſehenſten Schüler der Apoſtel, vornehmlich des
Johannes. Als der zweyte Biſchof der Gemeine zu
Antiochien, lehrte er mit reinem Eifer, und war ein vortrefliches Beyſpiel chriſtlicher Tugenden. Allein da Trajanus in dieſe Stadt kam, (ob es im Jahr 106 oder
115 geſchehen ſey, bleibt bey dem Widerſpruche und bey
den Dunkelheiten jener alten Nachrichten ungewiß,)
ſprach er das Urtheil, Ignatius ſollte von Soldaten
gefangen gehalten, und nach Rom abgeführt werden,
um daſelbſt, zum Vergnügen des Volks, den wilden
Thieren zur Speiſe zu dienen. Wenn die Erzählung der
erſtge-

erſtgedachten Geſchichte als völlig glaubwürdig angeſehen werden könnte, ſo wäre hier das erſte Beyſpiel von einem heidniſchen Kaiſer zu finden, der ſich genauer um die chriſt= liche Religion bekümmert hat, und von ihren Lehren ſelbſt eine Erklärung annahm. Trajanus ſoll eine Unterre= dung mit dem Ignatius gehalten, und dieſer ſoll ihm darinne einen Begrif von dem wahren Gott, und von dem Heilande der Welt gemacht haben. Allein die Um= ſtände und Ausdrücke, die davon angeführt werden, ma= chen die ganze Nachricht ſehr verdächtig. Genug, der Kaiſer bildete ſich längſt ein, die Chriſten wären eine Art von Schwärmern, die als ſehr ſchädliche Feinde von der Religion des Reichs, der er ungemein ergeben war, beſtraft werden müßten: und vielleicht wollte er einen ſo eifrigen Lehrer der Chriſten vor andern, um ſie zu ſchrö= cken, durch viele Gegenden des Reichs geführt, und erſt in der Haupeſtadt deſſelben öffentlich umgebracht wiſſen. Man glaubt noch eine andere Urſache der Grauſamkeit des Trajanus gegen ihn gefunden zu haben: die Götzenprie= ſter und andere Feinde der Chriſten möchten wohl den Kaiſer beredet haben, das fürchterliche Erdbeben, das im Jahr 115 Antiochien verwüſtete, ſey von den Göt= tern erregt worden, die über den Fortgang des Chriſten= thums zornig wären. Dieſe in jenen Zeiten nicht unge= wöhnliche Deutung der öffentlichen Unglücksfälle, iſt doch hier ohne einige Spuren aus der Geſchichte angebracht: und man muß auch dabey vorausſetzen, was noch nicht völlig ausgemacht iſt, daß dieſe Begebenheit in das Jahr 115 gehöre. Genug Ignatius wurde mit einer Wa= che von Soldaten nach Rom gebracht, wo er im folgen= den Jahre, immer gleich ſtandhaft und unerſchrocken, in dem Amphitheater von den Löwen zerriſſen wurde.

Auf dieſer Reiſe zu ſeinem Tode, da die chriſtlichen Gemeinen in Kleinaſien noch einmal ihre Gemeinſchaft mit ihm durch ihre Lehrer erneuerten, welche mit dem

II. Theil. Y Igna=

Ignatius zu Smyrna das Abendmahl Jeſu genoſſen, ſchrieb er an einige von denſelben, um ihnen für dieſes letzte Zeichen ihrer Liebe zu danken, und viele nützliche Ermahnungen zu ertheilen. Es waren die Gemeinen zu Epheſus, Magneſia, Tralles, Philadelphia und Smyrna: dazu kam noch ein Schreiben an den Polycarpus, Biſchof der letztern Gemeine, und ein anderes an die Chriſten zu Rom. Dieſe ſieben Briefe ſind noch übrig; aber in einer doppelten Geſtalt, in einer kürzern und längern. Welche von beyden Briefen, oder ob keine von beyden dem Ignatius zugehören, und wie vieles ſelbſt in denen, welche er geſchrieben hat, von ihm herrühre? darüber iſt in den neuern Zeiten eine der berühmteſten Streitigkeiten geführt worden. Sie wäre nicht ſo heftig und weitläuftig geworden, wenn man nicht geglaubt hätte, daß dieſe Briefe einen der ſtärkſten Beweiſe von dem göttlichen Urſprunge der biſchöflichen Würde, und von dem hohen Anſehen der Biſchöfe bereits in der apoſtoliſchen Kirche, enthielten. Nachdem ſie vom Iſaak Voßius (Amſterd. 1646. 4.) zuerſt in der kürzern Geſtalt, und vom Jakob Uſher (Orfort 1644. London 1647. 4.) brauchbarer als vorher ans Licht waren geſtellt, auch von beyden Schriftſtellern die ächte Beſchaffenheit der kürzern Briefe war vertheidigt worden, ſind ihnen hierinne ſehr viele Verehrer der biſchöflichen Regierung in der reformirten und römiſchen Kirche gefolgt, unter welchen allen der Biſchof Johann Pearſon (in Vindiciis Epiſtolarum S. Ignatii) den Vorzug verdienet. Dieſe Meinung hat auch in der evangeliſchen Kirche großen Beyfall gefunden. Deſto mehr Mühe haben die Presbyterianer unter den Reformirten angewandt, zu beweiſen, daß weder die kürzern noch die größern Briefe ſich vom Ignatius herſchreiben. Einer der gelehrteſten darunter war Johann Dalläus, (de ſcriptis, quae ſub Dionyſii Areopagitae et Ignatii Antiocheni nominibus circumferuntur); aber auch einige Gelehrte der römiſchen Kirche ſind ihnen bey=

beygetreten. Die Meinung hingegen, daß die längern
Briefe vom Ignatius herkommen, ist von sehr wenigen
behauptet worden.

Bey dem erstern Theile dieser großen Streitfrage
ist der Inhalt von beyderley Briefen noch lange nicht
entscheidend; ob man gleich überhaupt nicht läugnen
kann, daß die kürzern Briefe des Ignatius am wür-
digsten zu seyn scheinen. Sie sind größtentheils in der
Einfalt geschrieben, die man an einem Schüler der Apostel sucht; voll Eifers für die Religion und Gottseeligkeit, voll der heißesten Liebe gegen die Christen, und eines erhabnen Muthes, der den schmerzlichen Tod, um
einer so ruhmwürdigen Veranlassung willen, kaum zeitig genug ausstehen konnte. Ihre gemeinschaftliche Absicht ist darauf gerichtet, die Christen in der Lehre der
Apostel zu befestigen, ihnen Ehrerbietung und Gehorsam gegen ihre damaligen Lehrer einzuprägen, sie vor
den Ketzereyen zu warnen, die um sie herum entstanden
waren, worunter besonders der gnostische Irrthum genannt wird, daß Jesus nur dem Anschein nach ein
Mensch gewesen sey; ihnen Liebe, Einigkeit und alle
christliche Tugenden, auch besonders die Standhaftigkeit im Leiden zu empfehlen. Man findet fast nichts
darinne, was mit den Hauptlehren des Christenthums
stritte: und der ganze Ausdruck besitzt das Feuer einer
starken Gemüthsbewegung, ob er gleich sonst etwas
hart und rauh ist. Ignatius nennt sich vor jedem dieser Briefe auch Theophoros, wenn anders diese Ue-
berschrift seine Arbeit ist. Denn sie könnte wohl aus seinem oben angeführten Gespräche mit dem Kaiser gezogen seyn, zu welchem er gesagt haben soll, daß er Christum stets in seinem Herzen trage. Einige schöne
Stellen von seiner freudigen Bereitwilligkeit zum Tode,
haben bereits Irenäus (adv. haer. L. 5. c. 28.) und
Eusebius (l. c.) beygebracht. Diesen kann man viele

an

an die Seite setzen, welche von seinen Gesinnungen über die Religion ein Zeugniß ablegen. „Meine Liebe ist ge=
„kreuziget, schreibt er von der Neigung zu weltlichen
„Dingen, (ad Rom. c. 8.) und es giebt in mir kein
„Feuer, das die Materie liebt; sondern ein lebendiges
„Wasser, das in mir spricht, und zu mir sagt: Komm
„zum Vater!„ An einem andern Orte (ad Philadelph.
c. 8.) schreibt er: „Ich habe gehört, daß einige sagen:
„Wenn ich es nicht in den Archiven finde, so glaube ich
„dem Evangelio nicht. Und wenn ich zu ihnen sagte: es
„ist aufgeschrieben, so antworteten sie: es liegt nicht da.
„Aber mir ist statt aller Archive Jesus Christus;
„die unverfälschten Archive sind sein Kreuz und Tod,
„und seine Auferstehung, und der Glaube, der von ihm
„kommt; dadurch will ich, vermittelst eures Gebets,
„gerechtfertigt werden.„ Eine rührende Versicherung;
aber der Einwurf, dem sie entgegen gesetzt wird, fällt
nicht deutlich genug in die Augen. Er tadelt auch die
Anhänglichkeit der Christen an die jüdischen Gebräuche,
(ad Magnes. c. 8. 9. ad Philad. c. 6.) und erinnert
am ersten Orte, (c. 9.) daß sie verbunden wären, nicht
den Sabbath zu feyern; sondern **dem Herrn zu Eh=
ren zu leben:** so nennt er die Begehung des Tags der
Auferstehung Jesu, oder des Sonntags, der bey den
ersten Christen der Tag des Herrn hieß. Von dem
Abendmahl Jesu, welches schon damals das Danksa=
gungsmahl (Eucharistia) genannt wurde, wünscht
er, (ad Philad. c. 4.) daß sie alle ein einziges solches
Mahl genießen möchten, weil auch nur Ein Fleisch un=
sers Herrn Jesu Christi, setzt er hinzu, und nur Ein
Trank zur Vereinigung mit seinem Blute wären.„ Der
Brief an die römischen Christen hat noch dieses beson=
dere, daß Ignatius sie bittet, sich ja keine Mühe um
die Rettung seines Lebens zu geben, indem er erst als=
denn ein wahrer Schüler Jesu Christi seyn werde,
wenn die Welt nicht einmal seinen Leib mehr sehen wird.

Und

Und in dem Briefe an den Polycarpus, der sein liebster Freund, und wie er, ein Schüler der Apostel war, giebt er viele der besten Vorschriften zur Führung des Lehramtes.

Aber mitten unter dem guten Begriffe, den man von diesen kürzern Briefen bekömmt, erheben sich auch manche Zweifel, welche sie verdächtig machen. Nicht zu gedenken, daß es Stellen darinne giebt, von welchen man nicht sehen kann, wozu sie den Gemeinen dienen sollten, indem sie außer Verbindung mit dem übrigen Inhalte und Endzwecke stehen; so trifft man auch andere an, die entweder sonderbare und dunkle Einfälle über Lehren der Religion enthalten, (wie ad Ephes. c. 19. von den drey Geheimnissen des Geschreyes, die in einem göttlichen Stillschweigen vollendet worden seyn sollen, der Jungfrauschaft und Schwangerschaft Mariä; und dem Tode Jesu;) oder solche, die auf Ketzereyen zu zielen scheinen, welche erst nach den Zeiten des Ignatius aufkamen, (wie ad Magnes. c. 8. von der Sitze des Valentinus:) oder noch andere, in denen die Lehren des Christenthums nicht in den richtigsten Ausdrücken vorgestellt sind, (wie ad Smyrn. c. 1. wo Jesus Christus der Sohn Gottes nach dem Willen und nach der Macht Gottes genannt wird.) Noch hat der Brief an den Polycarpus die merkliche Verschiedenheit der Schreibart, gegen die andern Briefe gehalten, wider sich: und vielen kommt es auch unnatürlich vor, daß in demselben eine weitläuftige Stelle an die Gemeine zu Smyrna gerichtet ist, an welche Ignatius besonders geschrieben hatte. Alle diese Vorwürfe können vielleicht abgelehnt oder gemildert werden; der wichtigste ist noch übrig, nämlich der außerordentliche Eifer für die bischöfliche Würde und Regierung, der in diesen Briefen herrsche, und in der Empfehlung eines vollkommnen Gehorsams, einer uneingeschränkten Unter-

würsig=

würfigkeit gegen die Biſchöfe geſchäftig iſt. Eine ſo her-
vorſtechende Abſicht, muß man dabey denken, kommt
nicht einem ſo beſcheidenen Schüler der Apoſtel, nicht
Zeiten zu, in denen die kaum entſtandnen Biſchöfe nur
lehrten, niemanden aber zu befehlen ſuchten. Man hat
zwar dabey die Anmerkung gemacht, es ſey zu einer Zeit,
da die Religion der Chriſten ſchon von ſo manchen Irrlehrern verdreht wurde, durchaus nothwendig geweſen,
daß ſie ihren Lehrern, die zum Theil von den Apoſteln
ſelbſt waren geſetzt worden, die chriſtliche Religion ſehr
wohl kannten, und ſie auch in ihrem Leben ausübten,
ohne alle Ausnahme gehorchten: zumal, ſetzt man hinzu, da die Schriften der Apoſtel damals noch nicht allen
Chriſten bekannt waren, und auch das Wohl, die Feſtig-
keit dieſer erſten Gemeinen, auf der genaueſten Verbindung mit ihren Lehrern beruhten. Aber dieſe nicht un-
gegründete oder doch ſcheinbare Entſchuldigung iſt kaum
für dieſe Briefe zulänglich. Denn es iſt nicht bloß Folgſamkeit gegen die chriſtlichen Vorſchriften der Lehrer, die
den Chriſten darinne auferlegt wird; ſie werden vielmehr
belehrt, daß ſie auf den Biſchof ſo ſehr, als auf den
Herrn ſelbſt ſehen müßten; (ad Epheſ. c. 6.) ſie
wären verbunden, dem Biſchof eben ſo nachzufolgen, wie Jeſus Chriſtus ſeinem Vater, und den
Aelteſten ſo wie den Apoſtein, (ad Smyrn. c. 8.)
und wer etwas ohne Vorwiſſen des Biſchofs verrichte, diene dem Teufel, (ibid. c. 9.) Schwerlich iſt dieſes die Sprache der Apoſtel, und der Geiſt des
Chriſtenthums, das ſeine Verehrer keineswegs ſo knech-
tiſch an Menſchen verwieſen und gleichſam gebunden hat;
ſondern, bey allen Forderungen an dieſelben, doch ihre
Freyheit vor menſchlichem Anſehen in Sicherheit ſetzt.

Ein ſehr gewöhnliches Mittel, durch welches man
dieſer und den übrigen Schwierigkeiten ausweichen kann,
iſt bey dieſen Briefen mit gutem Erfolge gebraucht worden.

den. Alle solche Stellen, hat man gesagt, die man mit
der Denkungsart des Ignatius nicht vereinigen kann,
sind Verfälschungen späterer Zeiten. So wahrscheinlich
auch dieses ist, so schwer bleibt es gleichwohl, zu zeigen,
welches die verfälschten Stellen sind. Man kann die
Gesinnungen und Fähigkeiten des Ignatius nicht so gewiß übersehen: es ist wohl möglich, daß er auch da in
seinen Urtheilen oder im Ausdrucke gefehlt habe, wo man
es ihm nicht zutrauet. Außerdem (und diese nicht unbekannte Bemerkung wird bey der folgenden christlichen
Geschichte sehr oft genützt werden können,) sind diejenigen unter den Christen, die ihre Meinungen aus verschiedener Absicht in fremde Schriften eingerückt, oder
ältern Lehrern ihre eigene Aufsätze zugeeignet haben, nicht
immer so ungeschickt gewesen, daß man ihren Betrug leicht
entdecken könnte. Es ist also vielleicht noch außer den
anstößigen Stellen in den oftgedachten Briefen, manches von einer andern Hand in dieselben geflossen, worauf man, weil es anständig und erbaulich klingt, keinen
Verdacht geworfen hat. Freylich hat man alle Ursache
zu glauben, daß das allermeiste in den sieben kürzern
Briefen dem Ignatius zugehöre. Wenn man aber
auch nicht zweifeln sollte, daß sie ganz von ihm geschrieben worden sind; so gewinnen dadurch die Freunde der
bischöflichen Regierung sehr wenig. Sie können alsdenn
nur zeigen, daß schon Ignatius dieselbe vor eine Stiftung Christi und der Apostel angesehen habe, der sich
alle Christen schlechterdings unterwerfen müßten. Allein
daß die Bischöfe wirklich vom Anfange der christlichen
Gemeinen, und mit einer so unbegränzten Gewalt über
die Christen, bestellt worden wären; dieses können sie
weder aus seinen Briefen noch aus ältern Nachrichten beweisen. Wiederum kann es nicht geläugnet werden, daß
die längern Briefe fast augenscheinliche Merkmale der
Erweiterung und Verfälschung an sich tragen. Sie sind
so schwatzhaft und gedähnt, als sie Ignatius kaum un-

Y 4   ter

ter freyern Umständen seines Lebens würde aufgesetzt haben: und hin und wieder verrathen sie einen Mann, der die göttliche Hoheit Jesu nicht im eigentlichen Verstande annimmt. Und dennoch kann man diejenigen nicht ganz zum Stillschweigen bringen, welche behaupten wollen, die längern Briefe wären vom Ignatius geschrieben, nachher aber in einen Auszug gebracht worden, weil man sie nicht überall rechtgläubig genug gefunden habe. Wenn also gleich das Uebergewicht der Wahrscheinlichkeit für die kürzern Briefe fällt; so bemüht man sich doch vergebens, diese ganze Streitfrage zu entscheiden. Aber daran läßt sich nicht zweifeln, daß acht andere Briefe, welche dem Ignatius zugeschrieben werden, eine grobe Erdichtung jüngerer Zeiten sind. Sie sollen an eine gewisse Christinn, Maria, an die Christen zu Tarsus, Philippi und Antiochien, an den Diaconus Hero zu Antiochien, zween an den Apostel Johannes, und einer an die Jungfrau Maria abgelassen worden seyn: die drey letzten sind sogar nur lateinisch vorhanden. Diese und alle andere Briefe, die den Nahmen des Ignatius führten, findet man in der eben (S. 275.) gedachten Ausgabe des Cotelier von den Schriften der apostolischen Lehrer, mit den vornehmsten Schriften begleitet, in denen für die ächte Beschaffenheit der kürzern Briefe gestritten wird.

Zu dieser Zeit, da Ignatius das Leben verlor, hatten die Christen eine Menge geschickter und eifriger Lehrer: zwar keine Männer von einer ausnehmenden Gelehrsamkeit; aber desto bessere Kenner der christlichen Religion, die sie von den Aposteln selbst empfangen hatten, und nach der sich auch ihr Leben bildete. Viele unter ihnen theilten nach dem Eusebius (Hist. Eccl. L. III. c. 37.) ihr Vermögen unter die Armen aus, verließen darauf ihr Vaterland, und predigten das Christenthum bey den heidnischen Völkern mit dem größten Glücke. Wenn
sie

sie einen solchen Grund gelegt hatten, ließen sie andere zurück, die darauf bauen sollten, und begaben sich wiederum mit gleicher Absicht in entferntere Gegenden. Auch Wunder unterstützten sie zuweilen dabey: denn dieses außerordentliche Hülfsmittel zur Ausbreitung der Religion verlor sich erst nach und nach unter den Christen, da dieselbe schon genugsam auf der Welt befestigt war. Vielleicht würde auch der Nutzen und Eindruck desselben erkaltet seyn, wenn es zu lange fortgedauret hätte. Es fehlt an Nachrichten von den Ländern, in welchen um diese Zeit das Evangelium zuerst Wurzel geschlagen hat; aber es ist glaublich, daß es in den Morgenländern weit über die Gränzen des römischen Reichs gebracht worden sey: und wenn es nicht schon vorher in einige Städte Galliens, und nach Germanien, bis in die römischen Pflanzstädte am Rhein gedrungen war, so ist solches vermuthlich jetzt geschehen.

Unter den Lehrern dieser Zeit hatte **Papias**, Bischof zu Hierapolis in Phrygien, manches Eigenthümliche; war aber auch einer der ersten, der die glückliche Einfalt des Christenthums von einigen Seiten verließ. Er hatte, wie **Eusebius** (Hist. Eccl. L. III. c. 36. 39.) bemerkt, von Schülern der Apostel Unterricht erhalten, untern andern von dem Aeltesten **Johannes**, der mit dem Apostel gleiches Nahmens zu Ephesus lebte. Bey einer grossen Beredsamkeit und guten Bekanntschaft mit den heiligen Schriften, besaß er doch nur eine schwache Beurtheilung. Das Lesen der bereits vorhandenen Bücher über die Religion schienen ihm nicht so nützlich zu seyn, als der Umgang mit den Schülern der Apostel. Diese befragte er sorgfältig um alles, was die Apostel und Jesus selbst geredet und gethan hätten; und trug die gesammleten Nachrichten in einem Werke vor, das die Aufschrift hatte: **Erklärung der göttlichen Reden**. Seine Neubegierde war natürlich und lobenswürdig; viele andere Christen

ſten haben dieſelbe vermuthlich auch zu befriedigen geſucht; aber ſie war zugleich verführeriſch. Denn mit gleich ungeduldigem Nachforſchen, als die Menſchen zu allen Zeiten angewandt haben, alle kleine Umſtände, Reden und Handlungen von großen und berühmten Perſonen zu erfahren, und ſie bis zum Wunderbaren zu erhöhen, worüber ſie das wirklich Große und Nachahmungswerthe an denſelben am erſten vergeſſen haben; eben ſo fleißig und genau haben ſich die Chriſten um das Leben der Stifter ihrer Religion bekümmert. Man kam ihnen durch Gerüchte, wundervolle Auslegungen und offenbare Erdichtungen zu ſtatten: ſie glaubten alles, und beſchäftigten ſich zum Theil damit lieber, als mit den nöthigern und gewiſſern Lehrern der Religion, die ſogar durch jene Erzählungen manche unrichtige Deutung und ſchlechte Zuſätze erhielten. In dieſen Fehler iſt auch Papias gefallen. Er trug viele Nachrichten von den Apoſteln zuſammen, und nannte oft ſolche Zeugen, wodurch ſie glaubwürdig wurden. Aber er ſammlete auch bloß aus der mündlichen Fortpflanzung einige noch wenig bekannte Reden Jeſu, und andere Dinge, welche Fabeln ähnlich ſahen. Lehren, mit welchen die Apoſtel einen edlern und geiſtlichen Verſtand verbunden hatten, erklärte er zuweilen nicht geſchickter, als der gemeine Haufen. So war er allem Anſehen nach der erſte unter den Chriſten, welcher behauptete, daß nach der Auferſtehung der Todten ein irdiſches Reich Chriſti, das tauſend Jahre dauern ſollte, werde aufgerichtet werden. Und wenn er gleich hierbey nur einen ältern jüdiſchen Irrthum in das Chriſtenthum ſollte gebracht haben; ſo ſcheint er doch zuerſt die Ausdrücke der Apoſtel auf dieſe Art gemißbraucht zu haben, und viele anſehnliche Lehrer nahmen dieſe Meinung bald nach ſeinen Zeiten ohne Bedenken an, weil ſie von einem Manne herrührte, der den Apoſteln ſo nahe geweſen war. Man kann ihn daher den Vater des Chiliaſmus nennen; vielleicht aber auch mit nicht geringerm

ringerm Rechte den Vater der Traditionen, oder denjenigen Lehrer, der die Christen an mündliche, unerweisliche, durch die Erzählung vieler Menschen gegangene
und willkührlich vergrößerte oder umgeschmolzene Nachrichten von ihrer Religion zu gewöhnen angefangen hat.

Gnostische Partheyen

des

Saturninus, des Basilides, des

Carpocrates und des Valentinus.

Mittlerweile starb Trajanus im Jahr 117, und
hatte am Adrianus einen würdigen Nachfol-
ger, dessen große Eigenschaften dem Reiche sehr nützlich,
obgleich mit Lastern vermischt waren. Dieser neue Kaiser zog sogleich die Gränzen des römischen Reichs enger
zusammen, indem er Armenien, Mesopotamien und Assy-
rien, welche Trajan erobert hatte, von seinen Kriegs-
völkern räumen ließ: denn er glaubte, diese Länder, wenigstens ohne blutige Kriege, nicht behaupten zu können,
da das Reich dem Fürsten und sich selbst durch seine Größe beynahe zur Last geworden war. Aber desto glücklicher wußte er alle Theile desselben durch seine Gegenwart
zu beleben, und die letzten siebzehn Jahre seiner Regierung, die bis ins Jahr 138 währte, waren eine beständ-
dige Reise durch alle Provinzen desselben in den drey
Welttheilen. „Ein Kaiser, sagte er, muß der Sonne
„nachahmen, die alle Gegenden der Erde erleuchtet.„
In der That hinterließ er überall Spuren von Freygebigkeit,

keit, Güte und Staatsklugheit: seine Gesetze und Anstalten waren überhaupt gerecht und gnädig; das Reich
wurde von ihm gegen alle Anfälle wohl vertheidigt, und
viele prächtige öffentliche Gebäude mit neu aufgebaueten
oder wieder hergestellten Städten, erwarben ihm ein rühmliches Andenken. Er verbot die Menschenopfer, milderte die Leibeigenschaft, verbesserte die Kriegszucht, und
war ein strenger Feind des prächtigen und weichlichen Lebens. Es war ihm nicht genug, ein sehr großer Gönner der Gelehrten zu seyn, von denen verschiedene geschickte Schriftsteller zu seiner Zeit lebten; er gehörte selbst
unter die guten Dichter, Redner und Geschichtschreiber
seines Jahrhunderts, und besaß eine ausgebreitete Wissenschaft. Allein zugleich war Adrian der Unkeusch-
heit überaus ergeben, und sogar der unnatürlichen Wol-
lust. Er hatte einen Diener derselben, den Antinous,
den er nach seinem Tode unter die Götter versetzen, ihm
Tempel und Bildsäulen errichten ließ. Auch durch Grausamkeit verdunkelte er sein wahres Lob: er hielt zwar die
Neigung zu derselben, die durch Mistrauen und geschwind aufwallenden Zorn gestärkt wurde, fast immer
glücklich zurück; aber sie brach noch in seinen letzten Tagen aus, und machte ihn selbst nach seinem Tode verhaßt.

Unter der Regierung dieses Fürsten griff die Religion der Christen ein Schwarm von gnostischen Lehrern und Partheyen an, die sich gleichwohl zu den Christen rechneten. Ihre Vorgänger gleichen Ursprungs, die
zu den Zeiten der Apostel lebten, scheinen noch mit einer
gewissen Furchtsamkeit und meistentheils im Verborgenen
ihre Meinungen ausgestreuet zu haben; ob es ihnen gleich
an Anhängern nicht gefehlt hat. Aber jetzt sah man sie
öffentlich und kühner das Christenthum verfälschen, mitten unter die Christen dringen, und Anführer von zahlreichen Haufen werden. Zuerst kam Saturninus, aus
Antiochien in Syrien gebürtig, der ein Schüler des Menander

nander gewesen seyn soll, und in seinem Vaterlande eine Sekte stiftete. Er lehrte, daß der höchste Gott, der
allen unbekannt sey, viele Engel, Erzengel und Kräfte
hervorgebracht habe. Sieben von diesen Engeln hätten
aus der Materie die Welt und die Menschen geschaffen.
Allein ob sie gleich die letztern nach dem Glanze Gottes
geschaffen hätten, wären sie doch nicht im Stande gewesen, ihnen eine Seele und ein wahres Leben zu geben.
Diese lebendige Seele hätte Gott den Menschen aus Mitleiden ertheilt; sie sollte aber nach dem Tode der Menschen zu Gott zurückkehren. Saturninus setzte hinzu,
es gebe zwo Gattungen der Menschen, eine gute und eine böse, welcher letztern der Satan Beystand leiste; aber
es wären auch die Weltschöpfer von Gott abgefallen, und
einer unter ihnen besonders, der Gott der Juden, habe
die Menschen verführt. Wegen aller dieser Unordnungen,
die auf der Welt vorgiengen, habe Gott Christum, seinen Sohn, in dieselbe geschickt: er sollte die Herrschaft
der sieben Engel und die Gewalt der bösen Geister zerstören; aber auch die guten Menschen zu Gott führen.
Christus sey nicht gebohren worden, und habe keinen
Körper gehabt; aber doch den Schein davon an sich ge-
tragen. Saturninus verwarf endlich den Ehestand
und das Fleischessen; und behauptete, daß die Schriften
der jüdischen Propheten theils von den Weltschöpfern,
theils von ihrem Feinde, dem Satan, herrührten. So
ohngefähr beschreiben Irenäus (adv. haer. L. I. c. 24.
ed. Maff.) Tertullianus (de anima c. 23.) Eusebius (Hist. Eccl. L. IV. c. 7.) Epiphanius (haer.
23.) und Theodoretus (Fab. haeret. L. I. c. 3.) die
Geschichte und die Lehrsätze des Saturninus.

Man merkt wohl, daß in dieser wenig zusammen-
hängenden Vorstellung etwas fehle: daher finden hier
Vermuthungen, besonders aus den allgemeinen Grundsätzen der Gnostiker, statt. Vielleicht hielt Saturninus

ninus den Satan vor den Herrn der Materie, und vor den Schöpfer der bösen Menschen. Seine Absicht, den Ursprung der Sünde und des Schmerzens zu erklären, fällt ziemlich in die Augen; aber es scheint ihm nicht mit den übrigen Gnostikern hinlänglich gewesen zu seyn, das Böse von der Materie herzuleiten; er nahm also zwo verschiedene Arten von Menschen an. Indessen behielt er doch die Folgen von jenen Grundsätzen bey, unter andern diese, daß Christus nur dem Scheine nach ein Mensch gewesen sey. Dieser Irrthum, der, so wie der Haß gegen alles, was der Erhaltung der Materie günstig ist, nothwendig aus der Meinung von ihrer durchaus bösen Beschaffenheit floß, war mehrern gnostischen Partheyen so gemein, daß sie davon die Nahmen Doketen, Phantasiasten, und andere ähnliche bekamen, die den Schein und die Einbildung anzeigten, unter welchen sie den Körper Jesu betrachteten. Auch die verächtlichen Gedanken des Saturninus von den Weißagungen des Alten Testaments waren seinem Lehrgebäude gemäß, das mit diesen Schriften nicht bestehen konnte. Man findet keine Beweise, die er von seinen Meinungen gegeben hätte, als gezwungene und merklich falsche Erklärungen der jüdischen und evangelischen Geschichte. Besonders glaubte er in den Worten der mosaischen Schöpfungsgeschichte: Lasset uns Menschen machen, zu sehen, daß die Menschen von den Engeln geschaffen worden wären; aber um mit einigem Scheine behaupten zu können, daß dieses nach dem Bilde Gottes geschehen sey, warf er in der Folge: die unserm Bilde ähnlich sehen, das Wort unserm weg. Es ist wahr, daß auch heidnische Philosophen durch die Vermischung des Guten und Bösen in der Welt auf den Einfall gerathen waren, sie sey nebst den Menschen von einigen Geistern, denen es Gott befohlen habe, geschaffen worden; allein Saturninus kannte die Religion der Juden und Christen, und brauchte also keinen andern Ursprung des Uebels zu erdichten, als diese

diese beyde gemeinschaftlich angeben. Uebrigens brachte seinen Anhängern eine Kleinigkeit, die Enthaltung vom Fleischessen, viel Beyfall bey dem gemeinen Volke zuwege, das immer auf äußerliche Strenge mehr rechnet, als auf die gewisseste und nützlichste Wahrheit. Die Secte des Saturninus scheint sich jedoch niemals außerhalb Syrien ausgebreitet zu haben.

Eben damals lebte auch ein anderer Gnostiker, Basilides, der aus Alexandrien gebürtig war, und sowohl in Egypten als in Persien eine sehr starke Parthey an sich zu ziehen wußte. Ob er gleich mit dem Saturninus in den gnostischen Grundsätzen und Absichten einig war; so wollte er doch das Ansehen haben, wichtige Geheimnisse bekannt zu machen, es scheint auch, daß seine räthselhafte Sprache eine Nachahmung der Egyptischen Priester gewesen sey. Die Nachrichten, welche Irenäus (adv. haeres. L. I. c. 24.) Clemens von Alexandrien (Stromat. L. I. sq.) Eusebius (Hist. Eccl. L. IV. c. 7.) Epiphanius (haeres. 24.) Theodoretus (haeret. fab. L. I. c. 1. sq.) von ihm melden, stimmen zwar nicht durchgehends mit einander überein; aber die vom Clemens ertheilten sind den übrigen vorzuziehen. Nach der Meinung des Basilides hat der höchste Gott sieben große Aeonen hervorgebracht: den Verstand, das Wort, die Klugheit, die Weißheit, die Macht, den Frieden und die Gerechtigkeit, welche mit ihm die vollkommene Achte ausmachen. Die Weisheit und die Macht zeugten die ersten Engel, welche sich wiederum einen Himmel zur Wohnung erbaueten, und ebenfals andre Engel zeugten. Beydes hat so lange fortgewähret, bis drey hundert fünf und sechszig Arten von Engeln, die immer geringer wurden, und eben so viele Himmel entstanden waren. Den gemeinschaftlichen Herrn von diesen allen nannte Basilides, Abraxas, oder auch Abrasax. In diesem griechisch geschriebenen Nahmen

machen

machen die Buchstaben nach ihrer Zahlbedeutung die erst-
gedachte Zahl aus; es ist aber ungewiß, ob er darunter
den höchsten Gott, oder den Baumeister des ersten Himmels verstanden habe. Die Basilidianer schnitten diesen Nahmen in viele Edelsteine, mit denen sie eine gewisse Zauberey getrieben haben sollen; eine eben so zweifelhafte Nachricht, als es unerweislich ist, daß alle Steine, welche, mit diesem Nahmen bezeichnet, übrig sind,
sich von ihnen herschreiben. Die Engel des letzten Himmels, fuhr Basilides fort, haben unsere Welt und den
Menschen nach dem Bilde, das sie von den Aeonen
empfiengen, geschaffen: sie konnten dem Menschen nur
eine sinnliche Seele verleihen; Gott aber schenkte ihm
eine vernünftige. Indem die Weltschöpfer die Regierung
der Welt unter sich theilten, bekam der vornehmste von
ihnen die Herrschaft über das jüdische Volk. Da er
aber auch die übrigen Welttheile sich unterwerfen wollte,
gerieth er mit den andern Engeln darüber in Streit; sie
verwickelten das menschliche Geschlecht in Kriege, und
die Kenntniß des wahren Gottes verlor sich immer mehr;
zumal da auch die beyden Seelen der Menschen einander
stets zuwider waren. Alles dieses bewog Gott, seinen
erstgebohrnen Sohn, den Aeon Nus, (oder den Verstand) welches eben Christus war, in die Welt zu
schicken, um die Menschen, die an ihn glauben würden,
von der Gewalt der Weltschöpfer zu erlösen, und zur Erkenntniß Gottes zu bringen. Diesen göttlichen Gesandten verfolgte der Gott der Juden, bis ihn diese umbrachten; allein er starb nicht wirklich, sondern es wurde an
seiner Stelle entweder Simon von Cyrene, oder der
Mensch Jesus, mit dem sich Christus vereinigt hatte,
gekreuzigt. Wer den Lehren Christi gehorcht, dessen Seele
kommt wieder zu Gott; die Seelen der übrigen aber wandern so lange in den Körpern anderer Menschen und Thiere
herum, bis sie von aller Unreinigkeit befreyet sind, und
die Leiber stehen niemals wieder auf.

Mit

Mit diesen Lehrsätzen verband Basilides eine ziemlich strenge Sittenlehre, welche auch aus jenen folgte. Aber seine Anhänger waren desto lasterhafter; daher übereilte man sich in dem Urtheil, daß ihre Ausschweifungen aus seinen Vorschriften entsprungen wären. Zu dieser Beschuldigung mochten gleichwohl einige seiner Meinungen das ihrige beytragen. So behauptete er, man müsse Gott nicht fürchten, sondern nur lieben. Er glaubte, daß die christlichen Märtyrer wegen ihrer Sünden, wenigstens wegen derer, die sie zu begehen im Begriff wären, einen gewaltsamen Todt ausstehen müßten: er erlaubte auch den seinigen, dem Märtyrertode auszuweichen. Vielleicht hatte er an der Aufführung mancher Märtyrer einiges zu tadeln, das uns unbekannt ist: denn sonst scheinet es seinem Lehrbegriffe angemessener zu seyn, den Leib, der kein Geschöpfe Gottes seyn, und dereinst auf immer untergehen soll, bald zu zerstören. Unterdessen war diese schimpfliche Meinung von den Bekennern Jesu schon hinlänglich, ihn verhaßt zu machen. Basilides lehrte sogar seine Anhänger, Christum, oder wie er sich ausdrückte, den Gekreuzigten zu verläugnen: und in der That konnte er ihnen eine solche Verstellung zur Zeit der Verfolgung gar wohl empfehlen, da er nicht zugeben wollte, daß Christus gekreuziget worden sey: er durfte sie vielmehr gänzlich läugnen lassen, daß sie Christen wären.

Ueberhaupt begreift man wiederum nicht, wodurch Basilides die Christen zu überreden gesucht habe, daß sein Lehrgebäude christlich sey. Er wollte es von einem Schüler der Apostel gelernet haben, den niemand kannte. Sollte es eine Erklärung des Christenthums vorstellen, so machten solches seine erdichteten Zusätze und Widersprüche gegen daßelbe unglaublich. Er konnte es also nur eine Verbesserung dieser Religion, oder auch einen Versuch nennen, sie in den Zusammenhang seiner philo-

II. Theil.   3   sophi-

ſophiſchen Meinungen, an denen die göttlichen Zeugungen bey den heidniſchen Dichtern vielleicht einen Antheil hatten, zu zwingen. An Beweiſen aber fehlt es ihm überall, und man erweiſet ihm nicht einmal dadurch einen Dienſt, wenn man ſeine Erzählungen aus der Moral oder Naturlehre erklärt. Die wenigen Stellen, die aus ſeinem Werke, einer Auslegung des Evangelii, beſonders von dem Clemens von Alexandrien, (L. IV. p. 506. ed. Colon. 1688.) aufbehalten worden ſind, geben nur in ſeiner Denkungsart über die Märtyrer einiges Licht. Bey eben demſelben (L. II. p. 409. L. III. p. 427.) findet man auch etliche Auszüge aus den Schriften des Iſidorus, eines Sohns des Baſilides, der ſeine Lehren fortgepflanzt hat. Es hat völlig das Anſehen, daß Baſilides von der Wahrheit der chriſtlichen Religion getroffen worden ſey; aber ſich nicht habe überwinden können, ſie ohne Zumiſchung ſolcher Grundſätze anzunehmen, die ihn des Geſtändniſſes überhoben, daß er bisher von Gott und den Menſchen irrig gedacht hätte. Das Spielende in ſeiner Geſchichte des Himmels, und der geheimnißvolle Anſtrich ſeines Lehrbegriffs, haben ihm vielleicht die meiſten Anhänger verſchafft. Er wurde von den chriſtlichen Schriftſtellern häufig und nachdrücklich beſtritten, bis ſich ſeine Parthey im vierten Jahrhunderte gänzlich verlohr.

Eine andere Sekte, die am ſchlimmſten berüchtigte unter allen gnoſtiſchen, und die gleichfals unter Adrians Regierung in Egypten aufkam, hatte ihren Nahmen von dem Carpocrates, einem Alexandriner, den man aus dem Clemens von Alexandrien, (Strom. L. III. p. 428. ſq.) Irenäus (adv. haer. L. I. c. 25. L. II. c. 31. ſq.) Euſebius (H. E. L. IV. c. 7.) Epiphanius (haer. 24. 27.) und andern Schriftſtellern kennen lernt. Dieſer ihr Stifter hatte vieles mit dem Saturninus und Baſilides gemein: wie dieſe lehrte er, daß es einen höchſten Gott und eine Menge von ihm erzeugter Aeonen
gebe;

gebe; daß die Welt von Engeln geschaffen worden sey;
daß diese die Verehrung Gottes an sich zu ziehen gesucht
hätten, und daß alles Böse in der Welt von der Materie
herstamme. Aber er hielt Jesum vor einen bloßen Menschen, dessen Vorzug nur darinne bestanden habe, daß er
eine stärkere und reinere Seele als andere Menschen gehabt, die sich dessen, was sie ehemals vor ihrer Vereinigung mit dem Körper, in dem Umgange mit Gott gesehen
hatte, richtig zu erinnern wußte. Eine Vorstellung von
den menschlichen Seelen, die dem Plato abgeborgt war.
Daher hat auch Gott, sagte Carpocrates weiter, Jesu
eine Kraft mitgetheilt, durch welche er sich der Gewalt
der Weltschöpfer entziehen, und wieder zu ihm kehren konnte: er verachtete auch dieselben, und überwand die Lüste,
welche die Menschen zu ihrer Bestrafung an sich haben.
Die Absicht seiner Ankunft in die Welt war diese, die
Erkenntniß und Verehrung des wahren Gottes wieder
herzustellen: und diejenigen Seelen der Menschen, welche
gleich ihm die Weltschöpfer verachten, bekommen auch
gleiche Kräfte, und gelangen wieder zu Gott; da hingegen die andern Seelen in verschiedenen Körpern her-
umirren müssen.

So weit ist in dem Lehrbegriffe des Carpocrates
noch Verbindung und eine gemeinschaftliche Absicht aller
Theile desselben anzutreffen; aber wie er auf die morali-
schen Grundsätze habe gerathen können, welche ihm die
alten Kirchenlehrer beylegen, und welche selbst sein Sohn
Epiphanes in einer noch übrigen Stelle seines Buchs
zum Theil vorgetragen hat, dieses bleibt unbegreiflich.
Er hob allen Unterscheid von guten und bösen Handlungen auf, und behauptete, daß derselbe nur von den Meinungen und Gesetzen der Menschen herrühre. Auch glaubte er, daß ein jeder thun könne, was ihm gefiele, weil
alle Begierden und Triebe von Gott in die Seelen gelegt wären, und also nicht eingeschränkt werden dürften.

Nach

Nach seiner Meinung ist alles in der Welt gemein: die Gesetze haben wider Gottes Absicht das Eigenthum eingeführt, da doch alle Güter der Erde, und selbst die Weiber, zum freyen allgemeinen Gebrauche bestimmt sind. Endlich lehrte er, daß die menschlichen Seelen nicht anders glückseelig werden könnten, als wenn sie sich allen Lastern überließen, und daß sie, wenn eines derselben fehlte, in andre Körper wandern müßten, um dasselbe zu vollbringen. Alle diese abscheulichen Lehrsätze haben nicht nur keinen Grund in demjenigen, was Carpocrates von Gott, von dem Ursprunge und der Bestimmung der menschlichen Seelen, und von der Sendung Jesu geurtheilt hat; sie widersprechen auch demselben gänzlich. Dazu kommt noch, daß er gleichwohl den Glauben und die Liebe als Mittel zur Seeligkeit angegeben hat. Desto unglaublicher ist es, daß er die Ruchlosigkeit zu einer Vorschrift des Lebens gemacht haben sollte. Bey so einmüthigen Zeugnissen unterdessen wider den Carpocrates, darf man doch wenigstens auf die Vermuthung fallen, daß seine Lehren einen erträglichern Verstand gehabt haben, als ihnen ordentlich, außer ihrem Zusammenhange, und ohne seine eigenen Erklärungen beygelegt wird. Vielleicht sind auch von dem lasterhaften Leben seiner Anhänger viele Beschuldigungen auf ihn zurückgefallen. Sie übten ohne Schaam jede Art von Unzucht aus, legten sich auf zauberische Künste, und waren den Christen nur durch den gleichen Nahmen ähnlich. Dennoch nahmen die Heiden davon Gelegenheit, die ärgerlichen Sitten der Carpocratianer den Christen überhaupt zuzuschreiben. Daher kam insonderheit die Verläumdung, daß die Christen mit ihren Müttern und Schwestern Blutschande trieben, und Menschenfleisch zu ihrer Speise machten. So klagen die christlichen Schriftsteller der ersten Zeiten; nur Irenäus, der sonst die Ketzer so heßlich und unsinnig beschreibt, gesteht hier, daß ihm die Schandthaten der Carpocratianer unglaub-

glaublich vorkommen. Vermuthlich sind auch diese ver-
größert, oder es ist dasjenige allen von dieser verhaßten
Parthey zugeeignet worden, was nur einige verbrochen
hatten. Man erzählt noch, daß sie dem Bilde Jesu,
die Bilder des Pythagoras, und anderer heidnischen
Weltweisen, an die Seite gestellt, und mit demselben
verehrt haben. Dieser Zusatz von Heidenthum gehört
zu der Meinung ihres Anführers, daß manche Seelen
der Menschen der Seele Jesu an Stärke nicht allein
gleich kämen, sondern sie auch überträfen.

Carpocrates suchte Stellen der evangelischen Geschichte nach seinen Lehrsätzen zu drehen; er berief sich
auch auf den geheimen Unterricht, den Jesus seinen
Jüngern gegeben habe: mehr weiß man von den Beweisen nicht, auf die er seinen Vortrag gestützt hat. Aber
unter diesen war das Vorgeben von geheimen Lehren Jesu, die nur mündlich fortgepflanzt worden wären, ein
unerschöpflich reiches Mittel, um der Welt immer neue
Einfälle über die Religion aufzubringen; und die christlichen Lehrer selbst in den spätern Jahrhunderten haben
es wohl zu nützen gewußt. Diese Parthey, die sich so
weit von dem Christenthume entfernte, und gegen welche Irenäus besonders geschrieben hat, ist zu Alexandrien, zu Rom, und auf der Insel Cephalonia weit
genug ausgebreitet worden: vielleicht eben durch die ausschweifende Frechheit der Sitten, welche sie erlaubte.
Allein sie hat nicht über den Anfang des dritten Jahrhunderts fortgewährt. Der berühmteste Schüler des
Carpocrates war Prodicus; die Parthey der Ada-
miten hingegen, welche von diesem errichtet worden seyn
soll, die kein alter Schriftsteller vor dem Epiphanius
(haer. 52.) kennt, und welche von diesem beschuldigt
wird, daß sie, um dem Adam im Paradiese nachzuah-
men, zum Gottesdienste nackend zusammengekommen sey;
diese Parthey scheint nur aus einem Gerüchte oder aus

Z 3

spötti-

ſpöttiſchen Erzählungen von dem wollüſtigen leben der Carpocratianer erdichtet worden zu ſeyn.

Keiner aber unter allen Stiftern gnoſtiſcher Par-theyen zu dieſer Zeit hat ein künſtlicheres, gewiſſermaſ-ſen auch ſinnreicheres Gewebe von Einfällen aufgeführt, keiner hat auch größern und längern Beyfall gefunden, als Valentinus. Dieſer gelehrte und beredte Mann reiſte aus ſeinem Vaterlande Egypten, wo er ſich beſon-ders der griechiſchen Philoſophie ergeben hatte, nach Rom, und fieng daſelbſt an, ſeine Meinungen unter den Chriſten heimlich auszubreiten. Sie ſchloſſen ihn drey-mal von ihrer Gemeine aus: ein Beweis, daß die Chriſ-ten ſich von den älteſten Zeiten her ihres Rechts bedient haben, denen, welche ihren Glauben offenbar zu verfäl-ſchen ſuchten, ihre Stelle in der Kirchengeſellſchaft zu nehmen; aber auch davon ein Beweis, daß ſie ſehr wil-lig geweſen ſind, ſolche Irrlehrer wieder unter ſich aufzu-nehmen, wenn es ſchien, daß ſie ſich gebeſſert hätten. Von Rom gieng Valentinus nach Cypern, und ſamm-lete ſich nun mit mehrerer Freyheit auf dieſer Inſel einen Anhang. Es waren eigentlich Verdruß und Nachbe-gierde, (ſo erzählt es wenigſtens ſein Gegner Tertul-lianus, adv. Valentinian. c. 4.) die ihn reizten, den Lehrbegriff der Chriſten öffentlich zu beſtreiten, weil ihm die Hoffnung, Biſchof zu werden, fehlgeſchlagen war.

Ohngeachtet der Entwurf ſeines Lehrgebäudes nur ei-ner von den unzähligen Beyträgen zu der Geſchichte der ausſchweifenden Einfälle zu ſeyn ſcheint, mit welchen die Religion von den Menſchen beſchwert worden iſt, und über dieſes faſt einmüthig geglaubt wird, daſſelbe ſey keiner vernünftigen Erklärung fähig; ſo verbietet doch die Unpartheylichkeit der Geſchichte eine ſo kurze und ver-ächtliche Abfertigung, zumal bey einer ſehr großen und berühmten Parthey, von deren Urheber vielleicht doch einige

einige Leſer denken möchten, daß ſeine anſcheinenden Thorheiten einen geheimen erträglichen und ſogar lehrreichen
Verſtand in ſich faſſen können. Kann alſo jener Entwurf dieſen vortheilhaften Begriff auch nur bey wenigen
erwecken: ſo nimmt er ſeine Stelle hier noch mit gröſ-
ſerm Nutzen ein. Valentinus ſetzte in den Lichtraum
oder die Fülle, welche die Gnoſtiker zur Wohnung Gottes gemacht haben, dreyßig Aeonen, oder funfzehn
Paare beyderley Geſchlechts, die nach und nach von einander erzeugt worden wären, und die er in Anſehung ihrer verſchiedenen Vorzüge in drey Gattungen theilte. Zu
der erſten rechnete er Gott ſelbſt, (den er auch den erſten Vater und die Tiefe nannte;) und gab ihm die
Denkungskraft (oder das Stillſchweigen) zur
Gemahlinn. Von ihnen beyden, fuhr er fort, iſt der
Verſtand, der vollkommenſte unter allen Aeonen, und
die Wahrheit, gezeugt worden. Dieſe beyden haben
wiederum das Wort und das Leben, und dieſe den
Menſchen und die Gemeine hervorgebracht. Auf
gleiche Art ſind von dieſen letztern, und weiter in beſtän-
dig folgender Abſtammung von einander, die Aeonen
der zweyten Gattung, der Tiefe und die Vermiſchung,
der Nichtalternde und die Vereinigug, der Von-
ſichſelbſtgebohrne und die Luſt, der Unbewegli-
che und die Miſchung, der Eingebohrne und die
Seelige, entſtanden. Endlich machten zwölf andre
Aeonen die dritte Gattung aus, darunter die beyden erſten der Tröſter und der Glaube den Menſchen
und die Gemeine zu Aeltern haben: die übrigen aber,
der Väterliche und die Hoffnung, der Mütter-
liche und die Liebe, der Allzeitverſtändige und die
Klugheit, der Kirchliche und die Seeligkeit,
der Freywillige und die Weisheit, von ihnen und
ſich unter einander herſtammen. Dazu kommen noch
vier andere männliche Aeonen: Horus oder die Grän-
ze, welcher die Gränzen des Lichtraums bewacht; Chri-

ſtus

stus und der heilige Geist, welche die übrigen Aeonen in ihren Pflichten unterrichten, und Jesus, den alle übrige gemeinschaftlich gezeugt und herrlich ausgeschmückt haben, der auch viele Engel zu seinen Diensten hat. Der Verstand wurde von allen Aeonen wegen seiner ungemeinen Wissenschaft beneidet; am meisten aber von der Weisheit, und sie würden sich bey der Heftigkeit ihrer Gemüthsbewegungen außerhalb der Fülle in die Materie gestürzt haben, wenn sie Horus nicht zurückgehalten hätte.

Das erste, was bey diesen Erdichtungen dem Leser beyfallen kann, ist dieses, daß Valentinus hierinne die Zeugungen und Heyrathen der Götter beym Hesiodus nachgebildet habe, um eben so, wie es manche Ausleger der heidnischen Götterlehre versucht haben, unter diesen Bildern versteckte Lehren von Gott vorzutragen; besonders aber seine Eigenschaften und ihr Verhältniß gegen die Menschen abzuschildern. Man bemerkt, daß die Nahmen vieler dieser Aeonen aus den Büchern des Neuen Testaments genommen sind: und es könnte also vielleicht seine Absicht gewesen seyn, aus christlichen und gnostischen Begriffen ein allegorisches Gedicht zusammen zu setzen. Nach dieser Erklärung würde Valentinus die Denkungskraft und die Stille nicht unschicklich mit dem höchsten Gotte verbunden haben; der Verstand, den er zum Sohne desselben machte, würde seine unermeßliche Weisheit anzeigen, und die Wahrheit, seine Tochter, wäre die untrügliche Richtigkeit aller Gedanken und Handlungen Gottes. Daß Valentinus diese vermeinten göttlichen Eigenschaften in Personen verwandelt, streitet nicht so sehr mit dieser Deutung als die Unmöglichkeit, sie lange fortzusetzen, ohne sie zur allergezwungensten zu machen. Man verfällt bald in eine gänzliche Ungewißheit, was so viele andere Aeonen mit ihren Beschäftigungen vorstellen sollen: und selbst, wenn

man

man ſieht, daß er eine Stelle in den Briefen Pauli:
In Jeſu wohnt die Fülle der Gottheit leibhaf-
tig, gemißbraucht hat, um daraus zu beweiſen, daß
der Aeon Jeſus von allen andern Aeonen in der Fülle Gottes gemeinſchaftlich mit Gaben ausgerüſtet worden
ſey, bekommt man nur eine deſto ſchlechtere Meinung
von ſeiner Art das Chriſtenthum zu erklären. Man hofft,
daß ſein Lehrbegriff mehr Licht und Wahrheit zeigen werde, wenn er auf die Welt und die Menſchen kommt; allein er bleibt immer eine Nacht, in welcher man nur zuweilen bey einiger Dämmerung oder durch Träume etwas
erblicken kann.

Die Weisheit, ſagte Valentinus, konnte unter
allen Aeonen ihre Leidenſchaften am wenigſten bändi-
gen. In der Hitze derſelben gebahr ſie einen weiblichen
ungeſtalten Aeon, Achamoth oder Enthymeſis,
welche in die Finſterniß der Materie fiel, und der Chriſtus aus Mitleiden eine gewiſſe Geſtalt ertheilte. Vergebens ſuchte ſie in den Aufenthalt der Aeonen zu kommen, um das Licht zu finden, welches ihr fehlte. In
dieſem Zuſtande wechſelten Furcht, Angſt und Traurigkeit mit Lachen bey ihr ab: ſie befürchtete ihren gänzlichen
Untergang; ergötzte ſich aber bisweilen an dem Gedanken von der Schönheit des verlornen Lichts. Ihre heftige Begierde nach demſelben brachte die Seele der Welt,
des Weltſchöpfers, und andere Seelen hervor; aus ihren Thränen entſtand das Waſſer, die helle Materie aus
ihrem Lachen, und die dichtere aus ihrer Traurigkeit.
Sie wandte ſich hierauf an Chriſtum, der ihr Jeſum
zuſchickte, durch welchen ſie mit Wiſſenſchaft verſehen,
und von ihren Schmerzen befreyet wurde. Hierauf
brachte ſie drey Subſtanzen oder Weſen hervor: eine
materielle, eine geiſtige, und eine Seelenartige.
Durch die Geſtalt, welche ſie der letztern gab, entſprang
der Demiurgus oder der Weltſchöpfer. Dieſer ſon-

Z 5

derte mit der Hülfe Jesu und seiner Mutter, die materielle Substanz von der Seelenartigen ab, bauete
aus der letztern sieben Himmel, welche Verstand haben,
und von Engeln bewohnt werden, oder selbst Engel sind;
den obersten derselben aber wählte er zu seinem Sitze.
Da die materielle Substanz aus den drey Leidenschaften der Achamoth, der Furcht, der Traurigkeit und
der Angst, zusammen gesetzt war: so entstanden aus der
erstern die Thiere, aus der andern die bösen Geister, deren Fürst, der Weltbeherrscher, seinen Sitz unter
dem Himmel des Demiurgus hat, und aus der dritten die mit Feuer vermischten Elemente der Welt. Endlich bildete der Demiurgus auch den Menschen: theils
aus der materiellen Substanz, theils aus der Seelenartigen; er umgab ihn auch mit einem Leibe, und
die Achamoth setzte noch ohne sein Wissen etwas von
der geistigen Substanz hinzu.   Daraus sind also drey
Theile des Menschen erwachsen: der materielle, welcher verweßlich ist, und umkommt; der Seelenartige,
welcher seelig und auch unglückseelig werden kann, und
der geistige, der wegen seines himmlischen Ursprungs
nicht umkommen kann. — In dieser Naturlehre und
Schöpfungsgeschichte des Valentinus läßt sich einiges mit ähnlichen Lehrsätzen des Pythagoras und Plato vergleichen; überhaupt aber trifft man darinne keine
einzige Stelle an, auf welcher man festen Fuß fassen
könnte.

Und doch veränderte Valentinus nach allen diesen
Grundsätzen die Hauptlehren des Christenthums.   Der
Demiurgus, so fuhr er in seiner Erzählung fort, wollte vor den wahren Gott angesehen seyn, erreichte auch
seine Absicht durch die Propheten, die er zu den Juden
schickte, und die Engel der übrigen Himmel ahmten ihm
darinne nach.   Daher fand es Gott vor nöthig, Christum in die Welt zu senden. Dieser war aus der geistigen

gen und Seelenartigen Subſtanz zuſammengeſetzt,
hatte einen ſichtbaren Körper aus feiner Materie, und
floß wie das Waſſer durch einen Kanal, durch den Leib
der Maria, ohne etwas von ihr anzunehmen; da er
aber getauft wurde, vereinigte ſich der Aeon Jeſus in
der Geſtalt einer Taube mit ihm. Er lehrte die Menſchen die Erkenntniß des wahren Gottes, und wurde
zwar endlich getödtet; aber ehe dieſes geſchah, trennete
ſich Jeſus und die geiſtige Seele von ihm. Diejenigen
Seelen, welche ſeinen Vorſchriften gehorchen, werden
dereinſt in der Nähe der Wohnung Gottes glückſeelig
ſeyn; die übrigen aber haben einen gänzlichen Untergang
zu erwarten. Wenn zuletzt alles Himmliſche und Geiſtige aus der Materie wird herausgezogen ſeyn, ſo wird
die Achamoth ſich in dem göttlichen Lichtraum mit Jeſu vereinigen; eben dahin kommen auch die geiſtigen
Seelen der Menſchen; die mehr ſinnlichen verbleiben in
dem Sitze des Demiurgus, und die ganze Welt wird
durch das Feuer verzehrt werden. Ob gleich alle dieſe
willführliche und ſeltſame Meinungen zur Beförderung
der Tugend wenig beytrugen; ſo machten es doch einige
derſelben nothwendig, eine gewiße äußerliche Strenge
der Sitten zu fordern: und dieſes that Valentinus;
dem auch ſelbſt kein laſterhaftes Leben vorgeworfen wird.
Allein ſeine Anhänger werden beſchuldigt, daß ſie un-
keuſch gelebt, vom Götzenopfer gegeſſen, die Verbindlichkeit für die Religion zu ſterben geläugnet, und die heidniſchen Schauſpiele beſucht hätten. Es iſt glaublich,
daß eine Anzahl derſelben dieſes würklich gethan habe:
man würde ſich auch nicht wundern dürfen, wenn ſie noch
ſchlimmere Folgen aus den immer ſehr zweydeutigen Lehren ihres Anführers gezogen hätten. Unter dieſe gehört
noch beſonders der Unterſcheid, den er zwiſchen den Menſchen, nach den drey Theilen, die er einem jeden zu-
ſchrieb, feſtgeſetzt haben ſoll. Einige nannte er geiſtlich,
(πνευματικοὶ) welche nothwendig ſeelig werden müßten:

und

und dieses wären die Valentinianer; die übrigen Christen sollten nur Seelenartig seyn, (ψυχικοὶ) und
nach ihrem Verhalten eben sowohl seelig als verdammt
werden können; die Heiden aber wären bloß materiell
und körperlich, (χοικοί, σωματικοί) und müßten
schlechterdings verloren gehen. Das Harte in diesen
Aussprüchen kann wohl noch gemildert werden; aber doch
fanden sich die Valentinianer dadurch berechtigt, alle
tugendhafte Bemühungen vor überflüßig zu halten, weil
es einmal durchaus unmöglich war, daß sie dereinst von
Gott verdammt würden.

Was allen Christen in die Augen fiel, daß dieses
nicht diejenige Religion sey, die sie von Jesu und den
Aposteln erhalten hatten, das läugnete Valentinus
selbst nicht völlig, und wollte gleichwohl ein Lehrer des
Christenthums heißen. Aber er behauptete, aus einem
Buche des Apostels Matthias, und von einem Schüler Pauli einen solchen Unterricht erlangt zu haben, durch
welchen er die christliche Religion verbessern könnte. Mit
diesem unbewiesenen und unglaublichen Vorgeben verband er eine große Dreistigkeit in dem Gebrauche der
heiligen Schriften der Juden und Christen. Er zwang
sie entweder gewaltsam in einen Verstand, den außer ihm
niemand darinne suchen konnte; oder er hob ihren wahren Werth durch Urtheile auf, ohne welche seine Meinungen nicht bestehen konnten, wie er unter andern die
Weißagungen des alten Testaments von Christo zwar
vor wahr erklärte; aber sie von dem Demiurgus herleitete. Anstatt also, daß Valentinus mit den Christen gemeinschaftliche Quellen seiner Lehren auf eine unta-
delhafte Weise gebraucht hätte, muß man vielmehr den
Ursprung von diesen auf ganz entgegenstehenden Seiten
suchen. Eine der vornehmsten ist zwar die gnostische
Philosophie; aber die alten Kirchenlehrer selbst leiten sie
mit aller Wahrscheinlichkeit zugleich von den Meinungen
eini-

einiger griechischen Philosophen, und von den Fabeln der
griechischen Dichter, her. Die ungeheure Einbildungs=
kraft des Valentinus hat ohne Zweifel auch sehr dar=
an gearbeitet: und überhaupt kann man ein so weitläuf=
tiges, verwickeltes und räthselhaftes Werk nicht vor die
Frucht eines einzigen Bodens ansehen.

Dieser sonderbare Mann hatte geistliche Lieder und
Reden, ingleichen Briefe und andere Aufsätze geschrie=
ben. Die kleinen Ueberbleibsale aus denselben bey dem
Clemens von Alexandrien und Origenes, (welche
Maßüet hinter den Schriften des Jrenäus gesamm=
let hat;) bestätigen es, daß der Untergang von den Ar=
beiten der alten Ketzer ihrem Andenken sehr nachtheilig
geworden sey. Valentinus erscheint darinne nicht so
unsinnig, als man ihn wegen seiner Aeonengeschichte
nennen möchte; ob er gleich auch hier seltsame Gedanken
von Jesu und den Menschen vorträgt. Unterdessen ist
die Erklärung von ihm unerwartet: „Es ist Ein Guter,
„dessen Gegenwart durch die Offenbarung seines Soh=
„nes merklich wird. Durch ihn allein kann das Herz
„rein werden, wenn alle böse Geister aus demselben her=
„ausgeworfen sind. — — Wenn es der einzige gute
„Vater besucht hat, so wird es geheiligt, und glänzt
„vom Lichte. Wer ein solches Herz hat, ist glückseelig,
„weil er Gott sehen wird. „ — Man glaubt Reden
Christi zu hören, indem man dieses liest; und selbst der
Mißbrauch biblischer Stellen, den Valentinus oft
begangen hat, macht diese Stelle eben nicht verdächtig.
In einer andern handelt er von dem Ursprunge des Bö=
sen. Nachdem er verschiedene Schandthaten erzählt hat,
die er unter den Menschen gesehen hatte, setzt er hinzu:
„Nun fieng ich an zu fragen, woher dieses alles komme?
„Welches der Grund von ihrer Bewegung sey? Wer
„dergleichen wider die Menschen veranstaltet habe? Wo
„die Erfindung dieser Dinge zu suchen sey? und wer sie
„ge=

„gelehrt habe? Gott vor den Urheber derſelben auszuge=
„ben, konnte ich mich nicht unterſtehen. — Denn da
„er gut iſt, bringt er auch das Beſte hervor, und es
„giebt nichts Böſes in ihm. — — Ich halte alſo da=
„vor, daß mit ihm zugleich dasjenige vorhanden gewe=
„ſen ſey, was man die Materie nennt, aus welcher er
„das, was da iſt, geſchaffen, es mit einer weiſen Kunſt
„von einander abgeſondert, und zierlich ausgeſchmückt
„hat: und auch das Böſe ſcheint aus derſelben entſprun=
„gen zu ſeyn. Denn da ſie weder gemacht noch gebildet
„war, außerdem auch unordentlich herumgetrieben wur=
„de, und der Kunſt Gottes benöthigt war: ſo mißgön=
„te er ihr dieſelbe nicht, und wollte nicht, daß ſie immer
„ſich ſelbſt überlaſſen ſo herumgetrieben würde; er nahm
„vielmehr die Schöpfung vor, wollte die ſchönſten Thei=
„le von den ſchlimmſten trennen: und ſo ſchuf er auch
„wirklich. Alles aber, was in derſelben, indem er ſchuf,
„urſätig war, ließ er als untüchtig zu ſeinem Werke,
„ſo wie es war, indem es ſich für ihn gar nicht ſchickte.
„Aus dieſen Theilen fließen jetzt, wie mich dünkt, die
„Uebel auf die Menſchen.„

Das eigene Bekenntniß des Valentinus, daß er
das Böſe in der Welt nicht anders zu erklären gewußt
habe, als daß er es von der Materie herleitete, dem
weiſen und gütigen Gott aber keinen Antheil daran ließe,
als die Zulaſſung des bereits vorhandenen böſen Saa=
mens; dieſes Bekenntniß zeigt wenigſtens, daß er kein
bloßer Schwärmer geweſen ſey. Dadurch wird es wahr=
ſcheinlich, daß dieſer Grundſatz vom Urſprunge des Ue=
bels, in ſeinem ganzen Lehrbegriffe geherrſcht, ihn ver=
ſtändlicher und weniger widerſinnig gemacht habe, als
er jetzt ausſieht. Vermuthlich haben auch die alten Kir=
chenlehrer mehr die Meinungen der Valentinianer,
als des Valentinus ſelbſt, beſchrieben und widerlegt.
Die meiſten Partheyen aller Zeiten, gelehrte und got=
tes=

tesdienstliche, haben die Thorheiten, welche man ihnen vorgeworfen hat, größtentheils nicht ihren Stiftern, sondern den hitzigen und ausschweifenden Anhängern derselben, zu danken. Dieses ist hier mehr als Muthmaaßung: denn Valentinus beschreibt wirklich in der angeführten Stelle die Schöpfung der Welt anders, als man oben in dem Abrisse seines Lehrgebäudes gesehen hat; und seine beyden vornehmsten Gegner, deren Schriften wir noch lesen können, Jrenäus und Tertullianus, bestreiten fast nur die Valentinianer. Der erstere, welcher einen großen Theil seines Werkes (advers. haeres. L. I. c. 1. - 22. L. II. c. 1. sq.) auf die Erzählung und Widerlegung ihrer Jrrthümer gewandt hat, schreibt meistentheils ernsthaft und scharf. Allein Tertullianus (Libr. adv. Valentinianos) sucht ebendieselben bloß durch unaufhörliche Spöttereyen lächerlich zu machen; sehr unterhaltend, man muß es gestehen, und mit einem schalkhaften Witze; es war aber auch nicht schwer, sich über solche Träume lustig zu machen, und die Nachwelt würde ihm ungleich mehr verbunden seyn, wenn er auch die bessere Gestalt, wo nicht dieser Jrrlehrer, doch des Valentinus selbst gezeigt hätte. Die spätern Nachrichten von beyden, welche Epiphanius (haer. 31.) Theodoretus (fab. haeretic. L. I. c. 7.) und andere mehr geben, sind weit unbeträchtlicher.

Die Parthey des Valentinus, welche sich zuerst gegen das Jahr 130 oder etwas später zu Rom, und auf der Insel Cypern erhoben hatte, wurde die zahlreichste unter allen gnostischen, und erhielt sich bis zum vierten Jahrhunderte. Sie war den übrigen an der Menge neuer und abentheuerlicher Nachrichten aus dem Himmel, und anderer wunderbarer Meinungen zu sehr überlegen, als daß sie nicht auch einen stärkern Anhang hätte finden sollen. Dabey pflanzte sich unter den Valentinianern ein gewisser schwärmerischer Geist fort, der bey

bey Lehren, welche faſt lediglich durch die Einbildungskraft in das Gemüth gedrungen waren, nicht unerwartet
iſt. Sie ſuchten, gerade dem Wege entgegen geſtellt,
den die chriſtliche Religion gieng, die ihrige nicht durch
Lehren, ſondern allein durch Ueberredung auszubreiten:
man ſollte ihnen ohne Beweiſe glauben, und ihre vermeinten Geheimniſſe, die ſie mißtrauiſch und ſehr vorſichtig
entdeckten, ehrerbietig aufnehmen. Einige unter ihnen
haben wieder kleinere Sekten geſtiftet, die immer weiter vom Valentinus abwichen. Die zween vornehmſten waren von Heracleon und Marcus: beyde fruchtbar an ſeltſamen Lehrſätzen und Anſtalten, die man aber
ohne einen andern Nutzen leſen würde, als um ſie verachten zu können. Vom Valentinus ſelbſt iſt ohnedieß vielleicht zu ausführlich für dieſe Geſchichte, und
für den geringen Vortheil, den man daraus ziehen kann,
gehandelt worden; aber es iſt in der Abſicht geſchehen,
damit die Leſer an dieſem Beyſpiele aus der Ketzerge-
ſchichte es beurtheilen mögen, ob der Verfaſſer dieſes
Werks Glauben verdiene, wenn er in der Folge deſſelben von manchen Ketzern wenig oder gar nichts meldet,
weil ihre Geſchichte, ſeiner Meinung nach, nicht lehrreich genug iſt, und überdieß nicht einmal aus glaubwürdigen und vollſtändigen Nachrichten beſchrieben werden
kann. Doch verdienen außer Mosheims Erörterungen, (Comment. p. 336. ſq.) und Hr. D. Walchs
Entwurf einer vollſtändigen Hiſtorie der Ketzereyen, die
ich hier allemal vorausſetze, die ausführlichern Unterſuchungen des Herrn D. Semler über die Lehrſätze der
bisher beſchriebenen gnoſtiſchen Irrlehrer, (Geſch. der
chriſtlichen Glaubenslehre, S. 121 ſg. beym Erſten
Theil von Baumgartens Unterſuchung theologiſcher
Streitigkeiten) noch genannt zu werden. Er beweiſet
es inſonderheit, was auch ſchon aus der vorhergehenden
Geſchichte hervorleuchtet, daß dieſe Leute, unter vielen
ſchwärmeriſchen Anfällen des Geiſtes, bloß eine Religion

der

der Vernunft an die Stelle der geoffenbarten zu setzen gesucht haben.

Wäre das Christenthum so wie alle diese gnostische Partheyen, nur auf willkührliche, um eines gewissen Endzwecks willen ersonnene Lehrsätze gegründet worden: so würde es von denselben bald verdunkelt und verdrängt worden seyn. Denn diese sorgten weit mehr für die groben Begriffe des gemeinen Haufens, und brachten täglich unerhörte Dinge zum Vorschein. Allein das Christenthum blieb mitten unter ihnen, und länger als sie alle stehen, weil es nicht bloß für den ersten Eindruck gemacht war. Ob gleich die Gnostiker den Schein desselben annahmen, die Geschichte Jesu erklärten, sich auf die Schriften der Apostel beriefen; so blieb es doch sehr leicht, die christliche Religion von der gnostischen zu unterscheiden. Die Juden und die Heiden selbst konnten bey einiger Untersuchung nicht lange in Zweifel stehen, auf welcher von beyden Seiten das wahre Christenthum ohne Zusätze anzutreffen sey. Wenn sie nur nach demjenigen forschten, was die Christen vom Anfange ihrer Gemeinen her gelehrt hatten, ehe noch der Nahme der Gnostiker gehört wurde, oder insonderheit nach den Stützen ihrer Religion, den Schriften der Apostel: so sahe man bald, wer unter ihnen davon abgewichen sey, und mit welcher Stärke oder Schwäche von Gründen. Doch war freylich die Uneinigkeit zwischen den Christen und Gnostikern, den übrigen Religionspartheyen, welche weder Anweisung noch Fertigkeit hatten, dieselbe sogleich zu prüfen, anstößig. Sie brachte, wenigstens auf eine kurze Zeit, Verwirrung und Zweifel hervor: Beschuldigungen, welche nur die Lehren und Sitten der Gnostiker trafen, fielen auch auf die übrigen Christen: und diese wurden überhaupt durch Zwistigkeiten beschimpft, die so früh nach dem Aufkommen ihrer Religion, wiewohl ohne alle Schuld von Seiten dieser, entstanden.

II. Theil,   Aa   Die

Die gnostischen Händel haben also vermuthlich auch dem Wachsthum des Christenthums in manchen Gegenden vielen Schaden zugefügt. Wie sehr die christlichen Gemeinen selbst dadurch zerrüttet worden sind, wie viele angehende und unerfahrne Christen bey einer solchen Verführung gewankt haben mögen, lehrt die vorhergehende Geschichte. Hingegen scheinet doch der erste und ächte Glaube der Christen durch die gnostischen Irrlehrer keine so allgemein ausgestreckte Verfälschung erlitten zu haben, daß sie sich unter den Christen erhalten, bey ihnen unmerklich die Stelle der Wahrheit eingenommen hätte. Der Eifer, mit welchem sich die christlichen Lehrer ihnen widersetzten, und der noch gewohnt war, menschlichen Einfällen über die Religion durch die genaueste Beobachtung der bekannten Lehren Jesu und seiner Schüler zu wehren, gestattete eine solche Veränderung nicht. Einige geringe Fehler in der Auslegung dieser Lehren, welche die Christen seit dem Anfange des zweyten Jahrhunderts begiengen, hatten einen weit andern Ursprung, als die Neigung zu den oftgenannten Irrthümern. Die Waffen, mit welchen sie diese angriffen, und sich selbst vertheidigten, waren überhaupt sehr brauchbar und hinlänglich: wenn manche darunter in der Folge von ihnen gemißbraucht worden sind, so darf man dieses wiederum nicht einer Nachahmung der Gnostiker zuschreiben. In der That also haben so viele und starke gnostische Partheyen nur Gelegenheit gegeben, daß das Christenthum unter ihren Anfällen sich in seiner wahren Stärke gezeigt hat, und daß von den Bekennern desselben eine desto ausnehmendere Sorgfalt angewandt worden ist, es rein und immer einerley in seinen Grundsätzen zu erhalten.

Verfol=

Verfolgung der Christen

und

jüdischer Krieg

unter dem Adrianus.

So leicht und rühmlich behauptete sich die christliche Religion auch gegen andere Angriffe dieser Zeit: sie hatte dieses mit jeder Wahrheit gemein, durch die Bemühungen ihrer Feinde selbst mehr Ansehen zu gewinnen. Unter der Regierung des Adrianus überstand sie die Einwürfe, Spöttereyen und Verläumdungen der Heiden auf der einen Seite, und auf der andern auch die Bedrückungen, denen ihre Anhänger ausgesetzt waren. Die Vorschrift, welche Trajanus dem jüngern Plinius über sein Verhalten gegen die Christen ertheilt hatte, war vermuthlich auch ein Gesetz für andere Statthalter des Reichs geworden; und Adrianus gehörte noch weit weniger, als sein Vorgänger, unter die Verfolger der Christen. Aber seine heidnischen Unterthanen fuhren fort, ihnen nicht durch Anklagen, (denn wirklich war die Kraft derselben durch Trajans Verordnung eingeschränkt worden;) sondern mit einer gewaltsam ausbrechenden Wuth nach dem Leben zu trachten. Das Volk schrie öffentlich, die Obrigkeit sollte sie den Löwen vorwerfen lassen. Und da man demselben nach einem alten Herkommen alles zu bewilligen pflegte, was es während der Schauspiele von dem Kaiser oder von den Statthaltern und andern Obrigkeiten verlangte: so erreichte es auch jetzt bey diesen öfters seine Absicht.

A a 2

Sere-

Serenus Granius, (oder Granianus,) dem die Regierung von Kleinasien anvertrauet war, wo diese Ungerechtigkeit sehr häufig ausgeübt wurde, sah dieselbe mit einem edlen Unwillen, und entschlossen sie nicht zu dulden, schrieb er an den Adrianus, er halte es vor unbillig, daß die Christen, ohne daß sie eines Verbrechens beschuldigt würden, bloß um dem Geschrey des erhitzten Volkes zu willfahren, sogleich zum Tode verurtheilt werden sollten. Der Kaiser war gleicher Meinung, und gab daher dem folgenden Statthalter Minutius Fundanus den Befehl, (welchen Eusebius Hist. Eccl. L. IV. c. 8. 9.) aufbehalten hat,) wider die Christen nichts als ordentliche gerichtliche Klagen anzunehmen. „Wenn sie, schreibt er, jemand verklagt, und „beweiset, daß sie etwas wider die Gesetze begangen ha„ben: so fälle du nach der Größe des Verbrechens ein Ur„theil. Sollte aber jemand eine falsche Beschuldigung „wider sie vorbringen: so sey darauf bedacht, daß er, „wie es seine Verläumdung verdient, bestraft werde.„ Man hat zwar zu finden geglaubt, daß der erstere Theil dieser Verordnung zu allgemein und dunkel abgefaßt sey. Denn da Trajanus, sagt man, die Standhaftigkeit der Christen bey ihrer Religion mit dem Tode zu bestrafen, befohlen, und Adrianus diesen Befehl nicht aufgehoben habe, so scheine es, daß seine Absicht auch keine andere gewesen sey. Allein eben für ein so allgemein und günstig lautendes Gesetz ist diese Erklärung zu spitzfindig: es spricht offenbar von den Gesetzen, nach welchen alle Unterthanen des römischen Reichs gerichtet wurden; und so hat es auch Justin der Märtyrer in seiner an den folgenden Kaiser übergebenen Schutzschrift (Apol. I. c. 90. ed. Thalem.) verstanden.

Einen gleichen Befehl fertigte der Kaiser, wie man aus einer Stelle beym Eusebius (H. E. L. IV. c. 26.) sieht, auch andern Statthaltern zu: und wenn die Christen ften auch) nach diefer Zeit, ohngefähr vom Jahr 125 an, unter der Regierung des Adrianus verfolgt worden find, so hat er wenigstens keinen Antheil daran gehabt. Seine guten Gefinnungen gegen die Chriften find vielleicht zum Theil eine Frucht von den Schutzfchriften gewesen, welche ihm Quadratus und Ariftides übergaben, die wir aber jetzt nur aus den Nachrichten des Eufebius (Hift. Eccl. L. IV. c. 3. 23.) und des Hieronymus (de Scriptt. Eccl. c. 19. Epift. ad Magn. Orator.) kennen. Der erftere, ein anfehnlicher Schüler der Apoftel, war Bifchof der Gemeine zu Athen, die nach dem Verlufte ihres Lehrers beynahe ganz zerftreuet worden war, von ihm aber wieder hergeftellet wurde. In seiner Vertheidigung für die Chriften bewies er insonderheit die Gewißheit der Wunder Jefu, und berief sich sogar darauf, daß noch zu seiner Zeit einige von denen lebten, welche derselbe geheilt oder vom Tode erweckt hätte. Ariftides, ehemals ein heidnifcher Philofoph, der aber auch als ein Chrift zu Athen seine alte Lebensart und Kleidung berbehielt, (eine Erinnerung an die Heiden, daß die chriftliche Religion eine Art von höherer und befferer Philofophie sey, wie sie auch ihre Lehrer oft genannt haben,) dieser bediente sich in seinem Auffaße auch der Stellen heidnifcher Weltweisen, um die Lehren des Chriftenthums beliebt zu machen. Die Schutzfchriften der Chriften, welche von dieser Zeit ihren Anfang nahmen, haben ihnen überhaupt vortrefliche Dienfte gethan. Durch dieselben wurden so viele Verläumdungen zernichtet, welche einen Vorwand zur Verfolgung der Chriften abgeben mußten. Von der chriftlichen Religion machten sie eine wahre, bündige und vortheilhafte Abbildung, die den Heiden ohne Zweifel neu und unerwartet vorgekommen ift, nachdem sie von derselben meiftentheils aus Gerüchten und übeln Nachreden geurtheilt hatten. Sie gaben von derselben den Kaisern und den groffen Staatsmännern des Reichs zuerft recht einen Begriff;

und

und es ist glaublich, daß die Christen, seitdem diese Schriften in solche Hände (wenn gleich nicht immer nach dieser Bestimmung,) gekommen waren, weit weniger vor einen verächtlichen Haufen angesehen worden sind. Bey dieser Gelegenheit der Vertheidigung konnte in eben diesen Schriften das Christenthum mit dem unsinnigen und widersprechenden Götzendienste der Heiden, auch selbst mit den Religionsmeinungen ihrer weisesten Männer, verglichen werden: die Christen thaten es häufig und nachdrücklich, und die Heiden verloren bey dieser Vergleichung ungemein viel. Glücklicher Weise waren auch die Verfasser der Schutzschriften meistentheils gelehrte und beredte Männer, die den Christen eben so wohl Ehre machten, als Gönner zu erwerben wußten. Wenn sie zuweilen mehr Geschicklichkeit in ihren Vorwürfen gegen das Heidenthum, als in der Erklärung und Bestätigung der christlichen Religion gezeigt haben: so verfehlten sie doch dabey ihre vornehmste Absicht nicht. Diese Schutzschriften der ältesten christlichen Lehrer sind noch sehr brauchbare Denkmäler von dem Glauben, dem Gottesdienste und den Sitten ihrer Gemeinen. Man kann auch den Verdacht nicht auf sie werfen, daß alles dieses daran verschönert worden sey: ein sonst gewöhnlicher Fehler von Schutzreden, die für gewisse Partheyen und Personen verfertigt werden. Die Geschichte bezeugt die Aufrichtigkeit dieser Schriftsteller durch ähnliche Abschilderungen, und man merkt außerdem, daß ihre Vertheidigung die Nothwehr ehrlicher Männer sey.

Adrianus war eines solchen Abrisses von der Religion der Christen sehr benöthigt: denn er gab in einem Schreiben an den Consul Severianus vom Jahr 129 zu erkennen, daß sie ihm völlig unbekannt sey; oder wenigstens, daß er jede falsche Vorstellung von den Christen zu leicht glaube. Er sagt darinne, (beym Vopiscus in Saturnino,) die Christen in Egypten verehrten

den

den Serapis; eben dieſer heidniſchen Gottheit wären
auch die chriſtlichen Biſchöfe geweihet; es gebe daſelbſt
keinen Vorſteher einer jüdiſchen Synagoge, keinen
chriſtlichen Presbyter, der nicht ein Nativitätſtel-
ler aus den Geſtirnen, ein Wahrſager und ein Todtenſal-
ber wäre; ſelbſt der jüdiſche Patriarch, wenn er nach
Egypten komme, werde von einigen genöthigt, den Serapis, von andern aber, Chriſtum anzubeten; ſie
hätten alle nur Einen Gott, nämlich keinen, und dieſen
verehrten Chriſten, Juden, und alle Einwohner Egyp-
tens. — Man weiß kaum, was man dieſer ganzen
Erzählung vor einen vernünftigen Verſtand beylegen ſoll:
ſo ſehr ſtreitet ſie mit den Grundlehren der jüdiſchen und
chriſtlichen Religion. Es bleibt nur dieſes übrig, daß
man ſie für eine Erdichtung der Feinde der Juden, der
Chriſten und der Egyptier überhaupt, die bey dem Kaiſer zu bald Eingang fanden, anſehe. Einige Veranlaſ-
ſung dazu könnten die Baſilidianer gegeben haben, welche den heidniſchen Verfolgungen durch die Verleugnung
Chriſti zu entgehen ſuchten: und vielleicht auch andere
Gnoſtiker. Die ſchimpfliche Vermiſchung der Juden mit den Chriſten fällt hier ebenfals in die Augen.
Und doch kam Adrianus, der damals die Chriſten ſo
ſehr verachtete, in den Verdacht, daß er geſonnen ſey,
Chriſtum unter die Götter zu verſetzen. „Er ließ,
„ſchreibt Lampridius, (in vita Alex. Sev. c. 43.) in
„allen Städten Tempel bauen, und keine Bildniſſe der
„Götter hineinſetzen: daher ſie die Adrianiſchen Tem-
„pel genannt wurden. Dieſe, ſagte man, habe er Chri-
„ſto weihen wollen; aber es hinderten ihn daran diejenigen,
„welche, nachdem ſie die Götter um Rath gefragt hatten,
„erfuhren, daß, wenn dieſes geſchehen ſollte, jedermann
„ein Chriſt werden, und die übrigen Tempel leer bleiben
„würden.„ Es kann ſeyn, daß dieſes nur ein Gerücht
und Gedanken des gemeinen Volks waren; vielleicht hat
auch Adrianus in dieſen Tempeln ſein eigenes Bild auf-

ſtellen

stellen laffen wollen. Gleichwohl ist diese Erzählung überhaupt nicht unwahrscheinlich.

Die Christen boten sich zuweilen unter der Regierung dieses Kaisers selbst der Verfolgung der Obrigkeiten dar. Als Arrius Antoninus die Statthalterschaft von Kleinasien führte, und den Christen daselbst übel begegnete, stellten sich auf einmal alle Christen zu Ephesus vor seinem Richterstuhl, vermuthlich, um nicht allein ihre Bereitwilligkeit zum Tode zu zeigen; sondern um ihm auch durch ihre Menge zu erkennen zu geben, daß es ihm nicht leicht fallen werde, sie auszurotten. Der Statthalter ließ nur wenige von ihnen hinrichten, und sagte zu den übrigen: „O ihr Elenden, wenn ihr sterben wollt, so habt ihr ja Abgründe und Stricke." Tertullian (ad Scapul. c. 5.) rühmt den Eifer dieser Christen: es wurde auch immer gewöhnlicher, daß die Christen durch ein unverlangtes öffentliches Bekenntniß ihrer Religion vor den Richtern, sich freywillig den Tod zuzogen. Aber die meisten ihrer Lehrer mißbilligten dieses Betragen: und in der That verlangte es ihre Religion nicht, sich ohne Noth in Lebensgefahr zu stürzen; sie sollten nur die unvermeidlichen Leiden standhaft dulden. So heldenmüthig und bewundernswürdig auch eine solche Hitze der Christen war; so riß sie doch dieselbe von den Pflichten ihres Lebens weg, die ihnen Gott auferlegt hatte, ohne sie davon abzurufen. Sie schadeten auch dadurch sich und ihrer Religion bey den Heiden: denn diese bildeten sich bey einer so ungestümen Begierde mancher Christen nach dem Tode ein, es sey bloß Schwärmerey und wilde Wuth, von welcher sie angefeuert würden. Der Ursprung dieses gutherzigen Fehlers ist nicht schwer zu finden. Jede Verfolgung entflammt Leute von einer starken Einbildungskraft, zumal wenn sie wegen einer Religion angegriffen werden, zu einem lebhaftern Widerstande. Bey den Christen kam die Verachtung des Lebens

bens hinzu, die hauptſächlich durch die gewiſſe Hoffnung
der Glückſeeligkeit nach dem Tode unterhalten wurde: ſie
hielten es ſich daher vor eine Ehre, dasjenige freudig und
geringſchätzig hinzuwerfen, was ihnen ihre Feinde mit ſo
vieler Erbitterung zu rauben ſuchten. Die ungemeine
Ehrerbietung, welche die Chriſten gegen die Märtyrer
bezeigten, und die hohe Meinung, die ſie von der Seeligkeit derſelben hatten, war auch ein Bewegungsgrund
für viele unter ihnen, dem Tode außerordentlich entgegen zu eilen.

Würklich hatten die Chriſten zuweilen gefährlichere
Feinde, als diejenigen, die ihnen das Leben nahmen.
Es waren manche heidniſche Philoſophen und Redner,
die den Großen eine verhaßte Abbildung von dem Chriſtenthum machten, es mündlich oder in Schriften, aber
weniger durch ernſthafte Unterſuchungen und Gründe, als
mit ſpottendem Witze angriffen, der die Lehren der Chriſten ungereimt und verächtlich vorzuſtellen ſuchte. An
Gelehrſamkeit und Scharfſinn fehlte es ihnen meiſtentheils ſo wenig, als an Beredſamkeit; feinere Köpfe
hörten und laſen ſie gerne: dieſen fiel es, da ſie einmal
auf den Weg zu lachen gebracht waren, weiter gar nicht
ein, zu fragen, ob auch den Chriſten Unrecht geſchehe.
Die meiſten laſſen ſich in dem Vergnügen, das ihnen
artige Spöttereyen verurſachen, nicht wohl ſtören: und
da dieſe noch mit ſcheinbaren Vorwürfen gegen die Chriſten begleitet wurden, ſo kann man ſagen, daß dieſe Gelehrten das Chriſtenthum mit einem ſchwarzen Anſtriche
bedeckten, durch welchen es unangenehm wurde, auf den
wahren Grund deſſelben zu kommen. Anfänglich hatten die Chriſten nur ſehr wenige, die ſich dieſen Feinden
mit gleichen Gaben entgegen ſetzen konnten. Ihre Religion war zwar wider dieſelben völlig geſichert, ſobald
man ſie nur richtig kannte; aber eben die Anzahl ſolcher
Heiden, welche bloß die Wahrheit geſucht hätten, oder

auch)

auch im Stande gewesen wären, sie unter so muthwilligen Verdrehungen zu finden, blieb immer klein. Einer
der berühmtesten Gegner der Christen von dieser Art war
am Ende von Adrians Regierung Celsus, ein Epi-
cureischer Philosoph, der viele Wissenschaft und Geschicklichkeit für das Heidenthum zu fechten besaß; aber
eben so arglistig und unbillig mit der christlichen Religion verfuhr.

Er schrieb wider die Christen und Juden zugleich in
griechischer Sprache ein Buch mit der Aufschrift: Die
wahrhafte Rede, oder: die Rede von der Wahrheit. Es ist zwar nicht mehr vorhanden; allein Origenes hat in dem Werke, in welchem er dasselbe wider-
legte, eine so große Menge Stellen daraus angeführt,
daß wir den Inhalt des Buchs zusammenhängend genug
wissen. Celsus versteckte darinne seine Epicureischen
Gesinnungen. Nach denselben hätte er die Religion überhaupt, und ihre äußerlichen Uebungen besonders verspotten müssen: dieser Spott aber würde das Heidenthum noch
mehr als die christliche Religion getroffen haben. Er
suchte also zwar die letztere lächerlich zu machen; aber er
setzte ihr auch Platonische und stoische Lehren, als
bessere, entgegen. Die Platonischen Grundsätze konnten gar wohl zur Unterstützung der heidnischen Religion gebraucht werden: auf der einen Seite näherten sie sich zwar
den christlichen; aber auf der andern lehrten sie auch die
Verehrung vieler Untergötter, und die großen Begriffe,
die sie von Gott und von der Tugend einflößten, dienten
den Heiden dazu, daß sie vorgeben konnten, die Christen
hätten in diesem Stücke nichts, was nicht Plato schon
weiser gedacht, und gleichsam aus den Geheimnissen der
Natur hervorgezogen habe. Eben so schien ihnen die stoische Sittenlehre mit der christlichen zu ihrem Vortheil
verglichen werden zu können. Dem ohngeachtet liegt die
Epicureische Denkungsart des Celsus in diesem Buche

che nicht so tief verborgen, daß es unmöglich wäre, bis auf dieselbe zu blicken. Für solche Heiden, die mit dem Christenthum nicht bekannt waren, hatte dieses Werk viel Verführerisches, und es scheint auch eine seiner vornehmsten Absichten gewesen zu seyn, sie von der Annehmung der christlichen Religion, selbst von ihrer Untersuchung abzuhalten.

Allein es ist, so viel wir wissen, das erste, worinne man diese Religion bestritten hat: und daher verdienen die Einwürfe und Beschuldigungen des Celsus noch vorzüglicher einen Platz in dieser Geschichte, als die folgenden Schriften anderer gelehrten und witzigen Männer wider das Christenthum. Celsus wirft den Christen zuerst vor, daß sie heimliche, durch die Gesetze verbotene Zusammenkünfte hielten, ja daß ihre Lehre selbst heimlich gehalten würde. Von dieser sagt er weiter, sie habe nichts großes oder neues an sich; keine Vorschriften, die nicht schon die Philosophen vorgetragen hätten. Er will wissen, daß die Christen die Nahmen der bösen Geister verstünden, und in Beschwörungen derselben geübt wären. Besonders aber lacht er über die Leichtgläubigkeit der Christen, darunter, sagt er, manche keinen Grund des Glaubens geben noch annehmen wollten, sondern sich des Ausspruchs bedienten: Dein Glaube wird dich seelig machen: auch wohl zu sagen pflegten: Die Weisheit der Welt ist eine schlimme Sache; aber die Thorheit ist eine gute. Hierauf spricht er verächtlich vom Moses und von der jüdischen Religion; die jüdischen Ziegen- und Schaafhirten sollen sich durch bäuerische Betrügereyen von ihm haben verleiten lassen, nur Einen Gott zu glauben, den man auch wohl Jupiter nennen könnte; sie sollen auch vom Moses die Anbetung der Engel und zauberische Künste gelernet haben. Um nunmehro das Christenthum durch eben diese von ihm verachteten Juden destomehr zu beschimpfen, läßt er Jesu von einem Juden die

ab=

abscheulichsten Vorwürfe machen: er wäre, sagt der Jude, von einer armen jüdischen Frau, welche ihr Ehemann, ein Zimmermann, wegen Ehebruchs verstoßen habe, heimlich zur Welt gebracht worden; aus Dürftigkeit habe er in Egypten für Lohn dienen müssen, und daselbst gewisse Zauberkünste gelernet, die ihn so stolz gemacht hätten, daß er bey seiner Zurückkunft nach Judäa vor einen Gott habe gehalten seyn wollen. Der Jude fährt fort, die himmlische Stimme, welche bey der Taufe Jesu sollte gehört worden seyn, habe niemand als er und einer von seinen Freunden gehört; Moses habe ehemals zu Jerusalem geweißaget, der Sohn Gottes werde als ein Richter der Frommen, und Bestrafer der Gottlosen kommen; aber diese Weißagung schicke sich auf Jesum nicht mehr, als auf viele andere Schwärmer oder Betrüger, die ein gleiches von sich vorgegeben hätten; anstatt ein Reich aufzurichten, sey Jesus, der doch der Sohn Gottes seyn wollte, in einer armseeligen Gestalt herumgezogen, und habe sich öfters versteckt; er habe zehn oder eilf übelberüchtigte Leute, sehr schlimme Zollbediente und Schiffer, in seine Gesellschaft aufgenommen; mit diesen sey er von einem Orte zum andern geflohen, und habe unanständiger Weise den Unterhalt zusammen gebettelt. Ferner wundert sich der Jude, daß Jesus als ein Kind nach Egypten geflüchtet sey, um dem Tode zu entgehen, welchen doch ein Gott nicht fürchten könne, und daß ihn Gott nicht in seinem Vaterlande habe retten können. Er fragt Jesum, was er vortrefliches und bewundernswerthes geredet oder gethan habe, ob er gleich im Tempel aufgefordert worden sey, durch ein offenbares Merkmal zu zeigen, daß er Gottes Sohn sey. Doch besinnt er sich gleich auf die Wunderwerke Jesu, nimmt an, daß sie wahr wären, vergleicht sie aber mit den ähnlichen Handlungen der Gauckler, die doch niemand, sagt er, deswegen vor Gottes Söhne halte.

Mit

Mit einiger Verwunderung läßt hierauf Celsus einen Juden seine zum Christenthum bekehrten Landsleute
anreden: „Was ist euch begegnet, meine Mitbürger,
„fragt er, daß ihr euer väterliches Gesetz verlassen, euch
„von Jesu auf eine sehr lächerliche Art habt verleiten
„und betrügen lassen, und von uns zu einem andern Nah-
„men, einer andern Lebensart übergegangen seyd? Wie
„könnt ihr von unserm Gottesdienste den Anfang machen,
„und im Fortgange denselben verachten, da doch unser
„Gesetz der einzige Anfang eurer Lehren ist? Wenn auch
„jemand euch vorher verkündiget hat, daß der Sohn Got-
„tes zu den Menschen kommen werde: so war dieses un-
„ser Prophet, der Prophet unsers Gottes. Und wie
„hätten wir, die wir es allen Menschen angezeigt hat-
„ten, daß jemand von Gott kommen werde, der die Un-
„gerechten bestrafen sollte, ihm, nachdem er gekommen
„war, schimpflich begegnen können?„ Wir könnten,
sagt der Jude weiter, denjenigen vor keinen Gott halten,
der auf der Flucht gefangen genommen worden ist; es
war auch einem Gotte nicht anständig, daß er von seinen vertrauten Schülern, die ihn vor den Erlöser und
Gottes Sohn und Boten hielten, verrathen und verlassen wurde. Darauf beschuldigt er die Jünger Jesu,
es sey ihre Erdichtung, daß er alles vorhergesagt habe,
was ihm begegnete. Er glaubt, Jesus würde seinen
Tod vermieden haben, wenn er ihn vorher gewußt hätte, und es sey ungereimt zu denken, daß ihn derjenige,
dem es vorhergesagt worden, daß er ihn verrathen würde, doch verrathen haben sollte. Er findet es widersprechend, daß Jesus aus Gehorsam gegen seinen Vater
den Tod gelitten, und gleichwohl darüber geklagt und
gebeten habe, daß er desselben, wenn es möglich wäre,
überhoben werden möchte. Jesus hat, nach seiner
Meinung, während seines Leidens nicht den geringsten
Schmerz empfunden, und seine Jünger haben die Lügen,
welche sie von ihm ausbreiteten, nicht einmal wahrscheinlich

lich zu machen gewußt. Manche Christen sollen ihr Evangelium auf vielerley Art verändert haben, damit sie, so
oft man sie wegen desselben angreift, desto füglicher läugnen könnten. Die Weißagungen der Propheten können
auf unzählige andere Arten, auch bequemer und wahrscheinlicher, als von Jesu verstanden werden. Ein mächtiger König der ganzen Welt, sagt der verstellte Jude
ferner, ist zwar von den Propheten vorher verkündigt
worden; aber kein so schädlicher als Jesus. Auch würde niemand an solchen Zeichen und Gerüchten, an so
schlechten Beweisen Gott oder Gottes Sohn erkennen;
und wie die Sonne sich selbst zuerst zeigt, indem sie alles
andere erleuchtet: so hätte es auch der Sohn Gottes thun
sollen. Warum hat Jesus nicht wenigstens bey seinem
Leiden seine Gottheit gezeigt, sich aus der Schmach gerissen, und seine Feinde bestraft? Bey seinem Leben überzeugte er niemanden von der Wahrheit seiner Lehre, nicht
einmal seine Schüler: diese sind weder mit ihm, noch
für ihn gestorben; es ist also seltsam, daß die Christen
jetzt für ihn sterben. Er war auch nicht ganz frey vom
Bösen, oder untadelhaft. Daß er zur Zerstörung des
Vaters alles Bösen gelitten hat, giebt keinen Beweis
ab, daß er Gottes Sohn sey: denn wie viele andere haben nicht eben so tapfer Leiden ausgestanden? Er selbst
hat gestanden, daß andere Bösewichter und Gauckler
ähnliche Künste mit den seinigen verrichten würden, von
denen der Satan der Urheber sey: und bey ihm sollten
sie zum Beweise dienen, daß er Gott sey? Seine Auferstehung ist eben so wenig wahr, als die heidnischen
Fabeln dieser Art: zumal da er sich in seinem Leben selbst
nicht hat helfen können. Und wer hat ihn nach dem
Tode lebendig gesehen? Ein unsinniges Weib, und wer
sonst diesen Zaubereyen zugethan war, der entweder sich
selbst durch falsche Erscheinungen betrog, wie es unzählichen wiederfahren ist; oder der andere durch solche Wunderzeichen in Erstaunen setzen, und andern Gaucklern Materie

terie zum Lügen geben wollte. Wenn er wirklich seine göttliche Macht hätte zeigen wollen, so hätte er sich vor allen seinen Feinden, und besonders vor seinem Richter, sehen lassen sollen. Welcher Gott hat wohl jemals, wenn er zu den Menschen gekommen war, nicht Beyfall gefunden, besonders wo seine Ankunft erwartet wurde?

Celsus redet nun auch in seinem eigenen Nahmen. Der Streit, den die Christen und Juden mit einander über Christum führen, kommt ihm eben so thöricht vor, als der durch ein Sprüchwort berühmte Streit über den Schatten des Esels: die ganze Frage soll lächerlich seyn, indem beyde Theile darinne übereinstimmten, daß Propheten, die von dem Geiste Gottes angetrieben wurden, die Ankunft eines Erlösers der Menschen verkündigt hätten; aber sich nicht vergleichen könnten, ob derselbe gekommen sey oder nicht? Beyde unterdessen, setzt er hinzu, haben dieses mit einander gemein, daß sie durch einen Aufruhr entstanden sind: die Juden haben sich von den Egyptiern getrennt, von welchen sie herstammten, und die Christen von den Juden. Wenn aber gleich alle Menschen Christen werden wollten, so würden es diese nicht zugeben. Denn anfänglich waren sie einig, da ihrer noch wenige waren. Nachdem sie sich aber wegen ihrer Menge zerstreuet hatten, entstanden immer neue Trennungen zwischen ihnen; ein jeder wollte seine Parthey haben, und sie hätten dieses vom Anfange her gesucht. Die Christen haben nichts mehr als den Nahmen unter einander gemein: ihr Ursprung war überhaupt nichtswürdig; aber die Vortheile ihrer Trennung, und die Furcht vor denen, die anders als sie denken, machen, daß sie einander noch treu verbleiben. Sie ziehen die Menschen durch eitle Schröckbilder und übelverstandene alte Fabeln von Belohnungen und Strafen nach dem Tode, an sich. Menschen, welche der Welt die größten Wohlthaten erwiesen haben,

wollen

wollen sie nicht vor Götter gehalten wissen; Jesum aber wollen seine Freunde nach seinem Tode gesehen haben, und diesen sterblichen Menschen ehren die Christen als einen Gott. Sie wollen keinen gelehrten und weisen Mann unter sich aufnehmen: denn dieses sind bey ihnen böse Eigenschaften; sondern sie gestehen, daß nur Ungelehrte, Thoren, Sklaven, Weiber und Kinder ihres Gottes würdig sind, daß sie nur diese überreden wollen und können. Daher sehen wir auch, daß Handwerksleute, ganz ungelehrte und bäuerische Personen, die kleinen Kinder reizen, sich dem Gehorsam ihrer Eltern und Lehrer zu entziehen, und ihnen zu folgen. Zu andern geheimen Gottesdiensten ruft man diejenigen, welche daran Antheil nehmen sollen, folgendergestalt: Wer rein von allen Sünden ist, und ein gutes Gewissen hat, komme hierher! Aber bey den Christen heißt es: Jeden Sünder und Thoren, jedes Kind, und überhaupt jeden Unglücklichen, nimmt das Reich Gottes auf. Sie lehren auch, daß Gott den Bösen aus Mitleiden helfe; keinesweges aber den Rechtschaffenen, weil diese kein Mitleiden verdienen. Wozu kam aber Gott unter die Menschen? fragt Celsus. Kannte er sie etwa nicht genug? oder, wenn sie einer Besserung bedurften, konnte er sie nicht durch seine Macht leisten, ohne auf die Welt zu kommen? oder war er den Menschen unbekannt? Also hat er erst nach so vielen Jahrhunderten das Leben der Menschen bessern wollen, und hatte es so lange vergessen? Die Christen sagen auch irrig, fährt er fort, daß Gott mit Feuer gleichsam als ein Peiniger herabsteigen werde. Durch den langen Umlauf der Zeiten und Gestirne wird es nothwendig, daß auf die letzte Ueberschwemmung der Welt unter dem Deucalion ein Brand derselben folge. Wenn Gott zu den Menschen herab kommen soll, so muß er sich ändern, er muß böse und unglücklich werden: da aber dieses unmöglich ist, so kann man auch das erstere nicht glauben.

Er

Er kehrt immer wieder zu bittern Spöttereyen gegen Juden und Christen zurück. Sie sind insgesammt, sagt er, einem Heere von Fledermäusen oder Ameisen, Fröschen und Würmern gleich, welche mit einander streiten, wer von ihnen mehr Sünden an sich hebe, und sagen, Gott melde ihnen alles vorher, bekümmere sich nicht um Himmel und Erde, sondern bloß wie er sie regieren möge, handle mit ihnen allein stets durch abgesandte Boten, und unterhalte mit ihnen eine beständige Gemeinschaft; sie wären Gott in allem gleich geschaffen worden, alles sey ihrentwegen da, und wenn einige von ihnen sündigten, käme Gott, oder schickte seinen Sohn, um die Gottlosen zu strafen, die übrigen aber des ewigen Lebens mit ihm theilhaftig zu machen. Besonders verachtet er die Juden, als unbekannte Flüchtlinge, welche nie etwas Merkwürdiges verrichtet hätten, nennt Mosis Geschichte von der Schöpfung und dem Fall des Menschen eine unglaubliche und ungelehrte Fabel, verlacht die Erzählung von der Sündfluth, die aus der verfälschten Nachricht von Deucalions Ueberschwemmung entstanden seyn soll, und so geht er auch mit andern Theilen der jüdischen Geschichte um. Die bescheidnern Juden und Christen, fährt er fort, legen zwar vieles allegorisch, aber sehr gezwungen, aus. Richtiger ist es, daß Gott nichts Sterbliches hervorgebracht hat; sondern daß alle seine Werke unsterblich sind. Daher ist die Seele Gottes Werk; der Leib aber ist von einer ganz andern Natur, und von dem Körper eines Wurms oder Frosches nicht verschieden. Es giebt eine bestimmte und stets gleich große Anzahl von Bösem in der Welt, das aus der Materie herrührt, so wie überhaupt die Dinge in der Welt beständig im Kreise herumlaufen. Blitz, Donner und Regen sind keine Werke Gottes: und wenn sie es auch wären, so dienen sie doch den Bäumen und Pflanzen so gut, als den Menschen, welche für die Thiere eben sowohl, als für die Menschen wachsen. Die

II. Theil.   Bb   Thie=

Thiere haben ſogar viele Vorzüge vor den Menſchen, und wenn wir uns auf das geſellſchaftliche Leben in Städten unter Geſetzen und Obrigkeiten etwas einbilden, ſo findet man eben dieſe Anſtalten bey den Bienen und Ameiſen. An Zauberkünſten ſind die Schlangen und Adler den Menſchen überlegen. Auch an der Kenntniß Gottes geben viele Thiere den Menſchen nichts nach. Es iſt etwas beſonders Göttliches, künftige Dinge vorher zu wiſſen, und vorher zu zeigen; das lernen aber die Menſchen von den Thieren, ſonderlich von den Vögeln. Verſtändige Männer ſagen auch, daß die Vögel mit einander ſprechen, und vermuthlich von heiligern Dingen, als wir. Die Elephanten aber beobachten den Eid ſehr getreu. Gott liebt ſogar die Thiere mehr, als die Menſchen, zürnt aber auf die Menſchen eben ſo wenig, als auf Affen und Mäuſe. Celſus wundert ſich darauf, daß die Juden, welche den Himmel und die Engel anbeteten, nicht auf gleiche Art auch die Geſtirne verehrten. Er ſpottet abermals über die Lehre von der Auferſtehung der Todten, die manche Chriſten ſelbſt vor abſcheulich und unmöglich halten ſollen. Es ſey ſehr ungereimt, ſagt er, ſie damit zu vertheidigen, daß Gott alles möglich ſey: denn ſchändliche Dinge könne Gott nicht, er wolle auch nichts, was der Natur zuwider ſey; und wenn er gleich der Seele ein ewiges Leben ſchenken könne, ſo könne und wolle er doch ein verfaultes Fleiſch nicht ohne Urſache ewig machen. Die Juden thun, nach der Meinung des Celſus, wohl, daß ſie bey ihren alten Geſetzen und Sitten bleiben, weil es glaublich iſt, daß die Welt gleich anfänglich in gewiſſe Theile abgetheilt worden ſey, deren jeder von einem beſondern Aufſeher als eine Provinz regiert werde; aber deſto mehr ſind die Chriſten zu tadeln, welche, da ſie kein eigenes Volk ausmachen, doch ihre väterlichen Sitten verlaſſen haben. Doch beſtreitet er auch das Vorgeben der Juden, daß ſie Gott vor andern Völkern geliebt und gewählt habe; er glaubt

viel=

vielmehr, daß sie vom Moses betrogen worden sind. Den Christen will er zugeben, daß Jesus ein wahrer Engel gewesen sey; aber er wirft ihnen vor, daß nach ihrem eigenen Geständnisse mehrere Engel auf die Welt gekommen sind, zuweilen sechzig oder siebzig auf einmal, die, weil sie böse geworden, gefangen gesetzt worden, und aus ihren Thränen warme Quellen geflossen wären. Bey der Auferstehung Jesu habe auch ein Engel den Stein vom Grabe gewälzt, weil der Sohn Gottes selbst es nicht habe öffnen können: und diejenigen, welche nach der Lehre Jesu von dem Weltschöpfer abgefallen, und zu dem höhern Gott dem Vater übergegangen wären, sagten auch, daß der Weltschöpfer einige Engel zu den Menschen gesandt habe.

Nach diesem allem sucht Celsus noch insonderheit zu beweisen, daß, wenn auch die Christen etwas Gutes gelehrt hätten, solches von den heidnischen Weltweisen bereits besser und deutlicher vorgetragen worden sey, ohne daß sie es auf eine gebieterische Art im Nahmen Gottes oder seines Sohns gesagt hätten. So habe Plato bereits gezeigt, daß die göttliche Weisheit von der menschlichen verschieden sey; daß man sich gegen Gott demüthig bezeigen müsse; daß ein rechtschaffener Mann nicht zugleich sehr reich seyn könne; den Persern wären schon eine Himmelsleiter und sieben Chöre des Himmels bekannt gewesen. Er giebt den Christen auch Schuld, daß sie bald einerley Gott mit den Juden annähmen; bald, wenn Jesus anders lehre als Moses, auch einen andern Gott suchten. Er nennt es eine grobe Unwissenheit, und einen Mißverstand der philosophischen und poetischen Räthsel, daß die Christen den Satan zum Widersacher Gottes machten: es sey auch menschliche Schwachheit und gottlos zu sagen, daß der höchste Gott von einem Gegner gehindert werde, den Menschen wohl zu thun. Daß der Sohn Gottes vom Teufel überwunden werde, und von

Bb 2 dem

demselben verfolgt, andere lehre die Verfolgungen desselben zu verachten; und daß er vorhersage, der Satan werde ebenfals kommen, große Wunder verrichten, und Gottes Ehre an sich reißen, dem man aber nicht glauben müsse, sondern Jesu allein; dieses wären lauter Reden eines Betrügers, der es mühsam zu verhüten suche, daß ihm die entgegen gesetzten Lehrer keinen Eintrag thäten. Daß die Christen Jesum Gottes Sohn nennen, soll eine Nachahmung der Philosophen seyn, welche die von Gott geschaffene Welt seinen Sohn genannt haben. Es folgen neue Spöttereyen über die älteste Weltgeschichte vom Moses, und darauf macht Celsus folgende Erklärung von der Ankunft Jesu: Weil Gott groß und schwer anzuschauen ist, hat er seinen eigenen Geist in einem dem unsrigen ähnlichen Körper herabgeschickt, damit wir ihn hören, und von ihm lernen können. Aber eben deswegen konnte der Sohn Gottes nicht unsterblich seyn, auch nicht vom Todte auferstehen; er hätte sich durch seine äußerliche Gestalt vor allen andern Menschen ausnehmen, und nicht er allein hätte in einen Winkel der Erde geschickt werden sollen.

Die Weissagungen der Propheten von Jesu greift Celsus auch noch besonders an. Unzählliche Orakelaussprüche, sagt er, denen die Völker gehorcht haben, verachten die Christen; aber die ungewissen und zweydeutigen Reden der Juden halten sie vor bewundernswürdig und höchst gewiß. Es hat auch Schwärmer genug gegeben, welche vor Gott gehalten seyn wollten, und weissagten; aber dergestalt, daß man keinen gewissen Verstand in ihren Reden finden kann. Man muß nicht darauf sehen, was verher gesagt werden sey oder nicht; sondern was Gott anständig und seiner würdig sey. Wenn gleich alle unsinnige Menschen etwas Böses und Schändliches von Gott verkündiget haben; so muß man es doch nicht glauben: und das ist der Fall bey den

Weis-

Weissagungen von Christo. Zwischen Mose und Jesu findet er den Widerspruch, daß jener die Juden reich und mächtig wissen will; dieser aber bey den seinigen diese Eigenschaften nicht duldet. Er wirft den Christen vor, daß ihr Gott körperlich und menschlich gestaltet sey: daß sie ihre Lehre vom ewigen Leben aus dem Plato genommen haben; daß sie hoffen, Gott dereinst mit leiblichen Augen zu sehen, und ihn zu berühren. Statt ihrer Lehrer empfiehlt er ihnen die griechischen Dichter und Weltweisen, besonders den Plato. Und wenn sie ja, sagt er, einen großen Mann unter den Verstorbenen zum Gott hätten machen wollen, so hätten sie den Orpheus, Epiktetus, oder einen andern wählen sollen, der größere Dinge gethan habe, als Jesus. Sie lehren, daß man das Unrecht nicht wieder vergelten, und dem, der auf den einen Backen schlägt, auch den andern darbieten soll. Eine alte Lehre; nur daß sie von ihnen bäuerischer ausgedrückt worden ist: schon Sokrates beym Plato ertheilt diese Vorschrift. Sie verwerfen die Tempel, Altäre und Bildsäulen; allein die Scythen, Numidier und Seren, Völker, die eben so wenig eine Religion als Gesetze haben, thun eben dieses, ingleichen die Perser. Heraclitus hat auch bereits etwas ähnliches gelehrt. Wenn sie die Bildsäulen der Götter deswegen verachten, weil verarbeitetes Holz oder Gold nicht Gott seyn kann: so ist dieses eine lächerliche Weisheit; denn nur ein Thor kann glauben, daß dieselben Götter, nicht vielmehr den Göttern geweihet sind. Wenn sie aber glauben, daß man sie auch nicht vor Bilder der Götter halten könne, weil Gott eine andre Gestalt habe, so tadeln sie unvorsichtiger Weise ihre eigene Lehre, daß der Mensch nach Gottes Bilde geschaffen worden sey. Allein sie werden es zugeben, daß diese Bilder von denen sind, welche sie vorstellen sollen: hingegen werden sie läugnen, daß diese Götter sind, indem es vielmehr Geister wären, denen man keine Verehrung schuldig sey.

Wa=

Warum sollte man aber nicht auch die Geister verehren, da sie ihre Macht von Gott empfangen haben, und alles nach seinen Gesetzen thun? Sie schützen sich vergebens mit den aufrührischen Worten: Man kann nicht mehrern Herrn zugleich dienen. Es ist vielmehr Gott angenehm, wenn man die ihm unterworfenen Geister ehrt, indem man dadurch zeigt, wie sehr man ihn selbst verehre. Und obgleich die Christen nur den einzigen höchsten Gott verehren wollen; so glauben sie doch nicht zu sündigen, wenn sie seinen Diener, der erst vor kurzem gelebt hat, verehren. Tempel und Altäre verabscheuen sie nur deswegen, damit sie durch dieses Merkmal ihre unsichtbare Gemeinschaft desto mehr befestigen. Wenn die Götzen nichts sind, warum sollte man nicht von ihren Opfermahlzeiten essen dürfen? Wenn sie aber gewisse Geister sind, so müssen sie auch Götter seyn, denen man glauben und opfern, und sie um Gnade bitten muß. Dürfen die Christen nicht vom Götzenopfer essen: so sollten sie überhaupt kein Fleisch der Thiere essen; ja auch sonst nichts genießen, weil jedes Nahrungsmittel in der Natur von einem gewissen Dämon oder Geiste herkommt, dem die Besorgung desselben aufgetragen ist. Die Christen beschimpfen die Bildsäulen der Götter, die sich, wie sie sagen, an ihnen deswegen nicht rächen. Aber Gott soll seinen Sohn haben martern lassen, ohne doch seine Feinde darum zu bestrafen. Und die Götter rächen sich wohl an ihren Lästerern, indem sie dieselben zur Todtesstrafe hervorziehen. Endlich sagt Celsus: Wenn die Christen die über die Welt gesetzten Dämonen nicht wie andere Menschen verehren wollen; so mögen sie aus der Welt gehen, weil sie sich den allgemeinen Pflichten der Menschen entziehen. Denn daß auch die kleinsten Dinge ihre Aufseher haben, kann man von den Egyptiern lernen, welche den menschlichen Körper in sechs und dreyßig Theile abtheilen, und einem jeden derselben einen Dämon oder einen Lustgott vorsetzen.

Wa-

Warum sollte man sich nun nicht um die Gnade derselben bewerben, wenn man gesund und glückseelig seyn
will? Doch muß man sich dem Dienste derselben nicht
zu sehr ergeben, damit man nicht wichtigere Dinge darüber vergesse. Denn weise Männer behaupten, wie es
scheint, mit Recht, daß die meisten irdischen Geister
sich mit der Geburt, mit Blute, Dampf, Musik, und
andern ähnlichen Dingen allein belustigen, und nichts
mehr vermögen, als die Körper zu heilen, künftige Dinge den Menschen vorherzusagen, und was sonst menschliche Angelegenheiten betrifft. Gott hingegen muß man
niemals verlassen, und sein Gemüth stets auf denselben
richten, auch eher alles ausstehen, als die Ehrerbietung
gegen ihn in Worten oder Gedanken übertreten, ob man
gleich auch die Sonne oder die Minerva durch Lobge-
sänge verehren kann, damit die Gottesfurcht, indem sie
sich über alles ausbreitet, desto vollkommner werde.

Solche Gründe und Einwürfe setzte Celsus der
christlichen Religion entgegen: und es ist kaum zu zweifeln, daß er beynahe alles gesagt habe, was die gelehrtesten und scharfsinnigsten Heiden wider diese Religion
bis auf seine Zeit erinnert hatten. Es ist zwar auch
vieles darunter, was nur dem Pöbel anständig war;
aber man sieht doch, daß Celsus überhaupt philosophisch habe streiten wollen. Gleichwohl muß man sich
verwundern, daß er habe hoffen können, durch seine
Schrift den Christen Schaden zuzufügen, oder das Heidenthum hinlänglich zu vertheidigen. Es fällt zuerst in
die Augen, daß er die christliche Religion nichts weniger als wahr und aufrichtig abgeschildert hat. Man
bleibt ungewiß, ob er die heiligen Schriften der Juden
und Christen wirklich gelesen, oder so vieles, was er
daraus anführt, nur aus andern Schriften gezogen habe: denn oft, wenn er sich auf dieselben beruft, stimmen sie gar nicht mit seiner Erzählung oder Vorstellung

Bb 4

über-

überein. Auch dieses scheint zweifelhaft zu seyn, ob
er jene Schriften nicht verstanden habe, oder nicht habe
verstehen wollen: nur die Verfälschung und Verdrehung
ihrer deutlichsten Stellen macht den letztern Argwohn
wahrscheinlich; und er hat also schwerlich ohne boshafte
Gesinnungen gegen die Christen geschrieben. Von ih=
nen und ihrer Religion behauptet er manche offenbare
Unwahrheiten, wie unter andern diese, daß sie geheim
gehalten werde, und nichts Neues oder Großes enthal=
te, alles Gute aber, das in ihr befindlich sey, mit den
heidnischen Weltweisen gemein habe. Er kennt ihre Ab=
sichten, ihren Zusammenhang, ihre genaue Verbindung
mit der jüdischen Religion nicht. An die Stelle ihrer
Lehren setzt er oft die Irrthümer der Ketzer dieser Zeiten,
und darunter so ausschweifende, daß sie augenscheinlich
das wahre Christenthum nicht seyn konnten: er wider=
legt daher häufig genug Meinungen, welche die Chri=
sten nie vor die ihrigen erkannt haben. So lange er die
evangelische Geschichte dazu gebrauchen kann, Jesum
und seine Religion zu verspotten, so lange hält er sie vor
glaubwürdig; aber sie besteht in seinen Augen aus Lü=
gen und Fabeln, sobald sie etwas zur Ehre des Chri=
stenthums erzählt. Daß er in die Geschichte Jesu
Verläumdungen des gemeinen Haufens gebracht, und
von ihm die schimpflichste Abbildung gemacht hat, ist
eigentlich an einem Feinde des Christenthums nicht un=
erwartet; aber daß er dieses ohne Beweis vorgetragen
hat, ohne die widersprechende Erzählung der Christen der
Falschheit zu überzeugen, ist wenigstens nicht philoso=
phisch. Eben so verfährt er mit den Wundern Jesu
und seiner Schüler: außer allgemeinen Schmähworten
findet er nichts, wodurch die Zuverläßigkeit der evange=
lischen Geschichte, das Zeugniß so vieler tausend Zuschau=
er wankend gemacht werden könnte. Die Ausflüchte, de=
ren er sich wider die an Jesu erfüllten Weissagungen be=
dient, sind vielleicht die schlechtesten unter allen. Sehr

gezwun=

gezwungen und vergebens sucht er die christlichen Lehren bey den heidnischen Weltweisen auf. Er empfiehlt anstatt des Christenthums andere Grundsätze der Religion; allein man sieht bald, wie viel die Welt verloren haben würde, wenn sie sich von neuem ganz der alten Ungewißheit und Uneinigkeit, den sonderbaren Meinungen der Philosophen von der Religion, überlassen hätte. Was Celsus selbst darüber gedacht hat, ist aus einigen richtigen aber weit mehr unwürdigen, und fast possierlichen Vorstellungen von Gott und von den Menschen zusammen gesetzt. Er kann das meiste wirklich geglaubt haben: doch widerspricht er sich auch zuweilen, und nimmt ohne Festigkeit der Einsicht oder des Urtheils das erste an, was sich den Christen entgegen setzen läßt. Darunter gehören, außer vielen ungerechten und eigenmächtigen Forderungen, insonderheit die Spöttereyen, die er wider sie gebraucht: sie sind niemals treffend, weil er sie nach jener falschen Voraussetzung ausschüttet, und können auch bey so ernsthaften und ehrwürdigen Materien der Untersuchung nicht vor die Waffen eines rechtschaffenen Mannes angesehen werden. Wenn man also auch gelinde, und ohne Parthey zu nehmen, von dieser Unternehmung des Celsus urtheilen will; so findet man doch, daß er seinen Endzweck verfehlt, und die Christen dadurch wenig habe beunruhigen können.

Vermuthlich waren einige der schlimmsten Verläumdungen, die Celsus wider Jesum und seine Anhänger gebraucht hat, von den Juden aufgebracht worden: und er bediente sich überhaupt ihrer bekannten Feindschaft wider die Christen, um diesen durch sie Vorwürfe machen zu lassen; bisweilen aber so ungeschickt, daß sie einem Juden nicht einfallen konnten. Die christlichen Schriftsteller dieser und der gleich folgenden Zeiten klagen oft über die schändlichen Nachreden und erdichteten Beschuldigungen, welche die Juden von ihnen unter den Heiden

aus=

ausgestreuet hätten: auch selbst über Verfolgungen, die
sie noch bey den geringen Ueberbleibsalen ihrer Macht
gegen die Christen erregten. Justin der Märtyrer
wirft es dem Juden Tryphon vor, (Dialog. cum
Tryph. p. 117. ed. Benedict.) daß seine Landsleute bald
nach der Auferstehung Jesu ansehnliche Männer abge-
ordnet hätten, die es weit herum in der Welt bekannt
machen sollten, daß ein Galiläischer Betrüger, Nahmens Jesus, (den, nachdem er von ihnen gekreuziget
worden, seine Jünger aus dem Grabe gestohlen, und
vorgegeben hätten, er sey vom Tode auferstanden,) eine
gottlose Sekte gestiftet habe. Er setzt hinzu, daß sie
auch nach dem Unglück, welches Jerusalem und ihr ganzes Volk betroffen habe, Jesum und seine Anhänger
feyerlich verfluchten, und keine Gelegenheit vorbeyließen,
einen Christen ums Leben zu bringen. Tertullianus
(ad nation. L. 1. c. 14.) nennt dieses Volk die Pflanz-
schule aller Lästerreden von den Christen. Und Origenes versichert, (advers. Celsum L. VI. p. 293. 294.
ed. Spencer.) daß die Juden gleich beym Aufkommen
der christlichen Religion das Gerücht ausgebreitet hätten,
die Christen äßen das Fleisch eines geschlachteten Kna-
ben, und pflegten, so oft es ihnen gefiele, bey ausge-
löschten Lichtern, Unzucht zu treiben; durch diese Verläumdungen wäre vielen eine Abneigung gegen das Christenthum beygebracht worden, und noch zu seiner Zeit
verabscheueten manche Heiden die Christen so sehr, daß
sie nicht einmal mit ihnen reden wollten. Diese Nachrichten sind nicht unwahrscheinlich; denn man findet
Spuren genug von dem unauslöschlichen Hasse der Juden gegen die Christen bis auf diese Zeiten, und man
kann auch leicht die Ursachen desselben angeben. Eine
Parthey, die mitten unter ihnen entstanden war, und die
sich, dem Anscheine nach, auf den Umsturz ihrer Religion und ihres Gesetzes gegründet hatte, immer zahlreicher wurde, immer mehr Anhänger von ihrem Volke
bekam,

bekam, wurde von ihnen mit der Erbitterung betrach=
tet, die man oft, zumal wie damals die Juden, unter
gewissen Drangsalen, gegen Abtrünnige empfindet. Sie
sahen dieselben als ihre Feinde an; und sie waren es
nicht; die Christen litten vielmehr manches von den Hei=
den, weil sie von diesen mit den Juden vermengt wur=
den.

Seit der großen Zerstreuung der Juden, nach dem
Untergange ihrer Hauptstadt, hatten sie ohngefähr vier=
zig Jahre unter dem Schutze der Kaiser ruhig gelebt.
Die Ausübung ihrer Religion, so weit sie nach zerstör=
tem Tempel noch Statt fand, war ihnen nicht verboten:
ihre Gesetze und Sitten blieben noch zum Theil aufrecht
stehen, und es war ihnen sogar ein Schatten ihrer ehe=
maligen Regierungsart bewilliget worden. Unter dem
Nahmen eines Patriarchen, der zu Tiberias wohn=
te, hatten sie ein Oberhaupt, das einigermaaßen mit
dem Vorsteher des sonst mächtigen hohen Rathes ver=
glichen werden kann. Dieser Patriarch führte die Auf=
sicht über die Synagogen, über die jüdischen Lehrer und
Kirchenbedienten, die er nach Gefallen bestellen und ab=
setzen konnte: er war selbst der vornehmste Lehrer des Ge=
setzes. Aber er genoß nur einer sehr eingeschränkten Ge=
richtsbarkeit. Ein anderer jüdischer Patriarch von et=
was geringerm Ansehen, hatte seinen Sitz zu Babylon.
In diesem Zustande der Juden, scheinen gleichwohl Rach=
begierde gegen die Heiden, welche sie in denselben ver=
setzt hatten, und der bitterste Verdruß über so viele ver=
lorne Rechte und Vortheile, alle ihre Gewalt über sie
behalten zu haben. Daher empörten sie sich im Jahr
115 in Cyrenaica, und brachten über zweymal hundert
tausend Römer und Griechen daselbst uns Leben. Im
folgenden Jahre richteten sie eine ähnliche Verwüstung
in dem angränzenden Egypten an, und schlugen den rö=
mischen Statthalter selbst, bis sie Trajanus durch ei=
nen

nen andern Feldherrn dämpfte. Wegen gleicher Urſache wurden ſie auf der Inſel Cypern ganz ausgerottet, und ein ähnlicher Argwohn zog ihnen in Meſopotamien eben daſſelbe Schickſal zu. Bey dieſer Gelegenheit wurden ſehr viele tauſend Juden in den gedachten Ländern getödtet; aber der Ausbruch dieſer Unruhen hatte auch einer großen Menge Chriſten, beſonders durch den Haß der Juden, das Leben geraubt.

Einen noch gefährlichern Aufruhr erregten die Juden in Paläſtina vom Jahr 132 oder 133 an, als Adrianus Jeruſalem ſeit dem Jahr 119 wieder aufgebauet hatte. Sie ſahen es mit Wehmuth und Zorn an, daß dieſer alte Sitz ihres Gottesdienſtes nicht nur durch heidniſche Einwohner bevölkert, ſondern auch durch einen Tempel entweihet wurde, der dem Jupiter Capitolinus zu Ehren auf eben den Berg kam, auf welchem der jüdiſche Tempel ſonſt geſtanden hatte. Schon im Jahr 128 erregten ſie deswegen Unruhen; nun aber ergriffen ſie in der Hoffnung, ſich in Freyheit zu ſetzen, durchgängig die Waffen, beſetzten viele haltbare Oerter, und ſuchten ſich ſelbſt in unterirdiſchen Klüften und Gängen eine Zuflucht, Gelegenheit zu Hinterhalte- und Ausfällen, nebſt geheimer Gemeinſchaft mit einander, zu verſchaffen. Zu ihrem Anführer warf ſich ein gewiſſer Räuber, Cozba auf, der ſich den Nahmen Bar-Chochba, das heißt auf Chaldäiſch, der Sohn des Sterns, oder ein himmliſches Geſtirne, gab. Er wollte nämlich vor den Stern angeſehen ſeyn, unter deſſen Bilde ehemals der Meßias den Juden war verkündigt worden: und da ſie mehr als jemals ſich einen weltlichen Erlöſer wünſchten, ſo erkannten ſie ihn deſto geſchwinder davor. Er rühmte ſich Wunderwerke zu verrichten; zugleich aber ließ er die Chriſten grauſam martern, um ſie zum Abfall von ihrer Religion zu nöthigen. Da er endlich die Erwartung der Juden hintergangen hatte, nannten

ten sie ihn Bar-Chozba, den Sohn der Lüge, oder
den Betrüger. Dieser Krieg wurde durch den hartnäckigen Widerstand der Juden, und durch die Bewegungen, welche er auch außerhalb Palästina hervorbrach-
te, sehr fürchterlich. Er konnte auch erst im dritten Jahre von den Römern geendiget werden, nachdem sie gegen fünf hundert und achtzig tausend Juden durchs
Schwerdt getödtet hatten, eine unzählige Menge derselben aber durch Feuer und Hunger umgekommen war.
Palästina ward beynahe zur Wüste, und den Juden
wurde verboten, sich der Gegend von Jerusalem nicht
mehr zu nähern, das seitdem, und eigentlich vom Jahr
136 an, bis auf die christlichen Kaiser, von Adrians
Familiennahmen Aelia oder Aelia Capitolina genannt wurde. Die Nachrichten von diesem zweyten groffen Unglück der Juden, und auch von ihrem Aufstande
unter dem Trajanus, müssen hauptsächlich aus dem
Dio Caßius (Hist. Rom. L. 68. 69 in Exc.) und
Eusebius, (Hist. Eccl. L. IV. c. 2. 6. Chron. ad a.
132.) genommen werden; denen noch Justin der
Märtyrer (Apol. I. c. 38. ed. Thalem.) beyzufü-
gen ist. Es ist wahr, daß Eusebius die Erbauung
von Aelia erst in die Zeiten nach dem jüdischen Kriege
setzt; allein man hat diesen Fehltritt desselben längst widerlegt. Nachdem Scaliger insonderheit und Valesius, die zu seinen beyden gedachten Büchern so lehrreiche Anmerkungen geschrieben haben, hat solches noch
vorzüglich Pagi (Critica histor. Chronol. Annalium
Ecclesiast. Baronii, ad a. 132. Baronii 134. p. 129. sq.
ed. Lucens. 1738. fol. Tom. II.) gethan.

Die Juden schienen nummehro zum zweytenmale ge-
warnt worden zu seyn, keine Versuche zur Wiederherstellung ihrer alten Macht zu wagen, und ihren Erlöser
nirgends als in der christlichen Religion zu suchen. Sie
befanden sich auch seit dieser Zeit desto mehr außer Stan-

de,

de, den Christen durch freye Gewaltthätigkeiten zu scha-
ben. Diese letztern richteten sich nun in Palästina weit
weniger nach den Juden, als sie es bisher wegen des
Streits über die Beobachtung des mosaischen Gesetzes
gethan hatten. Einige Zeit nach der Zerstörung Jerusalems war die christliche Gemeine, die sich aus dieser
Stadt geflüchtet hatte, in die dortige Gegend zurückge-
kehrt, und ihre Bischöfe waren lauter gebohrne Juden.
Aber jetzt wählte sie zuerst einen bekehrten Heiden Marcus zum Bischof. Da die Juden mit vieler Schärfe
von Jerusalem entfernt wurden, so liefen die Christen
Gefahr, vor Juden gehalten zu werden, wenn sie noch
ferner Cärimonien derselben beobachteten; und sie machten dieser Gefälligkeit ein Ende. Dieses letztere erstreck-
te sich durch die christliche Gemeine in Palästina überhaupt. Desto unwahrscheinlicher ist es, wie schon oben
(S. 317.) bemerkt worden, daß sich erst damals zwo
Partheyen unter den Christen durch ihren Eifer für das
Gesetz Mosis hervorgethan haben sollten.

Untergeschobene Schriften
der Christen,
und
Uebersetzungen ihrer heiligen Schriften.

In diese Zeiten, und vielleicht noch in etwas frühere,
kann man den Ursprung der unächten Schriften
setzen, die unter den Christen nach und nach in großer
Anzahl, mit dem Nahmen der berühmtesten und vor-
tref-

treflichsten Männer, besonders der Stifter des Christenthums, erschienen sind. Eine der ersten Schriften dieser Art waren die Sibyllinischen Gedichte, die man
noch in acht Büchern schlechter griechischer Verse gesam-
let hat: am vollständigsten sind sie vom Servatius
Galläus (Amsterd. 1689. 4.) herausgegeben worden. Wenn man ihnen glauben soll, so hat eine von
den berühmten Prophetinnen des heidnischen Alterthums,
welche Sibyllen genannt wurden, eine Schwiegertoch-
ter des Noah, dieselben aufgesetzt. Sie preisen die
Verehrung des einzigen wahren Gottes an, verkündigen die Ankunft und die großen Thaten Jesu, und enthalten eine Menge anderer Lehren und Weissagungen.
Schon dieses ist höchst unglaublich, daß sie gegen drit-
tehalb tausend Jahre verborgen geblieben, und erst im
zweyten christlichen Jahrhunderte bekannt geworden seyn
sollten: denn alles was die heidnischen Schriftsteller aus
ihren Sibyllinischen Gedichten, seit Roms ersten Zeiten insonderheit anführen, hat keine Aehnlichkeit mit diesen. Allein sie verrathen auch sonst ihre spätere Erdichtung. Das Leben Jesu ist darinne mit einer Deutlichkeit beschrieben, die bey den Geschichtschreibern desselben nicht viel größer ist: und alles zeigt einen christlichen Verfasser an, der lange nach den Begebenheiten
gelebt hat, welche er vorhersagen läßt. Seine Verse
sind merklich genug aus der griechischen Uebersetzung
des Alten Testaments und aus den Schriften des Neuen,
mit Zumischung von Fabeln, in einer verdorbenen
Schreibart zusammengesetzt, oft schwülstig und übel zusammenhängend, zuweilen auch mit seltsamen Meinungen durchsäet. So wird darinne behauptet, daß das
Feuer, wodurch die Welt dereinst verzehrt werden soll,
zugleich die Seelen und Leiber der Heiligen reinigen werde; das Paradies sey noch vorhanden, und für die auferstandenen Heiligen bestimmt; Jesus werde noch vor
der Auferstehung der Todten tausend Jahre zu Jerusalem

lem regieren; anderer Einfälle nicht zu gedenken, die
eben um diese Zeit erst unter den Christen aufkamen.

Ein Theil dieser Verse könnte vielleicht schon vor der
Geburt Jesu von griechischen Juden verfertigt worden
seyn. Aber es hindert auch nichts zu glauben, daß sie
alle einen Betrüger unter den Christen, der sich selbst als
einen Unterthanen Adrians kenntlich macht, zum Urheber haben. Er suchte die Heiden durch das Ansehen
der bey ihnen so ehrwürdigen Sibyllen, zur Annehmung der christlichen Religion zu führen. In der That,
wenn diese Gedichte zu der Zeit, da Jesus in die Welt
kam, und noch vorher, als ein altes Werk von den
Heiden wären angesehen worden: so hätte gar kein kräf-
tigeres Mittel gebraucht werden können, sie zu Christen
zu machen. Die so bestimmten, in der Erfüllung so
treffenden Weissagungen der Jüdischen Propheten von
Jesu, sind gegen diese Sibyllinischen gehalten, dunkel und ungewiß. Daher kam es auch, daß die Lehrer
der Christen, sobald sie diese letztern zu sehen bekamen,
Justin der Märtyrer, und so viele andere nach ihm,
sie vor alte Prophezeiungen annahmen, und daraus Beweise für das Christenthum wider die Heiden zogen.
Ihre Leichtgläubigkeit hat doch eine rühmliche Entschuldigung. Diese ältesten Lehrer wußten nichts von betrü-
gerischen Künsten bey der Ausbreitung der christlichen
Religion, die sie auch mit der ehrlichsten Ueberzeugung
zu der ihrigen gemacht hatten. Aber desto leichter konnten sie von andern hintergangen werden, da sie selbst gewissenhaft und ohne Mißtrauen waren. Die Fertigkeit
einer schärferen Prüfung und Beurtheilung untergeschobener Schriften fehlte ihnen ebenfals: es wurde ihnen
auch schwer, dieselben von ächten Werken zu unterscheiden, weil die Art, wie damals Bücher durch Abschriften bekannt wurden, und der Mangel einer genauern
Verbindung unter den christlichen Gemeinen, die Arbei-

ten

ten der Betrüger sehr begünstigten. Alles dieses zusammengenommen, darf man sich nicht wundern, daß sie einen Aufsaß, der ihnen so große Dienste leisten konnte, ohne Bedenken vor wahr erklärt haben. Freylich drangen sie mit denselben bey den Heiden nicht immer durch. Schon Celsus warf den Christen vor, (beym Origenes adverf. Celsum, L. VII. p. 368. edit. Spencer.) daß sie die Gedichte der Sibylle verfälscht hätten, und gedenkt auch L. V. p. 272.) der Sibyllisten unter den Christen, welches vermuthlich, · sagt Origenes, die Vertheidiger dieser Gedichte waren, die nicht von allen Christen vor ächt gehalten wurden. Auch Lactantius gesteht, (Divin. Institut. L. IV. c. 15.) die Christen wären von den Heiden beschuldigt worden, daß sie die oftgenannten Gedichte selbst ersonnen hätten: und ihre Vertheidigung, die er hinzusetzt, bedeutet nichts. Er beruft sich darauf, daß schon heidnische Schriftsteller vor Christi Geburt der Sibyllen gedacht hätten, deren Gedichte man in den ältern Zeiten, da sie niemand verstehen konnte, vor ein unsinniges Geschwäße möchte gehalten, und in die Dunkelheit geworfen haben, bis die Geschichte Jesu die Geheimnisse derselben entdeckt hätten; so wie auch die Weissagungen der jüdischen Propheten von den Juden nicht begriffen worden wären, bis sie Jesus erklärt hätte. Genug, die vermeinten Gedichte der Sibyllen wurden, ohngeachtet einige Christen Zweifel dagegen erregten, mit einem fast allgemeinen Beyfall von den Kirchenlehrern angenommen. Aus Hochachtung für diese, und weil man auch dieses Werk als eine wichtige Stütze der Religion betrachtete, erkühnte man sich viele Jahrhunderte hindurch nicht, dasselbe zu verwerfen. In den neuern Zeiten ist das alte Vorurtheil ohne große Mühe abgelegt worden. Vorzüglich hat David Blondel (in seinem Buche, des Sibylles celebrées tant par l'antiquité payenne que par les saints Peres, Charenton 1649. 4.) dasselbe glücklich zernich-

II. Theil.   Cc   tet;

tet: und dieses Buch, das wegen seiner veralterten Schreibart nicht mehr gelesen wird, verdiente es doch als ein lehrreicher Beytrag zur Geschichte der Denkungsart und vieler Religionsmeinungen der ersten Christen.

Weniger erheblich und fast noch mit klärern Merkmalen der Erdichtung angefüllt, sind viele andere Schriften, die von dieser Zeit an unter dem Nahmen großer Männer der Heiden, Juden und Christen, bey den letztern hin und wieder Eingang gefunden haben. Man schrieb sie den Patriarchen der ersten Welt, den heidnischen Weltweisen und Dichtern, Jesu und den Aposteln, auch den Schülern von diesen zu; aber weder die Nahmen noch der Inhalt dieser Bücher könnten zu einem andern Nutzen angeführt werden, als daß man den Betrug, der dabey vorgegangen ist, augenscheinlicher sähe. Die Neubegierde derer, welche sie näher kennen wollen, wird vom **Johann Dalläus** (de Pseudepigraph. Apostol.) vom **Joh. Albr. Fabricius,** (Codic. Pseudepigr. V. T. und Codic. Apocryph. N. Test.) vom **Thomas Ittig** (de Pseudepigr. Christi et Apostolor.) von den Schriftstellern der gelehrten, besonders philosophischen Geschichte, und anderen mehr, gestillt. Von einigen solcher Schriften, die ihres falschen Nahmens ohngeachtet das Glück von ächten Werken gehabt haben, ist in der Geschichte der Apostel und ihrer Schüler bereits Nachricht gegeben worden.

Aber desto wichtiger ist die Frage, aus welcher unglücklichen Quelle unter den Christen ein solcher Strom betrüglicher Schriften geflossen sey: und dieses zu einer Zeit, da sie noch der ersten Reinigkeit ihres Glaubens und den Büchern, die ihn allein richtig vortrugen, getreu verbleiben wollten. **Mosheim** hat darüber eine besondere Untersuchung angestellt; (Dissert. de caussis suppositorum librorum inter Christianos Sec. I. et II,

II. in Diſſ. ad Hiſt. Eccl. pertinent. Vol. I. p. 217. ſq.) und dieſelbe in einer andern Abhandlung, (de turbata per recentiores Platonicos Ecclesia, ib. p. 85. ſq.) fortgeſetzt: in beyden ſind die bekannten wahrſcheinlichen Urſachen dieſer Erdichtungen ſinnreich vorgeſtellt; vielleicht aber noch zu eingeſchränkt von der einen Seite. Es iſt gewiß, daß die ketzeriſchen Partheyen unter den erſten Chriſten eine große Anzahl untergeſchobener Schriften in der Welt ausgebreitet haben. Sie rechneten ſich zu den Chriſten, und konnten gleichwohl nicht mit dieſen aus gemeinſchaftlichen Büchern ihre Lehren beweiſen: daher blieb ihnen nichts übrig, als dieſe anders zu erklären, oder andere für ſich anzuführen, deren Anſehen nicht geringer ſeyn ſollte. Um dieſelben aufzuſetzen und auszuſtreuen, war nicht vielmehr als der ſchwärmeriſche Eifer ſolcher Partheyen, die ohnedieß durch offene Mittel wenig ausrichten, nöthig. Juden und Heiden hatten ſchon in den ältern Zeiten aus mancherley Abſichten eben ſolche Kunſtgriffe gebraucht. Die Ketzer konnten ſogar ſich überreden, daß ſie keinen Betrug begiengen: denn die feſte und hitzige Verſicherung von der Wahrheit ihrer Meinungen, in welche ſie ſich oft zu ſetzen wußten, verbunden mit Gerüchten und mündlichen Nachrichten von den Stiftern der chriſtlichen Religion, gab den von ihnen erſonnenen Schriften einen Schein der Wahrſcheinlichkeit. Die Gnoſtiker inſonderheit, welche mehr als andere Ketzer die Welt auf dieſe Art hintergangen haben ſollen, haben vermuthlich in ihren Grundſätzen noch einen eigenen Anlaß dazu gefunden. Wenn es wahr iſt, daß ein Theil von ihnen geglaubt habe, es ſey gleichgültig, ob man betrüge, oder der Wahrheit ergeben ſey: ſo iſt man ſchon bey dem Urſprunge dieſes großen Fehlers. Aber man kann ihn auch von ihrem Vorgeben herleiten, daß Jeſus neben ſeinen öffentlichen Lehren, noch gewiſſe geheime bloß den Apoſteln eröfnet habe: dieſe wollten ſie in ihren Schriften bekannt machen.

So

So fruchtbar jedoch die Ketzer an ſolchen Schriften waren; ſo verführten ſie dadurch die rechtgläubigen Chriſten ſelten, und dieſe nahmen, wie Euſebius meldet, (Hiſt. Eccl. L. III. c. 25.) von allen Evangelien und Geſchichten, welche die Ketzer den Apoſteln beygelegt hatten, keine an: mit ſo weniger Mühe unterſchieden ſie dieſelben durch Inhalt und Schreibart von den Arbeiten der Apoſtel. Setzt man noch dieſes hinzu, daß es bey den meiſten noch vorhandenen unächten Schriften aus den erſten chriſtlichen Zeiten ſchwer und faſt unmöglich ſey, Spuren ketzeriſcher Verfaſſer darinne zu zeigen, ſo verliert die gewöhnliche Meinung noch mehr, nach welcher die allermeiſten jener Schriften von den Ketzern verfertigt worden ſind. Auch die andern Chriſten haben vermuthlich viele derſelben unter verehrungswürdigen Nahmen zuſammengetragen. An ſich iſt es eine richtige Bemerkung, daß bereits Pythagoras und Plato gelehrt haben, es ſey erlaubt, zum Dienſte der Wahrheit bey gewiſſen Leuten auch Lügen und Betrug anzuwenden; daß dieſe Meinung von ihnen auf die Parthey der jüngern Platoniker, und von dieſen zu den Chriſten gekommen ſey; daß ſie endlich als der vornehmſte Grund von den ſogenannten frommen oder heiligen Betrügereyen anzuſehen ſey, die unter den Chriſten ſo beliebt geworden ſind. Allein die neuern Platoniker kamen erſt gegen das Ende dieſes Jahrhunderts auf, und noch vor der Mitte deſſelben trifft man untergeſchobene Schriften bey den Chriſten an, die aus mehr als Einer Quelle entſprungen ſind. Eine ſolche war die Abſicht, der Religion wider die Ungläubigen anſehnliche Vortheile zu verſchaffen. Eine andere iſt in der Bemühung zu ſuchen, gewiſſe Meinungen, Anſtalten und Cärimonien durch den Nahmen großer Männer, welche ſie empfohlen, ehrwürdig zu machen. Auch um die Lüſternheit vieler Chriſten nach geheimen Nachrichten aus den erſten Zeiten zu befriedigen, ſind dergleichen Schriften aufgebracht

bracht worden. Andere entſtanden daraus, weil man auch bekannten Lehren eine neue Geſtalt geben, oder ſeinen eigenen Vortrag von demſelben in Anſehen bringen wollte. Die Schwärmerey eines unbeſonnenen Eifers ſcheinet faſt immer daran Antheil gehabt zu haben, und der chriſtliche Lehrer beym Tertullianus (de baptiſmo c. 17.) der auf Befragen, warum er die Handlungen des Apoſtels Paulus mit der Thecla erdichtet und aufgezeichnet habe? darauf antwortete, er habe es aus Liebe gegen dieſen Apoſtel gethan, iſt ein natürliches Bild von mehrern gutmeinenden Betrügern. Der Gedanke, welcher den vermeinten heiligen Betrug rechtfertigte, hat in der Folge noch weit gröſſeres Unglück unter den Chriſten geſtiftet, als falſche Schriften.

In der flüchtigen Leichtigkeit, mit welcher dieſe oft von den alten Lehrern vor ächte Werke ihrer angeblichen Verfaſſer angenommen worden ſind, findet man vielleicht Gelegenheit zu einem ſehr übeln Verdachte. Es iſt möglich, könnte man ſagen, daß ſie auf gleiche Art in Anſehung der evangeliſchen Geſchichten und der Briefe der Apoſtel hintergangen worden ſind. Allein der Unterſcheid zwiſchen beyden Fällen iſt zu groß, als daß es erlaubt wäre, ſie mit einander zu vermiſchen. Die untergeſchobenen Schriften kamen plötzlich aus ihrer Dunkelheit zum Vorſchein; man kannte weder Zeit noch Ort gewiß, da ſie ſollten aufgeſetzt worden ſeyn, und daß diejenigen, deren Nahmen vor denſelben ſtunden, wirklich ihre Verfaſſer wären, dieſes mußte man ihnen ſelbſt oder der gemeinen Erzählung glauben; man hielt ſie außerdem vor ächte Arbeiten, wenn ſie keine groben Irrthümer im Glauben enthielten, und dem Chriſtenthum Vortheil brachten; aber alle Zweifel über dieſelben zu heben, war niemals möglich. Bey den wahren Schriften der Apoſtel war jeder dieſer Umſtände völlig anders geſtaltet. Die Gemeinen und einzelne Chriſten hatten ſie von ihnen

Cc 3

selbst erhalten, auch lange die Urkunden davon aufbe-
wahrt; man wußte, bey welcher Gelegenheit und zu welcher Zeit sie verfertigt waren; unzählige mündliche Zeugen konnten sogleich die Wahrheit ihrer Nachrichten bestätigen, und die Gewißheit geben, daß der darinne vor-
getragene Glaube die erste, unverfälschte christliche Religion sey; gegen die meisten derselben wurde kein Zweifel erregt, und die wenigen, wider welche man Bedenklichkeiten hatte, die auch keineswegs allgemein unter den
Christen waren, überstanden dieselben endlich durch die
Stärke ihrer ächten Richtigkeit. Hier ist alles dem gemäß, was man von Jesu und den Aposteln glaubwürdig weiß; dort kennt man sie kaum unter den Zusätzen
und Einfällen der Menschen. Die unächten Schriften,
welche sich auch deswegen mit vieler Bequemlichkeit ausbreiten konnten, weil die heiligen Bücher der Christen
um diese Zeit noch in keine Sammlung gebracht waren,
halfen doch eben durch jenen Unterscheid diese selbst in ihrem Ansehen befestigen. Und die ungemeine Vorsichtigkeit mancher Christen bis ins vierte Jahrhundert, die
auch wegen geringschätziger Zweifel einige apostolische
Schriften nicht davor erkennen wollten, scheint zum Theil
auch von der Gefahr hergerührt zu haben, die sie unter
so vielen erdichteten Schriften vor sich sahen, daß sie gleichfals den Aposteln mit Unrecht eine Arbeit zuschreiben möchten. So waren die ersten Christen leichtgläubiger gegen
solche Bücher gewesen, deren falsch vorgegebenen Ursprung wir bald entdeckt haben; und zurückhaltender im
Beyfall gegen solche, an denen wir nichts oder nur Kleinigkeiten zu tadeln wissen: ein wenigstens beruhigender
Umstand bey der Frage, aus welchen Schriften wir die
gewissesten Nachrichten von Jesu und seiner Religion
ziehen sollen.

Die Schriften der Apostel dienten in der That allein zur Fortpflanzung dieser Religion, und wurden daher

her auch) zeitig in die Sprache solcher Völker übersetzt,
welche sie in der griechischen nicht verstehen konnten.
Man irret vielleicht nicht, wenn man die syrische Uebersetzung des Neuen Testaments, welche die einfältige
oder ungekünstelte heißt, in die ersten Zeiten des zweyten
Jahrhunderts setzt. Zwar fehlt es an einem Beweise
dieses hohen Alters; aber es ist sehr wahrscheinlich. Nicht
sowohl, weil das Christenthum in Syrien sehr bald gegründet worden ist; sondern hauptsächlich, weil das Syrische die Mundart war, welche die Juden in Palästina
sprachen, und welche Jesus selbst geredet hatte. Es
ist beynahe unglaublich, daß man nicht bald die Gelegenheit ergriffen haben sollte, die eigenen Worte Jesu und
der Apostel, die den griechischen Ausdruck so sehr erläutern, in einer solchen Uebersetzung aufzubewahren; zumal da sie vielen Juden in Palästina, wo nicht unent-
behrlich, doch sehr brauchbar gewesen zu seyn scheint. Sie
bleibt bey der Erklärung des Neuen Testaments immer
sehr schätzbar, und ist von **Carl Schaaf** (zu Leyden
1709. 4.) am geschicktesten herausgegeben worden. Ob
man ihr eine lateinische Uebersetzung des Neuen Testaments, (oder da es noch nicht gesammlet war, einiger
Schriften desselben,) an die Seite setzen dürfe, ist ungewiß. Allein daß **Aquila**, der von den Heiden zu den
Christen, und von diesen zu den Juden übergegangen
seyn soll, zu den Zeiten **Adrians**, die Schriften des
Alten Testaments ins Griechische übersetzt habe, leidet
keinen Zweifel. Seine Uebersetzung war zweyfach: eine
überaus buchstäbliche, und eine mehr nach dem Verstande eingerichtete. Gegen das Ende dieses Jahrhunders
folgten **Theodotion** und **Symmachus** seinem Beyspiele. Jener fiel von den Ketzern zu den Juden ab,
näherte sich in seiner Uebersetzung mehr der Alexandrinischen, in welcher das Alte Testament schon so lange und
so weit herum gelesen wurde, beobachtete auch mehrere
Freyheit; obgleich seine Kenntniß der hebräischen Sprache

nicht

nicht die stärkste war. Symmachus hingegen, der
aus einem Samariter ein Jude geworden war, übertraf
die übrigen alle. Er übersetzte mit ausnehmender Reinigkeit und Zierlichkeit, deutlich für jedermann, der das
Griechische verstand; nur entfernte er sich zuweilen etwas
weit von der hebräischen Urschrift. Diese Uebersetzungen,
die keineswegs in der Absicht aufgesetzt wurden, um den
Christen einen Dienst zu erweisen, leisteten ihnen doch einen sehr großen. Sie wurden trefliche Hülfsmittel zum
Verstande des Alten Testaments, und erleichterten auch
den Heiden das Lesen desselben, das zur Vergleichung
der jüdischen Religion mit der christlichen ungemein dien-
lich war. Es ist ein desto größerer Verlust, daß von
diesen drey Uebersetzungen nur einige kleine Ueberbleibsä-
le auf unsere Zeiten gekommen sind, von denen man in
der Geschichte des Origenes mehrere Nachricht erwarten kann.

Irrlehren
der Ophiten,
des Cerdo und Marcion.

Ohngeachtet der anhaltenden Sorgfalt der Christen,
ihren Glauben unverfälscht zu erhalten, und zu
verbreiten, stiegen doch immer neue Partheyen empor,
die ihn beynahe gänzlich umzukehren suchten. Eine solche war noch unter Adrians Regierung, die Parthey
der Ophiten oder Ophianer, deren Nahmen man be-
quem durch Schlangenbrüder übersetzt hat. Man
findet

findet die zuverläßigsten Beschreibungen von ihnen beym Irenäus (advers. haeres. L. I. c. 30. ed. Mass.) Epiphanius (haer. 37.) und Theodoretus, (haeret. fabul. L. I. c. 14.) denen aber Origenes (adv. Celsum, L. VI. p. 294. ed. Spenc.) zu widersprechen scheint. Diesen Widerspruch hat man nicht übel dadurch zu heben versucht, daß man zween Haufen Ophiten angenommen hat, einen jüdischen, und einen aus diesem entstandenen christlichen. Sie waren Gnostiker, und hatten einige Aehnlichkeit mit den Valentinianern; aber doch ihr eigenes, so dunkles und abendtheurliches Lehrgebäude, daß es die Mühe nicht belohnt, dasselbe abzuschildern. Genug, daß sie verschiedene Aeonen und Zeugungen derselben, worunter die Sophia, ihr Sohn Jaldabaoth, und der Sohn desselben, die geheimnißvolle Schlange, die merkwürdigsten sind, gedichtet, und darauf eine der allerseltsamsten Erzählungen gebauet haben; in welcher jüdische und christliche Religion, Kabbala, Naturlehre, ein Roman von Geschichte, und andere unverständliche Thorheiten mit einander verbunden sind. Die Ophiten verehrten zum Theil eine Schlange, die sie lebendig unterhielten, und beym Genuß des heiligen Abendmahls küßten. Eine Parthey unter ihnen glaubte wirklich, die Sophia habe in der Schlangengestalt den ersten Menschen zur Erkenntniß Gottes zu führen gesucht; aber da sie in dieser Vorstellung nicht alle einig gewesen sind, so kann man jene Cärimonie nicht sicher erklären. Sie kamen hauptsächlich in Syrien und Kleinasien auf, und noch im sechsten Jahrhunderte gaben die Kaiser Gesetze wider sie. Mosheim hat in seinem Versuche einer unpartheischen und gründlichen Ketzergeschichte, (Helmstädt 1746. 4.) auf die Geschichte dieser Parthey eine bewundernswürdige und doch beynahe verlorne Mühe verwandt: er hat wenigstens Licht und Vernunft in ihren düstern Lehrbegriff zu bringen gesucht, der doch kaum geschickt ist, solche zu fassen.

Zu

Zu eben dieſer Zeit, und noch unter den beyden folgenden Kaiſern, ſtellten ſich auch noch Cerdo und Marcion dem reinen chriſtlichen Glauben entgegen. Cerdo
kam aus Syrien, welches vermuthlich ſein Vaterland
war, nach Rom. Daſelbſt lehrte er, daß es einen doppelten Gott gebe: einen gerechten und unbekannten, den
Vater Jeſu Chriſti, und einen guten, bekannten, den
Schöpfer der Welt, von dem das Geſetz Moſis, und
die Weiſſagungen der jüdiſchen Propheten herſtammen
ſollten; und daß Jeſus, um die Herrſchaft des letztern aufzuheben, mit einem ſcheinbaren Leibe in die Welt gekommen
ſey. Er wurde deswegen aus der chriſtlichen Gemeine zu
Rom ausgeſchloſſen, und bekam einige Anhänger.

Marcion war unter dieſen der berühmteſte. Sein
Vater, Biſchof zu Sinope, in der Provinz Pontus, that
ihn, da er bereits Aelteſter der Gemeine war, in den Bann:
entweder weil er ſchon daſelbſt Irrthümer ausſtreuete;
oder weil er in eine ärgerliche Unkeuſchheit gefallen war:
er weigerte ſich auch ſchlechterdings, ihn zur Ablegung der
öffentlichen Buße zu laſſen, durch welche ſein Sohn den
Weg zur Kirchengemeinſchaft wieder gefunden haben würde. Daher gieng dieſer nach Rom, wo er von den Aelteſten der Gemeine verlangte, ihn in dieſelbe aufzunehmen.
Allein ſie erklärten ſich, daß ſie dieſes ohne Befehl ſeines
Vaters, mit dem ſie durch Glauben und Amt vereinigt
wären, nicht thun könnten. Dadurch wurde endlich die
gänzliche Trennung des Marcion von den rechtgläubigen Chriſten befördert. Er verband ſich mit dem Cerdo,
erweiterte die gnoſtiſchen Meinungen deſſelben zu einem
ausführlichen Lehrgebäude, und ſtiftete eine ſehr große
Parthey, zu deren Ausbreitung er viele Reiſen gethan hat.
Die Marcioniten erhielten ſich bis zum Anfange des
fünften Jahrhunderts zu Rom, und in dem übrigen Italien, in Syrien, Paläſtina, Arabien, Egypten, und auf
der Inſel Cypern, in zahlreichen Gemeinen.

Ihr

Ihr Stifter, dem es an philosophischer Wissenschaft nicht fehlte, glaubte sie noch scharfsinniger, als andere Gnostiker, bey der Ableitung des Bösen in der Welt zu zeigen. Er behauptete, daß es zwey höchste Grundwesen gebe: ein Gutes, oder den wahren Gott, und ein Böses, oder den Teufel, der über die Materie herrscht. Von beyden aber unterschied er den gerechten Gott, oder den Weltschöpfer. Dieser, sagte er, ist einer von den Geistern der obern unsichtbaren Welt, welche der gute Gott gezeugt hat; er hat unsere Welt aus der bösen Materie, wider den Willen ihres Beherrschers, geschaffen; er ist auch der Schöpfer der Menschen, denen er aus der himmlischen Materie eine vernünftige Seele, und ein gutes, aber unvollkommenes Gesetz ertheilt hat. Ihm sind die Juden, dem bösen Gotte aber die Heiden unterworfen, und diese beyden Fürsten, die Marcion nicht im strengsten Verstande vor Götter hielt, sollten unaufhörlich mit einander streiten. Nun kam es darauf an, die christliche Lehre von Jesu mit diesen Einfällen in einige Uebereinstimmung zu bringen. Es scheint, Marcion habe nicht begreifen können, daß Jesus von den jüdischen Propheten vorher verkündigt, von den Juden gleichwohl verfolgt, und vor einen Feind ihrer Religion angesehen worden sey. Er dichtete also einen doppelten Erlöser: den einen, oder Christum, habe der Weltschöpfer durch seine Propheten verheißen lassen; allein der wahre Erlöser Jesus sey ein Sohn des guten Gottes gewesen, habe nur die Gestalt eines Menschen angenommen, und sich, um bey den Juden beliebt zu werden, vor den Christus ihrer Propheten ausgegeben. Weil er sich dem bösen und dem gerechten Gotte widersetzt, die Menschen bloß zur Verehrung des guten Gottes angeführt, und sie von der bösen Materie abzuziehen gesucht habe, so sey er von jenen beyden verfolgt worden, habe aber nur dem Scheine nach Kreuzigung und Todt erlitten; darauf habe er sich in die Hölle begeben, und

den

den Cain, die Sodomiter, und andere daraus erlöſet,
welche die Schriften des Alten Teſtaments Gottloſe nennen, da hingegen ſolche, die darinne als Fromme geprie-
ſen werden, in der Hölle hätten verbleiben müſſen. Dieſes letztere Vorgeben hat man nicht unwahrſcheinlich dadurch zu mildern gewußt, daß Marcion die gedachten
Gottloſen nur das Geſetz des gerechten, nicht des guten
Gottes habe übertreten laſſen, und die Hölle eben vor
keinen Zuſtand der Unglückſeeligkeit gehalten habe. Die
ſittlichen Vorſchriften des Marcion waren durch den
Abſcheu, den er, wie alle Gnoſtiker, vor der Materie hatte, ſehr ſtrenge worden: er verwarf das Fleiſch-
eſſen, das Weintrinken und den Eheſtand; ſeine Anhänger haben ſogar oft als Bekenner der chriſtlichen Religion, (wie ſie wenigſtens von ihnen verunſtaltet war,)
den Todt der Märtyrer ausgeſtanden; aber ſeine Grundſätze hatten ihn auch genöthigt, die Auferſtehung der Leiber zu läugnen.

Wenn man die Geſchichte und die Lehren des Cerdo
und Marcion genau kennen will, ſo muß man Juſtin
den Märtyrer, (Apol. I. c. 37.) den Irenäus,
(adv. haeres. L. I. c. 27. ed. Maſſ.) den Epiphanius,) haer. 42.) den Theodoretus, (haeret. fab.
L. I. c. 24.) vor allen andern aber den Tertullianus
in ſeinem Werke wider den Marcion, (Libri V. ad-
verſus Marcionem) der gelehrteſten aller ſeiner Schriften, die erſt vor kurzem von dem Herrn D. Semler beſonders herausgegeben worden iſt, leſen. Tertullianus ſtellt zwar die Grundſätze des Marcion nicht immer in der erwünſchten Deutlichkeit vor; einige ſeiner
Nachrichten ſind verdächtig, und die Widerlegung leidet auch zuweilen eine Verbeſſerung; ſelbſt der Witz, den
er im Ueberfluß ausſchüttet, iſt mehrmals für eine ſolche Schrift zu beißend. Allein es herrſcht zugleich ſo viele Gelehrſamkeit und eine ſo beredte Vertheidigung der
Wahr-

Wahrheit in diesem Buche; die Schriften des Neuen Testaments werden so glücklich gegen den Marcion darinne gerettet, und bey aller seiner Dunkelheit ist es doch für nachdenkende Leser so angenehm, daß man es unter den Werken der Kirchenlehrer vorzüglich empfehlen muß.

Aus eben diesen und andern Schriftstellern, in verschiedenen Stellen ihrer Werke, sieht man, daß Marcion viele ansehnliche Schüler gehabt habe, die zum Theil besondere Partheyen errichteten, und in einigen Lehrsätzen von ihm abgiengen. Dahin gehört Lucanus oder Lucianus, der selbst die Auferstehung der Seele läugnete, und glaubte, daß vielmehr ein gewisser dritter Theil des Menschen auferstehen werde, ingleichen Apelles, welcher lehrte, daß man in allen Religionspartheyen seelig werden könne, und daß Jesus einen wahren Menschenleib gehabt habe. Die Irrlehrer wurden immer am leichtesten unter sich selbst uneins; aber es ist nicht wissenswürdig, wie weit oder wie nahe an der Wahrheit, sie nach dem ersten Schritte der sie von derselben entfernte, noch in ihren Anhängern geblieben sind.

Unter so vielen Gnostischen Partheyen scheinen die Marcioniten fast die erträglichste, am wenigsten mit Träumereyen von den Einwohnern des Himmels, und schwärmerischen Anfällen behaftet, auch völlig frey von den Beschuldigungen eines lasterhaften Lebens gewesen zu seyn. Hingegen hat nicht leicht ein anderer Stifter solcher Sekten die Bücher des Alten und Neuen Testaments so kühn gemißhandelt als Marcion. Die erstern verwarf er gänzlich, weil sie von Verehrern des Weltschöpfers aufgesetzt seyn sollten, und von den letztern nahm er nur das Evangelium Lucä nebst zehn Briefen Pauli an. Aber auch in diesen drehte er nicht nur viele Stellen sehr gewaltsam nach seinen Meinungen; sondern veränderte sie auch häufig aus gleicher Ursache.

sache. Solche Verfälschungen der heiligen Schriften sind von den Ketzern in der ersten Kirche überaus oft gewagt worden. Beyspiele davon hat der Jesuit Barthol. Germon (de veteribus haereticis ecclesiastic. codicum corruptoribus, Paris 1713. 8.) gesammlet; aber dem Verdachte nicht entgehen können, daß er sie gleich seinem Ordensgenossen Harduin, zur Einführung einer allgemeinen Zweifelsucht über die Richtigkeit der alten Schriften habe mißbrauchen wollen. In der That ist gar keine Wahrscheinlichkeit vorhanden, daß die Versuche der Ketzer gegen die biblischen Schriften, bleibende Folgen für die Nachwelt gehabt hätten. Zu aufmerksam und eifrig wachten die Christen dagegen, und zeichneten solche Versuche selbst zur Warnung auf. In den biblischen Büchern selbst sind so wenig einige Spuren davon übrig, daß man auch bey solchen Stellen, wo man die ändernde oder verstümmelnde Hand der Ketzer vermuthen möchte, durch ganz andere und gewisse Ursachen befriedigt wird. Eine jede neue Ketzerey ist vielmehr eine neue Veranlassung für die ersten Christen gewesen, die Lehre Jesu unverfälscht in den Schriften seiner Schüler aufzubewahren.

Ende des Zweyten Theils.

Marcionem Pauli epistolas et alterius euangelium adulterasse dubitatur: sistem in tione, quam Praeside dofia Fried. Loeffler Theol. et Philos. Prof. et defendet auctor Guil. Gabr. Wegener. Trajecti ad Viadrum. [...]